KB014719

분단의 역사인식과 사유를 넘어

동아시아의 한반도, 유럽의 독일

이 도서의 국립중앙도서관 출판예정도서목록(CIP)은 서지정보유통지원시스템 홈페이지(http://seoji.nl.go.kr)와
국가자료종합목록 구축시스템(http://kolis-net.nl.go.kr)에서 이용하실 수 있습니다.
CIP제어번호: CIP2019036976(양장), CIP2019036977(무선)

‘The Korean Question’ in Asia – ‘the German Question’ in Europe

Search for the Way of Reunification

분단의 역사인식과 사유를 넘어

동아시아의 한반도, 유럽의 독일

역사문제연구소 한독비교사포럼 기획

김귀옥·김성보·노명환·박혜정·신주백·오제연·유진영·이진일·정용숙·한모니까·한운석 지음

한울
아카데미

차례

4장 축제의 정치와 학생운동

1960년대 한국 대학 축제의 정치풍자 연행 | 오제연 |

5장 문화와 냉전

전후 서독의 서구 담론의 냉전사적 위치 | 박혜정 |

3부 반공과 교육

6장 탈냉전시대 통일 교육의 딜레마와 극복 과제 | 김귀옥 |

5부 분단과 냉전의 역사인식을 넘어

10장 한국의 반공주의를 다시 본다
균열과 전환의 지점 | 김성보 |

11장 통일 후 분단 독일의 역사 다시 쓰기 | 이진일 |

12장 유럽 통합을 위한 역사교육
독일의 사례를 중심으로 | 한운석 |

책을 펴내며

1.

한국과 독일의 경험을 역사적으로 비교하는 작업에 관심 있는 연구자들이 역사문제연구소와 포츠담 현대사연구센터(Zentrum für Zeithistorische Forschung)의 공동 학술대회를 계기로 모임을 시작한 것은 2004년이었다. 느슨하게 시작된 이 학술 모임은 2008년 2월 '한독비교사연구모임' 결성으로 발전했다. 김성보, 박명림, 이승렬, 이신철, 한운석, 김승렬, 신명훈, 윤용선, 최승완 등의 연구자들이 계동 역사문제연구소에서 시작한 첫 모임이 어느덧 10년을 훌쩍 넘어 지속되고 있다. 포츠담 현대사연구센터와는 이후 2005년, 2007년 두 차례 더 공동 학술회의를 개최했고, 2010년에는 프리드리히 에버트 재단의 지원을 받아 독일통일 20주년 학술회의를 개최했다. 그리고 마침내 2015년에는 그때까지의 연구 성과를 모아 독자적 학술대회를 성균관대학교에서 열 수 있었다. 본서의 상당 부분은 이 학술회의의 결과물이기도 하다. 2015년 학술대회를 계기로 한독비교사연구모임은 '한독비교사포럼'으로 명칭을 변경해 지금까지 공부를 이어오고 있다. 특히 한독비교사포럼은 독일 '튀빙겐대학교 한국학과'와도 지속적으로 공동 작업을 진행해 왔다. 2013년에는 튀빙겐에서 '냉전의 원인과 역사와 결과: 독일과 한국의 비교'를 주제로 공동 학술회의를 개최한 바 있으며, 2018년에는 한독관계사를 연구하는 1차 학술대회를 튀빙겐에서 열었고, 2019년에는 2차 학술대회를 서울에서 개최함으로써, 비교를 넘어 관계사로의 도약을 준비 중이다. 1883년 11월 한국과 독일 간의 공식적 외교관계가 처음 수립된 이후, 2023년이면 한독수교 140주년을 맞이한다. 한독비교사포럼은 이를 계기로 지금까지 다양한 방식과 경로를 통해 지속되어 온 양국 관계를 역사적으로 정리하는 작업을 독일 튀빙겐대학교 한국학연구소와 진행 중이다.

2.

흔히 '독일문제(Deutsche Frage/ German Problem)'로 부르는 개념은 19세기 초 독일이 근대적 민족운동을 전개하고 주변국들이 이에 대응하면서 생겨난 역사적 현상을 지칭하기 위해 만들어진 용어이다. 이 개념 안에는 유럽 내 일련의 역사적·정치적 핵심 문제들이 한데 얽혀 있다. 즉 "하나의 정치체로서의 독일민족이 유럽이라는 보편적 배경과 독일만의 특별한 정치 환경 속에서 어떻게 하나의 통일된 국민(Nation)으로, 그리고 규범적 국민국가(normativer Nationalstaat)으로 조직되어야 하는가"(Karl-Ernst Jeismann)라는 문제의 총칭이다.

역사적으로 독일의 통일은 자국민의 결정에 따라 이루어진 것이 아니라, 언제나 주변국의 의향과 요구를 함께 고려해 결정해야만 했다. 10세기에 시작된 신성로마제국이 1806년 나폴레옹에 의해 강제로 해체되면서, 오스트리아-독일 공동황제(Franz II)는 제국의 수장 지위에서 물러나게 된다. 16개의 남서독 영방들이 제국질서에서 떨어져 나가 라인동맹을 결성하면서 독일제국은 해체되기 시작했고, 여기에서 실질적인 '독일문제'가 시작되었다. 즉 하나의 국가로서 독일은 자신들의 거주 지역에 대한 지속적이며 영토적인 결합을 만들어내지 못했고, 민주적인 정치·사회적 결합으로 연결되지도 못했다. 이후 '독일문제'는 제후국들로 구성된 수십 개 영방국가(Territorialstaat)들의 느슨한 연합체라는 미해결 상태로 지속되었으며, 비스마르크에 의한 소통일(1870/1871)은 양차 세계대전과 나치즘을 겪으면서 결국 분단으로 끝을 맺는다.

그리고 1989/1990년 냉전의 종식과 함께 독일은 마침내 통일에 이른다. 독일의 역사가 하인리히 빙클러(Heinrich A. Winkler)는 "서구를 향한 독일의 길은 길고 먼 특별한 길이었다. 비록 모든 역사가 특별한 길들의 역사이기는 하지만, 그럼에도 몇몇 다른 것들보다 좀 더 특별한 길들이 있다"면서, 1990년 통일을 통해 독일은 비로소 비정상적 상태에서 벗어날 조건을 마련했고, 이제 유럽의 여타 국가처럼 통일된 주권국가로서 정상성을 획득했다는 것이다.

그렇다면 '독일문제'에 비견되는 '한반도 문제'란 무엇인가? 역사학자 김성보는 근대 이후 한반도가 러시아(소련)·중국이라는 대륙 세력과 영국·미국·일본의 해양 세력 사이에서 주권을 보존해야 하는 국제관계상의 난제를 안게 되었으며, 독일이 서유럽 편입과 독자적 길 사이에서 방황했듯이, 조선·한국 역시 영국·미국·일본의 해양 세력에 동조할 것인지, 아니면 세력균형 속에서 독자의 길을 찾을 것인지 주체적 결정이 어려웠음에 주목한다. 사회주의와 자본주의의 이데올로기적 각축 속에서 한반도가 만들어갈 정치체제는 무엇이며, 통합된 체제를 유지하면서 어떻게 세력 각축 속에서 주권을 보존할 것인지가 근대 이후 한국이 맞닥뜨리게 된 '한반도 문제'라고 인식하는 것이다.

물론 유럽에서 '독일문제'로 표현되는 상황이 이름만 바꿔 동아시아의 '한반도 문제'로 전개되는 것은 아니다. 우리가 '문제'라고 표현한다면, 거기에는 해결되지 않은 상황이 존재하고, 일정한 해법이 주어져야 한다. '독일문제'란 유럽 내에서 역사적으로 독일로 인해 생겨나고 독일을 중심으로 생겨난 여러 문제들을 두루 지칭하는 일반명사가 아니라, 19세기 중반까지도 통일과 독립국가를 이뤄내지 못하고 분열된 채 일으켰던 다양한 유럽 내 힘의 불균형 문제에서 연유한 고유명사이다. 그런 까닭에 이를 전유해 동아시아에서 한반도의 분단이 가져온 문제를 '한반도 문제'로 지칭하는 것은 공정한 표현이라 할 수 없을 것이다. 독일문제에서 핵심적 책임은 독일에 있지만, 한반도 문제에서의 책임은 한반도에 있지 않기 때문이다. 그럼에도 굳이 우리가 '한반도 문제'라고 부를 수 있다면, 그것은 세력 간의 갈등과 대립 구조가 내부의 해결만으로는 불가능하고 제 국가들 간의 합의를 통해서만 해소될 성격의 문제라는 데 근거가 있다. 독일의 분단과 통일에 관한 다양한 이론적·실제적 논의들 속에서 독일문제는 언제나 '유럽문제'였고 유럽이 공동으로 해결해야 할 문제였듯이, 한반도 문제 또한 언제나 동아시아 내지 환태평양권이 공동으로 해결해야 할 문제였다 그런 의미에서 우리는 동아시아의 한반도 문제라고 제시한 것이다.

독일이 독일문제를 해결하고 통일을 이루기 위해서는 자신들이 가졌던 제국(Reich)의 부활이라는 꿈을 영원히 포기해야만 했다. 또 그것만으로는 부족했고 자신들 영토의 상당 부분을 영원히 포기할 것을 국제사회에 선포해야 했다. 그런데도 냉전 종식 이후 제국 독일의 부활에 대한 두려움은 여전히 유럽 내에 퍼져 있었으며, 그래서 EU라는 지붕 아래 독일을 묶어두는 작업이 필요했다. 이에 반해 동아시아에서 일본은 여전히 제국주의적 욕망도 영토적 확장의 꿈도 포기하지 못하고 있다. 그들의 욕심이 결과적으로 한반도 문제를 해결하지 못한 채, 문제를 지속시키는 중요한 요인으로 작동하고 있는 것이다. 더욱이 사실과 객관성에 기초한 정치가 아니라 감정과 시장의 여론에 호소하는 포퓰리즘이 오늘날 전 세계를 유행처럼 휩쓸면서 한반도는 다시금 동북아 갈등의 중심에 서게 되었다.

3.

이 책은 이상과 같은 문제의식을 바탕으로 '한반도 문제'와 '독일문제'로 압축시킨 다양한 역사적 측면을 구체적으로 비교하고자 지난 10여 년간 골몰했던 한독비교사포럼 문제의식의 일부 결과물이다.

1부의 글은 이 책의 이론적 배경을 구성하는 부분으로, 이 두 문제가 갖는 역사적 배경과 두 담론이 현실정치에서 갖는 함의 등을 측정하고 있다. 19세기 이후 동아시아와 중부 유럽에서 벌어지고 있는 지정학적 충돌의 양상은 냉전을 거치면서 잠시 물밑으로 잦아들었지만, 21세기 이후 새롭게 등장하고 있다. 아니 새롭다기보다는 100여 년 전 글로벌한 차원에서 벌어지던 지정학적 충돌 양상에서 한걸음도 벗어나지 못한 양, 익숙한 모습으로 전개되고 있다.

김성보와 정용숙은 1장과 2장에서 이 두 문제의 중심에 지정학이 자리하고 있음을 알려준다. 한반도 문제에 19세기 후반 이래 지속되어 온 동아시아의 해양 세력과 대륙 세력의 충돌이라는 지정학적 대립이 깔려 있다면, 독일문제에는 영토적 경계와 문화적 경계를 일치시키지 못하고 비스마르크의 불완전한 통일을 거쳐 분단이라는 대치 상황에 처한 중부 유럽적 지정학이 자리하고 있음을 확인한다. 주변의 우려에도 불구하고 독일이 통일될 수 있었던 것은 그러한 지각 변화가 주변 강대국들의 이해관계를 손상시키지 않는다고 오랜 기간 설득하고, 이웃 국가들과 신뢰를 구축할 수 있었기 때문이라고 김성보는 지적한다. 또한 정용숙도 합의와 설득 없이는 EU 국가 간에도, 혹은 국내적 정치 상황에서도 갈등이 해결될 수 없음을 강조하고 있다. 또한 두 경우 모두 '문제'의 주체적 해결이 모든 것을 해결하지는 못하지만, 적어도 선행되어야 할 기본 조건임을 제시하고 있다. 아울러 이 두 문제가 역사적으로 해결되었건, 해결되지 않았건 간에 김성보와 정용숙의 글 모두 지정학의 귀환을 예고하고 있다는 점 또한 주목할 만한 점이다.

2부에서는 제2차 세계대전의 종식 이후 남한과 독일에서 진행되는 양 사회의 독특한 전후 징후들에 관해 조명한다. 광복 이후 북한이 점령했다가 수복된 지역을 꾸준히 연구해 온 한모니까는 3장에서 남한이 주한미군으로부터 정권을 이양받는 과정을 살피면서 이 과정에서 이승만 정부와 미국이 취한 태도를 분석하고 있다. 미국이 남한 정부에 대해 보여준 이중적 태도, 즉 한편으로는 대한민국 정부를 승인하고 정권 이양 의지를 피력하지만, 다른 한편으로는 끊임없이 정책 이행을 지연시키고 철수를 연기한 배경을 군사와 재정 재산 처리 부문으로 나누어 분석한다. 이 과정에서 주권 침해와 내정간섭에 대한 문제 제기가 이양받는 측으로부터 지속적으로 제기되었지만, 철저히 주한 미군의 이해에 입각해 이양 작업은 진행되었고, 그 결과가 이후 한미 관계의 틀을 주조했다는 사실에서 그 의미와 후과는 컸다고 할 수 있다. 아쉽게도 이에 상응하는 독일에서의 1949년 미군과 연합군의 서독 정부로의 정권 이양에 대한 우리말 연구는 아직 없다.[1] 전후 미국에 의한 한국, 독일, 일본에서의 군정 통치의 과정과 차이점, 그 결과에 대한 비교연구는 앞으로도 시도해 볼 만한 중요한 과제라고 생각된다.

전후 남한의 학생운동과 대학문화 간의 연결성을 추적하는 일련의 연구를 진행 중인 오제연은 4장에서 '축제의 정치와 학생운동'에서 기존 연구들과 시대를 달리해 1960년대 대학문화와 학생운동의 관계에 천착하고 있다. 1960년 4월혁명을 시작으로, 5·16 쿠데타, 한일협정 체결 등 1960년대의 불안정한 분위기 속에 당시 대학문화의 원천적 한계를 필자는 지적한다. 오제연은 정치풍자적 성격의 축제나 행사가 갖는 운동(사)적 의미를 적극적으로

1 독일에서의 미군정기 연구로는 Klaus-Dietmar Henke, *Die amerikanische Besatzung Deutschlands*(München, 2009) 참조.

해석하면서 1960년대 낭만적 대학문화와 1970년대 학생운동을 '민속'과 '민중'을 고리로 연결시킨다.

5장에서 박혜정은 '아벤트란트(Abendland)', 즉 '서구' 혹은 '서방'으로 이해할 수 있는 이 단어가 전후 통합유럽을 추구하는 다양한 사상적 흐름 가운데 가장 오른편에 위치하면서 냉전적 질서 유지에 이바지했다는 점을 상기시킨다. 오스발트 슈펭글러(Oswald Spengler)가 『서구의 몰락』에서 사용했던 이 '서구'라는 단어에는 기독교적 유럽 통합, 그중에서도 특히 가톨릭적 복고 이데올로기가 숨어 있었다. 독일뿐 아니라 프랑스, 오스트리아 등 가톨릭적 전통이 강한 서구국가를 중심으로 확산된 이 이데올로기가 냉전을 맞아 반공주의와 결합하고, 나아가 근대화에 대한 문화비판(Kulturkritik) 담론으로 재무장하는 일련의 경로들을 유럽-대서양의 관계 속에서 추적한다. 박혜정은 지난 수년간 트랜스내셔널한 차원에서의 역사 연구를 집중적으로 진행 중이다. 5장에서는 독일을 넘어 유럽 내 기독교 국가들의 보수적 네트워크가 발휘했던 반개혁, 반공 보수적 세력들의 사고의 횡단성을 분명히 드러내고 있으며, 이를 통해 문화적 헤게모니로서의 냉전의 의미를 우리에게 분명히 제시하고 있다.

3부 '반공과 반공 교육'에서는 한국과 독일 양 사회에서 전후 냉전 세력에 의해 반공의 이데올로기화 작업이 진행된 배경과 양국에서 진행된 반공주의 교육의 현실을 비교·분석한다. 반공 이데올로기는 서독과 남한의 교육 현장에서 각기 어떤 역할을 했으며, 그 차이는 무엇일까?

6장에서 김귀옥은 교육 현장에서 통일 교육이 드러내는 문제점과 교육 현실이 마주하고 있는 딜레마들을 짚으면서, 한반도에서 평화 체제가 제대로 정착하기 위해 필요한 실질적 통일 교육의 과제를 제안하고 있다. 독일에서의 반공 교육은 어떻게 다를까?

7장에서 유진영은 한국과 달리 독일은 냉전과 대치의 상황에서도 상대방 체제에 대한 이해와 다원주의를 강조했음을 지적한다. 교육을 통해 상대방 체제에 대한 비판적 견해를 유지할 필요는 있지만, 이에 앞서, 혹은 이를 위해 상대방 체제에서 이루어지는 삶과 현상에 대해 선입견 없이 공정한 인식으로 다가가도록 지원하는 것이 교육의 역할이라고 본 것이다. 물론 독일도 처음에는 공산주의 체제를 '적'으로만 보는 시각에서 출발했지만, 교육에서 문제점이 드러나자 점차 변화해 갔다는 점이 중요하다. 무엇보다 독일의 교과서들이 서술이 아닌 원전을 인용해 교육을 진행하며, 논쟁적 주제에 대한 논의점들을 제공해 학생들로 하여금 자립적인 비교와 토론을 유도하고 있다는 점에서 우리와 비교된다. 궁극적으로 교육의 목표가 학생들로 하여금 "각자의 판단을 통해 그들의 가치관과 세계관을 만들어"(유진영) 나가는 것이라면, 선과 악, 발전과 저발전 등으로 구분되는 이분법적 교육, 교육의 관점과 주체가 갇혀 있는 '닫힌 지식'에서 세계와 소통하는 교육으로 나가야 한다는 김귀옥의 지적은 우리가 귀담아 들어야 할 부분이다.

4부에서의 표제어는 1970년대에 서독에서 진행된 '동방정책'이다.

8장에서 신주백은 동북아 역사대화의 경과와 결과물에 대한 한국 언론의 반응을 분석하면서, 한국 사회가 동북아 역사대화를 어떻게 보고 있었고, 그것의 미래를 어떻게 전망했는지, 그리고 이에 대한 언론의 반응 등을 점검한다. 이 과정에서 독일의 동방정책이나 이웃 국가들과 역사 화해를 추구하고자 시행된 일련의 정책들이 한일 간의 역사대화에 어떤 작용과 반응을 드러내었는지를 검토한다. 한국 사회가 역사대화의 진행 과정에서 교범처럼 참조한 선례는 독일이다. 하지만 한국에서의 연구는 서독의 국내 사정, 분단, 대외 정책 등 다양한 요소를 고려한 종합적 분석이기보다는 그때그때 필요에 따라 취사선택하거나 내부에 대한 반성이나 성찰 없이 침략국을 일방적으로 비난하는 방향으로 기울었다. 역사대화의 진행 과정 자체에 대한 학습을 넘어 "서독의 대외정책과 함께 그것을 가능하게 했던 서독 사회의 내적 공감대에도 주목할 필요"가 있었다는 것이다.

노명환은 이미 오래전부터 브란트의 동방정책을 연구하면서 그의 통일 정책, 유럽 정책, 평화 정책, '다양성 속의 통일'이라는 원리 등등에 천착하면서 이를 동양 사상, 나아가 김대중의 민주주의 이념과 연결하는 작업을 진행해 오고 있다. 그는 9장에서 '성리학적 구성주의' 개념을 지렛대 삼아 브란트 사유체계에 대한 해명을 시도한다. 동방정책을 통한 독일문제의 해결은 브란트 사상의 핵심적 목표로 지목된다. 오직 유럽연방을 통한 해결만이 현실적으로 가능한 해결책임을 강조하는 브란트의 사상 속에서 '성리학적 구성주의'가 어떻게 자리하고 있는지를 추적하는 노명환의 시도는 우리 학술장에서 새롭고 독창적이다.

5부에서는 남한과 서독에서 시도되는 분단의식의 극복을 위한 시도들을 주제로 다루면서, 이러한 시도들이 갖는 함의를 평가하고 있다. 10장에서 김성보는 먼저 서독과 남한 사회에서 작동하는 반공주의 이념의 공통성과 도구적 차이를 간단히 일별하면서 1950년대 한국 반공주의만의 복합적인 성격을 확인하고, 그 성격의 내적 한계와 가능성을 짚어보고 있다. 4·19 이후 남한 사회가 반공에서 승공으로 논리를 변화시키는 배경에는 박정희 군부 세력 이전에 보수적 지식인이 있었고, 이들 뒤에는 냉전적 지배질서의 유지라는 미국의 세계정책이 존재하고 있었다. 궁극적으로 전후 남한 사회 근대화론이란 보수적 남한 지식인과 박정희 군부 세력의 결합이 만든 타협의 소산임을 분명히 보여주고 있다.

진행 결과를 알고 쓰는 역사와 모른 채 쓰는 역사는 그 해석에서 당연히 다를 것이다. 마찬가지로 같은 분단 시기를 대상으로 하는 역사 서술이라 하더라도 통일 이전과 이후의 쓰기는 다를 수밖에 없다. 즉 통일 이후 독일의 역사가 앞에는 "분단 시기 어느 한 체제에만 역사적 정통성을 부여하지 않고, 양 독일 주민들이 모두 인정하고 받아들일 수 있는 역사서술"이 어떻게 가능할 것인가라는 어려운 문제가 던져진다. 11장에서 이진일은 이 질문을 다루고 있다. 그렇더라도 서독의 역사가 그 해석에서 특별히 달라지지는 않았다. 관건은 동독의 역사다. 즉 "어떻게 동독의 역사를 1945년 이후 독일 전후사(戰後史) 속에, 나아가 20세기 독일사 전체에 자리매김할 것인가"라는 문제를 두고 제기되는 방법론적 고민과 해석의 방식들을 최근 출간된 독일 전후사 저술들을 중심으로 분석하고 있다. 이는 언젠가는 한반도에도 닥칠 일이며, 그때에 분단 시기 남북한 역사의 통합적 서술을 위해 어떤 고려들이 선행되어야 하는지를 독일의 역사는 한발 먼저 우리에게 시사하고 있는 것이다.

유럽을 통합하고자 하는 시도는 이미 고대 로마시대부터 있어왔으며, 이를 위한 정치적 유럽 통합의 구체적 계획안은 14세기 피에르 뒤부아(Pierre Dubois, 1250~1320)에서 처음 시작된 것으로 알려져 있다. 그럼에도 유럽 통합의 구체적 방향과 내용들이 교육 현장에 반영되기 시작한 것은 1945년 이후의 일이다. 12장에서 한운석은 이러한 통합의 진전이 어떻게 중고등 과정 역사교육에 반영되었고, 교육제도와 커리큘럼을 통해 어떻게 구체화되었는지, 아울러 통일 이후 유럽 통합 관련 교육의 변화 내용과 그 의미를 제시함으로써 교육의 필요성을 강조하고 있다. 나아가 그는 (동)아시아적 차원에서의 교류와 문화적 통합의 가능성을 추정해 보면서 이를 위한 준비 작업들을 구체적으로 제안하고 있다.

4.

역사에서의 비교사적 접근은 무엇보다 가정적인 유추를 통해 비교의 대상을 선택하고, 이들 간의 비교를 통해 개별적으로는 다다르지 못했던 전제나 문제를 확인시킴으로써 새로운 학문적 인식에 도달하는 역사서술 방법이다. 간단히 살펴보았듯이, 독일문제와 한반도 문제는 상호 유사성이 있으면서도 그 역사적 배경, 조건, 상황은 매우 다르다. 막연히 유사성에 의존해 독일통일 과정을 한국에 이입해 방안을 찾는 것은 섣부른 작업이며, 유사성만큼이나 상이성에 대한 근본적인 성찰이 필요하다. 두 대상의 특징적 차이들을 드러내고 공통의 요소들을 확인하고자 하는 역사에서의 비교 작업은 국민적 틀 안에 갇히기 쉬운 우리의 시야를 넓혀주며, 보다 객관적으로 볼 수 있게 해준다.

1928년 오슬로에서 열린 국제 역사학자대회에서 발표된 「유럽 사회의 비교사를 위하여(Für eine vergleichende Geschichte der europäischen Gesellschaften)」(*Aus der Werkstatt des Historikers*, 2000)라는 논문에서 마르크 블로흐(Marc Bloch)는 역사학이 갖는 '비교'의 의미를 다음과 같이 정리한 바 있다. "하나 또는 여러 개의 다양한 사회적 환경에서 첫눈에 확연히 어떤 분명한 유사성(Analogie)을 제시할 수 있는 둘이나 그 이상의 현상들을 선택해 그들의 발전과정을 서술하고 닮은 점과 다른 점을 확인한 후, 가능한 한도 내에서 이를 설명하는 것." 블로흐는 15~17세기 영국과 프랑스 농촌의 유사성을 가정하고 비교·연구함으로써, 동일하지는 않지만 영국의 인클로저 운동에 상응하는 변화가 프랑스 농촌에도 존재한다는 것을 발견해 냈다. 이처럼 비교를 통해 우리는 현상을 설명할 수 있을 뿐 아니라, 유사한 현상을 다른 지역에서 확인할 수 있으며, 공통적으로 일반화할 수 있는 예들을 발견해낸다. 단일한 현상의 경우에도 우리는 다른 경우와의 역사적 비교를 통해 그만의 고유한 특성과 조건들을 인식하고 적절히 평가할 수 있다. 예를 들어 독일의 '특별한 길' 테제(Sonderweg These)는 서유럽 다른 국가들과의 비교를 통해 독일만의 고유한 산업화와 시민사회의 성장과정을 설명해 낸다. 이 테제에 반대하는 다른 이들은 독일의 길이 독일만의 예외적인 산업화와 시민사회의 성장과정이 아닌 보편적 길이었음을 반증해 낸다. 아울러 비교는 한 대상이 그 자신이 가장 잘 아는 역사, 즉 가장 자신들에게 익숙한 경우들로부터 거리를 두게 만듦으로써, 스스로의 역사를 절대시하는 시각으로부터 벗어나 전체의 흐름 속에 일반화할 수 있고, 그럼으로써 새로운 관점에 눈을 뜨게 만드는 효과가 있다. 하지만 비교의 방법이 주는 이러한 연구상의 이점에 대해 모두들 알고 있음에도, 정작 그것을 실행함에 주저하는 이유는 무엇일까? 왜 비교사는 오랫동안 주변 학문으로 머물렀을까? 이 물음에 한 역사가는 다음과 같이 답한다. "비교사가들은 두 배의 일을 하고 절반만 그 몫을 받는 사람들이다."[2] 누구도 역사학 연구에서 비교사적 방법의 중요성에 대해 부인하진 않지만, 그럼에도 정밀한 비교는 드물게 이루어지는 것이 현실이다. 이 책의 연구도 그 한계를 벗어나지 못하고 있음을 지은이들 모두 잘 인식하고 있으며, 그래서 이어지는 연구들에서는 비교의 대상 간에 더 높은 조응도를 갖는 주제들로 진행하고자 계획하고 있다.

무엇보다 귀한 원고를 제공해 주신 연구자 한 분 한 분께 깊은 감사의 마음을 전하는 바이다. 한독비교사포럼이 처음 만들어지면서 학문적 뿌리와 기댈 공간을 제공해 준 역사문제연구소와 계동 건물은 고향과 같은 곳이며, 제기동으로 옮겨간 지금도 변함없이 한독비교사포럼의 든든한 우산이 되어주고 있다. 이용기 역사문제연구소 소장 이하 함께하는 여러 식구들에게 진심어린 감사의 마음을 전한다. 마지막으로 상업성 없는 원고의 출판을 기꺼이 맡아준 한울엠플러스(주)에도 감사드린다.

2019년 9월

지은이들을 대표하여 이진일·김귀옥

---

2 Allan Mitchell, C. A. Dunlavy's "Politics and Industrialization: Early Railroads in the United States and Prussia"(Review), *Central European History*, 29(1996), p.243.

1부

'한반도 문제'와 '독일문제'

1장

'한반도 문제'의 기원과 성격

김성보

1. 한반도 문제란 무엇인가?

19세기 이래 유럽의 안정과 정체성을 끊임없이 위협한 가장 핵심적인 문제가 무엇인가라고 질문한다면 '독일문제'라고 답하겠다. '독일문제'는 안으로 독일인은 누구이며 독일은 어떤 정치체제를 만들어야 하느냐는 질문과, 밖으로 그 독일의 길이 유럽의 세력균형을 위협하지 않도록 하는 장치를 어떻게 만들어낼 것이냐는 두 가지 질문이 짝을 이루었다. 지리적으로 유럽의 중앙에 위치한 독일은 계속 수축과 팽창을 반복하면서 유럽 전체의 세력균형을 뒤흔들었다. 이념적으로 보더라도, 독일은 민주주의와 파시즘, 공산주의의 길을 놓고 방황해 왔는데 그중 어떤 쪽을 선택하는지에 따라 유럽 전체가 이념과 체제에 엄청난 영향을 받았다. '독일문제'는 유럽 냉전이 종식되는 과정에서 동·서독이 네 개 전승국의 동의하에 독일연방으로 통합되고 그 독일이 유럽공동체의 일원이 되면서 해소되었다. 독일은 안으로는 '소(小)독일'의 경계와 자본주의-민주주의의 체제·이념을 가진 국가로서, 밖으로는 유럽공동체의 일원이 되어 유럽의 안정과 정체성 형성에 이바지하게 된 것이다.[1] 그렇다면 유럽의 '독일문제'에 비견할 만한 동아시아의 문제는 무엇이라고 할 수 있을까?

19세기 이전까지 동아시아의 국제관계는 비교적 안정성을 유지해 왔다. 중국과 조선, 일본 등 동아시아 국가들 간의 경계는 비교적 분명했고, 상호 힘의 불균형은 조공과 답례라는 의례의 형식으로 보완해 왔다. 16세기 일본의 조선 침략, 17세기 후금-청의 조선 침공 등이 있었으나, 동아시아 국제질서의 근간이 크게 변하지는 않았다. 동아시아 국제질서는 내부의 힘에 의해서가 아니라 서구 열강의 제국주의 진출이라는 외부의 힘에 의해 근본적으로 동요하기 시작했다. 19세기 후반 동아시아 국가들은 서구가 요구하는 '문명화'의 물결에 적응하며 스스로 변신을 꾀하든지, 아니면 식민지로 전락하든지 어느 한쪽을 선택해야 하는 기로에 섰다.

그런 상황에서 동아시아는 물론 아시아-태평양 전체를 위협하는 존재로 등장한 국가가 일본이다. 일본은 안으로 빠르게 서구문명을 수용하고 밖으로 서구 제국주의의 억압을 이웃 지역으로 이양(移讓)하면서 동아시아의 강자로 부상했다. 일본에 의한 '억압의 이양'은 조선과 타이완의 식민지화, 위

---

1 '독일문제'에 관해서는 이 책 2장 정용숙, 「'독일문제' 담론의 역사적 고찰」 참조. 박명림은 '독일문제'와 '한국 문제'를 포괄적으로 비교한 바 있다[박명림, 「한국 문제의 본질, 구조, 성격: 독일문제와의 비교를 중심으로」, 『동아시아 속의 분단 한국, 유럽 속의 분단 독일』, 한독비교사연구모임 학술대회 자료집(2015.8.24~25), 19~38쪽]. 그의 발표 시 요청에 따라 직접 인용은 하지 않으나, 이 글을 작성하는 데 많은 시사점을 제공했음을 밝힌다.

성국가 만주국 설립을 넘어 '대동아 공영'의 이름으로 아시아태평양전쟁을 치르는 데까지 확대되었다.[2] 그 과정에서 일본은 소(小)일본과 대(大)일본 사이에서, 탈아시아와 아시아 연대(連帶) 사이에서, 북방 진출과 남방 진출 사이에서 계속 동요했다.[3] 그런 점에서 동아시아, 나아가 아시아-태평양의 안정과 정체성을 위협해 온 가장 큰 문제는 '일본 문제'였다고 할 수 있다. '일본 문제'는 아시아태평양전쟁에서 일본이 패망한 뒤에 평화헌법 채택, 미군기지화라는 소(小)일본의 길이 샌프란시스코 강화조약에 의해 추인되면서 일단 정리되기는 했다. 그러나 그 정리는 일본 스스로가 선택해서라기보다는 승전국 미국이 강요한 것이었으며, 한국·중국·소련 등 이웃 국가들의 참여가 배제된 채 일방적으로 이루어진 반쪽의 국제 합의에 불과했다. 그런 점에서 동아시아에서 '일본 문제'는 여전히 언제 폭발할지 모르는 잠재된 문제로 남아 있다.

'일본 문제'가 잠재된 문제라면 현재 동아시아에서 평화와 안정을 위협하는 최대의 현안은 '한반도 문제'이다.[4] 체제와 이념을 달리하는 남북한의 적대 관계는 쉽사리 해결되지 않고 있으며, 핵문제를 둘러싼 미국과 북한의 갈등은 때로 전쟁 직전까지 치달아 한반도의 위기를 고조시키고 있다. 또한 그

---

2 마루야마 마사오(丸山眞男)는 '억압의 이양'이라는 개념으로 일본의 초국가주의를 해석한다. 즉, 패전 이전 일본의 체제는 위로부터의 억압감을 아래로 이양하며 전체 균형이 이루어지는 체계였으며, 그 원리가 국제적으로 연장되어 대외 침략으로 나섰다고 본다(마루야마 마사오, 1997: 61).

3 소(小)일본주의와 대(大)일본주의에 대한 최근 연구로는 박영준(2005), 이예안(2014) 등이 있다.

4 학계에서 '한반도 문제'라는 용어는 명확한 개념 규정 없이 사용되는 경우가 많은데, 대체로 남북한 분단-통일 문제, 한반도를 둘러싼 세력 각축 문제 등을 가리키는 용어로 관용적으로 사용되고 있다. 한반도 문제를 다룬 기존의 연구로 김영식(1993); Kim(2012); 조성렬(2015); 김학성(2016); 킴(2016) 등 참조.

갈등은 중국과 미국의 충돌로 인해 더욱 복잡한 국면을 만들어내고 있다. 이 '한반도 문제'는 기본적으로 1945년 미국·소련의 남북 분할 점령과 뒤이은 냉전 대립으로 발생한 체제적·이념적 산물이기는 하지만, 그 배경에는 19세기 후반 이래 풀리지 않고 있는 동아시아의 해양 세력 대 대륙 세력의 충돌이라는 지정학적 문제가 깔려 있다. 역사적으로 한반도는 동아시아에서 갈등과 쟁투의 요충지였다. 한반도 문제는 동아시아 문제의 핵심이었고, 동아시아 평화는 한반도 문제의 안정과 평화적 해결 없이는 달성하기 어려웠다(박명림, 2005: 195).

동아시아에서 해양 세력과 대륙 세력의 각축은 힘이 약한 만주와 한반도에 집중되었다. 일본은 그 세력 충돌 과정에서 일찌감치 영·미 해양 세력의 편에 서서 강자로 성장하면서 자신에게 주어지는 억압을 힘이 약한 만주와 한반도로 이양하는 길을 걸어왔다. 1945년 8월 아시아태평양전쟁이 종결되면서 패전국인 일본이 분단을 회피하고 그 대신 한반도가 분단되는 상황은 그러한 동아시아 문제의 성격을 상징적으로 보여준다. 같은 패전국이면서도 독일은 승전국들의 합의에 의해 분단되었지만, 일본은 미국이 단독으로 점령해 미국의 헤게모니 아래 편입되었다. 그 대신 소련과 미국의 힘의 충돌은 한반도에 집중되어, 한반도는 해방과 동시에 분단되는 사태를 맞이했다. 그런 점에서 '한반도 문제'는 일차적으로 한국인들이 스스로 만든 문제가 아니라, 동아시아를 둘러싼 해양 세력과 대륙 세력의 힘의 충돌 및 그 충돌 과정에서 해양 세력의 편에 서서 억압을 이양해 온 일본에 의해 외부적으로 주조된 문제이다. 다만, 문제를 만든 당사자가 외세라고 하여 그 해결의 당사자도 외세라고 할 수는 없다. 한반도의 문제를 한반도 주민 스스로 해결하지 못한다면 한반도는 외세들이 서로 각축하는 동아시아의 골칫거리로 전락할 터이다. 더욱이 분단 상황에 현명하게 대처하지 못하고 좌우 대립, 남북 대립, 전쟁을 겪으며 분단의 적대성이 구조화·내면화되어 버린 오늘의 남북한 문제는 한반도 주민 스스로 해결의 길을 찾지 못하면 어느 누구도 대신 해결해 주지 못할 것이다.

다시 정리하면, '한반도 문제'란 19세기 후반부터 동아시아에서 대륙 세력과 해양 세력의 충돌 지점이 되어온 한반도가 어떻게 안으로 내적 통합을 이루어낼 것인지, 그리고 그 통합과 더불어 어떻게 주위의 신뢰를 얻어내어 한반도가 동아시아에서 세력균형과 협력의 터전이 될 수 있을지 하는 문제라 하겠다.

한국 근현대사에서 해양 세력과 대륙 세력이 전면 충돌하며 한반도에 위기가 조성된 시기로는 1904~1905년의 러일전쟁기와 1945~1953년의 해방 후 8년기가 대표적이다. 러일전쟁기에는 대한제국이 사실상 일본의 식민지가 되었으며, 해방 8년기에는 분단 정부 수립과 한국전쟁으로 귀결된 바 있다. 이 글에서는 우선 러일전쟁기의 국제관계와 한반도의 사실상 식민지화 과정을 살펴보면서 한반도 문제의 기본 성격을 파악한 다음, 그 기본 성격이 어떻게 체제와 이념을 달리하는 미국과 소련의 분할 점령 상황에서 재현되는지 검토하는 데 주안점을 두고자 한다.

그런데 한반도 문제를 좀 더 역동적으로 이해하기 위해서는 두 세력의 충돌이 이완되는 시점도 함께 비교할 필요가 있다. 러일전쟁과 해방 8년기인 1937년부터 1945년 사이에 미국과 일본이 전면 충돌하고, 대륙 소련·중국, 해양 미국이 협력하는 국면이 조성되면서 두 세력의 충돌 구도가 일시 해체된 바 있다. 그리고 1960년대 후반 이후 냉전이 완화되고 동아시아에서 미국과 중국이 손을 잡으면서 한반도에 평화와 통합의 가능성이 열리기도 했다. 그러기에 한반도 문제의 성격을 이해하면서 동시에 그 해결 가능성을 포착하려면 두 세력의 충돌 시기만이 아니라 이완 시기도 시야에 넣을 필요가 당연히 있다. 다만 한 편의 글에서 이 모두를 다룰 수는 없기에, 이 글은 두 세력의 충돌 시기에 주목하고자 한다.

2. 러일전쟁과 한반도 문제의 1차 귀결: 세력균형과 식민지화

한반도의 지정학적 위치를 논할 때 자주 언급되는 해양 세력과 대륙 세력의 충돌이란 과연 무엇인가? 혹자는 임진왜란도 이런 세력 충돌의 하나로 설명하기도 한다. 그러나 왜가 조선 침략을 통해 명에까지 진출하려 한 것은 전근대 동아시아 질서 내부에서 발생한 사건으로, 19세기 중후반 이래 유럽 해양 세력의 동아시아 진출 과정에서 일어난 세력 충돌과는 기본적으로 성격이 다르다.

해양 세력(sea power)이란 유럽이 지중해 중심의 유럽 시대에서 대서양 중심의 유럽 시대로 바뀌면서 해양 진출을 통해 강대국으로 등장한 자본주의 국가들을 가리킨다. 덴마크·스페인·프랑스·영국·네덜란드·포르투갈 등이 대표적인 유럽의 해양 세력이다(임덕순, 1997: 314). 여기에 북아메리카의 미국과 동아시아의 일본도 해양 세력의 일원이 된다. 아메리카 대륙과 아프리카, 서아시아와 동남아시아의 상당한 지역을 식민지화한 해양 세력은 청과 러시아라는 아시아 대륙의 두 내륙 국가(interior state)와 동아시아에서 충돌했다.

넓은 영토를 보유한 청과 러시아는 자국 영토를 보전하기 위해 무엇보다 안정된 국경 유지에 힘써왔다. 그 안정을 보장하는 주요한 길은 국경을 함께하는 주변 지역에 완충지대를 설치하는 것이다. 청-중국과 러시아-소련이 만주와 한반도에서 취한 정책은 기본적으로 이 지역을 완충지대화하는 것이었다. 러시아는 내륙 국가로서 해양으로 진출하기 위한 통로의 확보를 목적에 추가했다.

러시아의 동방 진출은 일본을 비롯한 해양 세력에는 위협으로 받아들여졌다. 일본은 러시아의 침략을 막기 위해 그 통로가 될 한반도를 사전에 장악해야 한다는 것을 한반도 침략의 근거로 삼았다. 2001년 일본에서 출판되어 동아시아의 역사 갈등을 폭발시킨 후소사(扶桑社)판 『새로운 역사교과서』 시판본에는 다음과 같은 문장이 있다.

> 일본을 향해 대륙에서 조선반도가 하나의 팔뚝처럼 돌출해 있다. 당시, 조선반도가 일본에 적대적인 대국의 지배하에 들어가면, 일본을 공격하는 좋은 형태의 기지가 되어, 배후지가 없는 섬나라 일본은, 자국의 방위가 곤란해진다고 생각되었다(西尾幹二 外, 2001: 216).

역사학자 정재정에 의하면, 한반도를 '흉기'로 파악하고, 이를 제거하기 위해 한국을 '병합'하는 것이 당연한 일이라는 인식은 메이지 시대 이래 일본 정치 지도자들의 논리이자, 이들을 통해 세뇌된 일반인들의 견해이기도 했다(정재정, 2002: 95~96). 19세기에 등장한 조선반도 위협론이 한 세기를 건너뛰어 21세기의 벽두에 재등장한 것은 놀라운 일이 아니다. '새로운 역사교과서를 만드는 모임'은 전후 일본의 역사인식을 패전 사관, 도쿄 재판 사관이라고 비난하며 일본인의 자긍심을 고취하는 역사교육을 주장했다. 그 자긍심을 위해 그들은 일본의 침략 역사를 정당화하고 있는데, 그 정당화의 주된 논리는 일본의 세력 확장이 자국의 안보를 위해 위협적인 요소를 먼저 정리한 것에 불과하다는 것이다. 그런 논리의 핵심을 이루는 것이 한반도 흉기론이다. 한반도를 자신의 안전판으로 생각하는 사고방식, 자신의 안전을 위해서는 상대방을 침략하는 것도 때로는 불가피하는 극단의 내셔널리즘은 19세기부터 지금까지 일본의 우익 세력 저변에 깔려 있는 정서 중 하나이다. 그러한 정서를 바탕으로 해서 19세기 말, 20세기 초 일본의 한반도 침략과 지배 과정이 시작되었다. 그 과정을 살펴보자.

일본이 1894년 청일전쟁에서 승리하면서 동아시아의 전통적인 조공-책봉 질서는 전면적으로 붕괴됐다. 그러나 그 승리가 일본의 한반도 진출을 보장해 주지는 못했다. 뒤이은 삼국간섭으로 일본의 한반도 진출은 좌절되었다. 러시아·독일·프랑스 등 유럽 대륙 국가들의 개입으로 한반도 진출이 좌절된 일본은 이후 영국·미국 등 신흥 해양 세력과 협력하며 세력 확장을 꾀했다. 영미 해양 세력과 일본은 러시아의 태평양 진출을 위협적으로 인식한다는 점에서 공통분모를 가지고 있었다.

미국 뉴햄프셔주의 조그마한 군항 도시 포츠머스. 이곳에서 1905년 8~9월에 한반도와 동아시아 국제관계를 결정하는 중요한 회담이 열린다. 포츠머스 회담이다. 1904년 러일전쟁 개전 이후, 러시아 함대는 일본에 패배를 거듭했지만 러시아 정부로서는 극동의 전쟁에 모든 것을 쏟아부을 처지가 아니었다. 일본 역시 승전을 거듭하고 있었지만 재정 부담이 가중되어 전쟁을 끝내고 싶어 했다. 서구 열강은 일본의 세력이 지나치게 팽창해 자신들의 권익을 침해하고 지역 세력균형이 일본에 지나치게 유리하게 기울 것을 우려해 적극적으로 중재에 나섰다. 러일 양국이 전쟁으로 국력이 약화된 채 만주에서 세력균형을 유지하는 것이 이 지역에서 열강의 이해를 보장하는 최선의 방법이었다(구대열, 1995: 86).

중재자로 나선 미국은 포츠머스 회담에서 일본에 상당히 유리한 조건의 협상을 이끌어냈다. 9월 5일에 체결한 포츠머스 조약의 주요 내용은 만주와 한반도에 대한 일본의 이익을 상당 부분 보장해 주는 것이었다. 먼저 러시아는 한국에서 일본이 정치·군사·경제 영역을 지도·보호·감독할 권리를 갖는다고 인정했다. 조약 체결 직전에 이미 일본은 태프트-가쓰라 협약(The Taft-Katsura Memorandum)을 통해 필리핀에 대한 미국의 특수 지위를 인정하고, 한국에서 일본이 특수 이익을 가지는 데 대해 미국의 동의를 얻어냈다. 이어 '제2차 영일동맹 조약'에서도 일본은 영국이 중국에서 확보한 이익과 인도 식민지를 보호하기 위해 취한 조치를 인정하되, 일본이 한국에 대해 정치·군사·경제적 특권이 있다고 영국의 인정을 받은 바 있다. 이 조약으로 미국·영국에 이어 러시아도 한반도를 지배할 일본의 권리를 인정한 것이다. 다음으로 만주에 대해서는 러시아가 가지고 있던 뤼순항 등 랴오둥 반도의 조차권과 창춘과 뤼순 간 남만주 철도 재산 등을 일본에 양도하는 것이 결정되었다(한중일3국공동역사편찬위원회, 2012: 123~124).

이상의 내용만을 놓고 보면 포츠머스 조약은 러시아가 만주와 한반도에서 가지고 있던 모든 이익을 일본에 양보한 것처럼 보인다. 그러나 조약의 전체 내용을 보면 일본도 꼭 만족스럽지만은 않았다. 이 조약은 랴오둥 반도의 조차지를 제외하고, 일본군과 러시아군이 점령하여 관리하는 만주 영토를 전부 청국에 돌려준다고 명시했으며, 이 지역의 러일 양국 군대는 철수하되 각자 만주철도를 보호할 수비군은 남길 수 있게 했다. 러시아는 이 외에도 북위 50도 이남의 사할린섬 남부와 그 부속 도서를 일본에 양도했지만, 블라디보스토크항과 북만주에 대한 영향력을 유지함으로써 동방 진출의 길을 완전히 상실하지는 않았다. 포츠머스 조약은 만주에서 러일 양쪽 모두에게 일방적인 패권을 인정하지 않은 것으로, 하얼빈을 경계로 만주를 양분해 북만주는 러시아의 세력권으로, 남만주는 일본의 세력권으로 인정하여 러시아와 일본이 '균형 잡힌 적대 관계(balanced antagonism)'를 이루게 했다(구대열, 1995: 87). 아울러 조차지를 제외한 만주 영토의 주권 자체는 청에 돌려주도록 하여, 러일 양국이 만주를 그들의 영토로서 완전히 분할해 지배하는 것은 막았다.

한편 이 조약으로 형성된 동북아시아의 세력균형은 미국과 영국에도 장기적으로 유리한 것만은 아니었다. 러시아의 힘이 약화된 이후 일본을 견제할 만한 세력이 동북아시아에 존재하지 않게 된 것이다(김종헌, 2008: 95). 러시아의 남진을 막는다는 점에서 공동의 이익을 가진 일본과 미국·영국은 러일전쟁에서 같은 편에 섰다. 그러나 러일전쟁의 결과는 언젠가 그 이상의 팽창을 원할 일본과 이를 인정하지 않으려는 미영의 충돌 개연성을 품고 있는 불안정한 세력균형을 낳았다.

19세기 말에서 20세기 초에 벌어진 동아시아 국제관계의 변동, 즉 대륙 세력으로서 청의 퇴조와 러시아의 동진(東進), 해양 세력인 영미 제국주의와 일본의 상호 협력, 그로 인해 형성된 대륙 세력 대 해양 세력의 대립 구도 속에 한반도는 일본의 안전판으로 간주되어 식민지화되었다. 이것이 '한반도 문제'의 1차 귀결이다.

3. 세력 충돌의 변형과 한반도 문제의 2차 귀결: 분단과 전쟁

각국의 힘의 충돌을 세력균형의 관점에서 바라보는 고전적인 제국주의-국민국가 시대의 국제관계는 제1차 세계대전으로 근본적인 도전에 직면했다. 제국주의의 위세는 전반적으로 퇴조했으며 민족자결주의, 민족해방운동의 이념이 고조되기 시작했다. 러시아혁명이 일어나면서 전 세계는 국가 간 힘의 충돌에 더해 이념적·계급적 갈등이 증폭되었다. 구질서의 일원이던 러시아는 혁명 이후 세계 혁명운동의 근거지로 탈바꿈했다. 동아시아에서는 제1차 세계대전에 편승한 일본의 힘이 더욱 커지면서 대륙 세력 대 해양 세력의 대립 구도는 약화되고, 일본과 미국 사이에 긴장 관계가 확대되었다.

1937년 중일전쟁으로 본격화된 아시아태평양전쟁은 한반도가 대륙 세력 대 해양 세력의 대립과 거기서 비롯된 식민지화라는 지정학적 굴레에서 벗어날 기회를 제공했다. 제2차 세계대전으로 국제관계는 파시즘 대 민주주의의 대립 구도로 전환되었고, 한반도는 파시즘 진영에 속한 일본에 맞서 민족해방을 쟁취할 수 있는 기회를 얻었다. 그러나 대한민국임시정부와 광복군, 동북항일연군과 조선의용군을 비롯한 한인 민족해방운동 세력이 대일 전쟁에 본격적으로 참전해 교전 단체로서 국제적 인정을 얻기 전에 일본이 미국의 원자폭탄 투하로 항복을 선언해 버렸다. 일본은 미국에 단독으로 점령되면서 다시 미국 헤게모니하의 해양 세력에 편입되었다. 그 대신 한반도는 전후 동아시아 질서를 염두에 두고 신경전을 벌이던 미국과 소련에 의해 분할 점령되었다. 연합국의 일원이던 미국과 소련은 한반도 문제를 어떻게 인식했기에 이 같은 분할 점령을 선택했을까? 두 강대국이 종전 전후에 취한 한반도 정책의 본질은 무엇일까? 특히 소련의 한반도 접근 방식은 지정학적이었을까, 이념적이었을까?

러시아의 후계자인 소련의 외교관들은 러일전쟁의 치욕을 잊지 않았다. 다음 인용문은 1945년 6월 29일 자로 제2극동국장 Д. А. 주코프(Д. А. Жуков)와 부국장 Е. Г. 자브로딘(Е. Г.Забродин)이 작성한 보고서의 일부이다.

> ① 일본이 한국을 통해 아시아 대륙으로 팽창하려 한 데 대해 러시아가 투쟁한 것은 역사적으로 정당한 행위였다. 그러나 그때 러시아는 일본의 한국 침략을 막을 만한 충분한 힘이 없었으며, 근본적으로 무엇보다도 외교적으로 고립되어 있었다. 일본이 영국 측에서, 그리고 주지하는 방식으로 미국·독일에서 지지를 받고 있었기 때문이다.
>
> ② 일본은 영원히 한국에서 축출되어야 한다. 왜냐하면 일본이 지배하는 한국은 극동에서 소련의 항구적인 위협이 될 터이기 때문이다(Жуков and Забродин, 1945.6.29: 8~30).

이 인용문 ①에서 두 외교관은 러일전쟁 때 러시아의 약점을 두 가지로 지적한다. 하나는 일본을 막을 힘이 부족했고, 다른 하나는 외교적으로 고립되어 있었다는 점이다. 제2차 세계대전 이후 소련은 한반도 문제에서 이런 실수를 반복하지 않기 위해, 우선 군사적으로 한반도 분할 점령에 동참했으며, 그다음에 미국이 주도하는 신탁통치 논의에 참여해 국제 외교에서 자신들이 고립되지 않을 길을 찾았다.

그해 8월 1일 자로 소련공산당 중앙위원회 정보국의 이름으로 작성된 「한국의 국내외 정세에 대하여」라는 글은 소련이 지정학적인 사고방식에 입각해 군사전략을 취하고 있음을 더욱 분명하게 보여준다. 이 글에서 "한국의 군사전략적 의의는 무엇보다도 만주·소련과 육지 국경을 접하고 있는 지리적 상황에 규정된다"라고 밝히면서 "(일본은) 한국을 작전 근거지로 사용하면서 1931년에 만주를 합병했으며, 그 후 일본 제국주의가 소련에 대한 전쟁을 준비하면서 한국의 전략적 의의가 더욱 커졌"음을 지적한다[Бюро Иеформации ЦК ВКП(б), 1945.8.1: 159].

1946년의 제1차 미소공동위원회에서 소련 측 대표 Т. Ф. 슈티코프(Т. Ф. Штыков)가 "한국이 소련에 우호적인, 민주적이고 독립적인 국가가 되어 향후 소련을 공격하는 기지로 사용되지 않을 국가가 되는 것에 소련은 지대한 관심을 가지고 있다"라고 발언한 것도 소련 자신의 '국가안보'를 위해 주변 지역에 영향력을 행사하는 것이 불가피하다는 지정학적 관점을 공공연히 드러낸 것이다(신복룡, 2001: 334).

소련 외교관들의 이러한 인식은 역사적 사실에 부합하는 것일까? 절반은 맞지만 절반은 틀리다. 대륙 세력과 해양 세력의 충돌 지점에 있는 한반도라는 공간에 러시아-소련에 적대적인 정부가 들어선다면 이는 자신의 안보에 위협이 될 수 있다. 그러나 일본은 러시아와 만주·한반도에서 세력 경쟁을 하기는 했지만, 러시아를 전면 침략하는 북진의 길을 선택한 적이 실제로는 없다. 소련 외교관들의 논리는 지정학적 사고방식에 입각해 과거의 역사적 기억을 소환하여 현재의 행동, 즉 한반도의 주권국가 수립에 개입하는 자신의 행동을 정당화하는 근거를 찾은 것이다.

러시아가 극동에서 펼친 대외정책의 전통적인 지정학적 목표는 부동항 확보, 철도망 확대, 완충지대(buffer zone) 조성이다(제성훈, 2018: 101~102). 그 목표는 1945년 이후에도 큰 변동 없이 지속된다. 얄타 회담에서 프랭클린 루스벨트(Franklin Roosevel)는 이오시프 스탈린(Иосиф Сталин)에게 일본과의 전쟁에 참전하는 대가로 러일전쟁에서 러시아가 상실한 만주의 이권을 회복시켜 주겠다고 제안했다. 랴오둥 반도의 항구와 만주 철도를 소련이 사용할 수 있게 해주겠다는 솔깃한 제안이었다. 이 제안이 실현되면 소련은 블라디보스토크항에서 뤼순항으로 이어지는 항로를 확보해 태평양으로 진출할 수 있었다. 문제는 두 항구를 연결해 주는 항로, 즉 한반도의 동·서·남해안의 항로를 자유롭게 이용할 권한을 확보하는 것이다. 이를 위해 소련은 1945년 9~10월에 열리는 런던 외상회담을 앞두고 소련이 한반도 신탁통치에 참여하면서 부산·진해·제주도·인천의 항구를 소련군 사령부가 사용할 수 있도록 하는 방안을 탐색했다. 아울러 소련은 동북아시아의 해양에서 자유로운 통행을 보장받기 위해 라페루즈(소야) 해협, 산가르스키(쓰가루) 해협과 대한해협을 연합국들이 공동 관리하는 방안을 모색하기도 했다(김성보, 1995: 64~66). 이 구상은 비록 실현되지는 않았지만, 소련이 전통적인 지정학적 목표를 달성하기 위해 한반도 신탁통치에 얼마나 관심을 가지고 접근했는지를 잘 보여준다.

1947년 2월, 북한에는 최고집행기관인 북조선인민위원회가 선거를 통해 수립된다. 이 권력기관이 출범 직후 단행한 일 중 하나가 바로 소련에 북한의 항만을 임대해 주는 일이었다. 3월에 북조선인민위원회와 소련 대외무역성은 조쏘해운주식회사(Mortrans)를 합작 설립했다. 북조선인민위원회는 이 회사에 청진항, 나진항, 웅기항을 30년간 임대해 주는 방식으로 소련이 그토록 원하던 안정적인 부동항을 제공해 주었다(木村光彦, 2011: 149). 그 뒤 1948년 9월에 조선민주주의인민공화국이 수립되면서 소련은 북한 지역을 자신의 확실한 완충지대로 확보하게 된다.

제2차 세계대전 이후 미소의 대립은 명분상으로는 자유민주주의와 사회주의 간의 이념 전쟁이었으나 내용상으로는 19세기 이래 지속된 영국과 러시아 간의 지정학적 대립과 갈등이 미국과 소련의 대결로 전환된 것이라 할 수 있다. 19세기처럼 20세기 냉전 시기에도 소련과 미국은 유럽과 아시아 전역에서 전선을 구축했다. 해양 세력으로서 미국은 유럽과 서아시아, 동아시아에서 소련을 봉쇄했고, 소련은 동유럽부터 동아시아의 북한까지 완충지대를 만들어 맞섰다(백준기, 2014: 709~710). 그렇다면 미국은 어떠한 관점에서 한반도 문제에 접근했을까?

제2차 세계대전을 계기로 고립주의에서 벗어나 개입주의로 전환한 미국은 막강한 군사력과 경제력을 바탕으로 전후 세계질서의 주도자가 된다. 루스벨트 대통령이 구상한 세계질서는 미국·영국·소련·중국 등 강대국들이 각각 세력권을 확보해 그 속에서 경찰 역할을 하되, 각 세력권은 개방적으로 상호 교류하는 것이었다. 이 구상을 뒷받침할 국제기구로 국제연합이 창립된다. 아울러 루스벨트는 자유무역을 기본으로 하는 전후 경제질서를 구상했다. 루스벨트는 전후 당면할 식민지 처리 문제에도 고심했다. 그가 택한 방안은 식민지에 대한 신탁통치였다(김일수, 2006: 16~17). 미국의 전후 세계질서 구상은, 한편으로는 세계평화와 자유무역이라는 이상주의에 바탕을 두면서, 다른 한편으로는 승전국들이 각각의 세력권을 확보한 채 서로 협력해 세계질서를 유지한다는 강대국 중심의 현실주의가 결합된 것이었다.

미국의 루스벨트가 제2차 세계대전기에 구상한 전후 동북아시아는 어떤 모습이었을까? 미국의 동아시아 3국에 대한 전후 구상은 국민당 정부에 의해 통일될 중국, 비군사화와 민주화로 탈바꿈할 일본, 신탁통치를 거쳐 독립할 한국으로 그려져 있었다(한중일3국공동역사편찬위원회, 2012: 229). 미국은 얄타 회담에서 일본을 패망시키기 위해 소련의 참전을 독려했지만 소련이 아시아에서 큰 힘을 발휘하리라고 기대하지는 않았다. 그보다는 중국 국민당 정부가 지역 세력으로서 역할을 담당해 주기를 기대했다. 전쟁 과정에서 유럽에서는 미국과 소련의 군사력이 거의 대등한 비중으로 작동했지만, 동아시아에서는 미국의 힘이 압도적으로 작용했다. 무엇보다도 미국은 핵무기를 일본에 실제로 투하한 다음, 일본 본토를 단독으로 점령했다. 미 군부는 일본이 환태평양 공로(空路, Great Circle Air Route)의 일환이기 때문에 태평양에서 미국의 군사적 안보를 위해 필수적인 전략 요충지로 파악했고, 따라서 미국이 지배적인 영향력을 행사해야 할 지역으로 간주한 바 있다(정용욱, 2003: 52).

소련도 일본에 선전포고를 한 다음 만주와 한반도 북부로 군사력을 진출시켰지만 그 힘이 미국의 주도권을 위협할 정도는 아니었다. 소련이 일본에 선전포고를 하고 일본의 패망이 확실해질 무렵, 미국의 수뇌부는 소련이 일본의 분할 점령을 요구할 수도 있다고 예상했다. 트루먼이 '일반 명령 제1호'를 스탈린에게 전달했을 때, 스탈린은 홋카이도 북부를 소련에 할양한다는 내용으로 수정해 줄 것을 요구했다. 그러나 미국은 이를 분명히 거부했고, 소련은 바로 물러섰다(신복룡, 2001: 79~80). 소련은 미국이 주도하는 세계질서 구상에 동참하며 그 안에서 자신의 세력을 최대한 확보하려는 수동적인 자세를 보였다. '일반 명령 제1호'에 따라 한반도는 북위 38도선을 경계로 소련군과 미국군이 분할 점령하게 되었다.

만약 미국이 구상하고 다른 연합국들이 동조한 한반도 신탁통치안이 그대로 실현되었다면 38도선은 임시 분할선에 그쳤을 것이다. 신탁통치안은 미국이 여러 이해관계가 얽혀 있는 식민지를 독립시키기 위해 중간 절차로서 일종의 '선의'로 구상한 것이라 하지만, 여기에는 막상 식민지 지배를 받아온 그 지역 당사자들의 의사는 전혀 반영되지 않았다. 신탁통치안은 미국의 일방주의가 그대로 드러나는 전후 처리 방안 중 하나였다(김남균, 2007: 40). 더욱이 한반도는 지정학적으로 해양 세력을 대표하는 미국과 대륙 세력을 대표하는 소련의 이해관계가 충돌하는 지점이어서, 타협이 잘 이루어지지 않을 경우 언제든 일시 분할선이 장기 분단선이 될 우려가 매우 높은 지역이었다. 러일전쟁기에는 두 세력 간의 힘의 충돌을 해결하기 위해 만주를 두 세력권으로 분할하는 식으로 힘의 균형을 이루었다. 그러나 1945년의 중국은 만주에 대한 지배력을 잃을 만큼 약한 나라가 아니라 당당한 승전국의 일원이었다. 만주는 어느 나라가 군사 점령을 하건 중국 영토에 편입될 것이 확실했다. 한편 미국은 자국의 태평양 안보를 위해 일본 본토를 단독 점령했다. 그런 상황에서 대륙 세력과 해양 세력이 충돌하는 힘은 동북아시아에서 한반도로 몰릴 수밖에 없었다. 1945년 당시 단순한 군사적 편의를 고려했다면 한반도는 멀리 오키나와에 떨어져 있는 미국군보다는 소련군이 단독 점령해도 무방했다. 일찍이 이용희가 지적한 것처럼 미국은 전후 한반도에 단일 세력의 진입을 막기 위해 신탁통치를 구상했으며, 38도선 획정 역시 단일 세력의 점거를 불허하기 위한 방안이었다. 이는 '반도의 국제정치적 위치의 문제'였다(이용희, 1983: 233).

동북아시아에서 1905년과 1945년의 중요한 차이는 첫째, 세력균형의 요충지가 만주가 아닌 한반도로 이동했다는 점이다. 중국이 연합국의 일원이 된 상황에서 중국의 의사를 무시하고 만주를 분리해 세력균형의 희생자로 삼을 가능성은 없었다. 소련은 다른 어느 나라보다 빠르게 1945년 8월 14일 중국 국민당 정부와 중소우호동맹조약을 체결할 정도로 중국 국민당 정부를 존중했다. 미국과 소련으로서는 세력균형의 완충지대로서 다른 곳이 필요했다. 미국으로서는 환태평양의 일원인 일본을 확실히 지킬 전진기지가, 소련으로서는 해양 세력이 소련으로 진출할 교두보를 다시 차단하기 위해 한반도의 전략적 중요성이 급상승했다. 특히 중국이 공산화되며 미국에는 한반도의 전략적 가치가 더욱 높아졌다. 둘째, 세력균형 위주의 국제질서관이 변하고 있었다. 국가 간 세력균형의 위험성을 인지한 미국 등은 국제연합 창설 등 좀 더 안정된 새로운 국제-지역 질서의 창출을 희망했다. 신탁통치는 그 장치 중의 하나였다. 셋째, 문명 대 반문명의 대립 구도 대신에 세계를 양분할 사회주의 대 자유민주주의라는 이념과 체제의 문제가 급부상한 점이다.

1946~1947년에 신탁통치와 임시정부 수립 문제를 논의하기 위해 진행된 미소공동위원회는 결국 결렬된다. 그 후 1948년에 분단 정부가 수립되며, 1950년에는 한반도에서 전쟁이 발발하고 그 전쟁이 국제전으로 비화되었음은 익히 잘 알려진 사실이다.

1917년 러시아혁명 이후 1953년 휴전까지의 기간을 돌이켜보면, 대륙 세력 대 해양 세력의 충돌이라는, 한반도의 지정학적 굴레가 두 가지 계기에서 해소될 가능성이 있었음을 확인할 수 있다. 첫째는 일본 제국의 과도한 팽창이 해양 세력 내부에서 파열을 일으키며 전 세계 강대국의 일시 협력 국면을 조성하고 이때 한국 사회의 주권 회복 의지가 국제적으로 존중받을 수 있음을 보여주었다. 둘째는 사회주의혁명 이념의 확산이 고전적인 지정학적 세계관을 붕괴시키고 국제 연대를 조성하며 그 속에서 민족해방을 달성할 가능성이 열릴 수 있었음을 보여주었다. 그러나 두 가능성은 단지 가능성에 머물면서 현실화되지 못했고, 대륙 세력을 대표하는 소련과 해양 세력을 대표하는 미국의 영향력 아래 분단국가가 수립되고 전쟁에까지 이르렀다. 왜 그랬을까?

한국의 민족해방운동 세력과 시민사회는 일본 제국주의를 타도할 주체적 역량을 갖추지 못했으며 그 내부의 이념적 분열은 미국과 소련의 분할 점령이라는 조건 아래 좌우 대립을 극단화했다. 당시 한반도의 좌파와 우파는 모두 미국과 소련의 대외정책이 이념보다 지정학적 판단에 입각해 펼쳐진다는 것을 인식하지 못했다. 과도한 이념적 자세는 한반도를 둘러싼 냉혹한 국제관계를 간파할 혜안을 무디게 했으며, 밖으로부터 만들어진 분단을 내면화하고 상호 적대성을 구조화하기에 이르렀다.

4. 국제 냉전의 완화와 한반도 문제의 내면화, 그 후

한국전쟁 이후 동아시아에서는 미국-일본-한국 자본주의 3국과 소련-중국-북한 사회주의 3국이 대립하는 냉전 구도가 정립되었다. 그러나 공고할 것만 같았던 냉전 구도는 1969년 닉슨 독트린 이후 미국과 중국의 상호 접근, 중일 국교 정상화로 크게 흔들리기 시작했다. 베트남전쟁으로 수렁에 빠진 미국은 닉슨 독트린 이후 아시아에서 직접적인 군사개입 행위를 자제하는 한편, 힘의 불균형이 발생하지 않도록 중국과 손을 잡으며 소련을 견제했다.

냉전이 완화되면서 한반도에는 남북의 상호 관계를 개선할 기회를 얻었다. 홍석률의 연구에 따르면, 1970년대에 미국과 중국은 평화 정착이든 남북 통합이든 간에 한반도 분단 문제를 근본적으로 개선하려 하지 않았다. 다만, 두 국가는 동아시아의 긴장완화와 미중 관계 개선을 위해 한반도의 긴장이 완화되고, 자신들이 한반도의 분쟁에 다시 연루되어 또다시 격돌하는 상황을 방지하는 데 주력했다. 두 국가는 한반도 분단 문제를 국제분쟁이 아니라 남북한 사이의 문제로 내재화하기 위해 서로 협력했다(홍석률, 2012: 391~392). 박태균은 1970년대 미국의 대외정책을 좀 더 적극적으로 검토하면서 당시 미국에서의 논의를 종합해 보면, 이 시기에 남북한 정부가 한반도에서 평화 체제와 함께 중립화로 나아갈 중요한 기회를 얻을 수 있었다고 해석한다. 당시 미국, 소련, 중국 사이에는 힘의 균형이 이루어져 있었고, 통일이 전제되지 않는다면 남북한이 각각의 내부 소요를 해결할 수 있는 물리력도 갖고 있었다. 이런 상황에서 스위스나 스웨덴, 오스트리아의 사례에서 보듯 주변 국가들의 동의하에 정전 체제에서 평화 체제로의 전환 및 중립화의 가능성이 충분히 있었다는 것이다(박태균, 2018: 103). 그러나 상호 적대성이 공고해져 있던 한반도에서 남북한 정부는 7·4남북공동성명을 채택하기도 했지만 결국 그 기대를 저버렸다. 오히려 한반도에는 유일체제와 유신체제라는 두 독재체제의 대립이 강화되었다.

국제적으로 냉전이 완화되었음에도 한반도 문제가 해결되지 않고 오히려 남북 간 대립이 더욱 첨예화된 상황은 무엇을 뜻하는 것일까? 그것은 외부 환경에서 비롯된 한반도 문제가 어느새 내부 문제로 근본 성격이 바뀌었음을 보여준다. 한반도 문제의 내재화, 다시 말하면 남북한 간 적대적 공존의 구조화가 이루어진 것이다. 남북한 정부는 자신들의 권력과 체제를 유지하기 위해서라도 국제 냉전의 완화보다는 각자의 배경이 될 해양 세력과 대륙 세력이 계속 대립하기를 바라는 상황이 되어버렸다.

남북한은 1990년대에 소련이 개혁·개방 노선을 취하면서 시작된 냉전의 해체 과정에서 다시 한번 평화 체제로 전환할 국제적 기회를 얻었다. 노태우 정부는 '7·7 선언'을 통해 북방 정책을 추진했고, 1991년에 '남북기본합의서'와 '남북비핵화공동선언'을 채택했다. 미국은 1992년에 주한미군의 전략 핵무기를 철수했고, 한국군의 평시 작전통제권을 한국 정부에 이관했다. 그러나 소련과 동유럽 공산권의 붕괴는 북한을 더욱 움츠리게 만들었다. 위기감을 느낀 북한이 핵무기 개발에 집착하면서 국제원자력기구와 핵비확산조약을 탈퇴하자 한반도에는 다시 긴장이 고조되었다(박태균, 2018: 107~108). 노태우 정부가 추진한 북방 정책은 서독의 동방정책이 우선 소련과의 관계를 개선하면서 동·서독 관계를 풀어나갔듯이, 사회주의권과의 관계 개선을 통해 남북 관계를 풀어나가는 방향으로 진행되었다. 그러나 북핵 문제와 남북 관계 악화로 인해 한반도 문제를 궁극적으로 해결하는 방향으로는 나아가지 못했다(김연철, 2011:102). 북한은 '자위(自衛)'를 명분으로 핵무기 개발이라는 위험한 선택을 함으로써 국제사회에서 고립이 심화되었다.

20세기 말 소련과 동유럽의 공산주의권이 붕괴하면서, 미국과 소련을 대립 축으로 하는 해양 세력과 대륙 세력의 세계적 충돌 구도는 소멸했다. 국제 냉전의 종결 이후 미국과 중국에는 소련이라는 공통의 견제 대상이 사라졌다. 그 대신 중국이 대국으로 발돋움하면서, 미국과 중국은, 아시아는 물론이고 전 세계에서 패권을 다투는 경쟁자가 되었다. 동아시아에서 핵문제를 둘러싼 북-미 간 대립 구도에 미중 간 패권 경쟁이 겹치면서, 한반도는 다시 세력 각축의 요충지로 재부상하고 있다. 북중 동맹과 한미 동맹이 또다시 강조되며 상호 대립하는 형국이 만들어지고 있다.

이는 현상적으로는 분명 19세기 후반 이래 동아시아에서 전개되어 온 해양 세력과 대륙 세력의 지정학적 충돌이 21세기에도 여전히 지속된다는 것을 보여준다. 그러나 그 속에서 한반도 문제는 식민지화, 분단, 전쟁으로 이어졌던 20세기 중반까지와는 그 기본 성격이 다르다는 점에 유의할 필요가 있다. 19세기 후반부터 20세기 중반까지의 한반도 문제는 한반도를 둘러싼 열강 간의 갈등이 기본 요인이었고, 한반도 내부에서 상호 경쟁하는 세력이 국제 갈등을 안으로 끌고 들어와 문제를 심화하는 양상이었다. 그러나 1960년대 말부터 21세기 초 현재까지 한반도 문제는 남북 대립 및 남한 사회 내부의 보수와 진보의 대립이라는 이중적 내부 대립을 기본축으로 한다. 한반도 주위의 강대국들은 한반도 문제의 근본적인 해결에 무관심하며 단지 동아시아의 국제질서를 크게 뒤흔들지 않는 한에서 한반도가 안정적으로 관리되기를 바랄 뿐이다. 이제 한반도 문제는 한반도 주민이 스스로 주체가 되어 해결해 갈 수밖에 없다. 다만, 그 문제의 해결 과정에서 동아시아의 국제질서가 뒤흔들릴 것은 필연적이기 때문에 외세의 주목을 받을 수밖에 없다. 주위 강대국들의 염려를 불식하고 한반도 문제의 해결이 각국의 이해관계를 손상하지 않으며 오히려 동아시아의 궁극적인 안정과 평화를 통해 공존할 수 있음을 보여주는 것은 한반도의 주역인 남북한 정부, 그리고 남과 북의 국민과 인민의 몫이다.

:: 참고문헌

구대열. 1995.『국제관계사 연구』1. 역사비평사.

김남균. 2007.「태평양 전쟁기의 '이승만 외교'(1939~1945)」. ≪공공정책연구≫, 14권 1호, 19~40쪽.

김성보. 1995.「소련의 대한 정책과 북한에서의 분단질서 형성. 1945~1946」. 역사문제연구소 엮음.『분단 50년과 통일시대의 과제』. 역사비평사.

김연철. 2011.「노태우 정부의 북방정책과 남북기본합의서: 성과와 한계」, ≪역사비평≫, 97호, 80~110쪽.

김영식. 1993.『한반도 문제의 역사적 성격: 현대한국외교사 1920~1980』. 대왕사.

김일수. 2006.「F. D. 루즈벨트 대통령의 개입 정책과 전후 구상」. ≪동서문제연구≫, 18권 1호, 1~23쪽.

김종헌. 2008.「러일전쟁과 동북아 국제질서의 재편」. 김영수 외.『동북아시아의 갈등과 대립: 청일전쟁에서 한국전쟁까지』. 동북아역사재단.

김학성. 2016.「한반도 문제의 해결방법에 관한 제도주의적 접근」. ≪한국과 국제정치≫, 32호.

마루야마 마사오(丸山眞男). 1997.『현대 정치의 사상과 행동』. 김석근 옮김. 한길사.

박명림. 2005.「동북아평화공동체 구상의 비전과 전략, 제주도」. ≪4·3과 역사≫, 5호, 194~230쪽.

박영준. 2005.「전전(戰前) 일본자유주의자의 국가구상과 동아시아」. ≪한국정치학회보≫, 39권.

박태균. 2015.「미국의 관점에서 본 한국의 8·15」. ≪군사≫, 96호.

______. 2018.「데탕트와 한반도, 실현되지 못한 제3의 길」. ≪역사비평≫, 124호, 86~115쪽.

백준기. 2014.『유라시아 제국의 탄생: 유라시아 외교의 기원』. 홍문관.

백지운. 2018.「'일대일로'와 제국의 지정학」. ≪역사비평≫, 123호, 199~233쪽.

베슬러, K. A(Klaus-Achim Boeschler). 1995.『정치지리학』. 안재학 옮김. 명보문화사.

신복룡. 2001.『한국분단사연구』. 한울.

이예안. 2014.「근대 일본의 소국주의·소일본주의 : 아시아주의와의 길항과 교착」. ≪일본학연구≫, 41호.

이용희. 1983.「38선 획정 신고」. 브루스 커밍스 외.『분단전후의 현대사』. 일월서각.

임덕순 1997.『정치지리학 원론: 이론과 실제』(제2판). 법문사.

정용욱. 2003.『해방 전후 미국의 대한 정책』. 서울대학교출판부.

정재정. 2002.「일본 역사교과서에 나타난 한국사관의 특징」. 이원순·정재정 편저.『일본 교과서, 무엇이 문제인가: 올바른 역사인식을 위한 비판과 제언』. 동방미디어.

제성훈. 2018.「19세기 말 만주·한반도에서 러시아 대외 정책의 지정학적 목표와 시사점」. ≪슬라브학보≫, 3권 1호, 101~128쪽.

조성렬. 2015.「한반도 문제의 해결과 3단계평화론: 적극적 평화론을 중심으로」. ≪동북아연구≫, 30권 1호, 33~69쪽.

지상현·콜린 플린트(Colin Flint). 2009.「지정학의 재발견과 비판적 재구성: 비판지정학」. ≪공간과 사회≫, 31호, 160~199쪽.

킴, 새뮤얼(Samuel S. Kim). 2016.『한반도와 4대 강국』. 한울.

한중일3국공동역사편찬위원회. 2012.『한중일이 함께 쓴 동아시아 근현대사 1』. 휴머니스트.

홍석률. 2012.『분단의 히스테리』. 창비.

Kim, Jong-min. 2012. “Tasks to solve Korean Peninsula Problems based on their distinct characteristics.” *The Journal of Humanities and Social Sciences*, Vol.3 No.1(≪인문사회≫, 21), 23~39쪽.

Жуков Д. А.·Забродин Е. Г.(주코프·자브로딘). 1945.6.29. “Коррея - краткая справка(한국: 간단한 조회)”. АВПР., Фонд 0430 ОписЬ2 Папка 5 Пор 18.

Бюро Информации ЦК ВКП(б)(소련공산당 중앙위원회 정보국). 1945.8.1. “О внутреннем и международном положении Корей(한국의 국내외 정세에 대하여),” Бюллетннь(공보) No.15(Москва: РЦХИДНИ. Фонд 17 Опись 128 Дело 49, 1945.8.1), с.49.

西尾幹二 外. 2011.『新しい歴史教科書』(市販本). 東京: 扶桑社

2장

'독일문제' 담론의 역사적 고찰

정용숙

1. 독일문제란 무엇인가?

"유럽은 독일문제를 풀어야 한다." 2014년 5월 독일의 경제주간지가 뽑은 국제관계 전문가 브렌던 심스(Brendan Simms)와의 인터뷰 기사 제목이다(*Wirtschaftswoche*, 2014.5.25). 그런데 역사학자 하인리히 빙클러(Heinrich A. Winkler)는 '독일문제'가 1990년에 끝났다고 선언한 바 있다.[1] 그렇게 잊힌 것 같았던 단어 '독일문제'는 유로존 재정 위기를 계기로 다시 호출되었고, 2016

1 Heinrich August Winkler, "Abschied von der deutschen Frage – Rückblick auf einen langen Weg nach Westen", http://www.tatsachen-ueber-deutschland.de/de/geschichte/main-content-03/abschied-von-der-deutschen-frage-rueckblick-auf-einen-langen-weg-nach-westen.html(검색일: 2015.8.20).

년 영국의 브렉시트 국민투표를 즈음해 유럽의 언론매체에 빈번히 등장했다(CBS, 2016. 6.26). 대체 '독일문제'란 무엇인가? 이는 독일과 유럽의 근대를 관통하는 중요한 역사 문제이며 국제 정치의 문제였다. 유럽인들에게 이는 유럽 내에서 독일의 위치와 역할에 관한 것이었고, 독일인들에게는 근대 국민국가로서 독일의 성격에 관한 것이었다.

국제정치적 관점에서 독일문제는 1871년 독일통일과 함께 시작되었다. 유럽인들은 중부 유럽의 패권국 독일의 강성이 국민국가들의 세력균형에 기초한 국제질서를 위협한다고 보았다. 이를 확신으로 굳힌 것은 두 번의 세계대전과 나치의 경험이었다. 제1차 세계대전의 승전국들이 독일 영토를 축소하고 경제를 파탄 내려 했던 것, 제2차 세계대전 이후 연합군의 독일 점령과 분단은 독일문제를 '해결'하기 위한 시도였다. 그러나 이는 모두 불완전하거나 잠정적인 방법이었고 1990년의 독일 재통일이야말로 최종 해법으로 여겨진다. 그 이유는 첫째로 국민국가 독일의 정체성에 대한 답이 주어졌고, 둘째로 이 일이 역사상 처음으로 평화롭게 이루어졌고, 마지막으로 강성해진 독일이 '평화 교란자'가 되지 않으리라는 점을 주변 국가들이 믿게 됐기 때문이다(Loth, 1994: 11~28).

한편 독일의 역사가들은 독일문제가 1806년 신성로마제국 해체로부터 시작되었다고 본다. '독일'을 느슨하게나마 묶어왔던 제국 대신 '독일인'을 하나로 묶는 새로운 정치적 틀이 필요해졌기 때문이다(Grunner, 1993: 27). 여기서 독일문제의 핵심은 독일통일과 그 방식에 관한 것이었다. '독일인'은 누구이며 독일인을 독일인이게 하는 것은 무엇인가? 독일 영토는 어디서 어디까지인가? 그런데 이는 독일인들만의 문제가 아니라 유럽 국제정치의 핵심인 세력균형이 걸린 문제이기도 했다.

2. 1945년 이전의 독일문제: 국가 정체성 대(對) 평화 교란자

'독일문제'라는 표현은 1806년에 처음 등장한 것은 아니다. 그전에도 외교 문서, 회고록, 메모, 편지, 비망록 등에서 독일 민족의 국가 및 영토 질서와 관련된 개념으로 사용되고 있었다(Timmermann, 1989: 353). '독일문제'가 유럽 근대국가 체제 형성 과정에서 독일의 지정학적 조건 때문에 생겨났다고 보는 심스는 그 기원을 1453년 비잔틴제국의 멸망으로까지 소급한다(심스, 2014). 그러나 영국의 역사학자 리처드 에번스(Richard Evans)는 이를 적자생존이라는 진화론적 경쟁 원리에 입각한, 우파의 잘못된 논리라고 비판한다(Evans, 2013.5.23). 사실 독일문제의 기원과 핵심을 지정학적 조건에서 찾는 것은 독일 뉴라이트의 주장이기도 하며 설명 방식도 비슷하다(Weißmann, 2009: 6~10).

심스에 의하면 빈회의(1814~1815)의 '중심 의제'로 논의된 독일문제의 내용은 러시아 저지와 프랑스 억제를 위해 중부 유럽의 제후들(오스트리아, 프로이센, 작센 등) 사이의 이해관계를 조정하는 것이었다(심스, 2014: 293). 그런데 에번스는 이 문제는 그 본질이 프랑스 견제에 있기 때문에 '독일문제'라 할 수 없다고 본다. 16세기 이래 유럽에 분쟁을 야기하는 것은 주로 프랑스였고, 19세기 내내 영국의 외교적 관심사는 프랑스와 러시아 견제였다. 독일이 평화 교란자로 떠오른 것은 19세기 말이므로 국제정치판에서 '독일문제'의 시작은 1900년경이라는 것이다(Evans, 2013.5.23). 그전에 '독일문제'라는 단어가 사용되었다면 그것이 지칭하는 바는 중부 유럽의 세력균형이지 유럽의 평화 교란자로서의 독일이 아니라는 것이다.

한편 독일 내에서 '독일문제'는 이와는 다른 의미였다. 이는 반(反)프랑스 해방전쟁(1813~1815) 당시 프로이센의 지배자였던 호엔촐레른 가문이 신성로마제국 회복을 명분으로 내세운 정치적 요구였고, 다른 영방국들로부터 거부되었다. 1815년 결성된 독일 연방(Deutscher Bund)은 이 차원의 '독일문제'에 대한 해법의 하나였지만, 독일 시민층에게 '봉건 잔재'라고 거부당했다. 이들의 요구는 근대국가로서 통일된 연방국가(Bundesstaat)였다. 1848년 다시 주어진 '독일문제' 해결의 두 가지 선택지가 이른바 '대독일' 해법과 '소독일' 해법이었지만, 3월혁명이 실패하며 독일문제 해결은 자유주의자들의 손을 떠나 비스마르크의 '철과 피'를 통한 1871년 '독일 제국(Deutsches Kaiserreich)'의 성립으로 일단락되었다.

이로써 독일인들에게는 독일문제는 해결되었지만 유럽인들에게는 독일문제는 시작되었다. 1871년을 기점으로 독일문제의 성격은 통일 국가 수립이 아니라 영토 확장을 위한 투쟁으로 바뀌었다. 유럽인들이 오래도록 간직하게 될 독일의 부정적 이미지, 가령 군국주의, 정치적 부도덕성, 소름 끼치는 냉혈성 등이 만들어진 것이 바로 이 시기의 일이다. 그러나 독일제국의 호전적 군국주의를 '민족성'으로 돌리는 것은 단순한 사고다. 독일에 대한 유럽인들의 이미지는 국제정치적 관계에 따라 변해왔다. 가령 영국인들은 19세기 초까지만 해도 독일인들을 다소 촌뜨기지만 '대륙의 사촌'으로 친근하게 여겼고, 문화·학문·근면·맥주 심지어 '평화를 사랑하는 민족'이었다. 19세기 중반까지도 영국인들은 독일인의 복종·질서·근면 등을 긍정적으로 해석했다. 그러나 1871년 이후 '독일 사촌'이 '국제정치의 라이벌'로 바뀌며 독일식 '질서'는 영국의 '자유'에 대비되는 부정적인 것의 표상이 되었다. 그 배경에는 영국의 주적이 프랑스에서 독일로 바뀌고 독일이 해군을 육성하며 영국의 도전자로 떠오른 사실이 있었다. 제1차 세계대전 시기에 이르면 영국인들에게 독일은 '대륙의 훈족'이 되어 있었다(Jörg, 2003: 23ff).

제1차 세계대전 이후 독일문제는 오스트리아와 독일의 합병을 두고 제기되었다(Ermacora, 1987: 79~90). 합스부르크 제국의 영토를 잃은 오스트리아는 상실한 영토의 자원과 산업 시설 없이 경제적 독자 생존이 어려웠다. 그러나 오스트리아와 독일의 합병은 '대독일'의 실현이 되므로 승전국들은 당연히 반대했다. 그러나 이는 양국 국민 사이에 대독일의 열망을 강화하고 사라진 제국에 대한 향수를 되살렸다. 중세의 '초국적 유럽 정치 질서'로서 신성로마제국에 기반을 둔 '제국의 신화'는 독일인들의 독특한 정치적 사명감, 즉 서유럽의 의회민주주의도 거부하고 '동방'의 볼셰비즘도 거부하며 제3의 독일적 질서를 추구하는 경향을 고무했다. 이것이야말로 바이마르 의회민주주의가 독일 국민의 지지를 그토록 받지 못한 이유를 설명해 준다.

그러므로 오스트리아가 '히틀러 침략의 최초 희생자'라는 '희생자론(Opferthese)'은 역사적 사실에 부합하지 않는다. 이는 정치적 필요에 의해 만들어진 '희생자 신화(Opfermythos)'일 뿐이며 전략적 필요성 때문에 영국 정치가들이 만들어낸 작품이다(Beer, 2015). 연합군은 1918년에 그랬던 것처럼 1945년에도 독일문제 해결을 위해 오스트리아를 독일에서 분리하려 했고 이번에는 성공했다. 대독일주의 열망은 제2차 세계대전의 전후 처리를 통해 사라졌고, 1950년대를 거치며 오스트리아 사회의 정서는 독일과 역사적으로 가깝지만 지금은 별개의 독립국가라는 쪽으로 정리되었다. 그러나 다른 한편으로 이는 오스트리아 국민이 스스로를 나치 '공범'에서 분리해 면죄부를 자체 발부하는 데 일조했다. 그럼으로써 오스트리아 정부가 "범죄가 없었으므로 배상할 것도 없다"라고 주장하며 전후 처리와 과거사 청산에 소극적인 태도를 오래도록 유지하는 근거가 되었다.

3. 1945~1990년: 냉전을 통한 '독일문제'의 불완전한 해결

제2차 세계대전 이후 연합국은 독일의 발호를 막기 위해 독일 영토의 분할, 특히 '독일 악의 근원'으로 지목된 프로이센의 해체를 원했다. 테헤란 회담(1943)에서 처칠은 빈체제를 본떠 독일의 남북 분할을 생각했다(Tyrell, 1987: 189). 그러나 히틀러의 동부 영토 확장에 대한 반격으로 붉은 군대가 중부 유럽 깊숙이 밀고 들어오면서 영국은 애초의 독일 분할 계획에서 물러섰다. 스탈린 역시 분할 대신 독일 영토에 군대 없는 중립 통일 정부 수립을 제안했다. 그러나 이는 포츠담 회담에서 거부되었다.

스탈린이 독일 분할에 대한 생각을 바꾼 이유는 연합군의 독일 정책에 참여함으로써 중부 유럽으로 세력 확장을 노렸기 때문이라고 이해되어 왔다. 그러나 냉전과 독일문제의 전문가인 역사학자 빌프리트 로트(Wilfried Loth)는 이른바 '스탈린 메모'로 알려진 '1952년 메모'를 재해석해 스탈린의 독일 정책은 분할이 아니라 오데르나이세(Oder-Neiße)선 유지를 조건으로 단일국가 독일을 유지하는 것이었다고 주장한다. 학자들 사이에 이 문건은 지금까지 스탈린의 프로파간다로 치부되어 왔지만 로트는 방대한 사료 조사를 근거로 이를 스탈린의 진심이 담긴 문서로 해석했다. 로트의 견해에 따르면, 스탈린의 목표는 독일공산당(KPD)을 내세워 독일에 친소 단일 정부를 건설하는 것이 아니라 독일을 중립국가로 만드는 것이었다. 스탈린은 자신이 구상한 중립 단일 정부를 바이마르 정부의 계승자로 여겼다. 스탈린이 이런 생각을 한 것은 독일문제 해결에 관심이 있었기 때문이다(Loth, 2007: 7, 이동기, 2015: 265~265ff).

독일 정치의 서방화를 지향했던 아데나워는 스탈린의 제안을 거부했다. 냉전적 사고에서는 자유민주주의만이 서독의 정치적 안정과 경제적 성공을 보장할 정치체제였고 독일통일은 이 체제에 의해서만 추진되어야 했다. 소련의 개입을 막는 것이 중요한 목표였으니 스탈린의 중립화 제안은 애초에 고려의 대상이 될 수 없었다. 완고한 분리주의 때문에 독일문제를 평화적으로 해결할 기회를 놓쳤다는 비난이 당시에도 이미 정치적 반대자는 물론 지지자들 사이에서까지 나왔다(Morsey, 1991: 7ff). 이 문제는 두고두고 아데나워에게 분단의 책임을 묻는 근거가 되었다.

로트의 해석을 따른다면 독일의 분단은 제2차 세계대전의 결과라기보다는 전쟁 막바지에 싹튼 새로운 국제질서인 냉전의 결과다(Loth, 2000). 따라서 1945년 이후 독일문제는 유럽 국제정치판의 세력균형이라는 고전적 뼈대에 냉전이라는 새로운 상황이 덧씌워진 모습이 되었다. 독일인들에게 1945년 5월은 1918년 11월보다 훨씬 더 깊은 단절의 순간이었다. 독일 국가의 존속 여부가 불투명했으며, 역사적 책임을 져야 할 엘리트 지배층은 엘베(Elbe) 동부의 근거지를 잃고 몰락했다. 책임 전가의 음모론은 이번에는 발 디딜 곳이 없었다. 서방과 동방 모두에 거리를 두는 제3의 길도 설득력을 잃었다. 영토 축소와 분단은 전쟁과 나치에 대해 치러야 할 대가로 인식되었다.

전후 서독의 서방 지향 노력은 독일에 대한 부정적 이미지를 변화시켰다. 1950년대까지만 해도 서유럽에서 독일의 이미지는 음침하고 폭력적이었다. 이는 20세기 전반 영국 외교관들이 만든 것이었다. 1930년대에 영국 외교부에서 독일 정책을 담당한 로베르트 밴시타트(Robert Vansittart)는 독일인에 대한 부정적 고정관념을 완성시킨 인물로 '독일인 혐오자(Deutschenhasser)'로 악명을 떨쳤다. 그 이름을 딴 '밴시타티즘(Vasittartismus)'은 "야수성이야말로 이 타락한 민족의 고유한 성질이다"로 요약된다(Rothfels, 1969: 26). 나치즘과 독일 역사의 관계는 전쟁 당시 영국에서 큰 논쟁거리였다. 종전 두 달 후 런던에서 출간된 『독일 역사의 경로』에서 역사가 A. J. P. 테일러(A. J. P. Taylor)는 극단적 비정상성이야말로 독일사의 특징이라고 규정했다(Taylor, 1945). 밴시타트를 비롯한 독일비판자들의 결론은, 나치는 우연한 '사고(Unfälle)'가 아니라 독일 근대사의 불가피한 결과이고 독일인에게는 '공격적 민족성'이 내재되어 있다는 것이다(Jörg, 2003: 132, 267).

그러나 1960년대에 이르면 이러한 고정관념이 감소했으니, 영국인들은 특히 독일의 경제발전과 스포츠에서의 성취를 인상적으로 평가했다. 에번스는 제2차 세계대전 당시 최고조에 달했던 부정적인 독일 이미지가 영국에서 1945년 이후 어떻게 변화했는지 만화, 미디어, 텔레비전, 영화 등을 통해 분석함으로써 이와 같은 결론을 내렸다.[2] 그럼에도 독일은 예컨대 휴가 여행지로는 인식되지 않았다는 점은 독일에 대한 이미지가 여전히 어떤 형태로든 고착되어 있었음을 뜻한다. 그렇지만 서독은 새로운 유럽 건설의 신뢰할 만한 협력자로 차츰 인정받았다. 냉전이 지속되는 한 결코 극복할 수 없을 분단은 그것을 위해 치러야 하는 대가였다.

전후 서독의 정치 지형은 1945년 이전과 크게 달라졌다. 바이마르 시대에는 우파는 민족주의를, 좌파는 국제주의를 추구했지만 서독에서는 아데나워의 중도 우파(기민련·기사련)가 서방화를 추구하고 온건 좌파인 사민당(SPD)은 민족주의자들의 목표여야 할 통독을 우선시했다. 그러나 1960년대와 1970년대를 거치며 분단 상황은 점차 '정상(Normalität)'으로 인식되었다. 1974년 유엔 총회 연설에서 서독 외교장관 한스디트리히 겐셔(Hans-Dietrich Genscher)가 "분단국가의 재통일"을 말하자 동독의 오스카어 피셔(Oskar Fischer)는 "두 개의 국가와 두 개의 민족, 사회주의 민족과 자본주의 민족"으로 받아쳤다. 에리히 호네커(Erich Honecker)는 1976년 독일사회주의통일당(SED) 대회에서 '독일문제'는 이제 없다고 잘라 말했다(Schneider, 1977: 15 재인용).

2 그러나 1980년대 말~1990년대 들어 영국에서 다시금 독일에 대한 적대감이 고개를 드는데, 에번스는 그 원인을 통독에 대한 경계 의식보다는 영국의 내부 사정에서 찾는다. 즉, '영국정체성(English identity)의 위기'가 그 이유인데, 당시 독일에 대한 부정적 고정관념의 이면에는 영국의 국제정치적 지위의 퇴락에 대한 위기감이 있었고 그것을 부추긴 것이 영국의 선정적 미디어들이라는 것이다. http://www.hsozkult.de/searching/id/tagungsberichte-6605?title=awkward-relations-britain-and-germany-in-europe-since-the-second-world-war&q=Britain%20and%20Germany%20in%20Europe&fq =&sort=newestPublished&total=988&recno=13&subType=fdkn(검색일: 2016.8.17)

그러나 역사적으로 단일한 독일 민족에 대한 지향이 동·서독 양쪽에서 사라진 것은 아니었다. 1980년대에 냉전 질서가 흔들리면서 독일문제는 다시금 대중의 관심사가 되었고 '독일문제' 관련 출판물이 급증했다. 그런데 서독에서는 통일을 보수 반동으로 여기는 분위기가 강했으니 그 기반은 역사 인식에서 출발한 '반(反)민족주의(Antinationalismus)' 정서였다. 1980년대 중반 설문 조사 결과에 의하면 서독인 3분의 1 이상이 과거사를 독일 민족의 약점으로 꼽았고 3분의 2 정도는 유럽인으로서의 정체성을 느낀다고 답했다(Liebert, 1991: 65, 68). 그런 상황에서 1989년 11월의 장벽 붕괴는 예기치 못한 사태였다. 서독의 좌파 지식인들은 '대독일 민족주의'를 경고하고 나섰다(Fischer, 1990; Grass, 2009: 7). 동독의 인권 운동가들은 서독과의 통합이 아니라 동독 내부의 민주화를 희망했다.[3] 그러나 귄터 그라스(Günter Grass)와 함께 독일 현대문학의 쌍벽으로 불리는 마르틴 발저(Martin Walser)는 과거사에 이제는 '종지부(Schlußstrich)'를 찍고 새로운 독일 정체성을 만들 기회라고 주장했다(Walser, 1989).

1990년 9월의 '2+4 협약(Zwei-Plus-Vier-Vertrag)'은 독일문제의 최종 해결을 위한 조약으로 불린다. 통독 후 독일의 북대서양조약기구(NATO) 잔류, 독일 군대 규모 제한, 특히 핵확산금지조약, 동부 영토 문제를 규정했기 때문이다. 두 달 후 체결된 독일-폴란드 국경 협약(deutsch-polnische Grenzvertrag)은 오데르나이세 경계를 '침범 불가(unverletzlich)'로 확정했다. 독일은 동부 국경 유지가 '유럽의 평화를 위한 중요한 기여'임을 인정하고 동부 지역과 관련한 일체의 영토 요구를 포기했다.[4] 이는 미국의 강력한 요구이기도 했다. 독일은 이를

3 1989년 11월 「우리나라를 위하여(Für unser Land)」 선언에서 이와 같은 주장을 표명했다. 선언문 전문은 http://www.ddr89.de/ddr89/texte/land.html(검색일: 2016. 11.4) 참조.

4 조약 전문은 다음을 참조. Blätter für deutsche und internationale Politik Nr. 12/90,

수용함으로써 통일 후 '평화 교란자'가 되지 않고 1945년 이후 그래 왔던 것처럼 유럽공동체의 충실한 일원으로 남으리라는 점을 이해시킬 수 있었다.

1990년 통일을 독일문제의 '최종 해결'로 볼 수 있는 이유는 이 일이 주변 국가들의 합의를 얻어 평화롭게 이루어졌기 때문이다. 빙클러는 독일통일의 역사적 의미를 독일이 '반(反)서구적 특수한 길'과 그로부터 파생된 역사적 결과를 졸업하고 '서방화'라는 오랜 여정에 드디어 마침표를 찍은 것에 둔다(Winkler, 2000: 655). 연방 대통령 리하르트 폰 바이츠제커(Richard von Weizsäcker)가 "독일이 역사상 처음으로 서방 민주주의 클럽의 정식 회원이 된 날"[5]이라고 말한 것 역시 '위험한 독일'에 대한 주변국들의 불안을 잠재우고 평화로운 방법으로 민주주의 국민국가를 달성한 것을 자축하는 의미로 볼 수 있다.

4. 1990년 이후: '독일문제'의 귀환?

서방세계의 '회개한 모범생' 서독과 처음부터 사회주의 세계의 일원으로 받아들여진 동독이 평화로운 방식으로 합치면서 독일문제는 완전히 종료된 것으로 여겨졌다. 이스라엘 저널리스트로 독일 전문가인 다니엘 다간(Daniel Dagan)은 독일 연방의회가 발간하는 월간지 ≪의회(Das Parlament)≫ 2010년 통독 20주년 특집호에서 통일은 독일이 서방세계의 일원이 되었다는 증명서

---

http://www.2plus4.de/chronik.php3?date_value=14.11.90&sort=000-000(검색일: 2016.11.4)

5 원문을 인용하면 다음과 같다. "Der Tag ist gekommen, an dem zum ersten Mal in der Geschichte des ganzen Deutschland seinen dauerhaften Platz im Kreis der westlichen Demokratie findet."

이고 '독일문제'는 이제 없다고 썼다(Dagan, 2010). 독일 제국의 수도였고 히틀러의 '세계 수도 게르마니아(Welthauptstadt Germania)'였으며, 냉전의 현장이던 베를린은 분단의 흔적을 말끔히 씻어내고 모던하고 감각적이며 세련된 도시로 변모했다.

그렇게 끝난 듯했던 '독일문제'를 다시 불러낸 것은 그리스 금융 위기였다. 구제 금융을 받기 위해 독일 의회의 결정을 기다려야 했던 그리스인들은 독일을 상대로 '히틀러', '나치', '제3제국' 등의 날선 비난을 쏟아냈다(*Die Welt*, 2011.8.19). 조지 소로스는 유로존 위기가 결국은 EU를 '독일제국(German Empire)'으로 만들 것이라고 전망했다(*Huffington Post*, 2012.6.4). 유럽 안에서 독일의 팽창을 경계하는 목소리가 높아지는 가운데 '제4제국'의 도래를 읽어내는 유럽인들도 있었다(*Spiegel Online*, 2015.3.23). 이제 문제는 영토나 지리적 국경이 아니라 '독일 자본이 유럽을 지배'하는 것이었다. 이 점에서 독일은 여전히 침략자이며, 다만 이제는 군대가 아니라 사업가와 정치가를 앞세울 뿐이다. 독일 총리 앙겔라 메르켈(Angela Merkel)의 얼굴에 히틀러 수염을 붙인 만평을 1면에 게재한 신문들이 2015년 초 그리스, 스페인, 영국, 폴란드, 이탈리아, 포르투갈의 가판대를 휩쓴 것은 이런 의미였다. 물론 히틀러 수염을 붙이고 풍자와 조롱의 대상이 된 정치가는 메르켈뿐만이 아니라 니콜라 사르코지(Nicolas Sarkozy), 조지 부시(George Bush), 빌 클린턴(Bill Clinton)도 있으니 '히틀러 메르켈' 만평을 지나치게 심각한 것으로 받아들일 필요는 없다. 그런데 독일문제는 아직 끝나지 않았는가? 아니면 새로운 독일문제가 시작된 것인가?

먼저, 금융 위기를 계기로 대두된 '독일문제'는 엄밀하게 학문적으로 정의된 것이 아니라 저널리즘 용어다. 학자들은 메르켈을 히틀러나 비스마르크와 비교할 수 없다고 잘라 말한다. 그러나 현재 유럽 내 독일의 지위가 독일제국 시절과 구조적으로 유사함을 지적하는 이들은 있다. 버밍엄대학교 독일연구소의 국제정치학자 한스 쿤드나니(Hans Kundnani)는 독일제국 시절과 현재의 독일문제 사이에 구조적 유사성이 있다고 본다. 당시 독일이 강력한 경제와 취약한 정치의 조합으로 유럽 국제정치판에서 '어정쩡한 패권(semi-hegemony)'을 확보한 것이 독일문제의 핵심이라면, 현재의 독일은 어정쩡한 '지경학적 패권(geo-economic semi-hegemony)' 상태에 있다는 것이다(쿤드나니, 2015). 게다가 독일은 남유럽의 금융 위기에 직면해 유럽을 위한 연대 의식이 있는지 의심받았다. 이것이 독일의 '경제민족주의' 또는 '경제제국주의'에 대한 비판이다. 독일문제의 핵심이 지정학에서 지경학으로 이동했을 뿐 본질은 그대로이며, '경제적 단호함'과 '군사적 자제'의 독특한 결합이야말로 지경학적 권력의 새 얼굴이라는 것이다(쿤드나니, 2015: 108).

그러나 이 과도한 비난은 심스의 지적대로 '독일 공포증(Germanophobia)'이 아닐까?(Simms, 2013.4.11) 그런데 독일이 '권력'을 누리는 것은 사실이다. 다만, 이 새로운 권력은 무력이 아니라 경제력이다. 독일은 군사적 확대를 추구하지도 않을뿐더러 국제분쟁에 개입하는 것조차 꺼린다. 독일인들은 스스로의 안락한 상태에 꽤 만족하고 있다. 정체성 문제도 정리되었고 주변 국가들 사이에서 줄타기할 필요도 없다. 독일은 자유롭고 부강한 나라다. 독일이 국가주의를 추구한다면 그것은 경제와 교역에 한정될 뿐 정치권력은 아니다. 그렇기 때문에 현재의 독일을 나치와 연결시키려는 시도는 말이 안 된다. 문제는 폭력이나 인종주의가 아니라 돈이기 때문이다. 그런데 사실 경제권력은 정치권력이나 군사력보다 훨씬 더 강력할 수 있지 않은가?

그러나 경제 문제에서도 독일은 패권을 탐낸 적이 없다. 애초에 유로존 단일 통화는 독일이 원한 것이 아니라 통일의 대가로 강요된 것이다. 통일된 독일을 EU가 통제할 수 있도록 하려던 정치적 기획이다. 이 문제에서 독일은 수동적으로 끌려가는 처지였지만 결과는 반대로 주도권을 강요당하는 상황이 되었다. 이것이 바로 '유럽의 독일(das europäische Deutschland)'을 위해 도입된 단일 통화가 결과적으로는 EU를 '독일의 유럽(die deutsche Europa)'으로 만들어버렸다는 진단의 의미다(벡, 2013). 이는 역사적으로 새로운 상황이다.

주변 국가들의 요구도 과거와 달라졌다. 1990년 당시만 해도 통일 독일이 중부 유럽을 지배하려 할지 모른다는 두려움이 있었다. 그런데 이 두려움은 엉뚱한 방향으로 실현된 것처럼 보인다. 경제적으로 독일은 중부 유럽에서 매우 우월한 지위를 누리고 있는데, 이는 적대가 아니라 경제적 이해관계를 바탕으로 한 상호 합의와 협력에 의해 유지되고 있다. 예컨대 독일과 폴란드의 관계는 역사상 그 어느 때보다도 우호적이다. 왜냐하면 독일의 제조업체들이 동유럽 생산 공장의 저렴하고 수준 높은 노동력을 누리는 대가로 폴란드, 헝가리, 체코, 슬로바키아 등은 유럽의 새로운 제조업 생산기지로서 이익을 얻기 때문이다. 이것이야말로 폴란드가 유럽 재정 위기에서 독일을 적극 옹호하는 이유다. 가령 폴란드 외교장관 로만 시코르스키(Roman Sikorski)는 베를린 알리안츠 포럼 연설에서 "독일이 무서운 것보다 독일이 아무것도 하지 않을까 봐 그것이 더 무섭다"고 말했다.[6] 유로존 붕괴는 EU 공동시장 와해, 나아가 폴란드의 경제적 타격을 초래할 것이므로 그것을 막고 통합 유럽을 유지하기 위해 독일이 좀 더 주도적으로 나서달라고 요구한 것이다.

이것을 '새로운 독일문제'라고 할 수 있다면, 그 내용은 고전적인 독일문제와는 달리 통합 유럽의 '엔진'으로서 독일의 능력과 자질, 의지에 대한 질문이 된다. 유럽의 최강대국인 독일은 유로존과 유럽연합을 이끌어나갈 능력이 있을까? 이것뿐이라면 이른바 '신(新)독일문제'는 고전적인 독일문제와는 전혀 다른 문제라고 할 수 있다. 그러나 독일에 지도자의 자질이 있다고 주변국들을 안심시키지 못하는 이유, 그리고 독일 스스로 주도자 역할을 떠

6 연설 전문은 https://dgap.org/sites/default/files/event_downloads/radoslaw_sikorski_poland_ and_the_future_of_the_eu_0.pdf(검색일: 2016.7.26).

맡지 않으려고 망설이는 이유는 고전적인 독일문제와 관련이 있다. 독일이 다시 패권 국가가 되어 유럽의 평화를 깨지 않을까 하는 주변의 의구심도 여전히 남아 있지만, 그보다는 독일 스스로가 패권 국가가 되기를 꺼린다는 점이 더 큰 문제로 지적된다.

그렇다면 독일은 왜 주도자 역할을 그토록 꺼리는가? 영국의 정치학자 티머시 애시(Timothy Ash)와 작고한 독일의 사회학자 울리히 벡(Ulrich Beck)이 공통으로 지적하는 점은, 독일이 유럽을 지도하는 위치에 원치 않게 미끄러져 들어갔고 이를 감당할 준비가 되어 있지 않다는 것이다(Ash, 2012.2.13). 이것이 오늘날 '독일문제'의 핵심이다. 다시 말해 유럽이 독일에 지도적 역할을 요구하고 있으나 독일은 이것이 내키지 않을 뿐만 아니라 제대로 해내지도 못하고 있다는 점이다. 독일은 '어쩌다 보니 제국(an accidental empire)'이 되어 있었다. '마지못해 제국(a reluctant empire)'이 된 것이지 원했던 결과가 아니었다(Beck, 2013.3.25).

애시의 분석에 의하면 독일인들은 전후 시대의 유일한 자부심이던 마르크화를 억지로 포기당했다. 순순히 받아들이기는 했지만 기꺼워하지는 않았다. 결과적으로 수출 경쟁력을 얻어 단일 통화의 가장 큰 수혜자가 되었지만, 이는 애초에 정치적 이유로 강요된 일의 결과일 뿐이었다. 2008년 미국발 세계 금융 위기는 유로존의 불완전성을 드러낸 계기였으며, 이는 경제적인 동시에 정치적인 문제였다. EU 최대 경제 대국인 독일은 여기서 이해관계의 조정자로 주도적 역할을 요구받았다. 이때 메르켈은 '성실한 중개인(ehrlicher Makler)'을 자처했던 비스마르크와는 달리 남유럽에 긴축과 구조 조정을 요구하며 깐깐한 선생님 같은 심판관 노릇을 했고 이에 대한 반발이 강력한 독일에 대한 반감으로 나타났다는 것이다(Ash, 2013.8.15). 빙클러 역시 '유로 좌절감(Eurofrust)' 현상의 원인 중 하나로 유로화가 애초의 기대를 충분히 만족시키지 못했음을 꼽았다. 유로존 출범 의도는 유럽 국가들의 통합이지만, 결과적으로는 과거 역사를 지배했던 민족국가들 사이의 격분을 되살리는 데 일조해 버렸다는 것이다(Winkler, 2015: 150). 이것이야말로 '제4제국' 담론에 깔린 독일에 대한 적대감의 본질이며 이유로 보인다.

5. '독일문제'인가 '유럽 문제'인가?

그러면 '독일문제'란 무엇인가? 여기서 주목할 단어는 '문제'다. 그런데 무엇이 문제라는 뜻인가? 독일이 풀어야 할 문제가 있다는 것인가, 아니면 독일이 문제라는 뜻인가? 둘 다다. 이는 독일문제에 두 차원이 존재하며 그 둘이 서로 연결되어 있음을 뜻한다. 독일인들에게 독일문제는 근대 국민국가로서 독일의 정체성에 관한 것이었다. 이 문제를 해결하려는 독일인들의 노력은 번번이 국제분쟁을 일으키고 유럽의 세력균형을 흔들었다.

1871년 독일이 '위로부터의' 통일을 이루면서 독일인들에게 독일문제는 해결된 것 같았지만, 주변 국가들에는 본격적으로 독일문제가 시작되었고 유럽의 국제질서가 바뀔 때마다 부활했다. 1945년 이후에는 유럽을 넘어선 새로운 국제질서인 냉전이 독일문제를 덮어씌웠고, 독일인들 스스로 해결할 가능성은 사라졌다. 그러나 다른 한편으로는 냉전 상황이 독일의 서방화를 촉진함으로써 결과적으로 독일문제의 해결을 이끌었다고도 볼 수 있다. '철의 장막' 서쪽에서 독일인들은 '서방'에 대한 기존 인식을 바꾸며 '대서양 유럽'의 가치, 가령 자유주의와 민주주의에 긍정적인 의미를 부여했다. 그 전까지 이 가치들은 영국이나 프랑스를 대변하는 것으로 여겼기 때문에 독일과는 맞지 않는 이질적인 것으로 받아들였고, 그래서 독일은 동유럽과 서유럽 사이에서 끊임없이 제3의 길을 추구한 것이다.

그런 의미에서 냉전이 끝났을 때 독일인들과 유럽인들은 역사적 과제로서의 독일문제가 비로소 완전히 해결되었다고 믿었다. 독일은 통일과 자유를 성취했고, 독일의 영토와 경계 문제에도 분명한 답이 주어졌다. 무엇보다 중요한 것은 이 해결이 유럽의 안전과 평화를 해치지 않고 오히려 확고히 하는 데 기여했다는 점이다. 이는 또한 독일에도 번영을 불러왔으니 통합된 유럽은 수출 지향 독일 경제의 성장에 이상적인 환경이었기 때문이다. 양쪽 모두가 만족스러운 결과를 얻었다는 점에서, 유럽과 독일의 근대를 관통해 왔던 역사적 난제가 사라졌음은 의심할 여지가 없어 보였다.

그러나 2000년대 말 그리스 경제위기와 미국발 금융 위기에서 촉발된 유로화의 위기에 러시아의 팽창 및 우크라이나 사태와 시리아 난민 문제까지 가세하며 '독일문제의 귀환'이 언급되었다. '귀환'이라는 말에 담긴 뜻은 이 문제가 새로운 것이 아니라 지나갔다고 믿었던 과거의 문제가 다시 불려 나왔다는 것이다. 과연 그런가? 독일인들은 또다시 새로운 의미의 정복과 팽창을 꿈꾸는가? 정체성과 국경 문제가 이미 논쟁의 여지를 남기지 않고 정리된 지금 남은 것은 유럽 내에서 독일의 위치와 역할 문제다. 다만, 이제는 그 내용이 독일의 강성이 유럽의 안전과 평화를 위협한다는 비난이 아니라, 정치적 경제적 강대국으로서 독일이 유럽의 안전과 번영을 위한 책무를 다해야 한다는 요구로 바뀌었다는 점이다.

여기서 또 흥미로운 점은 고전적 지정학의 귀환이다. 역사학자이며 정치문제에 대한 글을 기고하는 단 디너(Dan Diner)는 독일문제의 '귀환'을 말하는 이유 중 하나로 지정학을 언급한다. 러시아가 크림반도와 우크라이나로 세력을 확대하고 터키와 대립하는 현 상태가 19세기의 지정학적 상황을 재현하고 있다는 것이다(Diner, 2016.3.4). 디너의 주장대로라면 현재 유럽인들이 EU 내 독일의 헤게모니에 대해 그다지 위기의식을 갖지 않는 이유도 러시아의 팽창 때문이다. 러시아가 유럽으로 팽창하는 것을 독일이 막고 있으며, 그러기 위해서는 강력한 독일이 필요하다고 생각하기 때문이다. 이는 나폴레옹 이후 빈체제와 제2차 세계대전 이후의 냉전체제에서 독일에 요구된 역할을 떠올리게 한다.

그렇다면 '새로운 독일문제'의 핵심은, 유럽 중심부에 있는 독일이 강력한 유럽 내 지위와 경제력을 바탕으로 유럽 대륙의 안정과 발전을 도모할 수 있는가 하는 질문이 된다. 그 내용은 '고전적 독일문제'와는 다르지만 근원적으로는 이로부터 파생된 것이니, 여기서 또 하나의 문제는 독일인들이 이 역할을 기꺼이 맡고 싶어 하지 않는다는 것이다. 그 이유는 '고전적 독일문제'에 대한 역사적 악몽 때문이다. 벡은 "그토록 평범함(Normalität)을 갈망하는 오늘날 독일인의 자의식" 때문에 '독일의 유럽'이라는 말을 듣는 것조차 부담스러워한다고 썼다. 왜냐하면 이 단어는 '추악한 과거사의 독물'로 얼룩져 있을 뿐만 아니라 무엇보다도 유럽의 패권을 또 넘보는 게 아닐까 하는 의심이 들어 있다고 느끼기 때문이다(벡, 2013: 103).

그러나 애시는 독일인들이 이 문제에 너무 예민하다고 생각한다. 아렌트의 '악의 평범성'에 빗대어 "이 나라는 문명화되고, 자유롭고, 번영하며, 법이 잘 지켜지고, 온화하며, 신중한데, 이 덕목들을 요약하면 '선의 평범성(the banality of the good)'이라 할 수 있겠다"라고 꼬집는다. 힘을 가진 자에게는 도덕적 책무가 따르는데 독일이 이를 방기하고 있다는 지적이다. 애시는 "주변국들이 원하지 않아도 독일은 지도자"라며 적극성을 주문한다. 왜냐하면 그럴 수 있는 정치적 경제적 힘을 가진 나라가 독일이고, 다른 어떤 유럽 국가도 독일만큼 해줄 수 없기 때문이다(Ash, 2016.3.13). 이는 독일에 경제적 헤게모니 외에도 '도덕적 헤게모니'가 있으며 그것을 실천해야 한다는 디너의 요구와도 맥락을 같이한다(Diner, 2016.3.4). 그러므로 2000년대 말 이후 '귀환'했다고 여겨지는 독일문제는 유럽의 통합과 안정과 번영에 독일이 얼마나 적극적으로 기여하느냐에 관한 것이다. 그렇다면 이것은 '독일문제'가 아니라 '유럽 문제'라고 불러야 마땅하지 않을까?

그럼에도 여전히 '독일문제'로 불리는 이유는 '독일문제' 담론에 담긴 독일 민족주의의 재부상 우려 때문이다. 이 점에서 지금까지 독일문제는 해결된 것 같았다가도 번번이 다시 고개를 들곤 하지 않았느냐는 역사적 경험이 호출된다. 최근 독일 대안당(AfD)의 급속한 성장은 이러한 우려를 뒷받침하는 것 같다. 나치를 교훈 삼아 정치의 극단화를 누구보다도 엄격하게 경계해왔던 독일에서 극우파의 부상과 제도권 정치로의 진입이 다른 나라에서보다 더 우려되는 것은 사실이다. 그러나 프랑스, 오스트리아, 벨기에, 덴마크, 핀란드, 이탈리아 등에 비해 독일의 극우 정당 역사는 짧고 지지도도 낮은 편이다(오정은, 2015: 68). 극우 세력이 의회 진출을 넘어 최고 권력에 오를까 봐 걱정할 처지에 놓인 이웃 나라들에 비하면 오히려 지금은 독일의 상황이 가장 '정상'으로 보일 정도다. 20세기 중반까지의 역사적 전개와 비교해 보면 격세지감을 느낀다.

2015년 여름 독일은 시리아에서 몰려온 수십만 난민에게 역사적으로 전례 없는 국경 개방으로 대응했다. 이 일로 독일의 도덕적 헤게모니에 대한 기대는 한층 강화된 듯하다. 물론 다른 EU 국가들을 설득하고 합의하는 과정이 없이 독단적이고 전격적으로 그런 결정을 내렸다는 점에서 비난받기는 했다. 그러나 그 요점은 난민 수용 결정이 초래한 부정적인 정치적 사태들에 대한 결과론적 해석이지 결정 자체에 대한 비판은 아니다(*Social Europe*, 2016.12.18). 이는 정치적 계산으로는 도출되기 어려운 도덕적 결정이었고, 그 이유는 과거사 성찰에서 비롯된 역사인식과 무관하지 않다.

새로운 독일문제는 고전적 독일문제의 역사적 파생물이라는 점에서 관련성이 있지만 성격이 다르다. 19세기와 20세기에 걸쳐 지속된 고전적 독일문제는 중부 유럽의 '비정상' 국가로서 독일의 지위에 대한 갈등이 그 핵심이지만, 새로이 등장한 독일문제의 본질은 통합 유럽의 지속을 위해 독일에 요구되는 역할에 관한 갈등이다. 그럼에도 '독일의 패권'이라는 외관만으로 민족주의 부활의 징후를 읽는 데 골몰한다면, 결국 "독일문제는 독일이 물리적으로 소멸되어야 비로소 끝날 것"[7]이라는 뉴라이트와 같은 지점에 도달하게 되지 않을까? 적어도 현재로서는 말이다.

:: 참고문헌

로트, 빌프리트(Wilfried Loth). 2015. "The German Question and Its European Solution." ≪EU연구≫, 39호, 3~25쪽.

벡, 울리히(Ulrich Beck). 2013.『경제위기의 정치학: 기로에 선 유럽. 경제의 위기인가 정치의 위기인가』. 돌베개.

심스, 브렌든(Brendan Simms). 2014.『유럽: 1453년부터 현재까지 패권투쟁의 역사』. 애플미디어.

안병억. 2015.「유럽통합에서의 독일문제」. ≪독일연구≫, 29호, 57~81쪽.

오정은. 2015.「유럽의 반이민 정서와 극우정당 지지율 관계 분석」. ≪Homo Migrans≫, Vol.13, 60~82쪽.

이동기. 2015.「독일 냉전사 연구의 관점과 주제들」. ≪역사비평≫, 111호, 260~292쪽.

조홍식. 2011.「유럽통합과 독일통일: 제2차 세계대전 이후 상호관계 연구」. ≪국제지역연구≫, 14권 4호, 133~154쪽.

지엘론카, 얀(Jan Zielonka). 2015.『유럽연합의 종말, EU는 운을 다했는가?』, 아마존의 나비.

쿤드나니, 한스(Hans Kundnani). 2015.『독일의 역습: 독일은 어떻게 유럽 경제를, 세계 경제를, 그리고 중국을 뒤흔드는가』. 사이.

Ash, Timothy Garton. 2016.3.13. "Deutschland führt. auch wenn andere nicht folgen." *Die Welt*. https://www.welt.de/politik/ausland/article153181626/Deutschland-fuehrt-auch-wenn-andere-nicht-folgen.html(검색일: 2016.7.11).

7 이것은 독일의 뉴라이트 사회학자 로베르트 헤프(Robert Hepp)의 발언을 Weißmann (2009: 10)에서 재인용한 것이다.

______. 2013.8.15. "The New German Question." *The New York Review of Books*. http://www.nybooks.com/articles/2013/08/15/new-german-question/(검색일: 2016.7.21).

Beck, Ulrich. 2013.3.25. "Germany has created an accidental empire." *Social Europe*. https://www.socialeurope.eu/2013/03/germany-has-created-an-accidental-empire/ (검색일: 2016.12.13).

Beer, Siegfried. 2015. "Alliierte Planungen zu Österreich" in Stefan Karner. Alexander Tschubarjan and Peter Rugenthaler(eds.). *Die Moskauer Deklaration 1943: "Österreich wieder herstellen,"* pp.99~120. Wien: Böhlau Verlag.

Dagan, Daniel. 2010. "Die «Deutsche Frage» gibt es nicht mehr." *Das Parlament*, 37. http://www.das-parlament.de/2010/36_37/Themenausgabe/31069074/309506(검색일: 2015.8.13).

Diner, Dan. 2016.3.4. "Wir erleben die Rückkehr der deutschen Frage." *Die Welt*. https://www.welt.de/debatte/kommentare/article152938100/Wir-erleben-die-Rueckkehr-der-deutschen-Frage.html(검색일: 2016.7.11).

Ermacora, Felix. 1987. "Die deutsche Frage aus der heutigen Sicht Österreichs." in Hannelore Horn and Siegfried Mampel(ed.). *Die deutsche Frage aus der heutigen Sicht Auslandes*, pp.79~90. Berlin: Duncker & Humboldt.

Evans, Richard J. 2013.5.23. "Europe: The Struggle for Supremacy by Brendan Simms – review." https://www.theguardian.com/books/2013/may/23/europe-struggle-supremacy-simms-review(검색일: 2016.12.13).

Fischer, Joschka. 1990.10.1. "Hurra! Deutschland." *Der Spiegel*, 40, pp.40~44.

Görtemaker, Manfred. 2009.3.19. "Die deutsche Frage in der internationalen Politik." Bundeszentrale für politische Bildung. http://www.bpb.de/themen/6D9D9S.0.Die_deutsche_Frage_in_der_ internationalen_Politik.html(검색일: 2016.7.15).

Grass, Günter. 2009. *Unterwegs von Deutschland nach Deutschland*. Tagebuch. Göttingen: Steidl.

Liebert, Ulrike. "Kein neuer deutscher Nationalismus? Vereinigungsdebatte und Nationalbewußtsein auf dem "Deutchmarsch" zur deutschen Einheit." in Ulrike Liebert and Wolfgang Merkel(eds.). *Die Politik zur deutschen Einheit. Probleme - Strategien - Kontroverse*, pp.51~94. Opladen: Leske & Budrich.

Loth, Wilfried. 2000. *Die Teilung der Welt. Geschichte des Kalten Krieges 1941-1955*. München: Taschenbuch Verlag.

______. 2007. *Die Sowjetunion und die deutsche Frage. Studien zur sowjetischen Deutschlandpolitik*. Göttingen: V&R.

Loth, Wilfried(ed.). 1994. *Die deutsche Frage in der Nachkriegszeit*. Berlin: Akademie Verlag.

Morsey, Rudolf. 1991. *Die Deutschlandpolitik Adenauers. Alte Thesen und neue Fakten*. Opladen: Westdeutscher Verlag.

Rothfels, Hans. 1969. *Die deutsche Opposition gegen Hitler. Eine Würdigung. Neue. erweiterte Ausgabe*. Frankfurt am Main: Fischer Verlag.

Schneider, Eberhard(ed.). 1977. *SED - Programm und Status von 1976: Text, Kommentar, Didaktische Hilfen*. Opladen: Leske & Budrich.

Simms, Brendan. 2013.4.11. "Europe's Bogeyman: 'There Is No Doubt Germanophobia Exists'." Spiegel Online. http://www.spiegel.de/international/europe/cambridge-scholar-examines-roots-of-anti-german-sentiment-in-europe-a-893439.html(검색일: 2016.12.13).

Später, Jörg. 2003. Vansittart. *Britische Debatten über Deutsche und Nazis 1902-1945*. Göttingen: Wallstein.

Taylor, A. J. P. 1945. *The Course of German History*. London: Hamilton.

Timmermann , Heiner. 1989. "Nationale und internationale Aspekte der Deutschen Frage vom 16. bis zum 20. Jahrhundert" in Jürgen Heideking(ed.). *Wege in die Zeitgeschichte. Festschrift zum 60. Geburtstag von Gerhard Schulz*, pp.353~367. Berlin: de Gruyter.

Tyrell, Albrecht. 1987. "Großbritannien und die Deutschlandplanung der Alliierten 1941-1945." *Dokumente zur Deutschlandpolitik, Beihefte,* Vol.2. Frankfurt am Main: Metzner.

Walser, Martin. 1989. *Über Deutschland reden*. Frankfurt am Main: Suhrkamp.

Weißmann, Karlheinz. 2009. "Die Deutsche Frage." *Thema. Sezession*, 32, pp.6~10.

Winkler, Heinrich August. 2015. *Zerreissproben. Deutschland. Europa und der Westen. Intervenstionen 1990-2015*. München: Beck.

______. 2000. *Der lange Weg nach Westen*. 2 vols. München: Beck.

Wolf, Grunner. 1993. *Die deutsche Frage in Europa 1800 bis 1990*. München: Pieper.

CBS. 2016.6.26. "Brexit raises historical questions about Germany leading Europe." http://www.cbsnews.com/news/brexit-historical-questions-germany-leadingeurope/ (검색일: 2016.7.14)

Die Welt. 2011.8.19. "Das Vierte Reich – Deutschland erobert Europa." http://www.welt.de/politik/ausland/article13554379/Das-vierte-Reich-Deutschland-erobert-Europa.html (검색일: 2016.8.3).

Huffington Post. 2012.6.4. "George Soros: European Union Could Become 'German Empire'." http://www.huffingtonpost.com/2012/06/04/george-soros-europe-german-empire_n_1567487.html(검색일: 2016.8.2).

Social Europe. 2016.12.18. "Social Europe Talk: Germany – Europe's Reluctant Hegemon?" https://www.socialeurope.eu/2016/12/social-europe-talk-germany-europes-reluctant-hegemon/(검색일: 2016.12.20).

Spiegel Online. 2012.2.23. "Allein kriegen sie es nicht hin." http://www.spiegel.de/spiegel/print/d-83977208.html(검색일: 2016.8.2)

_____. 2015.2.4. "Deutsche Vorherrschaft in Europa: "Ein neuer Wirtschafts-nationalismus." http://www.spiegel.de/kultur/gesellschaft/deutschland-in-der-eurokrise-ist-merkel-wie-bismarck-a-1016336.html(검색일: 2016.7.11).

_____. 2015.3.23. "'The Fourth Reich': What Some Europeans See When They Look at Germany." http://www.spiegel.de/international/germany/german-power-in-the-age-of-the-euro-crisis-a-1024714.html(검색일: 2015.8.13).

Wirtschaftswoche. 2014.5.25. "Europe has to solve the German problem." http://www.democraticunion.eu/2014/05/europe-solve-german-problem/(검색일: 2016.7.14).

2부

'전후'라는 문제

3장

한국의 주권 회복과 한미 관계의 주조(鑄造)

대한민국 정부 수립과 주한미군의 정권 이양

한모니까

1. 머리말

1948년 8월 15일 대한민국 정부 수립 경축식이 거행되었다. 이는 총선거(5.10)와 제헌국회 소집(5.31), 헌법 공포(7.17), 정부통령 선출(7.20)과 취임(7.24)에 이어 대한민국 정부가 수립됐음을 알리는 자리였다. 그리고 1948년 12월 12일 유엔총회는 대한민국 정부를 주권 정부로 인정했다.

그런데 여기서 유의해야 할 사실이 하나 있다. 신정부가 수립되었으니, 주한 미군정이 폐지되고 그간 주한미군이 보유하고 행사한 권한이 즉각적으로 이양되었으리라 생각하기 쉽다. 그러나 주한미군의 권한 이양은 정부수립 이후로도 여러 단계를 거쳐야 했다. 정부 수립 경축식에 이어 정권[1] 이양에 관한 교섭이 시작되었으며, 이양 협정이 체결되기까지 한 달여의 시간이 소요되었다. 그동안 한국[2] 정부는 주권 정부로서의 권한을 행사하지 못했다.

정권 이양은 매우 방대하며 복잡한 작업이다. 이는 3년이라는 긴 기간, '군사점령'과 '민간인 통치' 권한을 보유했던 주한미군의 위상과 그 역할에 기인했다. 주한미군이 '점령 통치'에 관한 모든 권한을 갖고 그 역할을 수행했으므로, 당시의 정권 이양은 이 '모든' 면에서의 이양이어야 했다. 따라서 정권 이양에 대한 이해는 어느 한 부문이 아니라, 모든 부문의 이양이 어떤 관련을 맺고 진행되었는지 살피는 데서 시작해야 한다. 그런데 당시 정권 이양은 점령 3년간의 미군의 위상과 역할을 정리하는 데 그치지 않았다. 정권 이양이 어떻게 진행되느냐에 따라 미군정기의 성공적인 마무리는 물론이고, 향후 신정부와 미국의 관계까지도 결정되었기 때문이다. 따라서 대한민국 정부 수립과 미군정 폐지 및 권한 이양은 미군정기를 이해하는 데뿐만 아니라 정부수립기 한미 관계를 이해하는 데 핵심적이다.

지금까지 1948년 대한민국 정부 수립 과정에서의 정권 이양에 대해서는 알려진 바가 거의 없다. 정부 조직 및 관료 구성, 미국의 대한 군사 원조 정책, 귀속 재산 연구에서 부분적으로 조직, 군사물자, 귀속 재산 이양이 언급된 바 있는데(강혜경, 1998: 221~223; 안정애, 1998: 28~32; 신용옥, 2008: 308~329), 정권 이양의 문제를 본격적으로 다룬 것은 아니다. 한편, 최근에 정권 이양의 한 단계인 한미재정재산협정의 체결 과정을 다룬 연구가 발표되었는

---

1 이 장에서 말하는 '정권'이란 정부의 제 기능으로서 행정·군사 측면 모두이다. '정권 이양'은 대한민국 정부의 '주권 회복' 과정이었지만, 주한미군이 본질적인 의미의 주권을 보유하거나 그것을 이양한 것은 아니었기에 '주권 이양'이 아닌 '정권 이양'이라 표현했다. 이와 관련해 자세한 내용은 본론에서 살펴볼 것이다.

2 이 글에서 '한국'은 문맥에 따라 'Korea'와 '남한'을 의미한다. 대개, 대한민국 정부 수립이 본격화되는 1948년 이후에는 '남한'과 '대한민국'을, 그 이전에는 남북한 전체를 아우르는 'Korea', '한반도', '조선'을 가리킨다.

데(김보운, 2013), 미군정기 해외청산위원회 차관 문제를 중심으로 이 협정의 체결 과정을 상세히 규명했다는 면에서 의미가 있다. 하지만 정권 이양의 전체 과정과 의미는 아직 밝혀지지 않았다. 부문별 이양의 구체적인 내용은 매우 중요하며 충분히 연구돼야 하지만, 정권 이양의 전체상에 대한 이해가 선행될 필요가 있다.

이 글의 목적은 주한미군으로부터 대한민국 정부로의 정권 이양 전 과정을 살피면서 이양의 의미를 파악하는 것이다. 이양 필요성에 대한 논의부터, 이양을 위한 한미 간 회담, 이양 방식, 이 과정에서 이승만 정부와 미국이 취한 태도 등을 분석하려 한다.[3] 이를 통해 대한민국 정부의 주권 행사가 언제, 어떻게 가능해졌는지를 파악할 수 있을 것이다. 그리고 주한미군의 정권 이양의 특징을 살피려 한다. 본질적인 주권을 보유하지 못한 미군이 한반도(Korea)의 일부 지역에서 점령 통치를 행한 후, 그 권한을 이양하고 철군해야 하는 시점이 되었을 때 미국이 보인 태도와 정책을 파악할 것이다.[4] 즉, 한반도에서 대한민국 정부의 '주권 행사'와 주한미군의 '정권 이양'의 관계를 이해하고자 한다.

이 연구에서 일차적으로 검토한 자료는 1948년 정권 이양을 전후한 시기의 국내 주요 정기간행물이다. 정권 이양 문제는 미군정 시기부터 세간의 중요 관심사였기 때문에, 당시 언론은 상당히 상세한 기사들을 많이 내보냈다.

---

3 부문별 이양 내용에 대해서는 서술에 필요한 정도로만 다룰 것이다. 세부 이양 내용과 각종 협정의 상세 내용에 관한 본격적인 분석은 추후의 연구 과제로 남긴다.

4 한국 현대사에는 미군이 한반도의 일부를 점령 통치한 후 정권을 이양한 적이 두 번 있다. 한 번은 이 글이 다루는 정부 수립기의 이양이며, 한 번은 한국전쟁 이후의 38도선 이북 중·동부 점령지역(수복지구)에 대한 이양이었다. 필자는 후자를 살펴본 적이 있는데, 그때부터 1948년 정권 이양 문제에 관심을 갖게 되었다. 이 글은 그 관심의 연장으로 본질적인 주권을 보유하지 않은 미군이 한반도의 일부를 점령 통치한 후 제 권한을 이양할 때 문제들을 이해하고자 했다.

따라서 당시 신문기사들은 정권 이양의 전개와 국내외의 반응을 파악하는 데에 유용하다. 그리고 제헌국회 회의록을 활용했는데 이 회의록에는 정권 이양과 관련한 이승만과 국회의 인식 및 태도가 잘 드러나 있다. 마지막으로 미 국무부 문서[5]와 주한미군 문서(RG 332, RG 338) 등의 미국 자료를 활용하여 정권 이양에 대한 미국의 인식과 정책을 파악했다. 특히 존 하지(John R. Hodge) 문서철 중 이양 관련 『백서』[6]는 이양에 관한 공식 서한 및 지시문과 협정문 등을 일목요연하게 수록하고 있어, 공식 이양 과정을 파악하는 데 유용하다.

2. 주한미군의 점령 통치

1) '사실상의 주권 정부' 미군정

1948년 정권 이양 문제의 발생은 1945년 9월 미군의 점령 통치로부터 시작됐다. 미 24군단은 미국을 대표하여 38도선 이남 지역을 점령했다. 미군은 조선총독(부)의 행정권을 접수하고 중앙과 지방에 주둔한 일본군의 무장을 해제하고 치안을 확보했다. 이어서 주한미군사령부는 군정청(USAMGIK: United States Army Military Government in Korea)을 세우고 중앙과 지방에 미

5 United States Department of State, *Foreign Relations of The United States 1948(Vol. VI The Far East and Australasia)*, Washington, D.C.: U.S. Government Printing Office,1948(이하 *FRUS*).

6 RG 338, Records of United States Army Force in Korea, Lt. Gen. John R. Hodge Official File, 1944-48, Entry No. 11070, Box 68, 000.1 Binder 1, White Papers(이하 White Papers).

군을 배속했다. 주한미군사령부의 점령 통치는 그 구조상 중앙정부는 물론 지방 행정 업무, 입법·사법 기능, 치안 업무 전반에 걸쳐 이루어졌다.[7] 미군의 점령 목적이 일본군의 무장해제라는 군사 목적을 달성하고 공공의 안정과 질서를 회복하는 데 그치지 않고, 민간인에 대한 통치 전반으로 확대된 것이다.

점령군의 군사 목적을 넘어선 통치행위는 당시 국제법상의 '군사점령'에 배치되는 것이었다. 1907년 '육전법규에 관한 헤이그협약'의 '군사점령'에 의하면, 군사점령과 민간인에 대한 행정은 구분되었다. 점령군이 피점령지역민을 통치하는 행위와 군사점령이 직결되지 않았던 것이다. 점령 주체와 행정 주체를 구분한 것은 피점령지역의 주권 정부의 존재를 인정하는 것을 전제로 했기 때문이다. 하지만 미국은 한반도에는 주권 정부가 존재하지 않는다고 보았고, 나아가 주한미군 사령부를 주권 정부로 규정하면서, 한국에서의 체제 변화를 꾀했다.[8]

'한국의 주권 정부 미존재(未存在)'는 주한미군 사령부의 남한 지역 점령

7 주한미군의 점령 통치 기구는 '미군정청'과 '전술군'으로 짜여 있었다. 미군정의 구조는 최고 통치자인 주한미군 사령관 하지를 정점으로 하여, 초기 미 제24군단과 군정장관 아치볼드 아널드(Archibald Arnold), 아처 러치(Archer Lerch), 헬믹(G. Helmick: 군정장관 대리), 윌리엄 딘(William Dean) 등으로 구성되었다. 행정 조직인 미군정청 산하에는 중앙의 각 부서와 지방의 도, 군, 면 등을 포괄하는 행정 조직, 경찰, 조선경비대, 사법 기구 등을 두었다(박찬표, 2007: 54).

8 제2차 세계대전 종전 이후, 소련과 미국 등의 피점령국에 대한 점령이 '사회주의 체제와 서구 민주주의 체제의 파시즘 체제 해체'라는 성격을 띠면서, 점령군의 위상·역할이 피점령국의 법률·행정·경제·사회·문화를 포함하는 국가의 존재 양태를 근본적으로 변화시키는 것까지 가능해졌다. 즉, 점령 목적이 군사 단계에 그치지 않고, 정치적이고 이념적이며, '내정간섭'의 성격을 띨 정도로 광범위해진 것이다(豊下楢彦, 1992: vii~xii). 점령법상 미군의 남한 점령 특수성에 대해서는 고지훈(2000: 210~220), 나인균(2003) 참조.

통치의 주요 근거였다. 미국은 일본의 패망이 한국에서 대한제국의 부활이나 새로운 국가의 건설을 야기하지 않았다고 보았다. 일본으로부터의 한국 해방이 이른바 '한일합병조약'(1910)의 무효화나 한국인들의 혁명적 활동으로 이루어진 것이 아니라는 점을 주목했다. 나아가 한국에서 일본군의 점령과 일본의 행정 기구가 제거되는 순간, 한국에는 주권을 인수할 조직적 행정력이 없다고 보았다. 미군정기 법률 고문 언스트 프렝켈(Ernst Fraenkel)은 한국의 주권이 한반도를 점령한 미소 양군 사령부에 이관되었으며, 미소 양군이 신탁자로서 주권을 행사했다고 해석했다(프랭켈, 1958: 42~43).[9]

하지만 한국에는 주권을 인수할 조직이 없었다기보다는 미국을 포함한 연합국이 한국의 정치 조직을 인정하지 않았던 상황임을 고려할 필요가 있다. 3·1운동 직후 망명정부를 표방하고 독립운동을 전개했던 대한민국임시정부나, 해방 직후 자생 조직인 건국준비위원회, 조선인민공화국, 지방인민위원회 등이 있었기 때문이다. 미국은 중앙이나 지방의 자치 조직들을 해체했으며, 대한민국임시정부도 '망명정부'로 인정하지 않았다(박태균, 1991: 111~123; 정병준, 1996: 159~178). 그 대신 주한미군 사령부에 그 위상을 부여했다.

주한미군 사령부의 위상은 다음 두 자료에 잘 나타난다. 미군의 남한 점령 직전, 맥아더는 남한 지역과 주민에 대한 모든 행정권을 보유하고 시행함을 선언했고(A), 대한민국 정부 수립 직전, 주한미군 사령부는 자신의 위상과 역할을 정리하고 규정했다(B).

9 Ernst Fraenkel, <Structure of United States Army Military Government>(22 May 1948), RG 332, USAFIK, XXIV Corps, G-2, Historical Section, Records Regarding the Okinawa Campaign, USAMGIK, Box No. 23, USAMGIK: History of the Bureau of Domestic Commerce thru USAMGIK: Press Releases July-Sept. 1946(2 of 7).

A. 〈포고 제1호〉(미국 육군 태평양 최고사령관 더글러스 맥아더, 1945.9.7. 조선 주민에게 포고함).

제1조 조선 북위 38도 이남의 지역과 그 주민에 대한 모든 행정권(all of Government)은 당분간 본관의 권한하에 시행한다.[10]

B. 〈Structure of United States Army Military Government〉(1948.5.22).

상기 분석은 주한미군정을 포함하는 주한미군 사령부가 네 가지 기능을 수행함을 나타낸다.

a. 주권의 보유자로서(as the bearer of sovereign power) 남한의 배타적 정부이다.

b. 미국 정부의 한 기관으로서(as an agency of the Government of the United States) 군사정부의 권한을 수행한다.

c. 남한의 사실상 정부로서(as the de-facto government of South Korea) 지방 정부의 법적 기능을 수행한다.

d. 위임된 재산의 소유자이자 관리자로서(as owner and administrator of vested property) 미래의 한국 정부의 수탁자(the trustee)이다.[11]

'모든 행정권'과 '주권의 보유자' 등이 의미하는 바는 무엇일까? 이는 특

10 GHQ, SCAP, Proclamation No. 1(7 September 1945), USAMGIK, *Official Gazette*(신복룡, 2006: 143 재인용).

11 Ernst Fraenkel, <Structure of United States Army Military Government>(22 May 1948), RG 332, USAFIK, XXIV Corps, G-2, Historical Section, Records Regarding the Okinawa Campaign, USAMGIK, Box No. 23, USAMGIK: History of the Bureau of Domestic Commerce thru USAMGIK: Press Releases July-Sept. 1946(2 of 7); 신복룡(2006: 145).

정 기구의 행정에 국한되지 않는다. 조선총독(부)이 보유했던 권한을 비롯해 지방 정부나 군 사령부가 행사한 권한 일체라 할 수 있다. 그것은 '주권'으로 해석될 여지까지 있는 것이다. 하지만 '모든 행정권'이나 '주권의 보유자'가 본질적 의미의 주권을 의미하는 것은 아니다. 만약 주한미군 사령부가 본질적 주권을 보유한다면, 그것은 미국이 남한을 '영토 병합' 또는 '정복'한 것이 되기 때문이다. 그러니까 주한미군 사령부는, 본질적 주권은 아니지만 남한에서 '논쟁의 여지가 있는' 최고 권한을 보유하고 그와 관련한 기구를 두고 사실상 정부로서의 기능을 수행한 것이다.

주한미군 사령부가 맡았던 모든 위상과 역할은 임시적인 것이었다. '카이로선언'(1943.12.1)은 "한국을 국민의 지리적 통일체"로 인식했고, "적당한 시기에 한국은 자주독립을 누려야 한다"라고 명시했기에, 미군의 점령 통치 기간 역시 한국이 자주독립할 때까지였다. "당분간"(A), "미래의 한국 정부의 수탁자"(B)라는 표현은 신정부가 수립되면 그 권한과 역할을 신정부로 이양하고 철군할 것임을 예정한 것이었다. 주한미군 사령부의 기능은 새로운 주권 정부의 수립을 전제로 했다.

2) '행정의 조선인화' 남조선과도정부

주권 정부의 수립과 주한미군 사령부의 정권 이양 시기는 미군정기 한국인의 주요 관심사였다. 특히 주한미군이 남조선과도정부를 구성하자, 이를 정권 이양의 시작으로 보는 시각도 나타났다. 아울러 정권 이양이 완료되지 않는 이유는 무엇인지, 언제 완수되는 것인지 등에 대한 의문도 낳았다.

이에 대해 주한미군 측은 '정권 이양'과 '행정의 조선인화'를 분리해 다루었다. 주한미군 측은 남조선과도정부의 수립이 '행정의 조선인화'에 국한된다고 강조했다. 딘 군정장관은 행정권 이양이 완료되지 못했다는 기자의 질문에 "행정 문제는 지금 급속히 조선화되고 있다"라는 말로 답했다(≪경향신문≫, 1947.11.1). 찰스 헬믹(Charles G. Helmick) 군정장관 대리는 "사실상 행정권은 안재홍 민정장관에게, 법권은 김규식 의장에게 넘어갔으나", "점령군으로서의 책임상 미국의 간섭이 불가피하며, 하지는 주둔군 사령관으로서 일부 권한을 보유"하고 있다고 설명했다. 나아가 "조선 통일 정부가 수립되기 전에는 행정권은 완전히 조선인에게 이양할 수 없다"라고 표명했다(≪서울신문≫, 1947.8.1). 헬믹 군정장관 대리는 사실상의 행정권과 법권이 한국인에게 있다고 말했지만, 그것은 어디까지나 행정 담당자를 미군으로부터 한국인으로 전환했다는 의미에 국한되는 것이었다. 그리고 과도정부에서 이루어지는 한국인의 행정도 미군의 관할 아래 있는 것이었다. 나아가 행정권 이양은 '조선 통일 정부'가 수립된 이후에 이루어질 것임을 분명히 했던 것이다.

한국인들은 남조선과도정부의 성격을 주권 문제와 관련해 사고했다. 과도정부에 참여한 민정장관 안재홍도 남조선과도정부의 한계를 인식했다. 그는 부분적으로 행정 사무가 한국인에게 맡겨지고는 있으나, 주한미군 사령관이 과도입법의원에 대해서도 거부권과 해산권을 갖고 있을 뿐 아니라 여전히 전면적인 통치권도 보유하고 있다고 지적했다. 이것이 통일(임시) 정부가 수립되지 않았기에 현실적으로 불가피한 데서 나온 것이라 해도, 주권의 운용은 조선인의 민족적 관점에서 이루어져야 한다고 강조했다(≪경향신문≫, 1947.11.6).

남조선과도정부의 수립과 정권 이양이 구분된 이유는 크게 두 가지를 생각해 볼 수 있다. 우선 미국의 남한 점령 통치 정책을 들 수 있는데, 남조선과도정부의 수립은 주한미군이 점령 통치의 효율성을 높이고자 미군의 직접 통치를 한국인을 활용한 간접 통치 방식으로 전환한 것이었다.[12] 또 남조선

12 남조선과도정부를 중심으로 한 미국의 대한 정책에 대해서는 정용욱(2004:

과도정부는 주한미군정의 일부였기 때문이다. '모스크바협정'(1945.12.28)에 따라 남북한을 아우르는 '조선 임시정부' 수립이 목표로 유지되던 상태에서, 남한 지역에 국한된 주한미군정의 일부로서 수립된 것이다. 이러한 이유들로 헬믹과 안재홍은 정권이 남조선과도정부에 이양되기 어려움을 말한 것이다. 정권 이양은 '조선 통일(임시) 정부' 수립을 기다려야 했다.

3) 정부 수립과 정권 이양에 대한 유엔 결의

'신정부의 수립과 정권 이양'이라는 대강의 기본 원칙이 정해진 것은 1947년 11월 14일 유엔의 '한국 독립 문제에 대한 결의'에서였다. 유엔의 이 결의는 '모스크바협정'에 따른 미소공동위원회가 결렬된 후, 미국이 한국 문제를 유엔으로 이관함으로써 이루어졌다. 소련은 한국 문제를 유엔에서 다루는 것과 '한국 독립 문제에 대한 결의'에 반대했다. 이 결의는 모스크바협정의 이행과 양국군 철수를 주장하던 소련에 비해 유엔 감시하의 선거를 통한 정부 수립이라는 미국의 주장이 관철된 것이었지만(강성천, 1996: 203~217), 향후 전개되는, 결의를 바탕으로 이루어진 정권 이양에서는 또다시 미묘하지만 큰 변화들이 발생한다.

B조

2. …… 선거를 실시하고 이 대표자들로 하여금 국회를 구성케 하고 한국의 중앙정부를 수립할 것을 권고하며 …….
3. 다시 선거 후 가급적 조속히 국회가 소집되어 중앙정부를 수립시켜야 하되 그 수립을 위원단에 통고할 것을 권고한다.

235~242); 박찬표(2007: 213~219) 등 참조.

4. 다시 **중앙정부(National Government) 수립 직후**에 정부는 위원단과 협의하여 좌기 사항을 실시할 것을 권고한다.

(a) 보안군을 편성하고 이에 포함되지 않는 모든 군사 단체와 유사 군사 단체를 해산할 것.

(b) **남북한의 군 사령관과 민정 당국으로부터 정부 제 기능을 이양받을 것**(take over the functions of government from the military commands and civilian authorities of north and south Korea)

(c) **가급적 조속히, 가능하다면 90일 이내에 점령군이 한국으로부터 완전 철퇴하도록 점령 양국과 절차를 작정(作定)할** 것(arrange with the occupying Powers for the complete withdrawal from Korea of their armed forces as early as practicable and if possible within ninety days)[<The Resolution on The Problem of The Independence of Korea>(정형일 엮음: 1954: 4~7), 고딕체는 필자].

간단해 보이는 이 결의는 정부 수립과 이양의 기본 방향과 절차를 규정했다는 면에서 중요한 의미가 있었다. B-2와 3은 중앙정부 수립까지의 단계를 제시했다. 이는 5·10 선거, 제헌국회 구성, 정부 구성 등의 근거가 되었다. B-4는 정부 수립 직후 밟을 절차를 명시했는데, 정부 수립 직후 보안군 편성, 군 사령관과 민정 당국의 정부 제 기능 이양, 점령군 철수 등을 내용으로 했다. 특히 이 글의 중심 과제인 정권 이양 문제와 관련해서 주목되는 부분은 4-(b)와 (c)이다. 4-(b)에 의하면, 군 사령관의 군사 권한과 민정 당국의 행정 권한이 이양될 것이고, 4-(c)에 의해 90일 이내에 외국군의 철수가 있을 것이었다. 대한민국 정부 수립과 주한미군의 정권 이양도 이를 토대로 전개된다.

그런데 이 결의는 대한민국 정부 수립의 토대가 되었지만, 동시에 대한민국 정부가 '통일 정부'로서의 '중앙정부'가 아니라는 점을 보여주는 근거가 되었다. 미국과 이승만은 남한 지역에서 정부 수립과 이양 절차를 진행하면서 이 결의를 근거로 제시했지만,[13] 동시에 유엔은 이 결의를 기초로 대한민국 정부가 '통일 정부'로서의 '중앙정부'가 아님을 지속적으로 언급했다.[14]

3. 대한민국 정부 수립과 미국의 정권 이양 구상

1) 정권 이양에 대한 한국의 기대와 미국의 준비

1948년 봄·여름이 되자, 분단 정부 수립에 대한 우려와 동시에 정권 이양에 대한 기대가 높아졌다. 선거, 제헌국회 구성 및 헌법 공포, 대통령 선출 및 취임, 내각 구성 등이 차례로 진행되자, 곧 정권을 인수하고 독립된 정부로서 기능하게 될 것으로 생각되었다. 우선, 제헌국회의 구성은 이러한 분위기를 한층 조성했다. 남조선과도정부 법률 제12호(1948.5.19)에 의거해 미군정기 대의기구 역할을 해온 남조선과도입법의원이 5월 20일 해산되고, 5월 31일 제헌국회가 개원되었기 때문이다.[15] 국회 개원식에서 주한미군 사령관

---

13 <Syngman Rhee to John G. Hodge>(1948.8.9), White Papers; <John G. Hodge to Syngman Rhee>(1948.8.11), White Papers.

14 일반적으로 대한민국 정부 승인에 관한 유엔의 결의로 알려진 1948년 12월 12일 결의문(제195호)은 "…… 1947년 11월 14일 자 결의에 규정된 제 목적이 완전히 수행되지 않았고 특히 한국 통일이 아직 성취되지 않았다는 사실에 유의"한다고 명시했다[<The Resolution on the Withdrawal of the Occupying powers>(195 III. 1948.12.12)].

15 <남조선과도정부 법률 12호 조선과도입법의원의 해산>(1948.5.19); <재조선미국육군사령부 국회에 관한 포고>(1948.5.25)(이상 한국법제연구회, 1971).

하지와 군정장관 딘도 국회가 미군정의 일부가 아니라고 밝힘으로써(≪서울신문≫, 1948.6.1), 국회가 미군정과는 별도로 헌법 제정과 정부 조직, 법 제정 등을 할 수 있다고 예고했다.

그러나 정부 수립을 위한 단계를 하나씩 밟아갈 때마다 정권 이양에 대한 기대감과 더불어 어느 시점에서 이양이 이루어질 것인지, 정부의 기능은 언제부터 발휘되는지에 대한 의문도 커졌다. '이양의 범위'에 대해서도 "거의 조건 없이 가능한 한 완전할 것"[16]이라는 기대는 우려로 바뀌고 있었다.[17] 그럴수록 '정권을 보유하고 있던' 주한미군 측의 입을 쳐다볼 수밖에 없었다.

미국의 공식 방침은 중앙정부 수립 이후에야 정권 이양이 가능하다는 것이었다. 이는 앞에서 살펴본 유엔 결의(1947.11.14)에 근거한 것이기도 했다. 딘은 국회의 역할이 '정부 수립에 국한'된다는 것을 분명히 했고, 정권 이양을 위해서는 앞으로도 '많은 단계'가 남아 있음을 강조했다(≪서울신문≫, 1948.6.11). 실제로 국회의 권한과 역할은 정부를 조직하기 위한 기초적 입법 조치에 국한되었고, 정부가 수립될 때까지 별도의 법률을 통과시킬 수 있는 권한도 제한적이었다.[18] 5·10 선거 직후에도 딘은 "중앙정부의 조직과 더불어 군정의 권한을 넘길 것"이며, 나아가 "신정부의 자립 능력이 생기면 미군이 철수"할 것이라 밝혔다(≪동아일보≫, 1948.5.14; ≪서울신문≫, 1948.5.14).

미국은 나아가 남한 정부의 존재 및 기능 개시 시점에 대해 이중적인 태도를 취했다. 언제 대한민국 정부가 탄생했다고 할 수 있는 것인지, 정부의

---

16 <Political Summary for July 1948>(『미 국무성 한국관계문서』 5, 1995: 214~215).

17 "정권을 이양하려면 깨끗이 이양하라. 주기는 주되 설미직하게 아끼지 말라는 말이다. …… 명목상 이양이란 있을 수 없는 일이며 …… 더구나 돈과 물건에 대해서 그들이 그대로 집권치나 않을까 하는 걱정이 큰 만큼 ……"(≪서울신문≫, 1948.8.15 사설).

18 <재조선미국육군사령부 국회에 관한 포고>(1948.5.25)(한국법제연구회, 1971).

기능 개시 시점은 언제부터 가능한 것인지에 대해 미국은 유엔의 결정을 기다리겠다고 강조했다. 이양 문제를 취급하기 위해 미 트루먼 대통령의 특사로 파견된 존 무초(John Muccio)는 "(이번에 자신과 함께 내한하는) 미 외교사절은 유엔이 남한의 선거 및 정부 수립에 대한 태도를 결정할 때까지 역할을 개시하지 않을 것"이라 표명했다(≪동아일보≫, 1948.8.14). 이처럼 남한 정부의 존재와 기능 인정에 대해 미국은 공식적으로 유엔의 승인에 따르겠다고 강조했지만, 내부적으로는 유엔이 대한민국 정부를 유엔 결의에 따른 합법정부로 승인해야 하며, 이를 위해 미국과 유엔임시위원단의 '사실상의 승인'이 이루어져야 한다는 방침을 세웠다(강성천, 1996: 255~256). 미 국무부는 8월 12일 대한민국 정부에 대한 '사실상의 승인'을 알리는 성명을 발표했다. 이때는 이승만과 하지의 정권 이양 요청 서한 교환(8.9, 8.11) 직후였으며, 유엔총회의 정부 승인 관련 결정이 있기 전이다.[19]

이와 같은 미국의 태도는 5·10선거를 앞두고 본격적으로 선거를 준비하는 과정에서 나온 것이다. 미 국가안전보장회의 NSC 8(1948.4.2)은 '정부 수립과 그에 대한 미국의 지지', '주한미군 철수 시점 및 조건', '경제 군사원조' 등 미국의 대한 정책 방향을 결정했다.[20] 정권 이양의 방법 및 순서도 여기에 들어 있었다. 4월 22일에는 한국·독일·일본 등 미군 점령지의 군정에 대한 총관할권을 갖고 있는 미 육군부 점령지 민정국장 대니얼 노스 소장 일행이 내한해 주한미군 사령부와 정권 이양을 둘러싼 제 문제를 논의했다(≪동아일보≫, 1948.4.25). 4월 말에는 정권 이양 관련 안들이 마련되었는데, 이는 신정부와 협정을 맺기 위한 기초 자료로 사용될 것이었다. 그 주된 내용은

19 <Seoul to Secretary of State>(1948.8.16)(『미 국무성 한국관계문서』 5: 206).

20 <Report by the National Security Council on the Position of the United States with Respect to Korea(NSC 8)>(1948.4.2)(*FRUS*, 1948: 1164~1169); <Charles E. Saltzman to U–Mr. Lovett>(1948.5.26)(『미 국무성 한국관계문서』 15, 1995).

'① 주한미군정으로부터 정부 책임의 이양, ② 1948년 12월 31일 이전에 미 점령군의 철수, ③ 점령 종식 후의 경제·군사 원조의 조건' 등이다.[21] 미국은 행정 이양 방법, 남한 정부 승인 시기, 철군 조건 및 시기, 점령 종식 이후 경제·군사 원조와 한미 관계 수립 등을 폭넓게 준비했다.

2) '행정 공백'과 단계적 이양 방식

(1) 정부 수립 선포 이후 행정 공백

남한에서 정권 이양을 공식으로 요구한 것은 8월 초였다. 이승만은 '8월 5일 대한민국 정부가 수립되었음'을 유엔한국임시위원단에 정식 통고했다(8. 6).[22] 이어 주한미군 사령관 하지에게 '모든' 정권의 이양을 요청했다(8.9).[23] 하지는 이승만에게 회답했다(8.11).[24] 양측은 이양·인수 준비 대표로 이범석, 윤치영, 장택상과 헬믹, 드럼라이트(Everett F. Drumright)를 임명했다.[25] 8월 16일 정권 이양에 대한 한미 간의 공식 회담이 시작됐고, 행정 부처 이양이 완료되었음을 양측이 확인한 것은 10월 1일이다.[26] 그사이 기간은 "행정 공

---

21 <FE–Mr. Butterworth to O–Mr. Saltzman>(1948.4.28)(『미 국무성 한국관계문서』 15).

22 <Syngman Rhee to UNTCOK>(1948.8.6), White Papers.

23 <Syngman Rhee to John G. Hodge>(1948.8.9), White Papers.

24 <John G. Hodge to Syngman Rhee>(1948.8.11), White Papers. 이승만에 대한 하지의 답장(8.11)은 미리 미 국무부에 전달되었다(8.10)[<The Political Adviser in Korea(Jacobs) to the Secretary of State>(1948.8.10)(*FRUS*, 1948: 1271)].

25 <Syngman Rhee to John G. Hodge>(1948.8.9), White Papers; <John G. Hodge to Syngman Rhee>(1948.8.11), White Papers.

26 <Syngman Rhee to John B. Coulter>(1948.10.1), White Papers. 하지만 이후에도 이양 작업은 계속되었다. 국제연합국한국위원단은 "1948年 12月 初旬 韓國政府는 貸借計定, 財産 및 施設運營에 關한 行政權을 引受했으며 같은 달에 歸屬財産의 移讓도 完了되었다. 또한 1949年 6月末 撤收가 完了됨으로써 輸送, 通信 및 其他 施設에

백", "진공 상태", "군정 연장", "과도기" 등으로 불렀는데(『국회속기록』, 제1회 제49호, 1948.8.26; ≪자유신문≫, 1948.9.13), 그 이유는 다음과 같았다.

우선 1948년 8월 15일 대한민국 정부 수립 선포 겸 광복 3주년 기념식이 거행되었지만, 이 행사는 이중적이면서도 제한적인 성격이 있었다. 이 기념식 이후 미군정은 공식으로 8월 15일 자정에 폐지되었으며, 미군정 대신 한국 주둔 미군 사령관 민사처가 설치되었고, 딘도 군정장관직에서 물러나 미 제7사단에 배정되었다.[27] 하지는 이날 축사를 통해 "미국이 대한민국 정부를 사실상 승인"했음을 알렸지만, "완전한 한국의 통일과 독립을 성취하기 위해서는 더 많은 어려운 단계가 필요"하다고 하면서, "앞으로" 정권 이양 절차가 시작될 것임을 알렸다.[28] 국회와 세간에서는 이날의 행사와 미군정의 폐지로 한국 정부의 기능이 발휘될 것으로 기대했지만(『국회속기록』 제1회 제49호, 1948.8.26), 한국 정부의 기능이 작동하기까지는 아직 여러 단계가 남아 있었다. 이범석과 윤치영의 다음과 같은 말처럼, 정권 이양이 완료되는 때가 바로 주권 정부로서의 기능이 가능해지는 시점이었다.

> 국무총리 이범석: 그동안의 모든 정치 경제 각 방면에 있어서의 모든 것을 새로 신성한 대한민국 정부에 이양하는 것이올시다. …… **이 이양은 우리가 정권을 발동하려면 필연적으로 곧 결과해야 될 단계인 것입니다.** 또한 이양이 지연된다면

對한 美國陸軍의 管理權도 終結되었다"라고 기록했다(국회도서관 입법조사국, 1954: 60).

27 이 민사처가 한국 정부에 정권을 이양하고, 과도기 내 군정 잔무를 했다. 딘은 7사단에 배정받았지만, 임시로 민사처에 머물렀다. ≪서울신문≫, 1948년 8월 16일 자; ≪경향신문≫, 1948년 8월 16일 자; <Corps Staff Conference–17 August 1948>(정용욱 엮음, 1994).

28 <John Muccio to Secretary of State: Political Summary for August 1948>(1948.9.14)(『미 국무성 한국관계문서』 15).

우리에게 매일 거대한 손해가 물질적으로 정신적으로 있는 것도 또 역시 필연 적입니다(『국회속기록』 제1회 제64호, 1948.9.13, 고딕체는 필자).

내무장관 윤치영: …… **국제연합 총회에서 우리의 문제를 토의한다 하지만 아직 우리에게 법리적 정권 이양을 받지 못했으며 우리는 대표로서 완전히 주권을 대표할 수가 없습니다**(『국회속기록』 제1회 제69호, 1948.9.18, 고딕체는 필자).

이 시기 군정 관료들은 동요했다. "마음이 들떠 직책을 돌보지 않고 새로 들어올 세력에 부합하려고 급급"하거나, "특히 책임이 중한 요직에 있는 일부 관리들은 매일같이 자리를 비우고 신세력에 아유하는 데 분망"하여 "각 관청의 사무 능률은 급속도로 저하"되었다(≪조선일보≫, 1948년 7월 22일 자; ≪조선일보≫, 1948.8.7). 이에 이승만 정부가 할 수 있는 것은 '경고'하거나 '인수'를 약속하는 것이었다. 서울시청 인사처는 "직책을 소홀히 하는 경향이 있는데 이런 생각은 새 나라가 건설되는 마당에 있는 관리로서 비애국적이다. 남조선과도정부 관리는 최후까지 직책을 완수하여 신정부에 인계하여야 될 것"이라 경고했다(≪조선일보≫, 1948.7.22). 이승만은 "군정에 종무한 한인 관리들은 그 지위의 고하를 막론하고 특별한 이유 없이는 변동을 아니하기로 노력하는 터이니 종래의 관리들은 각각 그 직책을 끝까지 다하여야 할 것"이라 했다(≪민주일보≫, 1948.8.20).

정부 재산도 함부로 처리되었다. 군정 관리 중에는 미군을 이용하거나 자기 직권으로 적산을 불하하는 자도 있었다. 창고에 있는 물건들도 처분했다(『국회속기록』 제1회 제64호, 1948.9.13). 군정이 한국 정부에 이양할 재산을 과도기에 불법으로 처리한 것이다.

하나의 자리에 남조선과도정부 측 인사와 한국 정부의 인사가 함께 있게 되어, 이들 사이에 갈등이 생기기도 했다. 이때는 한국 정부의 부처별 인사가 이루어지고는 있었으나, 한국 정부가 임명한 관료에게는 행정 집행 권한

이 부여되지 않았고, 남조선과도정부가 임명했던 관료들이 행정을 집행하고 있었기 때문이다(≪한성일보≫, 1948.8.31).

또 하나의 현상은 미국 고문들의 업무 복귀였다. 8월 16일부터 재무, 공영, 보건, 위생, 소방 등의 서울시 미 고문들이 시청으로 돌아왔다(≪국제신문≫, 1948.8.22). 이들은 정부 수립 경축식과 행정권 이양식을 앞두고 철수했다가, 한미 회담이 이루어지는 가운데 업무에 복귀한 것이다. 다시 돌아온 미 고문들은 부처별 사무 이양에 참여했다. 한국 정부의 각 장관이 남조선과도정부의 부서장들과 이양 세무를 협의하기 위해 각 기관을 방문했는데, 그때 이들이 함께 협의했다. 미 고문들은 과도정부 측의 수반이 되어 협의를 진행했으며, 이어 협의 내용을 주한미군 사령관에게 보고했다.[29]

이러한 행정 공백 상태는 주권의 미회복 상태로 인식되었다. 국회와 언론은 이를 비판했다. 국회는 정부 조직에 따라 민생 문제가 해결되어야 함에도 한 달여간 아무런 정부 시정방침이 공포되지 않고 있음을 문제로 지적했다. 특히 미국인 고문의 업무 복귀 등을 '군정 연장'의 증거로 보고 격분했다(『국회속기록』, 제1회 제49호, 1948.8.26). 언론에서도 "우리의 주권을 세우기 위해서는 고문이고 뭐고 행정이 전적으로 우리 손으로 운영될 때"에만 행정이양이라 할 수 있을 것이라 비판했다(≪국제신문≫, 1948.8.22). 정권 이양은 '주권을 찾는' '독립운동'으로 인식되고 있었다(『국회속기록』, 제1회 제57호, 1948.9.4).

---

29 <W. F. Dean, Major General, United States Army Military Governor, Memorandum to Directorate, South Korean Interim Government: Transfer of Government Functions from South Korean Interim Government to Government of the Republic Korea>(1948.8.10), RG 332, United State Army Forces in Korea, XXIV Corps, G-2, Historical Section, Records Regarding USAMGIK, U.S.-U.S.S.R. Relations in Korea, and Korean Political Affairs, 1945-48, Box 41; ≪서울신문≫, 1948년 8월 18일 자.

이승만 정부의 불친절하고 비밀스러운 태도는 행정 혼란을 가중시켰다. 국회는 '행정권 이양에 대한 경과보고 요청의 건'이라는 긴급동의안을 가결(8.26)했지만, 정부는 이를 무시했다. 일주일 만인 9월 3일, 국무총리 이범석은 "곧 보고하겠다"라는 내용을 담은 서한 1장만을 국회에 보냈다. 국회는 다시 행정 지연의 책임이 정부와 군정 어느 쪽에 있는지를 따지고, '정권 이양에 대해서 정부 책임자로서 명 9월 4일 상오 10시까지 등변케 할 것'을 가결(9.3)했다(『국회속기록』, 제1회 제56호, 1948.9.3). 정부(국무총리 이범석)가 국회에 보고한 것은 9월 13일, 한미재정재산협정이 조인(9.11)된 후였다.

(2) 부처별 실무 이양과 한미 협정들을 통한 이양

행정 공백의 주된 원인은 정권 이양 방식과 과정에 있었다. 하나는 행정 부처별 이양이었고, 다른 하나는 한미 회담 및 협정에 따른 이양이었다. 전자가 부처별 실무 이양 작업이라면, 후자는 미군 측이 부처별로 이양될 사항들 중에서 분리하여 한미 회담의 의제로 처리하는 방식이었다. 미국은 부처별 사무 이양을 통해 미군정 기구의 모든 자금과 업무를 그대로 이양하지 않고, 중요하다고 판단되는 사안들을 별도의 한미 회담에서 협의했다. 예를 들면, 상공부 이양 시 자금, 민간 물자 보급 기구, 민간 물자 보급품으로써 하는 남북 교역, 국산 석탄과 수입 석탄에 대한 생산 및 배급 할당, 그리고 이의 대행 자금, 군대용 물품, 석유 배급 기구, 인천에 있는 발전선 관할 등이 한미 회담에서 논의되었다(≪서울신문≫, 1948.9.11). 주한미군의 철수 및 한국군에 대한 지휘권 문제 역시 한미 회담에서 다루었다. 즉, 미국은 재정·재산 문제와 군사 관련 사안들을 한미 회담에서 별도로 처리하려 한 것이다.

이와 같은 방식의 이양은 미국이 제안한 것이다. 미국은 정권 이양이 복잡한 작업이라고 보고 '주의 깊은 조정 후에 질서 있고 점진적인 방법(orderly and progressive manner)'으로 진행해야 한다고 판단했다. 그 구체적인 조정과 방법은 이승만이 하지에게 정권 이양을 요청한 다음 날(8.10) 작성된 군정장관 딘의 비망록에 잘 나타나 있다. 그것은 완전한 권한(complete authority)의 이양에 앞서 주한미군 사령관과 한국 정부 사이에 한국군의 건설과 미군 철수에 관한 협정을 만드는 것이었고, 재원, 재산, 시설과 책임 등의 이양과 향후 원조에 관한 어떤 협정을 만드는 것이었다. 그리고 이에 대한 논의는 1948년 8월 16일 착수하고, 필요한 협정이 만들어졌다고 양측이 동의하면, 주한미군 사령관이 이양 완료를 공식 발표하는 것이었다.[30] 이 구상에 따라 헬믹은 첫 한미 회담(8.16)에서 회담의 주제와 후속 절차를 담은 개요를 제시했다.[31]

부처별 이양과 한미 회담·협정을 통한 이양은 그 논의와 채널 면에서 구분되어 진행되었지만, 미군은 후자를 처리하기 전까지는 전자의 이양을 승인하지 않았다. 미군 측은 '정권 이양의 법적 효력 발생'이 미군 사령관의 승낙 후에 가능하다는 점까지 분명히 했다. 실제로 부처별 이양은 다음 절에서 살펴볼 한미 회담이 완료되고 그에 관한 협정이 체결되기 전까지는 제한적으로 진행되었다. 부처별로 이양 절차가 완료되고 조인을 마쳤어도 주한미군 사령관이 최종 서명을 한 후에야 신정부의 행정이 개시될 수 있었다. 주

30 <W. F. Dean, Major General, United States Army Military Governor, Memorandum to: Directorate, South Korean Interim Government, Transfer of Government Functions from South Korean Interim Government to Government of the Republic Korea>(1948.8.10), RG 332, United State Army Forces in Korea, XXIV Corps, G-2, Historical Section, Records Regarding USAMGIK, U.S.-U.S.S.R. Relations in Korea, and Korean Political Affairs, 1945-48, Box 41.

31 <The Political Adviser in Korea(Jacobs) to the Secretary of State>(August 17, 1948)(*FRUS*, 1948: 1279). 국방장관 이범석은 8월 16일 제1차 한미 회담을 마친 후 "우리가 생각지도 않은 데까지 용의주도한 미군정의 성의는 찬양할 바가 있다"라고 말했다(≪국제신문≫, 1948년 8월 18일 자).

한미군 사령관 존 콜터(John B. Coulter)가 남조선과도정부 부처장들에게 이양의 정도(재산, 물자, 인적 요원, 책임 등)와 해임 여부 등을 최종적으로 지시하는 것이었다.[32] 미 대통령의 특사 무초는 대한민국 정부의 작동이 1948년 9월 시작됐지만, 그것은 "사실상 이름뿐"이었다고 평가했다. 그는 한미 협정의 조인과 비준까지 긴 시간이 소요되고 있기 때문에, 남조선과도정부의 부처가 신정부로 이양되지 않았다고 덧붙였다.[33]

결국 1948년 8월 24일 '대한민국 대통령과 주한미군 사령관 간에 체결된 과도기에 시행될 잠정적 군사안전에 관한 협정'(한미과도군사협정)과 9월 11일 '대한민국 정부 급 미국 정부 간의 재정 급 재산에 관한 최초의 협정'(한미재정재산협정)이 조인되었으며, 이후 부처별 이양이 이루어진 후에야 한국 정부의 기능이 작동할 수 있었다.

그렇다면 주한미군이 정권 이양 과정에서 군사와 재정·재산을 우선적으로 처리한 이유는 무엇일까? 다음 절에서는 이 협정들의 체결을 통한 정권 이양이 '과거'의 정리보다는 '미래' 한미 관계의 틀을 만드는 데 주된 역할을 했음을 살펴볼 것이다.

---

32 <John B. Coulter to Chee, Yong Eun: Transfer of Department of National Food Administration from South Korean Interim Government to the Ministry of Agriculture of the Republic of Korea>(1948.9.24), White Papers.

33 "이것(국회의 동의)이 완료될 때까지 미국은 한국 정부로 어떤 회계, 빚, 신용거래, 중앙의 한국 재산, 일본인 귀속 재산도 한국 정부로 넘길 수 없다(Until this was done, the United States could not properly release any accounts, debts, credits, national Korean property, or Japanese vested property to the new Korean Government)". <John Muccio to Secretary of State: Political Summary for September 1948>(1948.10.18)(≪미국무성한국관계문서≫, 5: 294~295).

4. 정권 이양과 한미 관계 주조

1) 군사 부문의 처리

독립 정부의 수립과 주한미군으로부터의 정권 이양은 곧 철군과 미군이 그동안 보유했던 군사적 권한 모두를 이양하는 것을 의미했고, 이는 예정된 절차였다. 남한 정부 수립 즈음에는, 미국도 한국에서의 '철군'을 기본 정책으로 삼고 있었다. 하지만 철군 시점에 대해서는 신중을 기하고 있었다. 미국은 철군 시 한국이 소련의 간접 지배하에 들어갈 수 있다고 보았기 때문이다. 미국은 반공·반소의 관점에서 한국의 소비에트화를 우려하면서, 철군의 연기를 고려했다.[34] 미국의 철군 정책은 1947년 11월 14일 유엔 결의문에서 명시된 "90일 이내 철수"로부터 멀어지고 있었다.

미국은 '신정부의 자립 능력'을 철군의 조건으로 검토했다. 주한미군 사령부는 "한국 정부가 작동할 수 있느냐, 무엇을 할 수 있는가, 공산주의자들의 영향으로부터 안전하게 생존할 것인가" 등을 매우 우려했다.[35] 미 국가안전보장회의는 NSC 8(1948.4.2)에서 "신정부가 생존할 최소한의 타당한 변화를 유증할 환경하에서 점령군이 철수한다는 암묵적인 약속(implied commitment)이 추가되어야" 한다고 결정했다.[36] 철군 시점은 1947년 유엔 결의에서 조금

---

34 1947년 이래 미 육군부는 주한미군의 조기 철군을 주장한 반면, 국무부는 미국의 정치적 관점을 중시하여 조기 철군을 반대하면서 원조와 같은 적극적 대한 정책을 주장했다. 미 육군부와 국무부의 상반된 견해는 1947년 말 한반도 문제의 유엔 이관을 통해 절충되었으며, 남한 정부 수립 절차에 들어간 1948년 상반기에는 '철군'을 기본으로 하되, 시점에 대해서는 유동적인 상태로 합의에 이르고 있었다(강성천, 1996: 258~259; 조이현, 1996: 268~285).

35 <Corps Staff Conference–10 August, 1948>(정용욱 엮음, 1994).

36 <Report by the National Security Council on the Position of the United states whit

씩 달라지고 있었다. 그러니까 미국은 유엔총회의 결의(1947.11.14)를 바탕으로 한국 정부의 발전 정도를 조건으로 제시하면서, 철군 연기를 고려한 것이다. 이는 미군의 철수 시점을 예정하기 어렵게 했다.

또 남한 현지의 정치 고문 조지프 제이콥스(Joseph Jacobs)와 하지, 그리고 미 국무부는 철군 시점이 최소한 유엔총회의 한국 문제 결정 이전에 이루어져서는 안 된다는 방침이었다(조이현, 1996: 282~283). 제이콥스는 유엔총회 이전에 주한미군이 철수할 경우 "지금까지 얻은 모든 것을 잃을지 모른다"라고 판단했고,[37] 유엔한국임시위원단 대표들에게도 최종적이고 완전한 군의 이양은 유엔총회 결정에 달렸다고 강조했다.[38]

그런데 주둔 문제는 논란의 소지가 다분했다. 아무리 시기를 확정하지 않았다 하더라도, 일본군의 무장해제와 신정부 수립을 명분으로 하면서 주둔한 미군의 철수는 번복할 수 없는 것이었다. 1947년 11월 유엔 결의는 철군에 대한 미국의 공식 약속이기도 했다. 소련도 지속적으로 양군의 철수를 주장하고 있었으며, 미국도 공식적으로는 소련의 제안을 거절하지 않았다. 또 철군의 연기는 미국이 조선에 미군 기지를 설치하려는 것으로 비칠 수 있었기 때문이다.

이에 미국은 미군 기지 설치를 강하게 부인하면서, "주한미군 주둔에 대한 한국의 요청" 형식을 언급하기 시작했다. 군정장관 딘은 "미국 정부는 조선에 미군 기지를 설정하려는 야심이 조금도 없다. 미국은 조선이 외국의(미국도 포함) 간섭 없는 진정한 자주 독립국가를 수립하기 바란다"라고 말했다(≪경향신문≫, 1948.3.12). 딘은 미군 기지의 설치를 부인했지만, 그의 말은

Respect to Korea(NSC 8)>(1948.4.2)(*FRUS*, 1948: 1165~1166).

37 <The Political Advisor in Korea(Jacobs) to the Secretary of State>(1948.8.12), (*FRUS*, 1948: 1272).

38 같은 문서(*FRUS*, 1948: 1279~1280).

역으로 주한미군 기지의 설치는 대한민국이 진정한 자주 독립국가가 아닐 수 있음을 의미하는 것이기도 했다. 그 때문에 미국은 한국에 "한국의 요청 없이 군대가 계속 주둔할 필요는 없으며, 미국은 한국에 주둔할 필요성을 전혀 느끼지 않는다"라고 거듭 강조했다(『국회속기록』, 제1회 제109호, 1948.11.20). 미국은 미군 주둔에 대한 조선 신정부의 태도, 즉 "신정부가 미군의 계속 주둔을 요구한다면" 미군의 철수는 장기간 연기될 것이라 언급하곤 했다(≪서울신문≫, 1948.5.21). 미국은 스스로도 철군을 연기할 필요가 있다고 판단했지만, 한국 측에는 주둔 요청 형식을 요구했다.

이승만은 철군 연기를 주장하고 있었기 때문에, '한국의 요청 형식'이 이루어질 가능성이 높았다. 이승만 국회의장은 국회 개원식(1948.5.31)에서, 미군 주둔에 대해 "주둔군의 연장으로 우리 주권 사용에 침손되는 일이 없을 것"과 "언제든지 우리가 주둔군의 철폐를 요구할 때는 즉시 철폐할 것"이며, "미국은 어느 나라를 대해서든지 영토나 정치상 야심이 없는 것은 세계가 다 아는 바"이므로, "조금도 염려할 바가 없는 것"이라 주장했다(『국회속기록』, 제1회 제1호, 1948.5.31). 이승만은 대통령에 선출되자 미군의 주둔을 요청했다. 이는 미국이 주둔 연장의 조건으로 제시한 '한국 정부가 원하면'을 충족시켰다.

철군의 연기는[39] 그에 따른 여러 관할권 및 지휘권 등의 문제와 연결되었다. 미국은 바로 이 문제들을 군사협정 방식으로 해결하고자 했고, 제1차 한미 회담(1948.8.16)에서 하지가 이승만에게 잠정 군사협정 초안을 제시했다. 그런데 초안 제2조에 "한국 군대에 권한 이양이 끝날 때까지 경찰을 포함하

39 실제로 철군 개시는 1948년 8월 15일에서 9월 15일로 연기되었고, 완료일도 1948년 12월 31일, 1949년 3월 31일, 5월 10일, 6월 29일로 계속 연기되었다. 1949년 6월 29일 자정, 주한미군은 미군사고문단(KMAG)을 남겨두고 철수했다.

여 한국 군대의 지휘 책임을 주한미군 사령관이 가진다"라는 내용이 있었는데,[40] 이는 이승만도 예상하지 못한 것이었다. 이승만이 하지에게 보낸 정권 이양 요청 서한(8.9)에서도, 이승만은 "정권 이양과 철군을 위한 주한미군 사령부의 미군 부대 관련 특별 지역 및 시설, 인원에 대한 지배력"을 양해했지만, 기본적으로는 "모든 기능의 이양"을 요구했기 때문이다.[41] 이승만은 장택상, 이범석 등과 논의 후 '미군 사령관의 한국군 지휘권 보유'를 반대했다. 이들은 만약 이승만이 이를 승인하면, 국회에서 이승만 대통령에 대한 탄핵까지 이루어질 수도 있다고 보고, 이를 우려했다.[42] 이승만은 '미군 사령관에게 부여하는 몇 가지 권한을 빼낸' 새로운 초안을 제시했다. 하지만 정치고문 제이콥스는 이를 받아들일 수 없다고 강조했고, 이후 약간의 문구를 수정해 미국 측 원안대로 타결되었다.[43]

한미 과도 군사협정의 체결(1948.8.24)은 주한미군 사령관의 제 권한 보유에 대한 법적 근거를 최초로 마련한 것이었다. 미군이 대한민국에서 철수하기까지의 기간 중에만 유효하다는 조건이 있었지만, 미군은 원하는 곳을 지정해 기지로 사용할 수 있었고(제3조), 한국의 전 국방군(국방경비대, 해안경비대, 비상 지역에 주둔하는 국립경찰파견대 포함)에 대한 전면적인 작전 통제 권한도 주한미군 사령관이 보유하도록 했다(제2조).[44] 주한미군 사령관 콜터[45]

40 <The Political Advisor in Korea(Jacobs) to the Secretary of State>(1948.8.18)(*FRUS*, 1948: 1282~1283).

41 <Syngman Rhee to John R. Hodge>(1948.8.9), White Papers.

42 <The Political Advisor in Korea(Jacobs) to the Secretary of State>(1948.8.18)(*FRUS*, 1948: 1282~1283); <Seoul to Secretary of State>(1948.8.25)(한국 자료개발원 엮음, 1995: 220~221).

43 <The Political Advisor in Korea(Jacobs) to the Secretary of State>(1948.8.18)(*FRUS*, 1948: 1282~1283).

44 <대한민국 대통령과 주한미군 사령관 간에 체결된 과도기에 시행될 잠정적 군사

는 국립경찰(9.3. 이양 효력 발생)과 국내경비부(9.15. 이양 효력 발생)를 한국에 이양하면서도 이들에 대한 "작전 통제권(operational control)을 주한미군이 보유"한다고 재강조했다.[46] 따라서 한미 과도 군사협정은 군사 부문의 즉각적 이양을 위한 것이라기보다는 이양을 미루기 위한 협정이라 할 수 있다.

주한미군 사령관의 '미군 관련 공간·시설·인원에 대한 배타적 관할권 보유', '한국군에 대한 지휘권 보유' 등을 골자로 하는 이 협정은 주권 문제와 관련해 한국에 매우 예민한 문제였다. 이를 의식한 듯 협정의 제2조 말미에는 "대한민국 정부의 주권에 간섭하는 바가 아니라"라고 명시했지만, 이 협정이 국회를 비롯해 국내에 알려질 경우 그 파장은 예견하기 어려웠다.

미국과 이승만 정부는 군사 부문의 이양을 비밀리에 처리했다. 우선, 미국은 이 협정안을 유엔한국임시위원단에 전달하면서, 대외비를 당부했다.[47] 협정 조인 사실이 언론에 보도(8.26)되었을 때도 협정문이 아닌 요약 내용만이 발표되었다(≪서울신문≫, 1948.8.26). 국내경비부 이양에 대한 보도 자료(9.14)에도 제2조와 관련한 사항은 언급되지 않았다.[48] 한국군의 작전 통제가 주한미군 사령부에 남는다는 점, 주한미군 사령부가 계속 보유하는 시설 타입의 명세, 미국인에 대한 한국의 관할과 그 반대에 대한 기술도 공개하지

안전에 관한 협정(Executive Agreement Between the President of the Republic of Korea and the Command General, United States Army Forces in Korea, Concerning Interim Military and Security Matters During the Transitional Period)>(1948.8.24), White Papers.

45 한미 과도 군사협정이 체결된 8월 24일, 하지는 퇴임했고 후임에 콜터 소장이 임명되었다.

46 <John B. Coulter to Syngman Rhee>(1948.9.1, 9.13), White Papers.

47 <John R. Hodge to Luna Chairman United Nations Temporary Commission on Korea>(1948.8.24), White Papers.

48 <Press Release>(1948.9.14), White Papers.

않았다.[49] 이승만 정부 역시 한미 과도 군사협정의 체결을 비밀에 부쳤다. 국회의 비준 절차는 없었다.

한편 국회에서는 철군과 주둔 요청을 둘러싸고 각각의 동의안이 제출되곤 했다. 먼저 소장파 의원들이 중심이 되어 '외군 철퇴 요청에 관한 긴급 동의안'(1948.10.13)을 제출했다.[50] 미국이 "한국이 요청하면"을 주둔 조건으로 제시하는 상황에서, 한국 국회가 요청하지 않는 상황이 된 것이다. 11월 20일에는 국회에 '미군 주둔에 관한 결의안'이 상정되었다(『국회속기록』, 제1회 제109호, 1948.11.20). 국회에서는 한미 간에 체결된 군사협정이 아닌 국회의원들이 제안한 미군 주둔 요청 결의안에 대한 찬부 토론이 진행되었고, 결국 주둔 요청안이 가결되었다.

정권 이양 문제는 군사협정 체결과 연동되었을 뿐 아니라, 군사 문제의 해결은 여타의 이양에 선결되었다. 정부 수립 경축식 이후 열흘도 안 되어 군사협정이 체결됐다. 이는 여타의 행정 실무 이양과 재정 재산 이양에 비해 서둘러 진행된 것이다. 즉, 한미 재정재산협정에 앞서 한미 군사협정이 체결된 것이다. 이는 주한미군의 지위와 관련한 문제였으며, "미래의" 미군의 주둔 및 군사적 제 권한 보유 문제가 해결되지 않는 한 타 분야의 이양이 이루

49 <John Muccio to Secretary of State: Political Summary for August 1948>(1948.9.14)(『미 국무성 한국관계문서』 5: 257~258).

50 박종남 외 46명의 의원이 '외군 철퇴 요청에 관한 동의안'을 국회 본회의에 제출했는데, 이 안이 안건으로 제출되었다는 의장의 소개가 있자, 그리고 제안자가 낭독을 시작하자마자 이를 공산주의 모략으로 지칭하는 등의 소란이 일었다. 외군 철퇴는 유엔총회에서도 결의된 바였으나, 한국에서는 외군 철퇴 발언과 논의조차 금기시된 것이다. 하지만 이후에도 국회에서는 미군 철퇴와 관련하여 논란이 거듭되었다. 1949년 2월에는 양군 철퇴 동의안이 제출되었다가 부결되었고, 또다시 1949년 3월에는 소장파 의원들이 외군 철수 요청 서한을 유엔한국위원단에 전달했다(조이현, 1996: 287).

어지기 어려웠음을 의미한다.

2) 재정·재산 부문의 처리

군사협정 체결에 이어 재정 재산에 관한 협정이 조인되었다. 재정 재산 협정의 체결은 정권 이양을 위한 사실상의 마지막 관문이었다. 미국은 재정 재산 협정이 체결되지 않는 한, 그 어떤 회계·빚·신용거래·한국의 중앙 재산·일본인 귀속 재산도 이양할 수 없다는 방침이었고,[51] 이에 따라 이범석도 조인안이 국회에서 통과되어야 이양 절차가 시작되며, 국권이 발동될 것이라고 강조했다(『국회속기록』, 제1회 제64호, 1948.9.13). 앞서 살펴본 바와 같이, 실제로 이 협정안의 비준 이후 부처별 이양이 완료되었다.

재정 재산 협정의 내용은 크게 세 가지로 분류할 수 있다. 하나는 귀속 재산을 중심으로 한 식민지 시기와 관련한 문제들, 두 번째는 북한에 대한 전력 대가를 비롯한 미군정 시기 소요된 대금의 처분 문제 등에 관한 것이었다. 해방 이전의 것과 해방 이후 미군정 시기, 즉 '과거'에 발생한 재산 및 비용에 관한 것들이다. 재정 재산 협정은 이양의 일환으로 체결된 것이므로, 이는 당연히 다루어질 수 있는 사안들이다. 그런데 이 협정은 과거의 문제에 그치는 것이 아니라, '미래'의 문제이기도 했다. '과거'에 발생한 재산·비용이 어떠한 형태로 이양되느냐에 따라 직접적으로는 이승만 정부의 재정에 영향을 미치게 되며,[52] 더 넓게는 한미 간의 향후 관계와 관련되기 때문이다. 에

---

51 <John Muccio to Secretary of State: Political Summary for September 1948>(1948.10.18)(『미 국무성 한국관계문서』 5, 1995: 294~295).

52 신용옥은 귀속 재산이 미군정·이승만 정권기 국가 자본으로서 역할을 했다고 주장했다. 그에 의하면, 이승만 정부에 이양된 귀속 재산 규모는 "총 364,427건이며, 사업체 2,716개, 부동산 및 기타재산 291,451건, 산림 70,040건(38만 정보), 선박

를 들어, 이 협정 제9조는 미국 정부가 미국해외물자청산위원회와 미군정청을 통해 한국에 제공한 비용을 한국 정부가 상환한다는 조항이다. 그리고 상환 비용의 사용이 한국 내에서 이루어지되, 미국 정부가 관심을 가진 동산·부동산·유형·무형의 재산과 첨부물의 취득을 포함한다고 명시했다.[53] 이와 같은 내용이 협정의 일부를 이룸으로써, '한국에서 미국의 권한 및 지위'와 관련한 한미 관계를 구속하는 하나의 틀이 만들어졌다.

이 협정의 내용이 국내에 알려진 것은 재정 협정 조인[54] 후 국회에 상정(9.13)되고 나서였다. 국회는 조인안을 신중히 검토해야 하며 많은 시간이 필요하다고 주장했다. 일부 의원은 재정·재산 수치의 근거 문제(미국이 제시한 재정·재산 목록과 금액을 한국 정부가 대조·검토했는지,[55] 상세 근거는 무엇인지)와 소유권의 양도 문제 등에 대한 검토가 필요하다고 주장했다. 일부 의원은

220척 등으로 구성"되며, "이 귀속재산의 가치는 1945년 8월 가격으로 약 341억 원(약 23억 달러)이었으며, 1948년 10월 이전 당시의 가치로는 약 3053억 圓이었다"(신용옥, 2008: 329).

53 제9조: (가) "大韓民國政府는, 美國政府가 美國務省海外物資清算委員會 及 在朝鮮美軍政廳을 通하여 現在까지, 韓國經濟에 提供한 財産 及 該財産의 拂下에 依한 圓貨純賣上金을 받었으므로, 此에 對하야 該財産의 公正한 代價를, 本條에 規定한 方法에 依하야, 美國政府에 支拂하기로 協約"하며, (다) 그 "利息으로 美國政府가 受取할 韓國通貨는, 韓國內에서 此를 使用할 것이며, 美國政府의 韓國內 費用 一切의 支拂에 此를 使用함" (단 그 비용은) "動産 又는 不動産, 有体 又는 無体임을 莫論하고, 美國政府가 關心을 가진, 在韓國財產 及 그 添附物의 取得"을 포함한다(「미국정부 급 대한민국 정부 간의 재정 급 재산에 관한 최초협정」, White Papers; ≪시정월보≫, 창간호, 1949.1.5).

54 9월 11일 미군 민사처 회의실에서, 이범석 국무총리와 장택상 외무장관, 미 대통령 특사 무초와 주한미군 사령관 콜터(John Coulter) 소장이 서명하는 이양에 대한 조인이 이루어졌다(≪관보≫, 3호, 1948.9.13).

55 실제로 이 작업은 중요했다. 한국에 넘겨지지 않는 (군사) 물자들은 선적되어 일본이나 기타 미국 기지로 반출될 수 있었다(올리버, 1990: 259).

"을사년, 경술년의 조약으로 40년간" 고통을 받고 눈물을 흘려왔다는 역사적 사건을 떠올렸고, 이 때문에 "우호국가 미국이 다소 우리의 주권을 간섭할 점이 있는지", "재산 평가가 정확한지", 한미 관계 등의 "모든 출발점이 정당한지"를 검토해야 한다고 주장했다(『국회속기록』, 제1회 제64호, 1948.9.13). 조인안은 국회 전원위원회에서 검토 후 본회의에 재상정(9.18)되었다.

국회는 이 협정안을 '자주권의 상실'과 '독립권의 침해'라는 주권 문제에 주목했다. 이항발 의원이 "협정이 한국의 주권을 침해할 우려가 있으니 정부로 하여금 이를 수정케 하자"라고 발언한 것을 시작으로, 이석 의원은 "영토 침해 요소와 내정 간섭 의도"가 있다고 비판했고, 조영규·유진홍·조국현·육홍균·김옥주·최태규 의원 등이 협정에 대한 의혹을 제기하고 반대 의견을 밝혔다(『국회속기록』, 제1회 제69호, 1948.9.18). 장홍염 의원은 "동산·부동산·유체·무체를 막론하고 미국 정부가 관심 가진 것을 취득할 수 있다고 한 부분이 주권을 침해하는 것이므로, 이 조문을 삭제한 후 승인해야 한다"고 주장했다(『국회속기록』, 제1회 제69호, 1948.9.18). 이들은 정부가 정권 이양을 서두른다는 이유로 "국민 앞에 죄악을 짓는 행위를 하고 있다"고 비판했다(『국회속기록』, 제1회 제69호, 1948.9.18). 이승만 정부가 비준 처리를 강행하자, 일부 의원은 협정안 반대 성명을 발표하고 퇴장했다. 투표에 앞서 26명의 의원은 '협정'이 "한국의 내정을 간섭할 우려와 한국 영토 내의 권리를 침해할 수 있는 위험성이 내포되어 있기에 표결을 반대한다"라는 성명을 발표하고 퇴장했다(『국회속기록』, 제1회 제69호, 1948.9.18; ≪한성일보≫, 1928.9.19). 그런데도 무기명투표가 진행되었고 협정안은 찬성 78표, 반대 28표로 조건부 비준(9.18)되었다.[56]

56 이문원 의원 등은 21일 거듭하여 협정 수정을 요한다는 성명을 발표하면서, 군용 재산, 점령비, 일본인 재산, 귀속 재산 처리 기구, 차용 문제 등 협정의 구체적인

미국은 한국이 이 협정을 주권 차원에서 문제를 제기하는 것을 이해하지 못했다. 한국 국회와 언론의 비판에 대해 "한국이 막 획득한 주권을 침해당할 수도 있다는 불안감이 존재"하지만 그것은 "감정적 분위기"이며, "이승만에 대한 정치적 반대자들이 자신의 목표를 이루기 위해 몇 조항을 악용"하는 것이라 해석했다("John Muccio to Secretary of State: Political Summary for September 1948," 1948.10.18, 『미 국무성 한국관계문서』, 5: 298~299).[57] 오히려 미국은 한국을 특별히 배려했다고 주장했다. 미국은 미군정청이 "한국의 경제 사정을 충분히 앎으로 한국의 경제 부흥에 가장 유리하게 공헌하기 위해서 작성"했으며, 이러한 내용의 협정은 "미국과 타국과의 사이에는 과거 유례가 없는 특례의 것"이라 했다.[58] 헬믹은 이승만 정부에 편지를 보내어, "대사관·공사관·원조단·군사사절단 등의 사용 목적 이외의 재산을 매수할 의도가 없으며, 다만 변경 여지가 있으므로 융통성을 부여한 것"이라 했다.[59]

이승만 정부는 국회에 협정안을 제출(9.13)하자마자 무조건적이며 즉각적인 통과를 요구했다. 협정의 성격, 처리의 시급성, 미국에 대한 믿음, 색깔론(반공), 이익의 문제를 이유로 들었다. 국무총리 이범석과 내무장관 윤치

항목을 지적했다(≪서울신문≫, 1948.9.23).

57 미국은 한국 국회와 언론의 반대를 감정적이라 보면서 추측과 소문 이상의 협정의 복잡함에 대한 해석이 결여되어 있다고 평가했지만[<John Muccio to Secretary of State: Political Summary for August 1948>(1948.10.18)(『미 국무성 한국관계문서』 5; 258)], 정작 그 복잡한 협정문을 충분히 해석할 시간이 없었다.

58 『국회속기록』 제1회 제64호, 1948.9.13; <John Muccio to Secretary of State: Political Summary for September 1948>, 1948.10.18(『미 국무성 한국관계문서』 5; 298～299).

59 <미국 육군 사령관 소장 헬믹→대한민국 정부 기획처장 이순탁>(1948.9.16)(『국회속기록』, 제1회 제69차, 1948.9.18).

영은 이번 협정이 미군으로부터 정권을 이양받는 것이므로, 일반적인 두 정부 간에 체결되는 평등 조약이 '아님'을 강조했다. 그리고 유엔총회를 앞둔 시점이어서 서둘러 처리해야 한다고 주장했다(≪국회속기록≫, 제1회 제64호, 1948.9.13; ≪국회속기록≫, 제1회 제69호, 1948.9.18). 이승만은 미국의 선의를 의심하지 말자고 하면서, 이 협정에 대한 문제 제기를 미국의 호의에 몽매한 사람들이나 공산당의 발언으로 지목했다(≪국회속기록≫, 제1회 제69호, 1948.9.18). 또 '전체'를 찾기 위해 '작은 것'을 미국에 제공한 것이라 했다(≪국회속기록≫, 제1회 제69호, 1948.9.18).[60] 이승만은 미국으로부터의 정권 인수와 여러 원조를 전체라 보고, 그것을 위해 미국이 원하는 동산 부동산과 유형·무형의 것을 양도할 수 있다고 본 것이다.

이승만 정부는 정권 이양에서 주권 침해 요소보다는 경제원조에 집중했다. 경제원조에 관해 한미가 논의를 시작한 것은 군사와 재정 재산 관련 협정들의 체결이 어느 정도 일단락된 다음이다. 이승만이 미국에 경제원조를 요청(9.1)할[61] 수 있었던 것은 재정 재산 협정까지 합의(8.31)에 이른 후였고, 경제원조 관련 회담이 이루어진 것은 국회에서 조인안이 통과(9.18)된 후였다. 즉 경제원조 관련 회담은 정권 이양 관련 협정들로 기본적인 한미 관계의 틀이 만들어진 후에 진행될 수 있었다. 정부는 이번에도 시급성을 이유로 즉각 통과를 주장했다. 이승만 정부가 경제원조협정안을 국회에 제출한 것

60 5·10 선거 직후, 이승만은 올리버로부터 정권 이양과 관련한 편지를 받았다. 올리버는 정권 이양 문제를 처리할 때 미군정 전문가들과 가능한 최대한 협조를 다할 것을 당부했으며, "신정부에 대한 미국의 '과잉'통제보다는 '과소'지원의 위험성"이 있다고 전망했다(올리버, 1990: 232). 올리버의 조언이 이승만의 판단에 직접적인 영향을 미쳤는지는 분명하지 않으나, 미국의 지원에 집중해야 한다는 점에서 이승만과 올리버의 인식은 비슷했다.

61 <The Special Representative in Kora(Muccio) to the Secretary of State>(1948.9.3) (*FRUS*, 1948: 1290~1292).

표 3-1 정권 이양 관련 주요 일지

날짜	내용
1947.11.14	유엔, '한국(Korea) 독립 문제에 대한 결의'
1948.08.06	이승만, 대한민국 정부 수립(8.5)을 유엔한국임시위원단에 통고
8.09	이승만, 주한미군 사령관에 정권 이양을 요청
8.11	하지, 이승만의 이양 요청 서한에 회답
8.15	대한민국 정부 수립 경축식 및 광복 3주년 기념식
8.16	한미, 이양 전반에 대한 회담 시작
8.24	'대한민국 대통령과 주한미군 사령관 간에 체결된 과도기에 시행될 잠정적 군사 안전에 관한 협정' 조인
8.31	한미, 재정·재산 관련 협정 합의(9월 11일 조인하기로 협약)
9.01	이승만, 미국에 경제원조 요청
9.11	'대한민국 정부 급 미국 정부 간의 재정 급 재산에 관한 최초의 협정' 조인
9.18	'대한민국 정부 급 미국 정부 간의 재정 급 재산에 관한 최초의 협정' 국회 비준
10.04	한미, 경제원조 관련 예비 회담 시작
12.10	'대한민국 급 미합중국 간의 원조 협정' 조인
12.12	유엔, '점령군의 철수에 관한 결의'와 대한민국 정부 승인
12.13	'대한민국 급 미합중국 간의 원조 협정' 국회 비준
1949.06.29	주한미군 철수
07.01	주한미군사고문단 설치

은 미국 국회 개시 직전이었는데, 이로써 국회에서의 무조건적인 통과가 이루어지도록 했다(≪국회속기록≫, 제1회 제127호, 1948.12.11; ≪국회속기록≫, 제1회 제128호, 1948.12.13).

5. 맺음말

주한미군이 대한민국 정부에 정권을 이양하는 과정은 얼핏 보면 매우 간단하고 기계적인 차원의 성격으로 생각되지만, 대한민국 정부 수립과 주한미군정의 폐지, 그리고 주한미군이 보유했던 권한과 역할을 한국 정부로 이양하는 것은 매우 복잡하고 방대한 작업이었다. 이는 기본적으로 '본질적인 주권'을 보유하지 않은 미군이 남한 지역을 군사점령을 하고 '사실상의 주권 정부'를 표방하며 3년간 통치했기 때문이다. 또 그 기능을 한국 정부로 이양하고 철군해야 할 때 한미 관계의 틀을 만드는 작업을 병행했기 때문이다. 미군이 남한 정부에 정권을 이양하는 과정과 그 의미는 다음과 같이 정리할 수 있다.

첫째, 정권 이양은 주권 회복의 마지막 과정이었다. 5·10 선거부터 8·15 정부 수립 경축식까지 일련의 정부 수립 단계를 밟았어도, 대한민국 정부의 기능은 발휘되지 못했다. 정권 이양이 마무리되기까지 '군정 연장'을 연상케 하는 등 행정 공백 상태가 이어졌다. 남한 정부의 기능이 작동하기 시작한 것은 정권 이양에 관한 한미 간 합의가 일단락되는 '재정재산협정'이 비준된 이후였다. 이런 측면에서 주권 정부로서 대한민국 정부의 수립은 당시 장택상 국무총리의 말처럼 "혁명적인 방식으로 일체를 창조하는 것이 아니라 미군정으로부터 행정권을 이양받는 것"(≪세계일보≫, 1948.9.3)으로 시작했다고 할 수 있다. 정권 이양은 대한민국 정부의 대내외 주권 행사를 위해 반드시 필요한 단계로 역할을 했다.

둘째, 정권 이양은 제 협정을 체결하는 방식으로 이루어졌다. 이양을 주도한 것은 미국이었는데, 미국은 이양이 '질서 있고 점진적으로' 진행돼야 한다고 보면서 '용의주도하게' 준비했다. 제일 먼저 한미 과도 군사협정이 조인되었고, 다음으로 '한미재정재산협정'이 체결되었으며, 이후 부처별 이양이 완료되었다. 이 모든 작업이 완료된 후에야 '한미경제원조협정'이 체결되었다.

셋째, 정권 이양은 기본적으로 '과거'를 정리하는 작업이었지만, '미래'의 문제이기도 했다. 정권 이양은 주한미군이 그동안 보유했던 권한, 역할, 재산 등을 한국 정부로 넘기는 것이었고, 한미 과도 군사협정이나 한미 재정재산협정의 명분 역시 '이양'이었다. 하지만, 이 협정 체결의 의미는 이에 그치지 않았다. 미국은 이양 '이후' 신정부가 공산화되지 않고 자립할 수 있을 것인가를 우려했고, 한미 관계 수립의 차원에서 접근했다. 결국 한미 과도 군사협정과 한미 재정재산협정 체결을 통한 이양은 향후 미국이 남한에서 가질 권한, 즉 남한이 미국에 제공할 권한을 '분류'하는 과정이었다고 할 수 있다. 협정들은 1947년 유엔 결의문('군과 민정 당국의 제 기능의 이양')과 이승만이 하지에게 보낸 서한(8.9. '모든' 권한 이양 요구)에서 명시된 이양에서 멀어져 있었다. 정권 '이양'은 아이러니하게도 이양 '연기' 혹은 또 다른 권한의 '확보'와 같은 성격을 띠었다. 따라서 정권 이양은 이양 이후의 한미 관계의 틀을 주조했다는 의미가 있다.

1948년 주한미군이 대한민국 정부에 정권을 이양한 의미는 다각도로 접근하여 살필 수 있을 것이다. 이 글은 우선 1948년 정권 이양의 전 과정과 그 과정에서 나타난 의미를 파악하는 데 중점을 두었지만, 앞으로 다음과 같은 점들이 규명될 필요가 있다. 하나는 이양의 구체적인 내용이다. 예를 들면 식민지 시기 발생한 재산과 미군정기 점령 비용 등이 어떻게 이양되었으며, 이는 재정재산협정에 어떻게 반영되었는가와 같은 문제이다. 나아가 비교사적으로도 살필 수 있다. 한국전쟁기 38도선 이북 중·동부 점령지역(수복지구) 사례와의 비교는 물론이고 미국이 점령 통치 후 그 기능을 이양한 다른 나라 사례들과 비교하는 것이다.

:: 참고문헌

≪경향신문≫, ≪서울신문≫, ≪동아일보≫, ≪자유신문≫, ≪조선일보≫, ≪민주일보≫,

≪한성일보≫, ≪국제신문≫, ≪시정월보≫.

국사편찬위원회 엮음.『자료대한민국사』1~10. 1968~1999. http://db.history.go.kr.
국회사무처. ≪국회속기록≫ 제1회. http://likms.assembly.go.kr.
국회사무처 엮음. 1986.『제헌국회경과보고서』.
국회도서관 입법조사국. 1954.『국제연합국한국위원단보고서 1949년』(입법참고자료 제35호).
정일형 엮음.『한국문제유엔결의문집』. 국제연합한국협회출판부.
재조선미육군사령부군정청(USAMGIK), ≪군정청 관보(Official Gazette)≫[한국법제연구회 엮음. 1971.『미군정법령총람』(국문판). 한국법제연구회].

RG 338. Records of United States Army Force in Korea. Lt. Gen. John R. Hodge Official File. 1944-48. Entry No. 11070. Box 68. 000.1 Binder 1. White Papers.
RG 332. United State Army Forces in Korea. XXIV Corps. G-2. Historical Section. Records Regarding the Okinawa Campaign. USAMGIK. Box No. 23. USAMGIK: History of the Bureau of Domestic Commerce thru USAMGIK: Press Releases July-Sept. 1946(2 of 7).
RG 332. United State Army Forces in Korea. XXIV Corps. G-2. Historical Section. Records Regarding USAMGIK. U.S.-U.S.S.R. Relations in Korea. and Korean Political Affairs. 1945-48. Box 41.
United States Department of State. 1948. Foreign Relations of The United States 1948(Vol. VI The Far East and Australasia). Washington. D.C.: U.S. Government Printing Office.

강성천. 1996.「1947~1948년 'UN조선임시위원단'과 '통일정부' 논쟁」. ≪한국사론≫, 35권, 201~263쪽.
고지훈. 2000.「주한미군정의 점령행정과 법률심의국의 활동」. ≪한국사론≫, 44호, 207~269쪽.
금보운. 2013.「이승만 정부 수립 시기 한미 간 행정권 이양과 성격: '재산 및 재정에 관한 최초협정'의 체결과정을 중심으로」. 고려대학교 석사 학위논문.
나인균. 2003.「한반도 점령정책의 국제법적 고찰: 연합국에 의한 한반도점령의 법적 성격을 중심으로」. ≪국제법학회논총≫, 48권 1호, 103~124쪽.
박찬표. 2007.『한국의 국가 형성과 민주주의』. 고려대학교 출판부.

박태균. 1991. 「1945~1946년 미군정의 정치세력 재편계획과 남한 정치구도의 변화」. ≪한국사연구≫, 74호, 109~160쪽.

신복룡. 2006. 『한국분단사연구 1943~1953』. 한울.

신용옥. 2008. 「미군정·이승만정권기 국가자본으로서 귀속재산의 역할」. ≪한국민족운동사연구≫, 54호, 305~357쪽.

올리버, 로버트(Robert Oliver). 1990. 『대한민국 건국의 비화: 이승만과 한미관계』. 박일영 옮김. 계명사.

정병준. 1996. 「남한진주를 전후한 주한미군의 대한정보와 초기점령정책의 수립」. ≪사학연구≫, 51호, 133~180쪽.

정용욱 엮음. 1994. 『해방직후 정치·사회사 자료집』 제1권. 다락방.

정용욱. 2004. 『해방전후 미국의 대한정책』. 서울대학교.

조이현. 1996. 「1948~1949년 주한미군의 철수와 주한미군사고문단(KMAG)의 활동」. ≪한국사론≫, 35호, 265~328쪽.

프랭켈, 언스트(Ernst Fraenkel). 1958. 「한국에 관한 국제법상의 제문제」. 이영재 옮김. 중앙대학교 법학대학 엮음. ≪법정논총≫, 6호. 중앙대학교 법학대학.

한국 자료개발원 엮음. 1995. 『미 국무성 한국관계문서(Internal Affairs of Korea 1945~1949)』, 5권, 15권. 아름출판사.

한모니까. 2008. 「유엔군사령부의 '수복지구' 점령 정책과 행정권 이양(1950~1954)」. ≪역사비평≫, 85호, 360~395쪽.

豊下楢彦. 1992. 『日本占領管理体制の成立: 比較占領史序說』. 東京: 岩波書店.

4장

축제의 정치와 학생운동

1960년대 한국 대학 축제의 정치풍자 연행

오제연

1. 머리말

한국 현대사에서 대학과, 그 속에서 살아가는 대학생들은 그동안 중요한 역할을 담당해 왔다. 해방 직후 새로운 국가 건설 과정에서 대학은 고등교육기관으로서 장차 국가를 이끌어나갈 '지도자'를 양성하는 것을 목적으로 삼았다. 본격적인 경제발전이 이루어진 후에는 '고급 기술 인력'을 양성하는 기관으로 그 성격이 변모했다. 대학생들 역시 대학에서 교양을 쌓고 전문 지식을 익혀 사회에 나와 '엘리트'로서 한국 사회의 발전에 크게 기여했다.

이뿐만이 아니다. 1960년 4월혁명 이후 대학생들은 한국 현대사의 고비마다 집단적인 힘을 분출하여 역사의 거대한 흐름을 바꿔냈다. 한국의 민주화 과정에서 대학생들이 이뤄낸 성과는 지대한 것이었다. 그래서 1960년대 이후 1980년대까지를 '학생운동의 시대'라고 부르기도 한다. 하지만 지금까지의 학생운동 연구를 보면 주로 주요 사건의 배경, 전개 과정, 결과를 정리하는 정도에 머물렀다. 학생운동을 추동한 이념에 대한 연구는 사상사, 지성사 연구 전반의 부진과 더불어 깊이 있게 진행되지 못했다. 학생운동을 선도한 각종 조직에 대한 연구도 아직 걸음마 단계에 불과하다. 무엇보다 학생운동의 주체인 대학생들이 대학 내에서 어떻게 힘을 모아 분출할 수 있었는지에 대한 연구가 거의 이루어지지 않았다.

학생운동의 주체를 분석하기 위해서는 대학 문화에 대한 이해가 필요하다. 최근 이러한 문제의식을 바탕으로 대학 문화와 학생운동의 관계에 주목한 연구들이 계속 이어지고 있다. 그런데 대부분의 관련 연구는 한국 학생운동이 정점에 이르렀던 1980년대를 그 대상으로 한다. 주로 1980년대 대학 문화와 학생운동이 강고하게 결합한 '운동권 문화'에 초점을 맞추고 있다. 1970년대 대학 문화의 경우 '청년 문화'와 '민속'을 중심으로 연구가 이루어지면서, 이들 대학 문화와 학생운동이 맺는 관계를 부분적으로 설명했다.

반면 1960년대 대학 문화에 대해서는 연구가 거의 이루어지지 않았다. 국문학에서 4월혁명 이후 대학생을 포함한 지식인 사회의 담론, 혹은 지성사를 부분적으로 다루었을 뿐이다. 1960년대 대학 문화와 학생운동의 관계 역시 그동안 연구의 관심 대상이 아니었다. 일부 저작이 1964년 6·3 항쟁 당시 서울대 문리대 단식 농성단이 보여줬던 몇몇 '연행'을 '새로운 시위 문화'로 주목하는 정도였다(박태순·김동춘, 1991; 신동호, 1996). 이에 여기서는 대학 문화의 꽃이라 불리는 대학 축제에서 1960년대에 큰 인기를 끌었던 정치풍자 성격의 행사들과, 또 당시 학생운동 과정에 자주 모습을 드러냈던 정치풍자 연행의 관련성에 주목하여, 이를 중심으로 1960년대 대학 문화와 학생운동의 관계를 좀 더 구체적으로 살펴보고자 한다.

2. 4월혁명 전후 대학별 축제의 재개와 확산

1945년 해방 이후 한국의 대학은 급속히 팽창하기 시작했다. 해방 직후 전문학교까지 포함해 1만 명도 되지 않던 한국의 대학생 수는 불과 10년 정도 만에 약 10만 명으로 증가했다. 이 과정에서 대학마다 다양한 축제가 등장했다. 현재 신문 기록을 통해 확인할 수 있는 해방 직후 대학별 축제 사례를 꼽아보면 다음과 같다.

1948년 6월 연희대(현재 연세대학교)에서는 '연대졸업예술제'라는 이름으로 체호프의 〈결혼신청〉을 공연했다(≪경향신문≫, 1948.12.31: 3). 같은 해 12월 고려대에서는 '고대신문' 창간 1주년 기념 '고대문화제'를 개최해, 2회에 걸쳐 시 낭독, 무용 공연, 연극 상연 등을 진행했다(≪동아일보≫, 1948.11.30: 2; ≪경향신문≫, 1948.12.2: 3). 1949년 11월에는 성균관대학교가 학생 예술의 향상과 보급을 도모하기 위해 1948년에 이어 두 번째 '성대문화제'를 개최했다. '성대문화제'에서는 첫날 1부 기록영화 '자라나는 성대' 상영, 2부 시 낭독과 음악, 무용 공연, 3부 연극 '깨어진 항아리' 공연에 이어, 그다음 날부터 이틀 동안 '전국 대학 대항 웅변대회'를 진행했다.

이러한 초기 대학 축제들은 곧이어 닥친 한국전쟁으로 인해 한동안 침체 상태를 면할 수 없었다. 하지만 전쟁의 혼란이 가라앉으면서 1950년대 후반부터 각 대학에서는 학생들을 하나로 묶어주는 행사들이 재개되었다. 대표적인 것이 '체육대회'와 '개교기념식'이다. 특히 1950년대 중반 이후 주요 대학에서 '개교기념식'이 성대한 행사로 기획되면서 '축제'의 부활을 이끌었다. 서울대의 경우 1956년 개교 10주년을 맞이하여 성대한 기념식과 더불어 웅변대회, 전시회, 학술 강연회 등 다양한 행사를 진행했다. 그리고 이를 계기로 다음 해인 1957년 6월 서울대의 첫 번째 축제라고 할 수 있는 제1회 '서울대학교 문화제'를 열고 학술 강연회, 음대 교향악단과 합창단의 공연, 연극제 등을 진행했다. 그리고 같은 해 가을에는 개교 기념행사의 일환으로 제1회 '장기놀이대회'를 열어, 전교생과 교직원이 한자리에 모여 독주, 독창, 만담, 코미디, 고전무용, 즉석 페스티벌 등의 행사를 즐겼다.

1957년 연희대와 세브란스의전이 통합해 출범한 연세대의 경우 5월 새로운 출발을 기념하기 위해 여학생 가운데 '캠퍼스의 여왕'을 뽑아, 개교기념식에서 '여왕 대관식'을 하기 시작했다. 그리고 '연세의 정신을 한데 묶어 바친다'라는 의미에서 서양 축제의 '메이폴'을 모방한 '단심주(丹心柱)'를 운동장 중앙에 설치했다. 1958년과 1959년에는 여왕 대관식을 첫 회보다 간소하게 진행하는 대신에 여섯 개 단과대학이 참여하는 '촌극경연대회'를 열었다.

고려대학교 역시 개교기념식을 통해 학교의 상징들을 부각시켰다. 1955년 개교 50주년 기념식에서는 김성수 등 4인의 초상화 제막식을 갖고 새로 만든 교가를 발표했다. 1958년 개교기념식에서는 새로 만든 교기와 교장(校章)을 발표했고, 1959년 개교기념식에서는 김성수 동상 제막식을 개최했다. 고려대의 경우 교내 체육대회를 제외하고는 대규모 행사가 적은 편이었지만, 대신에 모의국회, 토론회, 연극 등 다양한 행사를 진행했다.

이화여자대학교는 1956년 5월 31일부터 6월 6일까지를 개교 70주년 기념 주간으로 설정하고 대강당 봉헌식 등 각종 행사를 개최했다. 5월 31일 기념식 후 메이퀸 대관식과 민속무용이 화려하게 펼쳐졌다. 일제강점기부터 시작된 메이퀸 대관식은 이화여대 축제를 대표하는 행사로서 이후에도 계속 이어졌다. 1959년에는 중앙대학교가 개교기념식에서 제1회 중앙퀸 선발대회를 개최했다.

성균관대에서는 1959년 11월 3일 학생의 날을 맞이해 과거 1948년과 1949년에 진행한 바 있던 '성대문화제'를 부활시켰다. 학도호국단 주최로 11월 2일부터 7일까지 열린 '성대문화제'에서는 전국남녀고등학생 웅변대회, 전국남녀고등학생 백일장대회, 모의국회, 연구 발표회, 각 학회 학술 발표회, 사진 전시회, 정정(貞靜)의 밤, 체육대회, 문학의 밤 등 다양한 행사가 진행되었다(오제연, 2008: 189~195).

1950년대 후반 몇몇 대학에서 재개되기 시작한 축제는 4월혁명을 거치면서 1960년대가 되면 거의 모든 대학으로 확산되었다. 먼저 4월혁명 직후인 1960년 10월 서울대 상대에서 '홍릉제'라는 이름의 축제를 개최하고 이틀에 걸쳐 카니발, 체육대회, 문학의 밤 등의 행사를 거행했다. 홍릉제 이후 1961년 4월에는 서울대학교 문리대에서 '4·19 1주년 축전 카니발'이 열렸다. 이는 당시 대학 축제가 대학생들이 본격적으로 현실 참여에 나서는 계기가 된 4월혁명과 직접 연결되어 있다는 점을 잘 보여준다. 즉, 4월혁명을 계기로 기존의 관제 학도호국단을 대체하는 명실상부한 자치 조직으로서 '학생회'를 건설한 학생들이, 이 학생회를 앞세워 축제 행사를 적극적으로 추진한 것이다.

1962년부터는 고려대학교, 연세대학교, 이화여자대학교, 경희대학교 등에서 대규모 축제가 동시다발적으로 열리기 시작했다. 대표적인 것이 고려대의 '석탑축전'과 연세대의 '무악축전'이었다. 1962년 5월 고려대 총학생회는 개교 57주년을 맞아 그동안 단과대학 및 학회별로 산발적으로 열던 각종 행사를 종합해 일정한 기간에 동시에 여는 대규모 축제 '석탑축전'을 개최했다(≪고대신문≫, 1962.3.3: 3). 연세대학교 역시 5월에 학교 창립을 경축하기 위해 연세대의 학생, 동문, 교직원 등 구성원들이 대규모로 함께 즐기는 '무악축전'을 개최했다(≪연세춘추≫, 1962.5.7: 1). 서울대학교의 경우 문리대의 '학림제'와 공대의 '불암제'를 1962년부터 시작했다. 다음 해인 1963년에는 성균관대에서 '젊은 세대의 정열을 불살라 힘찬 기상의 열매를 맺어' 학교 역사에 새로운 이정표를 새기는 계기로 제1회 '문행축전'을 여는 등 대학별로 대규모 축제가 계속 확산되었다(≪성대신문≫, 1963.11.12: 1). 그리고 이 축제들은 이후 매년 주기적으로 반복되는 행사로 자리를 잡았다.

당시 축제의 프로그램은 강연회, 토론회 등 학술 행사와 음악회, 전시회,

문학의 밤 등 예술 행사, 그리고 장기 자랑, 카니발, 쌍쌍파티 등 오락 행사 등으로 구성되었다. 보통 대학 축제는 각 대학의 개교기념일을 전후해서 3~7일간 교내외에서 학생 중심으로 베풀어졌고, 기념 체육대회, 강연회, 모의재판, 연무대회, 매스게임, 각종 전시회, 음악회, 문학의 밤 등의 일반 행사가 연일 계속되다가, 마지막 날에는 여왕 대관식, 쌍쌍 파티, 가면무도회, 카니발, 본파이어 등으로 축제가 절정에 달했다.

이 축제 행사들에서 발견할 수 있는 가장 큰 특징은, 대학 축제가 학교의 '개교 기념'과 대학의 본질인 '아카데믹한 학문·학술'을 강조함으로써 학생들을 학교의 전통과 질서 속에 통합시켜 각 학교의 정체성, 즉 소속감과 일체감을 강화하려 했다는 점이다. 1960년대 초 각 대학은 축제의 목적을 "외면적으로는 아카데믹한 분위기를 이루고 내면적으로는 학문의 본질과 의미에 접할 한 계기를 이룩하고"(서울대학교 문리대)(≪동아일보≫, 1962.4.22: 4) "아카데미즘의 본질을 재인식하고 현실과 대학의 거리를 극한권 내에서 단축시킴과 함께 대내적으로는 학생들의 자치활동을 도와서 종합적인 단일체로서의 면목을 대외에 선양하는 데"(고려대학교)(≪고대신문≫, 1962.4.28: 1) 두었다. 이는 한마디로 당시 대학 축제가 통합적 '의례'의 성격이 강했다는 사실을 잘 보여준다.

그러나 한국 대학에서 축제의 확산이 4월혁명과 긴밀한 관계가 있었다는 점에도 주목할 필요가 있다. 즉, 한국 대학의 축제는 처음부터 권력에 대한 '저항'을 기반으로 성장한 것이다. 애당초 축제는 그 자체가 일상적 학업과 구분되는 특별한 행사였다. 많은 학생이 학업을 잠시 미뤄놓고 한자리에 모여 젊음의 욕구(그것이 '일탈'이든 '저항'이든)를 발산할 수 있었다. 물론 짧은 축제 후 다시 일상적 학업으로 돌아갈 수밖에 없었기 때문에 그 한계는 분명했다. 하지만 대학 축제 속 학생들의 '일탈' 혹은 '저항'의 경험은, 그 자체가 당시 사회질서의 균열 지점을 드러낼 뿐만 아니라, 학생들의 잠재된 의식을 표출하고 그 의식을 더욱 강화하는 계기가 될 수 있었다. 특히 1960년대 각 대학 축제에서 가장 큰 인기를 끈 몇몇 정치풍자 성격의 행사들은 축제의 이러한 특징을 잘 보여주었다.

3. 정치풍자 성격의 축제 행사

1960년대 중반 정도가 되면 대학 축제는 거의 모든 대학으로 확산되고 정착되었다(≪경향신문≫, 1966.5.18: 5). 당시 대학 축제는 단순히 해당 학교 학생들만의 행사가 아니었다. 학교 인근의 많은 시민이 대학 축제를 함께 즐겼다. 일반인들에게 가장 인기 있었던 것은 이화여대의 개교 기념행사였다. 이때 학생들은 물론 각계의 귀빈과 군 의장대까지 참여하는 '메이퀸 대관식'과 더불어 여학생들이 남성 파트너를 초대하는 '이화잔치'가 함께 열렸는데, 1966년 개교 80주년 행사에는 3만 명의 인파가 몰려 이화여대 교정이 인산인해를 이루었다(≪경향신문≫, 1966.6.2: 3). 그래서 대학 축제 때는 사건 사고도 많았고, 대학 축제가 아니고 '시민 위안의 밤'이라는 소리도 나왔다.

그러나 축제가 보편화되고 정례화되면서 갈수록 형식에 치우친다는 비판이 커졌다. 비판의 핵심은 대학 축제가 지나치게 흥미 위주, 서구문화 위주, 소비문화 위주로 흐른다는 사실이었다. 1968년 한국레크리에이션연구실이 수행한 조사에 따르면, 대학 축제는 운영 면에서 전문적인 지도 체계가 없고, 서구 스타일의 포크댄스가 가장 많은 인기를 차지하고 있었다. 반면 한국 고유의 민속적인 행사에 참여해 본 경험이 없는 학생이 82%에 이르렀다. 또한 축제의 예산을 학생회 예산과 티켓 판매 수입으로 충당하는 학교가 66.4%였는데, 예산에서 팸플릿에 싣는 광고수입과 동문 선배들의 찬조금이 차지하는 비율도 작지 않았다. 이렇게 충당한 예산 중 밴드나 유명 가수 초

청에 가장 많은 지출이 이루어지는 등 대학 축제는 갈수록 흥미 위주의 소비 경향으로 흐르고 있었다(≪동아일보≫, 1968.5.21: 5). 그 밖에도 대학별로 큰 차이가 없는 획일적이고 모방적인 행사들, 학생회비 지출을 위한 명목상의 행사들, 삼류 무대와 같은 저속한 행사들이 주된 비판 대상이었다.

그중에서도 대학 축제의 가장 심각한 문제점은 학생들의 낮은 참여도였다. 대학 축제는 많은 학생이 참여하지 않은 채 일부 주최 학생들만의 '행사를 위한 행사'로 국한되는 경향이 있었다. 대학 축제 때 학생 참여도가 낮았던 것은 일단 축제 기간 강의가 쉬는 틈을 이용하여 학교에 나오지 않거나 귀향하는 학생이 많았기 때문이다. 그러나 본질적으로는 매너리즘에 빠진 축제 행사들이 대다수 학생들에게 공감을 일으키지 못했기 때문이다. 여기에는 대학 축제에서 '학문적'·'학술적' 분위기를 강요하는 경향에 대한 학생들의 외면도 작용했다(≪동아일보≫, 1970.5.1: 5; ≪경향신문≫, 1971.5.17: 5). 학술 강연회에는 10여 명의 학생만 참여하는 경우가 종종 있었다. 이는 대학 축제가 애초 통합적인 의례로 기획되었다 하더라도 실제 그 효과에는 명백한 한계가 있었다는 것을 의미한다.

대학 축제가 흥미 위주로 질이 저하되고 있다는 비판과, 학생들의 축제 참여가 저조하다는 비판을 동시에 극복하는 것은 결코 쉬운 일이 아니었다. 그런 의미에서 몇몇 대학의 축제에서 진행되던 정치풍자 성격의 행사들은 예외적인 모범 사례로 손꼽혔다. 즉, 이들 행사는 대학생이 추구해야 할 올바른 메시지를 전달하면서 많은 학생의 호응을 이끌어냈던 것이다. 가장 대표적인 행사가 고려대의 '역사상 인물 가상 재판'과 연세대의 '가장행렬'이었다(≪동아일보≫, 1972.5.10: 5). 특히 고려대 '석탑축전'의 일환으로 열린 '역사상 인물 가상 재판'은 매년 가장 많은 사람을 끌어모으는 최고의 인기 행사였다(≪동아일보≫, 1972.5.10: 5).

1962년부터 고려대학교 석탑축전의 한 행사로 '고대신문사'가 주최한 '역사상 인물 가상 재판'은 역사 혹은 문학 속의 인물은 물론 각종 사회현상을 의인화하여 법정에 세워 현실을 풍자하는 일종의 연극이었다. 이 행사는 1962년 제1회 석탑축전을 앞두고 축제 참여 방식을 고민하던 고대신문사 학생들이, 해마다 그해 최악의 배우를 뽑는 미국 대학의 사례에 착안해 시사풍자극 공연을 기획하면서 마련되었다(목정균, 1985: 7). 1963년 행사 때 법정에 선 인물들은 아이히만, 놀부, 원자폭탄, 메릴린 먼로, 카셈이었는데, 이들은 한결같이 궤변을 일삼았다. 아돌프 아이히만(Adolf Eichmann)은 자신의 유대인 학살이 인류의 체질 개선과 인구 조절을 위한 것이라고 주장했고, 놀부는 흥부가 자립 경제에 대한 대책을 세우길 바라는 뜻에서 일부러 도와주지 않았다고 주장했으며, 이라크에서 군부 쿠데타로 집권했다 실각한 압둘 카셈(Abdul Kassem)은 민중이 자유의 필요성을 느끼도록 탄압 정치의 흉내만 냈을 뿐이라고 주장했다(≪경향신문≫, 1963.5.7: 5). 이들의 궤변 과정에서 '재건국민운동'이나 '원조'와 같은 당시 군사정권의 정책들도 풍자적으로 함께 언급되었다.

한일 회담에 대한 반대 운동이 한창 고조되던 1964년 행사 때는 정권에 대한 더욱 직접적인 풍자가 이루어졌다. 이 해에는 이완용, 김선달, 햄릿, 킬러, 트위스트 등 5명이 법정에 섰다. 김선달은 "민족적 빠찡꼬 주의, 민족적 닷도산 주의, 민족적 워커힐 주의, 민족적 사꾸라주의, 민족적 YTP 주의, 민족적 대동강 주의" 등을 언급하며 이것이 자신이 새로 만든 "사기학의 학설"이라고 주장했다. 이는 명백히 군사 정권 기간에 문제가 되었던 '4대의혹 사건'과 박정희가 1963년 대선 당시 표방한 '민족적 민주주의', 그리고 학원 사찰의 대명사로 급부상한 어용 학생 조직 'YTP'를 노골적으로 풍자한 것이었다. 이완용은 "적어도 정치인은 가식적 민족주의라든지 구악(舊惡) 일소 신악(新惡) 조성이라는 가장 참신한 정치적 신념과 꿈을 지녀야 한다"라고 역설했다. 이 역시 앞선 김선달의 말과 마찬가지로 4대 의혹 사건 같은 '신악'

과 '민족적 민주주의'를 풍자한 것이었다(오제연, 2014: 169~170).

1965년의 행사 역시 '한일협정' 체결에 대한 신랄한 정치풍자로 재판정에 모인 1000여 관중의 폭소를 자아냈다. 이해에는 을사(乙巳) 노인, 마키아벨리, 대원군, 달러 등이 기소당했다. '망국 외교 방관죄 및 주기적 횡액(横厄) 유포죄'로 기소된 을사 노인은 이완용과 이토 히로부미(伊藤博文)에 대한 청구권으로 8억 달러를 요구했다. '군주론 재건죄 및 휴머니티 말살죄'로 기소된 마키아벨리는 권모술수로 데모를 진압하겠다며 학생들에 대한 물리적 폭력 행사와 "강력한 악질적 파쇼 민주주의" 재건을 공언했다. '민족적 척화 미수죄 및 열강 대오 불참죄'로 기소된 대원군은 바터이즘과 다꾸왕이즘으로 체질 개선된" '요즘 아이'들을 나무라면서 신식민주의를 경계했고, '엽전 학대죄와 의존 경제 고무죄'로 기소된 달러는 자신이 후진국마다 '달러 문화'를 이식했다고 우쭐거렸다(≪경향신문≫, 1965.5.5: 5; ≪고대신문≫, 1965.5.22: 4).

1960년대 후반에도 '역사상 인물 가상 재판'의 정치풍자는 계속 이어졌다. 1966년에는 김삿갓이 등장해 "삼천리 방방곡곡 두루두루 살펴보니 구악보다 더 참신한 신악의 홍수로다"라고 일갈했고, '구제국주의 선포죄'로 기소당한 풍신수길(도요토미 히데요시)는 '죽기 1분 전까지의 태형과 36년간 서방 요배형'에 처해졌다. "폭력은 진리며 음모는 도덕"이라고 강변하다가 교수형을 당한 007의 주소는 '중앙정보국 폭력특별시 살인동 007번지'로 기록되었으며, '짐내천(朕乃天) 일변도죄 및 정치 훈장 양산죄'로 기소된 진시황은 '황제 지위 파면 및 조국 근대화 실현까지 무기한 징역'을 선고받았다. 1967년에는 이태백이 등장하여 당시 박정희 정권이 강조하던 "공부하는 대학", "연구 분위기 조성"이라는 슬로건을 비판했고, 1968년에는 "권모술수는 모름지기 남발해야 효력이 나는 만병통치약"이라고 주장하는 조조가 등장하기도 했다. 1969년에는 오나시스, 페스탈로치, 신돈 등을 등장시켜 당시 문제가 된 '가짜 박사'와 '우골탑'으로 상징되는 대학의 모리 행위를 비판했다.

1960년대 후반 '역사상 인물 가상 재판'의 경우 한일 문제가 뜨거운 이슈가 된 1960년대 전반에 비해 정권을 직접 비판하는 강도는 약해졌지만, 그 대신 사회 전반의 모순과 부정부패를 폭넓게 문제 삼아 계속 큰 관심과 호응을 받았다.

고려대에서는 '역사상 인물 가상 재판' 같은 축제 행사와 별개로, '모의국회'가 학술적이면서도 정치풍자적인 행사로서 오랫동안 이어졌다. 1949년부터 시작된 고려대 '모의국회'는 대한민국의 현실과 동일하게 상정된 '아남민국(亞南民國)' 국회에서, 여당인 고려대 대의원들과 야당인 타 대학 대의원들이 정해진 안건을 놓고 열띤 토론을 벌이는 행사였다. 모의국회에서는 실제로 당시 국회나 정치권에서 논란이 되었던 안건들을 주로 다루었다. 1950년대 고려대 모의국회의 인기는 대단했다. 행사 자체가 학교 밖 시내 중심가에서 열려 학생들은 물론 일반 시민들까지 행사장에 쇄도하는 바람에 그중 일부만 입장이 가능할 정도였다(고려대학교 60년사 편찬위원회, 1965: 453). 고려대 모의국회가 큰 인기를 끌자 다른 대학에서도 '모의재판', '모의 주주 총회', '모의 유엔 총회' 등 여러 가지 '모의' 행사들을 진행했다. 이 각종 '모의' 행사들은 학생들에게 생생하게 지식과 경험을 쌓게 하는 목적으로 진행되었지만, 정치적·사회적 관심과 문제의식을 심어주는 데도 유용했다. 특히 학생들의 비판 의식이 풍자를 통해 표출될 수 있는 좋은 자리였다(오제연, 2014: 49~50).

고려대 '모의국회'는 1960년대에도 이어졌다. 4월혁명 직후인 1960년에는 혁명의 결과로 이루어진 개헌 문제를 모의국회에서 다루었고, 5·16 쿠데타 직후인 1962년 역시 군사정부가 새롭게 만드는 개헌안을 중심으로 모의국회가 진행되었다. 1963년에는 당시 가장 큰 이슈로 등장하기 시작한 한일회담 문제를 의제로 삼았고, 1966년에는 1년 뒤에 있을 총선을 앞두고 논란이 된 선거법 문제를 의제로 삼았다. 모의국회의 정치풍자는 사전에 정해진 의제 이외에, 당시의 정치 상황과 연관된 '대정부 질문'이나 '긴급동의'가 나오고 이에 대한 토론이 벌어지는 과정에서 더 분명하게 드러났다.

연세대 축제에서 행한 단과대학 대항 '가장행렬'도 그 정치풍자 성격으로 학생들은 물론 사회의 주목을 받았다. 1963년 축제 때 행해진 가장행렬에서는 학생들이 '장례식'을 거행했다. 관 속에 드러누운 시체는 '구악' 공(公)이었다. 상여꾼들은 목소리도 구성지게 '구악' 공의 행적을 주워섬겼다. "아버지가 배울 때나 아들이 배울 때나 똑같은 대학교수의 노트", "79년간 강의실에 쌓인 담배꽁초", "허벅지까지 오르는 여대생의 스커트" 등도 장례의 대상이었다. 만장들 가운데는 서울대 학생으로서 군 입대 후 자신을 괴롭히고 모욕했던 상사를 살해해 처형당한 '최영오 일병을 쏜 소총'도 끼여 있었다(≪연세춘추≫, 1963.5.13: 3). 이 행사 역시 정치는 물론 학생들이 현실에서 느끼는 다양한 문제의식을 익살과 풍자로 표출한 것이었다.

1964년 가장행렬에서도 학생들은 "박사 실업자에게 직업을 달라!", "516 대 1의 환율을 419 대 1로 인하하라!"라는 등의 플래카드를 들고 데모를 했다. 그들의 구호 가운데는 "최루탄 살 돈 있으면 사람 입 풀칠하라!"라는 민생고 타령이 있는가 하면 "불하만 하지 말고 사람 좀 살려라"라는 애원도 있었다. 또한 정부의 대일 저자세 외교를 풍자하고 부정부패 관리와 악덕 재벌을 비판하는 사회적 혁신 운동을 암시하는 것도 있었다(≪연세춘추≫, 1964.5.11: 3). 실제 시위였다면 경찰에 의해 곧 강경 진압을 당했겠지만 축제의 가장행렬이었기 때문에 모두 웃고 즐기는 가운데 학생들은 자신들의 의사를 전달할 수 있었다(오제연, 2014: 171). 연세대 학보는 축제에서 '가장 많은 인기'를 끈 이 행사에 대해 "오늘날 한국의 정치적·경제적·사회적·문화적 불균형 상태가 빚어내는 각종의 맹랑한 아이러니를 적절하게 표현한 분장과 구호 등의 풍자성은 해악의 이면에 숨어 있는 무언가 우울한 영상을 남겨 준 명중탄"이라고 평가했다(≪연세춘추≫, 1964.5.11: 3).

1965년의 경우 가장행렬에 참가한 여섯 개 팀 가운데 네 개 팀이 당시 가장 큰 문제가 되었던 한일회담을 소재로 삼았으며 그 외의 팀들도 학내외의 현실을 날카롭게 꼬집었다. '뜻으로 본 개데모'라는 주제를 내건 문과대학 가장행렬대는 "한일회담 절대 지지"라는 아이로니컬한 표제 아래 망국대신 이완용이 일본산 '새나라'를 타고 앞에는 충무공 이순신 장군을 포박하고, 뒤에는 거북선을 나포해 가는 장면을 연출했다. 또 데모에 개를 동원해 3억 달러에 불과한 청구권 자금을 받기 위해 굴욕적으로 한일회담을 추진하는 정부의 태도를 풍자했다. '폭군 얼씨구'라는 주제의 무관 쿠데타를 연출한 이공대학 공학부의 가장행렬 역시 "탐관오리는 횡행한다. 자기네 영토를 오랑캐 섬놈에게 팔아먹는 일이 옳은 정치이고 외교라고 생각하며 오랑캐들에게 고개를 숙여야 국민이 잘살 수 있다고 생각하는 임금을 모신 국민이 한없이 가련타"라고 한탄하면서, "나라의 주인은 백성이다"라는 점을 분명히 했다. 물론 신과대학 가장행렬대처럼 "전통은 밥통이냐?", "도서관은 커피 없는 다방: 책 읽는 곳이 아니라 입 운동하는 곳", "80년간 영양실조 된 연세학원에 보혈강장제를 먹이자" 등 당시 대학과 학생들 스스로가 갖고 있던 문제점을 지적하는 경우도 있었다. 연세대 학보는 이를 "'가(假)'장 아닌 현실의 우리의 행렬"이었다고 평가했다(≪연세춘추≫, 1965.5.10: 3).

1960년대 후반이 되면 가장행렬은 연세대 밖 신촌로터리부터 시작해 학교 안으로 들어올 정도로 행사 규모가 커졌다. 1967년에는 전체적으로 당시 유행하던 미니스커트 등 성 개방 풍조를 풍자하는 경향이 강했는데, 이때도 상경대 가장행렬팀은 반라로 분장하고 속빈 경제를 풍자했다(≪연세춘추≫, 1967.5.15: 3). 1968년에는 공학부 가장행렬팀이 미니스커트가 무장공비를 그의 매력으로 일망타진했다는 내용으로 1·21사태와 향토예비군 설치 등 안보 위기 국면의 허술한 국방 상태를 풍자했다. 상경대 가장행렬팀은 "나는 왕이로소이다"라는 플래카드를 앞세우고 자칭 왕이라고 일컫는 특수 재벌을 풍자하면서 이들 재벌에 억눌린 서민상을 부각시켰다(≪연세춘추≫, 1968.5.13: 3).

연세대 축제 무악축전에서는 '가장행렬'과 더불어 '촌극 경연대회' 역시 정치풍자 성격이 강했다. 일례로 1968년 '촌극 경연대회'에서는 '경제회담'이라는 주제로 정부 각료를 등장시켜 시사적인 내용의 풍자를 시도한 팀이 있었고, 또 '잉여 대학생 만세'라는 주제로 나태한 모습과 건설적인 모습 등 대학생의 여러 유형을 묘사한 팀이 있었다(≪연세춘추≫, 1968.5.13: 3). 1960년대를 넘어 1971년 행사에서는 '닥틀러 공화국 최고인민재판'이라는 제목으로, 축제 직전에 이루어진 4·27 대통령 선거 때의 권력과 금력의 횡포를 재판하여, "현시대는 금전만능주의이므로 공명선거이다"라며 무죄를 선고하는 역설적인 정치풍자가 이루어졌다. 이 행사에서는 역시 대통령 선거와 관련하여 '나도 이름을 남기고 싶다'라는 제목 아래 수염 난 대통령 후보를 등장시켜 '나 ×××야'를 반복하게 함으로써 입신출세만을 내세우는 정치 풍토에 대한 풍자를 시도한 팀도 있었다(≪연세춘추≫, 1971.5.10: 4).

이처럼 고려대의 '역사상 인물 가상 재판'과 '모의국회', 연세대의 '가장행렬'과 '촌극 경연대회' 등은 강한 현실 풍자를 통해 학생들의 웃음과 공감을 불러일으키고 그들이 사회에 던지고자 하는 메시지들을 서툴지만 효과적으로 전달했다. 그 덕분에 이 행사들은 양교 축제에서 가장 인기 있는 행사로 자리매김했다. 기성 언론들도 행사 내용을 자세하게 소개하면서 건강하고 바람직한 대학 축제의 표본으로 높이 평가했다. 그 결과 두 학교 외에 다른 대학에서도 축제 때 비슷한 유형의 행사들을 열기 시작했다.

성균관대에서는 1966년 제4회 '문행축전' 때부터 축제의 후속행사로 모의국회 행사인 '대성민국 이상국회'를 개최하기 시작했다(≪성대신문≫, 1966.9.14: 1). 이 이상국회 행사에서 학생들은 선거법 개정안 등 주요 현안에 대한 검토와 더불어 정부 각료들을 상대로 한 '대정부 질의'를 통해 정부 정책과 정치 풍토를 강하게 비판했다. 서울대 법대 역시 1966년부터 기존의 '학술제' 명칭을 '낙산제'로 바꾸면서 '모의국회' 행사를 열기 시작했다. 성균관대는 1970년부터 '가장행렬' 행사도 열기 시작했는데 1970년 첫 번째 행사 때는 각종 비행기 납치 사건, 공무원의 부정부패 사건, 와우아파트 붕괴 사건, 타락한 주간 잡지 문제, 미국의 흑백 분규 문제 등 당시 시사적인 화제들을 모두 등장시켜 이를 풍자했다(≪성대신문≫, 1970.5.23: 4). 성균관대의 가장행렬 역시 시작하자마자 학생들의 큰 관심을 불러일으키면서 축제의 가장 중요한 행사 중 하나로 자리 잡았다.

4. 정치풍자 연행과 학생운동의 결합

1960년대 정치풍자 성격의 축제 행사들은 모두 (물론 실제를 반영했으나) 가상의 상황을 설정해 학생들이 그 상황에 맞춰 연기하는 '연행(performance)'의 형식을 띠고 있었다. 그래서 이들 행사에는 한결같이 '가상'재판, '모의'국회, '가장'행렬, 촌'극'과 같은 명칭이 붙었던 것이다. 이러한 정치풍자 연행의 요소는 축제뿐만 아니라 실제 1960년대 학생운동의 전개 과정에서도 쉽게 확인할 수 있다.

앞서 살펴보았듯이 1960년대 중반 대학 축제에서 정치풍자의 초점은 당시 진행되고 있던 한일회담과 그 결과물인 한일협정에 맞춰져 있었다. 학생들은 한일회담과 한일협정을 '굴욕적'인 것으로 규정하고 각종 축제 행사를 통해 반대의 목소리를 분명하게 드러냈다. 무엇보다 학생들은 한일협정 체결을 통해 일본의 제국주의적 침략이 다시 재개되는 것을 크게 경계했다. 일례로 고려대의 '역사상 인물 가상 재판'에서는 한일회담과 한일협정에 대한 반대 운동이 본격화된 1964년과 1965년에 한일 문제와 이와 연동된 민족주의 문제를 집중적으로 제기했다. 특히 1963년 대통령 선거 당시 박정희가 제시하여 지식인들과 학생들의 일정한 기대를 모았던 '민족적 민주주의'의 허구성을 신랄하게 비판했다. 1964년 '역사상 인물 가상 재판' 때 학생들은 '이완용'을 등장시켜 그가 "오등(吾等)은 자(玆)에 아(我)조선이 대일본제국의 속국임과 합방국임을 선언하노라"라고 하는 「일제(日製) 독립선언서」를 외치게 하고, "끝까지 저자세를 지켜온 민족정신이 나라를 팔아먹은 것"이라고 궤변을 늘어놓게 했다. 또 학생들은 이완용을 단죄하면서 독립운동가들의 흔적이 남아 있는 곳을 순례케 함으로써, 청중에게 "우리의 마음속에 배일 감정이 얼마나 짙게 남아 있나 반성"할 것을 촉구했다(≪경향신문≫, 1964.5.5: 5). 축제 행사는 아니지만 1964년 서울대 '향토 의식 초혼굿'에서 일본의 침략에 맞서 싸웠던 전봉준을 위로하는 진혼제를 열고, 그의 「궐기사」를 낭독한 것도 같은 맥락에서 이루어진 연행이다.

굴욕적인 한일회담 진행과 한일협정 체결을 통해 일본 제국주의가 한국을 다시 지배할 수 있다는 우려는 축제의 풍자를 넘어 학생운동에서도 핵심적인 주장으로 제시되었다. 1964년 3월 24일 서울대, 연세대, 고려대에서 동시다발로 최초의 한일회담 반대 시위가 일어났다. 이때 서울대 학생들은 '제국주의자 민족반역자 화형 집행식'을 열고 협상 대표 김종필을 상징하는 이완용 허수아비에 불을 붙였다. 학생들은 화형 집행식 선언문을 통해 "한국전쟁을 밑천으로 재기한 일본의 제국주의적 전쟁 상인들이 다시 한국을 장악하려는 음모를 책동하고 있다"라고 비판하면서 "여하한 형태의 일본제국주의의 침략에도 한국 민족은 항구적이며 거족적인 반대 투쟁을 계속할 것이며, 제국주의자를 타도하고 그 음흉한 음모를 분쇄하는 성스러운 민족 자주독립의 전열 속에 양심적 민족 역량은 대오를 정비"할 것임을 분명히 했다(≪대학신문≫, 1964.3.26: 3). 이후 화형식은 1960년대 학생들의 집회와 시위에서 흔히 등장하는 대표적인 정치풍자 연행이 되었다.

한일회담 반대 운동이 점차 고조되던 1964년 5월 20일 서울대, 동국대, 성균관대, 건국대, 경희대 학생들이 서울대 문리대에 모여 '민족적 민주주의 장례식'을 거행했다. 민족적 민주주의 장례식은 1963년 대통령 선거에서 '민족적 민주주의'를 앞세워 당선된 박정희 정권을 정면으로 부정하는 정치풍자 연행이었다. 대회장에는 "축(祝) 민족적 민주주의 장례식"이라고 쓴 만장이 펄럭이는 가운데, 건(巾)을 쓰고 죽장(竹杖)을 잡은 네 명의 학생이 민족적 민주주의를 상징하는 관을 메고 입장했다. 장례식이 끝나자 학생들은 관을 앞세우고 교문 밖으로 나가 이화동 삼거리에서 경찰과 충돌했다(≪경향신문≫, 1964.5.20: 3). 박정희 정권에 사망을 선고한 이 연행에 박정희 대통령은 큰 충격을 받고 격노했다고 한다.

학생들이 학생운동 과정에서 '화형식'이나 '장례식'이라는 연행을 수행하여 큰 파장을 불러일으킬 수 있었던 바탕에는 정치풍자 성격의 축제 행사를 통해 학생들이 체득한 문화적 경험이 자리 잡고 있었다. 앞서 살펴보았듯이 1963년 연세대 학생들은 가장행렬 행사에서 현실의 문제를 풍자하는 연행으로 '장례식'을 수행한 바 있었다. 또한 같은 해 10월 숙명여대 학생들도 교내 체육대회(청파체육전)에서 소복을 입고 '김일성 장례식'을 진행한 바 있었다(≪경향신문≫, 1963.10.17: 5). 그만큼 '권력에 대한 장례식' 연행은 그 대상을 바꿔서 얼마든지 응용이 가능했고, 특정 대학이나 집단을 넘어 학생 일반에게 익숙한 것이었다. 이렇게 대학 축제의 정치풍자 행사들은 내용과 형식의 측면 모두에서 학생운동에 영향을 주었다.

물론 한국의 대학생들이 학생운동 과정에서 저항 수단으로 '화형식'이나 '장례식'을 연행한 것은 18세기 말 '프랑스대혁명' 당시 여러 축제에서 장례식을 혁명적 축제의 중심 요소로 등장시키고, 귀족이나 광신자들의 인형을 만들어 공개 처형했던 모습과 유사한 면이 있다(김종엽, 1999: 25~26). 또한 1817년 독일 대학생 800여 명이 바르트부르크에서 해방 4주년을 기념하는 축제를 열고 조국의 자유와 통일을 부르짖으며 잔치를 벌인 끝에, 반동적이라고 지목된 서적을 불사르고 오스트리아 상주(上主)의 상의와 채찍을 보수반동주의의 상징으로 불태운 '부르셴샤프트' 운동을 연상시키기도 한다(≪경향신문≫, 1966.12.14: 3). 그러나 한국 대학생들이 이러한 서구의 사례를 직접 참조해 학생운동 과정에서 화형식이나 장례식 등을 연행했는지는 분명치 않다. 이보다는 정치풍자 연행이 이 시기 한국 학생들 사이에서 익숙한 경험이었기 때문에 학생운동 과정에서 화형식이나 장례식 등 연행이 행해진 것으로 보는 편이 더 합리적이다.

하지만 앞서 언급했듯이 미국 대학 행사를 참조하여 기획된 '역사상 인물 가상 재판'처럼 '모의국회', '가장행렬', '촌극' 등 정치풍자 성격의 축제 행사들 대부분이, 다른 축제 행사들과 마찬가지로 이미 서구는 물론이고 일본에서 행하던 것들이라는 점에도 주목할 필요가 있다. 당시 학생들이 어느 정도 의식하고 있었는지와 관계없이, 한국의 대학 문화 전반은 학생운동까지 포함해 서구와 일본 대학의 영향력에서 자유롭지 않았던 것이다. 이는 식민지 시대 고등교육의 경험과 해방 이후 미국의 강한 영향력에서 기인했다. 이에 한국 대학 문화와 학생운동 연구에서 서구와 일본의 대학 문화와 학생운동과의 본격적인 비교 검토가 요청된다. 단, 이는 이 글의 분석 범위를 넘어 별도의 연구가 필요한 문제이기 때문에 향후 과제로 넘기고자 한다.[1]

---

1 한국의 대학 문화와 학생운동의 '기원'을 찾는 일은 결코 쉬운 일이 아니다. 그 기원을 '서구와 일본'에서 찾을 수도 있지만, 반대로 한국의 '전통'에서 찾을 수도 있다. 일례로 대학생으로 1960년 4월혁명과 1964년 6·3 항쟁을 모두 경험한 한 지식인은 이 두 사건에서 "어린 시절 굿판을 좇아다니며 느낀 묘한 불안감과 고양된 기분을 동시에 다시 경험할 수 있었다"라고 회고한 바 있다(천규석, 2014: 20). 또한 한국의 대학 문화와 학생운동이 '동시대'에 벌어진 서구의 '68 운동'이나 일본의 학생운동과 어떤 관계가 있는지도 앞으로 연구가 필요한 주제이다. 외형적으로는 아무런 관계가 없어 보이고 심지어 서로 대립적인 면까지 발견되지만, 분석

1964년 한일회담 반대 운동이 절정으로 치닫던 6월 2일에는 서울대 상대 학생들이 교내에서 '매판 세력 성토대회'를 열어 '매판 세력 타도'를 선언한 다음, '매판 세력'을 신랑으로 하고, '가식적 민족주의'를 신부로, '신제국주의'를 주례로 한 결혼식을 열었다. 이 결혼식에서 주례는 "특히 신부는 매판자본과 사이좋게 학생을 기만하는 데 공을 세웠다. 또한 나 제국주의의 정체를 숨기는 데 충성을 다했으니 너의 결혼을 축하하노라. 신부는 목숨을 걸고 도전하는 학도들을 계속 협박하라. 안 되면 최루탄을 쓰라. 무엇보다도 나와 너희들 부부의 정체를 잘 알고 있는 학생이 가장 두려우니라"라는 주례사를 했다(≪경향신문≫, 1964.6.2: 1). 학생들의 시위가 최절정에 달한 6월 3일 동국대 학생들은 교내에서 피고인 '오일륙(吳一陸)'에 대한 재판을 거행했다. 이 자리에서 학생들은 5·16쿠데타 이후 저질러진 온갖 부정부패상을 낱낱이 고발한 후 피고 오일륙에게 내란죄를 적용해 그 허수아비를 화형에 처했다. 학생들은 화형식 이후 본격적인 시위에 돌입했다(≪경향신문≫, 1964.6.3: 3). '화형식'과 '장례식'을 거쳐 '결혼식'과 '재판'까지 학생운동 속 정치풍자 연행 방식은 대학 축제의 그것만큼이나 갈수록 다양해졌다.

1964년 6월 3일 박정희 정권의 계엄령 선포로 한동안 소강상태를 보이던 학생운동은, 해를 넘겨 1965년이 되어 한일협정 체결이 임박해지자 재개되었다. 당연히 정치풍자 연행들도 학생운동에 다시 등장했다. 대부분 일본의 제국주의와 식민주의를 경계하고 풍자하는 연행이었다. 1965년 5월 4일 서울대 문리대 학생들은 학과 대항 체육대회 도중 교내 운동장에서 기습적으로 한일회담 성토대회 겸 '신제국주의 박살식'을 열었다. 이 자리에서 학생들은 박 대통령에게 보내는 메시지와 선언문을 낭독하고 일장기가 그려진 게다짝을 불태웠다(≪동아일보≫, 1965.5.4: 7; ≪대학신문≫, 1965.5.10: 1). 5월

의 범위와 깊이를 확대한다면 얼마든지 다른 결과가 나올 수도 있다.

18일 서울대 사범대 학생들도 한일회담 반대 성토대회를 열고 '일본의 신제국주의와 침략 근성을 말살한다'라는 뜻으로 일장기 화형식을 벌였다(≪대학신문≫, 1965.5.24: 1). 이처럼 학생들의 격렬한 반대에도 불구하고 결국 1965년 6월 22일 한일협정은 체결되었다. 한일협정이 체결되던 날 홍익대 학생들은 '한일회담 유령 화형식'을 거행한 뒤 시위에 돌입했으며(≪동아일보≫, 1965.6.22: 7), 연세대 학생들은 한일협정이 조인되는 시간에 맞춰 '매국노 황제 추대식'을 열고 짚으로 만든 '매국노 황제'를 성토한 뒤 화장해 버렸다(≪연세춘추≫, 1965.6.28: 1).

한일협정 체결 이후에도 학생들은 계속 이에 저항하는 운동을 벌였다. 앞서 언급한 연세대 학생들은 6월 24일 한일협정에 조인한 외무부 장관의 귀국에 맞춰 '매국노 황제 폐하 환영식'을 거행했다(≪동아일보≫, 1965.6.24: 7). 한일협정 비준안이 여당에 의해 일당 국회에서 날치기로 통과되자 8월 21일 고려대 학생들은 교내에서 한일협정 비준 무효화 및 '공화당 일당 국회 화형식'을 개최하고, 공화당 일당 국회에 대한 조사를 낭독한 뒤 모형 국회의사당을 불태워버렸다(≪고대신문≫, 1965.9.4: 3). 또한 시위를 진압하기 위해 군인들이 대학 캠퍼스 안에까지 들어와 학생들을 마구잡이로 폭행하고 연행하는 사태가 발생하자 9월 6일 서울대 상대 학생들은 '한일협정 비준 무효 및 학원 방위 궐기대회'를 개최하고 '최루탄, 군화, 경찰봉에 대한 화형식'을 열었다(≪동아일보≫, 1965.9.6: 3). 1964~1965년의 한일협정 반대 운동의 마지막을 장식한 이 '군화 화형식'은 군부를 기반으로 한 박정희 정권의 심기를 크게 자극해 관련 학생들이 수배 및 중징계를 당하는 등 큰 파문을 불러일으켰다.

한일협정 반대 운동은 비록 좌절되었지만, 1960년대 후반에도 사카린 밀수 규탄, 6·8부정선거 규탄, 삼선 개헌 반대 등 다양한 이슈를 중심으로 학생운동이 계속 이어졌다. 그리고 한일협정 반대운동 때와 마찬가지로 이들

학생운동에서 정치풍자 연행도 계속 시도되었다. 지면 관계상 상술하기는 어려우나 '화형식'이 가장 많았고, 그 외에도 '결혼식', '표창식', '모의 국민투표' 등 다양한 방식의 연행이 학생운동 과정에서 이루어졌다. 이러한 추세는 1971년까지 계속되었다. 1971년에는 교련 반대를 중심으로 학생운동이 진행되었는데, 역시 이 과정에서 다양한 정치풍자 연행이 수반되었다. 일례로 성균관대 학생들은 1971년 4월 19일 '4·19기념식'에 참석한 직후 '교련 반대'라고 쓴 플래카드를 들고 시위에 돌입했다. 이들은 다음 날인 20일 아침 교내에서 '문교·국방장관 불신임'을 안건으로 하는 대성민국 임시 국회(모의국회)를 개최하고, 거의 만장일치로 불신임안을 가결했다. 또한 학생들은 이날 오후 다시 집회를 열어 교련 반대 구호를 낭독하고 '교련복 화형식'을 거행했다. 이 자리에서 학생들은 '문교·국방장관의 서자'라고 쓴 종이를 교련복에 붙이고 휘발유를 뿌린 후 태워버렸다. 교련복이 타는 동안 800여 학생들은 일제히 박수를 치고 교련 반대를 외쳤다. 곧이어 이들은 가두시위를 시도했다(≪성대신문≫, 1971.4.24: 1).

학생운동의 정치풍자 연행에 박정희 정권은 민감하게 반응했다. 박정희 대통령은 여러 차례 '화형식'이라는 단어를 언급하며 불쾌감을 드러냈다. 1960년대 후반 이후 정부의 통제력이 강화된 상황에서 언론 역시 '화형식'을 대학생답지 못한 반지성적 행태라고 비난했다. 그럼에도 정치풍자 연행이 학생운동에서 계속 이어지자 박정희 정권은 학생운동 탄압의 일환으로 정치풍자 성격의 행사가 대학 축제에서 진행되는 것 자체를 억제하려 했다. 가장 먼저 제약을 받은 행사는 고려대의 '모의국회'였다. 이 행사는 직접적으로 정치 문제를 다루었기 때문에 이미 1950년대부터 정부의 많은 견제를 받아왔다. 그러다 한일협정 체결 과정과 학원 탄압 문제 등을 의제로 했던 1965년 행사 때, 행사 장소가 행사 전날 갑자기 시내 중심부에서 교내로 바뀌는 진통을 겪었다. 정부는 부인했지만 문교부의 압력 때문이라는 소문이 돌았다.

그러다 결국 1969년부터 행사가 완전히 중단되고 말았다. 모의국회가 중단된 이유가 공식으로 확인되지는 않았지만, 1965년의 사례를 봤을 때 그 이면에 정부의 압력이 작용했을 가능성이 크다.

정치풍자 성격의 축제 행사에 대한 제약은 1971년 10월 '위수령' 선포와 1972년 10월유신 이후 본격화되었다. 1971년 10월 '위수령' 선포로 학생운동이 궤멸적 타격을 입은 뒤 치러진 1972년 각 대학 축제는 정치풍자 성격의 행사 문제로 파행을 거듭했다. 고려대의 경우 축제가 한창 진행 중인 상황에서 '4·19 관련 다큐멘터리'의 상영 문제와 '역사상 인물 가상재판'의 공연 문제로 학생들과 학교 당국 간 갈등이 커지면서, 결국 총학생회가 중도에 축제 전체의 진행을 포기하는 초유의 사태가 벌어졌다(≪고대신문≫, 1972.5.9: 3). 학교 당국이 '4·19 관련 다큐멘터리' 상영을 "애초 축제 프로그램에 없었다"라며 금지하면서 불거진 갈등이, 이틀 뒤 '역사상 인물 가상재판' 공연 문제로 폭발했던 것이다. '역사상 인물 가상재판'이 문제가 된 이유는 당시 드러나지 않았다. 단지 "내외적 사정" 때문이라고만 언급되었다. "누군가에 의해 대본이 가위질 당하고 난 후 종막을 내리고 덕분에 석탑축전 전 행사가 중단되고 말았다"라고 한 관련자의 회고를 참고한다면(이명호, 1985: 5), '역사상 인물 가상재판'의 내용을 사전 검열한 학교 당국의 수정 요구에 학생들이 반발한 것이 분명하다. 연세대의 경우 1972년 축제에서 정치풍자 성격이 강한 '가장행렬'과 '촌극 경연대회'가 일단 정상적으로 진행되었다(≪연세춘추≫, 1972.5.15: 2). 그러나 '가장행렬'은 1시에 진행될 행사가 갑자기 3시로 연기되었는데, 그 이유는 알려지지 않았다. 당시 가장행렬의 풍자 내용이 예리하지 못했다는 평가를 봤을 때 막판에 학교 당국에서 일부 내용의 수정을 요구해 행사가 늦춰졌을 가능성이 있다. '촌극 경연대회' 역시 3팀밖에 참가하지 않은 가운데 그마저도 관객들을 실망시키는 지루한 내용과 미숙한 진행이 문제가 되었다. 성균관대의 경우도 '이상국회'나 '가장행렬'이 정상적으로 진행되었으나, 가장행렬 시 그 내용을 국내 정치와 관련되지 않은 것으로 사전 조율했고, 어떤 서클은 가장행렬의 내용이 정치성이 짙다는 이유로 참가 신청을 거부당했다(≪성대신문≫, 1972.6.3: 3). 이러한 1972년 축제의 파행은 1971년 '위수령' 선포 이후 학생운동 세력이 큰 타격을 입고, 정부의 학원 통제가 대폭 강화된 사실과 밀접한 관련이 있다.

유신 선포 이후 진행된 1973년 축제에서는 그동안 정치풍자 성격이 강했던 행사들에 대폭적인 수정이 가해졌다. 고려대의 '역사상 인물 가상재판'은 아예 그 형식을 특정 인물을 단죄하는 '재판'이 아닌 특정 인물을 상찬하는 '석탑대왕 시상식'으로 바꾸어버렸다. 전년도 축제 때 학교 당국과의 마찰 속에서 아예 행사를 치르지 못했던 주최 측(고대신문사) 학생들이 이번에는 어떻게 해서든 행사를 이어가기 위해 급하게 형식을 바꾼 것이었다. 그러나 갑작스러운 변신 작업 자체가 갖는 한계와 더불어 그 '상찬'의 형식이 풍자의 날카로움을 무디게 하는 바람에 '석탑대왕 시상식'은 이전 '역사상 인물 가상재판'처럼 인기를 끌지 못했다(이강식, 1985: 110). 반면 연세대에서는 '가장행렬'이 행사 직전에 취소되었다. 연세대 총학생회는 학교 당국에 결국 '가장행렬' 포기를 통고할 수밖에 없었다(≪연세춘추≫, 1973.5.14: 3). '촌극경연대회'도 이 축제에서는 열리지 못했다. 그 정확한 이유는 역시 명시적으로 알려지지 않았지만, 그 전 해에 고려대에서 '역사상 인물 가상재판'이 열리지 못했던 것과 같은 맥락임이 분명하다. 성균관대의 가장행렬은 큰 문제 없이 진행되었지만 학생들 사이에서는 "주제 선정과 준비 과정에서 외부의 압력을 받은 흔적이 여실히" 보였다는 평가가 나왔다(≪성대신문≫, 1973.6.9: 3).

이후 1974년 축제에서 고려대의 '역사상 인물 가상재판'이 기적적으로 부활하여 엄청난 인파가 몰려드는 성황을 이루기도 했으나, 1975년 긴급조치 9호 선포를 전후로 축제 자체가 미뤄지는 과정에서 이 행사는 사실상 완전히 폐지되는 운명을 맞았다. 연세대의 '가장행렬'과 '촌극 경연대회'는 1974년부터 재개되었다. 그러나 가장행렬은 학교 측이 사전에 지정한 비정치적 주제의 연행만 허용하고, 촌극 경연대회는 참가팀 자체가 거의 없는 상황이 되면서, 이들 행사는 정치풍자 성격을 거의 상실하고 우스꽝스러운 분장 등으로 관객들을 웃기는 오락 행사로 전락했다. 성균관대에서도 '대성민국 이상국회'가 1974년부터 중지되었으며, 그나마 명맥을 유지한 가장행렬 역시 보편적인 사회문제만을 다루는 진부한 행사가 되었다.

5. 맺음말: 대학 문화와 학생운동 결합의 의미

4월혁명을 전후해 각 대학에서 축제가 확산되고, 정치풍자 성격이 강한 행사들이 인기를 끌었다. 이 행사들에서 '화형식', '장례식', '결혼식' 등 다양한 방식으로 수행된 연행은 1960년대 학생운동에서도 적극 활용되었다. 이는 1960년대 대학 문화와 학생운동이 결합하는 하나의 유형이다. 그렇다면 1960년대 정치풍자 성격의 축제 행사와 관련 연행을 매개로 대학 문화와 학생운동이 결합한 데에는 어떤 역사적 의미가 있을까? 이는 두 가지 측면에서 파악할 수 있다.

첫째, 이 결합은 '정치'와 '운동'에 대한 당시 학생들의 '관심'과 '공감대' 속에서 가능했다. 1960년대 대학생들을 상대로 한 여론조사 결과들을 보면 학생들의 정치적 관심과 현실 참여 의지는 매우 높았다. 일례로 박정희 정권이 3선개헌을 추진했던 1969년 9월에 연세대 총학생회가 연세대 학생 2325명을 대상으로 실시한 여론조사 결과를 보면 '학생은 현 사태에 대해 정치적 의사를 표현할 필요가 있다'에 94%가 찬성했고 반대는 5.6%에 불과했다. '개헌 문제'에 대해서도 '자세히 알고 있고 확실한 신념이 있다'가 90%였고, '그렇지 않다'는 8.5%에 불과했다. 또한 '확실한 신념을 가지고 시위에 참여하고 있으며 다른 학생들도 마찬가지다'에 73.8%가 동의했다(≪연세춘추≫, 1969.9.8: 3). 비슷한 시기에 범위를 더 넓혀 전국 14개 대학(서울 소재 여섯 개 대학과 지방 소재 여덟 개 대학) 2923명의 학생을 대상으로 실시한 여론조사에서도 '3선개헌에 순수한 의견을 발표할 수 있는 집단은 학생들이다'라는 문항에 72% 이상의 학생이 동의했고 반대는 15% 정도에 불과했다. 또 60% 이상이 사회가 학생들에게 '데모할 것을 기대했'고 '결과적으로 3선개헌 반대 시위는 정당했다'라고 답했다. 그리고 역시 60% 정도의 학생이 3선개헌안을 최종적으로 통과시킨 국민투표 결과가 '민의를 반영하지 못했다'라고 평가했다(오병헌 외, 1970: 283~289). 즉, 1960년대 학생들은 여전히 강하게 작동하고 있던 4월혁명의 자신감 속에서 정치적 관심이 많았고 현실 참여를 통해 문제를 해결하려는 의지가 강했다. 그래서 이들은 정치풍자 성격의 축제 행사에 적극 참여했고, 자신들의 문화적 경험을 학생운동과 쉽게 결합시킬 수 있었던 것이다.

둘째, 학생운동 과정에서 등장한 정치풍자 연행들은 학생들이 거부감 없이 학생운동의 대의를 받아들이게 하는 역할을 수행했다. 앞선 여론조사 결과에서 주목할 부분은 1960년대 대학생들이 전반적으로 정치적 관심과 현실 참여 의지가 컸던 반면, '시위' 방식의 물리적 힘의 행사와 이로 인한 학업 중단에 대해서는 대체로 신중한 편이었다는 사실이다. 즉, 연세대 여론조사에서 '가두시위'를 '최선의 방법'으로 본 학생은 17.4%에 불과했고, 71.6%의 학생이 '최선은 아니지만 어쩔 수 없다'라고 답했다. 또 '휴교령이 나더라도 과격한 학생운동을 해야 한다'라고 답한 학생은 28.1%였던 데 반해, '학원 질서를 유지하면서 계속 정치적 의사표시를 해야 한다'라고 답한 학생이 68.6%였다. 전국 14개 대학 여론조사에서도 '가두시위보다 교내 성토 집회를 하는 것이 좋다'에 55% 정도가 찬성했고, 반대는 30% 정도에 불과했다. 또 90%의 학생이 '시위로 인해 학업이 중단되는 사태는 없어야 한다'라고 응답했고,

5%만이 이에 반대했다. 과격한 시위보다는 풍자 성격의 집회나 행사가 학생들의 운동 참여에 더 효과적이었다.

물론 두 번째 측면과 관련해서 정치풍자 성격의 축제 행사나 학생운동에서 행해진 정치풍자 연행이 오히려 학생운동의 고양을 저지했다고 해석할 여지도 있다. 즉 '정치풍자'는 학생들의 정치적 불만을 감성적으로 또 일시적으로 배설하게 함으로써, 장기적으로 학생운동이 과격해지는 것을 방지할 뿐만 아니라 학생운동이 이념적으로 심화되는 것을 막을 수도 있다는 것이다. 훗날 1980년대 대학생들이 그 이전 시기 학생운동을 '낭만적'이라고 비판한 맥락과도 상통한다. 따라서 1960년대 정치풍자 성격의 축제 행사와 관련 연행을 매개로 한 대학 문화와 학생운동의 결합은 고정된 메커니즘에 의해 확립된 것이 아니다. 양자는 유동적인 긴장 관계에 있었다.

축제 관련 이론에서는 이러한 유동성과 긴장 관계에 대해 연구자별로 의견이 나뉜다. 한편에서는 카니발과 같은 축제가 기존의 권위에 저항할 수 있는 의례적 통로로서 기능하는 동시에, 피지배민들의 불만이 지배층에 실제적인 위협 요소로 증폭되는 것을 사전에 방지함으로써 결과적으로 기존의 권위를 더욱 공고히 하는 데 기여한다고 본다(류정아, 2003: 48). 반면 다른 한편에서는 관 주도가 아닌 비공식 축제의 경우, 그것이 극단적인 한계 경험과 일탈로서의 공동체적 행사의 모습을 띠면서 저항과 전복의 의미를 분명히 갖게 된다고 본다(최문규, 2003: 114). 양자를 종합해서 이해한다면 안정된 사회에서는 카니발 성격의 축제가 일시적으로 사람들의 긴장과 불만을 배출시킴으로써 오히려 사회적 안정 장치의 기능을 할 수도 있지만, 변화와 갈등이 심한 불안정한 사회에서는 정치적 저항의 계기이자 무기로 작용한다고 정리할 수 있다(진인혜, 2006: 106). 정치풍자 성격의 축제 행사와 관련 연행을 매개로 한 대학 문화와 학생운동의 결합도 마찬가지이다. 정치풍자 성격의 축제 행사나 학생운동에서 행해진 정치풍자 연행이 학생들을 학생운동에 더

밀착시켰는지 아니면 결과적으로 거리를 두게 만들었는지는, 해당 시기의 정치적 국면의 안정성, 혹은 불안정성을 고려하면서 분석해야 한다. 그런 의미에서 1960년대 한일협정 체결의 국면, 6·8 부정선거의 국면, 3선개헌의 국면 등 불안정한 정치 국면에서는, 정치풍자 성격의 축제 행사나 학생운동에서 행해진 정치풍자 연행이 학생들의 정치적 공감대를 유지하고 확대하면서 어떤 논리나 주의 주장보다도 그들을 학생운동의 대의 안으로 끌어들이는 강력한 배경이 되었다고 할 수 있다.

1970년대 이후 대학 축제에서 정치풍자 성격의 행사들이 폐지되거나 위축된 사실은, 이 행사들 자체의 폐지 혹은 위축을 넘어, 축제로 발산되는 대학 문화의 정치적 위상·역할·내용 등이 크게 달라질 수밖에 없다는 것을 의미했다. 이러한 변화는 정치풍자 연행과 긴밀하게 연결되어 있었던 1960년대 학생운동, 즉 1960년 4월혁명으로 시작되어 1971년 '위수령' 선포로 막을 내린 학생운동의 거대한 사이클과 궤를 같이하는 것이었다. 최소한의 정치적 자유마저 봉쇄당한 학내외 상황에서 1970년대 중반 이후 학생운동은 조직적으로 언더서클을 중심으로 새롭게 재편되고, 이념적으로는 사회과학적 측면이 더욱 강조되었다. 학생운동이 대학 문화와 관계를 맺는 방식과 내용도 달라졌다. 여기서 중요한 역할을 한 것이 바로 '민속'이다. 1960년대 후반부터 학생들 사이에서는 한국 고유의 민속에 대한 관심이 커졌다. 이에 1970년대 각 대학 축제는 의도적으로 민속 관련 행사의 비중을 높였고, 동시에 대학마다 '탈반'이 속속 만들어지기 시작했다. '탈춤'과 '마당극' 등 민속에 대한 학생들의 관심은 민속의 주체인 '민중'에 대한 관심과 맞물려 1970년대 내내 증폭되었다. 민속은 그 속에 해학과 풍자의 요소와 더불어 '계몽'적이고 '엘리트주의'적인 정치풍자 연행의 한계를 극복할 수 있는 '민중적' 요소를 많이 담고 있었다. 유신정권 스스로가 민족을 강조했기 때문에, 민속과 관련해서는 학생들의 운신의 폭도 상대적으로 넓었다. '민속' 이외에 1960년대 말부터 유행하기 시작한 '청년 문화' 역시 유신체제하에서 억눌렸던 학생들의 '자유'에 대한 열망을 자극하며 학생운동에 영향을 주었다. 1970년대에 대학 문화와 학생운동의 새로운 결합은 이런 방식으로 이루어질 수 있었다.

:: 참고문헌

≪경향신문≫. 1963년 10월 17일 자. "희한한 장례식과 데모", 5면.

______. 1963년 5월 7일 자. "아이히만. 놀부. 몬로. 카셈의 재판", 5면.

______. 1964년 5월 20일 자. "민족적 민주주의 장례' 및 성토대회", 3면.

______. 1964년 5월 5일 자. "역설과 풍자와 궤변 속에: 고대에서 심판정 마련", 5면.

______. 1964년 6월 2일 자. "서울상대도", 1면.

______. 1964년 6월 3일 자. "가랑비 속에 치솟는 대학가의 노도", 3면.

______. 1965년 5월 5일 자. "담뿍 담은 '아이러니': 고대의 '역사상 인물 가상 재판' 법정 스냅", 5면

______. 1966년 12월 14일 자. "학원의 자주성", 3면.

______. 1966년 5월 18일 자. "활기 넘친 신록의 대학가", 5면.

______. 1966년 6월 2일 자. "날치기가 판친 이대 축제", 3면.

______. 1971년 5월 17일 자. "축제의 반성", 5면.

≪고대신문≫. 1962년 3월 3일 자. "5월 중에 석탑제", 7면

______. 1962년 4월 28일 자. "(광고) 제1회 석탑전", 1면.

______. 1965년 5월 22일 자. "60周 기념 문화행사", 4면.

______. 1965년 9월 4일 자. "일당국회 화형식", 3면.

______. 1972년 5월 9일 자. "유종의 미 못 거둔 석탑축전", 3면.

≪대학신문≫. 1964년 3월 26일 자. "선언문", 3면.

______. 1965년 5월 10일 자. "4일에도 성토", 1면.

______. 1965년 5월 24일 자. "한일회담 성토 벌여", 1면.

≪동아일보≫. 1965년 5월 4일 자. "한일회담 성토", 7면

______. 1965년 6월 22일 자. "벼랑에 선 저지와 저지", 7면.

______. 1965년 6월 24일 자. "갇힌 항의… 도처서 단식", 7면.

______. 1965년 9월 6일 자. "서울상대 동정맹휴'", 3면.

______. 1968년 5월 21일 자. "(스케치) 내용보다 형식에 치우친 대학가 축제", 5면.
______. 1970년 5월 1일 자. "싸늘한 반응 속의 연례행사 대학축제", 5면.
______. 1972년 5월 10일 자. "'석탑제 중단'으로 파트너 동반자 섭섭", 5면.
______. 1972년 5월 10일 자. "축제 이대로 좋은가…", 5면.
≪성대신문≫. 1963년 11월 12일 자. "문행제 성황리에 폐막", 1면.
______. 1966년 9월 14일 자. "제1회 이상국회 내달 개원", 1면.
______. 1970년 5월 23일 자. "문행축전 지상스케치", 4면.
______. 1971년 4월 24일 자. "이틀간 다시 가두데모", 1면.
______. 1972년 6월 3일 자. "무관심… 불협화음", 3면.
______. 1973년 6월 9일 자. "참여와 무관심", 3면.
≪연세춘추≫. 1962년 5월 7일 자. "화려한 5월의 향연", 1면.
______. 1963년 5월 13일 자. "무악의 기슭에 베풀어진 5월의 향연", 3면.
______. 1964년 5월 11일 자. "축전낙수록", 3면.
______. 1964년 5월 11일 자. "캠퍼스 누빈 5월의 열풍", 3면.
______. 1965년 5월 10일 자. "해학 속의 촌철", 3면.
______. 1965년 6월 28일 자. "7일간 단식 26일 해체", 1면.
______. 1967년 5월 15일 자. "가장행렬", 3면.
______. 1968년 5월 13일 자. "연세가족 함께 즐긴 백양제", 3면.
______. 1969년 9월 8일 자. "여론조사 결과", 3면.
______. 1971년 5월 10일 자. "축제에 부각된 사회풍속도", 4면.
______. 1972년 5월 15일 자. "젊음을 불사른 지성의 향연", 2면.
______. 1973년 5월 14일 자. "가장행렬 잃은 무악축전", 3면.

고려대학교 60년사 편찬위원회. 1965. 『고려대학교 60년사』. 고려대학교.
권보드래 외. 2015. 『1970 박정희 모더니즘: 유신에서 선데이서울까지』. 천년의상상.
권보드래·천정환. 2012. 『1960년을 묻다: 박정희 시대의 문화정치와 지성』. 천년의상상.
김미란. 2015. 「80년대 대학의 학생문화: 비판적 학습과 문화적 실천의 장」. ≪한국교육사학≫, 37권 1호, 29~57쪽.
김원. 1999. 『잊혀진 것들에 대한 기억: 1980년대 한국 대학생의 하위문화와 대중정치』. 이후.
김종엽. 1999. 「프랑스 대혁명과 혁명적 축제」. 정근식 엮음. 『축제, 민주주의, 지역 활성화』. 새길.
류정아. 2003. 「"축제, 그 현대적 의미 표상"」. 유럽문화정보센터 엮음. 『축제와 문화』. 연세대학교 출판부.
______. 2013. 『축제이론』. 커뮤니케이션북스.

목정균. 1985. 「그 찬란한 열풍시대: 나의 고대신문 시절」. 고대신문사 엮음. 『고대신문 축쇄판』 6. 고대신문사.
민주화운동기념사업회 연구소 엮음. 2008. 『한국민주화운동사 1』. 돌베개.
박태순·김동춘. 1991. 『1960년대의 사회운동』. 까치.
서울대학교 60년사 편찬위원회. 2006. 『서울대학교 60년사』. 서울대학교.
송철원. 2012. 「YTP(청사회: 靑思會)」. ≪기억과 전망≫, 26호, 310~366쪽.
신동호. 1996. 『인물로 보는 오늘의 한국정치와 6.3세대』. 예문.
오병헌·고영복·이영덕. 1970. 『학생문제연구』. 유네스코 한국위원회.
오제연. 2008. 「1950년대 대학생 집단의 정치적 성장」. ≪역사문제연구≫, 19호, 173~206쪽.
______. 2012. 「1970년대 대학문화의 형성과 학생운동: '청년문화'와 '민속'을 중심으로」. ≪역사문제연구≫, 28호, 81~117쪽.
______. 2014. 「1960~1971년 대학 학생운동 연구」. 서울대학교 대학원 박사 학위논문.
우찬제·이광호 엮음. 2010. 『4.19와 모더니티』. 문학과지성사.
윤선자. 2008. 『축제의 정치사』. 한길사.
이강식. 1985. 「가슴으로 피운 젊음의 불꽃: 끝없는 정열, 귀한 보람들」. 고대신문사 엮음. 『고대신문 축쇄판』 6. 고대신문사.
이남희. 2015. 『민중 만들기: 한국의 민주화운동과 재현의 정치학』. 유리·이경희 옮김. 후마니타스.
이동연·권경우·이재원. 1998. 『대학문화의 생성과 탈주: 새로운 대학문화운동론을 제안한다』. 문화과학사.
이명호, 1985. 「고대신문과 함께 했던 나의 학창시절」. 고대신문사 엮음. 『고대신문 축쇄판』, 5. 고대신문사.
이창언. 2014. 『박정희 시대 학생운동』. 한신대학교출판부.
정철희 외. 2007. 『상징에서 동원으로: 1980년대 민주화운동의 문화적 동학』. 이학사.
진인혜. 2006. 「축제와 혁명」. 유럽사회문화연구소 엮음. 『축제와 문화적 본질』. 연세대학교 출판부.
천규석. 2014. 『잃어버린 민중의 축제를 찾아서』. 실천문학사.
천정환·김건우·이정숙. 2005. 『혁명과 웃음: 김승옥의 시사만화 <파고다 영감>을 통해 본 4.19혁명의 가을』. 앨피.
최문규. 2003. 「"축제의 일상화"와 "일상의 축제화"」. 유럽문화정보센터 엮음. 『축제와 문화』. 연세대학교 출판부.
허은. 2013. 「1980년대 상반기 학생운동 체계의 변화와 학생운동 문화의 확산」. 이호룡·정근식 엮음. 『학생운동의 시대』. 선인.

5장

문화와 냉전

전후 서독의 서구 담론의 냉전사적 위치

박혜정

1. 머리말: 왜 서구 담론인가?

오늘날 유럽은 유럽연합의 확대와 세계사적 인식 전환 덕분에 다시 폭넓은 개념으로 거듭나고 있지만, 극히 최근까지도 유럽은 유럽의 극히 일부, 즉 서유럽을 중심으로 이해되어 왔다. 이처럼 협소한 유럽 이해가 정착되어 간 데에는 카를(Karl) 대제의 대원정 이래로 유럽 개념의 근간에 자리해 온 '기독교 서구(Christliches Abendland)' 사상의 영향이 컸다. 특히 냉전 질서하에서 굳어진 서방세계의 이데올로기는 오늘날 유럽연합이 내세우고 있는 유럽의 가치에도 그대로 계승되고 있다. 그럼에도 독일 학계에서 서구(Abendland, 西歐) 담론은 결코 친숙한 주제가 아니고 냉전사적 맥락에서 회자되거나 연구되는 일도 여전히 드문 편이다. 이 글에서 참고한 문헌들을 포함해 대부분의 서구 담론 연구는 여전히 사상사 내지 지성사적 접근을 통해 담론 자체의 역사적 발전을 분석하는 데 치우쳐 있다. 그럼에도 최근에 와서는 적어도 전후의 서구 담론에 대해서는 악셀 실트(Axel Schildt)나 안젤름 되링만토이펠(Anselm Deoring-Manteuffel)과 같은 젊은 현대사가들을 중심으로 '복고 테제(Restaurationsthese)' 비판에만 경도되었던 예전의 연구 경향(Grebing, 1971; Greiffenhagen, 1986)에서 벗어나서, 이를 전후 서독 사회의 재편을 놓고 경쟁을 벌였던 다양한 정치적 비전 중의 하나로 재발견하려는 새로운 시도가 이어지고 있다. 이 글에서는 서구 담론에 대한 최근의 정치문화사적 관심을 냉전사적으로 확대해, 전후 서독에서 냉전 질서와 냉전적 정치문화가 뿌리 내리는 과정에서 서구 담론이 담당한 역할과 그의 냉전사적 위치를 파악해 보고자 한다.

냉전사 이해를 위해 특별히 서구 담론에 주목하는 이유는 세 가지다. 하나는 전후 서독 사회에서 차지했던 서구 담론의 특별한 위상 때문이다. 히틀러 패망 후의 전후 서독 사회에서 이른바 '새로운 시작'을 견인할 도덕적인 세력으로서 가장 큰 신망을 얻은 양대 세력은 기독교와 노동계다. 노동계가 연합군정의 정치적인 견제 속에서 조직화하는 데 오랜 시간이 걸리고 굴곡을 겪었다면, 기독교 세력은 상대적으로 훨씬 큰 정치, 사회적인 운신의 폭을 누리고 있었다. 따라서 전후 서독의 특수한 상황에서 가능했던 기독교 세력의 담론적·실질적 영향력에 대한 각별한 고찰이 전제되어야 할 것이다.[1]

다른 하나는 냉전이 절정을 향해 치닫던 1950년대 중반에 오면 서유럽 전역에서 본격화되기 시작한 서구 담론이 반공주의에 기초한 유럽 통합을 정당화하는 가장 견고한 정치 문화적 기반을 제공했기 때문이다. 서구 담론

1 이와 관련해서는 이 장 2절과 4절 일부를 통해 교육 분야에서 두드러졌던 이 기독교 서구론자들의 문화적 권력에 대해 언급할 것이다.

은 비기독교적인 모든 국가와 문화, 특히 무신론적인 소련에 대한 배타적인 경계 긋기와 대내적으로는 기독교의 재활 및 기독교 교회가 중요한 영향력을 행사하는 정치 문화의 조성을 최우선 목표로 삼았다. 아데나워의 서방 결탁, 나토 가입, 유럽 통합, 독일-프랑스 우호 관계 구축, 반공산주의와 같은 대외정책의 기저에는 바로 기독교 서구 사상이 자리하고 있었다.

마지막으로 서구 담론을 통하여 전후 서독의 서방 결탁과 냉전적 정치 질서의 정착을 들여다보는 방식은 외교, 군사 및 대외정책에만 치중해 온 정치사 위주의 연구 대상을 문화와 담론 영역으로 확대해 연구방법론적인 혁신을 자극하고 냉전의 다양한 역학을 규명하는 차원에서 중요한 시사점을 제공할 수 있기 때문이다. 또한 존 김벨(John Gimbel)의 선구적 연구(Gimbel, 1968) 이후 확대되고 있는 시각, 즉 미소 양국과 함께 냉전에 적극적으로 참여했던 여타 국가들의 대내 정치적 역학과 교차시켜 냉전을 다극적인 국제정치의 양상으로 바라보고, 궁극적으로는 냉전사를 진정한 의미의 트랜스내셔널 히스토리로 다시 써야 한다는 시각에서도 서구 담론이라는 렌즈는 유용할 수 있다.

이 글에서는 서구 담론의 이 같은 특별한 위치에 유의하면서, 서구 담론이 유럽에서 반공주의와 냉전 질서의 문화적 근거를 제공함으로써 열렬히 냉전 질서를 추수(追隨)한 행보를 재현해 보고자 한다. 또한 이를 서구 담론의 실제적 기능을 보여준 행보, 즉 전후 반학제개혁운동에 적극적으로 참여해 미군정의 개입을 봉쇄한 것과 연계함으로써 그 냉전사적 위치를 종합적으로 평가해 보고자 한다. 반학제개혁운동은 미군정의 개혁 의지를 서독 보수권이 봉쇄했을 뿐만 아니라 서독 교육계 내의 자체적 학제개혁 열망까지 무산시킨 사태였던 만큼, 서구 담론의 이중적 행보에 대한 이해는 1947년부터 유럽에서 본격화된 냉전을 서독이라는 국지적 공간 내의 정치권력 관계와 교차시켜 볼 수 있게 해줄 것이다. 서구 담론을 매개로 하여 냉전이라는 큰 그림을 서독이라는 국지적 공간 내의 정치적·사회적·문화적 관계망 속에서 맞추어가는 작업에 들어가기에 앞서서, 서구 담론의 내용과 변화에 대한 역사적인 선이해는 필수적이다. 전후 서구 담론은 1945, 1946년에 창간된 『신서구(Neues Abendland)』 등을 중심으로 집결한 기독교 보수 세력이 전 사회적인 재기독교화를 통한 전후 서독의 재건을 논의한 담론을 가리키지만, 독일에서 서구 담론의 역사적 뿌리의 깊이가 남다르기 때문이다. 다음에는 서구 담론이 하나의 담론 형태를 갖추어가기 시작한 1920년대로 거슬러 올라가 전후 서구 담론에까지 계승된 내용적 유산들을 살필 것이다.

2. 서구 담론의 역사적 지평

서양을 지칭하는 영어 단어 'occident'나 'West'와 달리 독일어 표현인 'Abendland'는 특정한 가톨릭 유럽 사상과 밀접한 관계 속에 발전해 왔는데, 그 뿌리는 멀리 16세기까지 거슬러 올라간다. 루터의 '아침의 땅(Morgenland)' 혹은 오리엔트의 반대 개념으로 등장한 서구 개념은 오랫동안 이교도 내지 이슬람에 대항하는 기독교 유럽 전체를 가리키는 데 사용되었지만, 낭만주의 시대를 거치면서 뚜렷이 지리적 문화적으로 서유럽을 가리키는 개념으로 거듭났다. 슐레겔 형제(August W. von Schlegel과 Friedrich von Schlegel)가 로마, 게르만, 기독교적 유산을 통해 통일된 독특한 유럽의 문화 공간의 의미로 '기독교 서구' 개념을 사용한 것이 그 대표적인 용례이다.[2] 역사적으로도 오늘날까지도 명확한 지리적 문화적 실체나 경계를 가지지 못한 '유럽'과는 다르게, 서구 개념은 역사적으로 설정된 공간을 의미하기 때문에, 팽창의 여

2 서구 개념의 역사적 변화에 관해서는 Faber(1979) 참조.

지가 없이 중세의 기독교 세계만을 한정적으로 지시한다.[3] 서구 개념에서는 종교개혁 이전의 중세가 서구의 황금시대이자 '신의 도성(civitas dei)'이라는 위대한 이상이 실현된 이상적인 시대로 군림해 있다. 이처럼 가톨릭으로의 복귀에 대한 요구가 늘 서구 담론의 중심에 있어온 이유로 20세기에 들어서까지 가톨릭 보수권은 서구 담론을 주도했다.[4]

낭만주의 시대 이래로 서구 담론은 제1차 세계대전과 더불어 첫 전성기를 맞는데, 기폭제가 된 것이 슈펭글러의 저서 『서구의 몰락(Der Untergang des Abendlandes)』이다. 가톨릭계 비평가들은 대독일적이고 가톨릭다운 제국의 비전에 입각해, 제1차 세계대전 발발과 그 결과로서의 프로이센의 프로테스탄트 질서 붕괴를 오히려 정치·사회·문화적으로 혁신할 수 있는 진정한 기회로 간주하면서 슈펭글러에 대한 거센 반격에 나섰다. 서구 개념은 곧 이러한 반론의 주도적 범주로 부상했다. 가톨릭계 서구론자들은 1925년에 창간된 ≪서구(Abendland: Deutsche Monatshefte für Europäische Kultur, Politik und Wirtschaft)≫를 중심으로 결집했다. 잡지를 창간한 본 대학의 로망스 언어학 교수 헤르만 플라츠(Hermann Platz)는 '서구'뿐만 아니라 가톨릭계 서구 담론 전체의 대부였다. 플라츠는 ≪서구≫ 창간호에서 프랑스의 라인란트 점령에 대응해 라인란트가 서구의 역사적인 핵심 지역이란 논리에서 유럽 차원의 협력을 제안했다(Conze, 2015: 74 재인용). 이는 1920년대 서구 담론의 두 가

3 슈말레(Wolfgang Schmale)가 15세기와 19, 20세기를 경계로 유럽 개념은 지리적이고 문화적인 공간으로부터 기독교 세계와 민족을, 그리고 다시 국제연맹 사상을 중심축으로 하는 공간 개념으로 변화해 왔다고 말한다(슈말레, 2006: 25). 그 외에도 서구와 유럽의 개념 비교에 대해서는 Anselm(2009)와 Hürten(2009)을 참고.

4 그러나 이는 말 그대로 '주도'했다는 것이지 서구 담론의 경계가 가톨릭 보수권으로 수렴된다는 이야기는 아니다. 슈펭글러의 『서구의 몰락』도 19세기 중반 이후 '서구의 문화적 타락'이라는 사상이 대중잡지에서까지 광범하게 피력되던 담론의 맥락에서 출간되었다.

지 내용상 특성을 반영한 것으로, 하나는 가톨릭계 서구 담론의 라인란트와의 지리적 결합이고, 다른 하나는 당시의 유럽 열풍과의 밀접한 관계이다.

플라츠는 1923년 라인란트의 중앙당 회의 연설문을 기초로 출간한 소책자『독일과 프랑스 그리고 서구 사상(Deutschland - Frankreich und die Idee des Abendlandes)』에서 라인란트를 영토 면에서는 카를 대제의 제국과, 내용 면에서는 '고전 고대, 기독교, 로만-게르만 종족의 현실'과 결합시키고 '합목적적인 정신, 실용적이고 뚜렷한 건설 의지, 개인과 전체의 신을 향한 근본적인 진보 지향성, 영생'을 특징으로 하는 서구 사상이 여전히 활기를 띠고 있는 '원시 독일적인 공간'으로 이해했다. 그러나 라인란트는 그에게 서구 보편주의에 대해 민족주의가 승리함에 따라 독일과 프랑스가 서로 첨예하게 대립하고 있는 서구 최대 규모의 위험 지대이기도 했다. 플라츠는『라인과 서구를 위하여(Um Rhein und Abendland)』라는 또 다른 책자에서는 후자의 맥락에서 라인란트를 '유럽 운명의 공간'으로 규정했다(Hürten, 1985: 135 재인용).

둘째로 1920년대 서구 담론은 처음부터 범유럽운동(Paneuropa Bewegung)과 밀접한 관계를 맺고 있었다. 루르 지방 점령으로 독일과 프랑스 간의 긴장이 최고조에 달했던 1923년에 범유럽 운동의 기수 리하르트 쿠덴호베칼러기(Richard Coudenhove-Kalergi)의 책이 출간되고, 아울러 플라츠도 서구 담론에 뛰어들었기 때문이다. 이후 양자는 유럽 화합이라는 대의를 같이하면서도 방법론에서는 팽팽한 긴장 관계를 유지했다.

플라츠를 중심으로 한 ≪서구≫에서는 유럽연방(Vereinigten Staaten von Europa)이나 유럽 자유무역지대의 조성 같은 구체적인 정치 프로그램을 지향하는 범유럽 운동을 기독교적이지 않다고 보고 줄곧 경계했기 때문이다. 서구론자들의 유럽 협력관은 국제정치가 아니라 모든 정치 공동체에 우선해 존재하고 그것의 기초가 되는 문화 전통에 초점을 맞추고, 그 어떤 대외정책 원칙을 천명하거나 초국가적 국가 질서 혹은 법질서를 기초하는 것을 목표로 삼지 않았다. 그 대신 '유럽의 정신적인 경신'을 훨씬 중요하고 근본적인 문제로 보았다. 플라츠는 그런 의미에서 서구론자를 민족주의자, 종족주의자, 국제연맹 추종자, 혹은 범유럽주의자와 구별하고 진정한 범유럽은 오로지 서구의 이상을 복구함으로써만 가능하다고 믿었다(Pammer, 2012: 484~490; Hürten, 1985: 137, 140).

따라서 초기의 ≪서구≫는 서구와 쿠덴호베 칼러기식으로 유럽연방을 구분하는 데 관심이 쏠려 있었다. 관련 원고를 가장 많이 투고한 프리드리히 슈라이포겔(Friedrich Schreyvogel)은 정치 결합체인 유럽과 달리, 서구란 민족의 경신된 생활양식이자 "초정치적인 건설 법칙에 의한 정치적 구성물"이라고 주장했다. 알베르트 루츠(Albert Lutz)라는 기고가 역시 유럽을 "주식회사, 경제적 구성체, 기계적으로 외부의 힘에 의해 모터처럼 작동하는 통일체이자 자유주의의 정신적 만산아"라고 비유하면서 서구와 유럽을 "육체에 대한 영혼, 물질에 대한 이상"의 관계라고 했다. 카를 후겔만(Carl Hugelmann)이라는 기고가는 이러한 서구의 정치적 전형을 '유럽 중심부의 척추'로서의 중세 독일 민족의 국가에서 발견했다(Hürten, 1985: 137~139 재인용). 그러나 이러한 서구 열풍은 1920년대 말까지도 라인란트 문제가 해결되지 않자 그 동력을 상실했다. 유럽 회의주의가 점차 확산되는 가운데 ≪서구≫는 1930년 폐간되었다.

나치 치하에서 서구 담론은 공론의 전면에서 퇴장하기는 했지만 서구 사상 자체가 완전히 사라진 것은 아니다. 특히 전쟁 막바지에 나치 세력은 서구 개념을 선전용 슬로건으로 적극 차용했고, 서구론자들도 한편으로는 기독교민주주의, 다른 한편으로는 민족사회주의를 포함한 우익권위주의 사이를 오가면서 살아남았다. ≪서구≫ 폐간 후 서구 담론은 '중부 유럽'과 '제국' 개념이 이데올로기의 중핵을 이루었던 이른바 '보수혁명론'으로 일부 흡수되었다. 서구가 이 개념들과 동의어로 취급되기 시작한 것은 이러한 융합을 말해준다. 전쟁 초반의 승리는 수많은 서구론자가 중부 유럽을 독일의 영향권으로 보는 계기가 되었다. 이제 제국과 서구 모두가 과거의 영광에 대한 비유로 사용되었고 독일인들에 의해 질서가 잡힌 (중부) 유럽에 관한 트랜스내셔널 열망을 함축하게 되었다(Conze, 2015: 76~77).

그 결과, 보편 왕국에 대한 중세 보편주의가 이제 기독교적 내용 대신에 독일 중심의 보편 제국 개념에 점차 종속되면서 서구론도 근본적으로 변질되어갔다. 특히 동쪽에 대한 방벽을 내세운 나치의 선전 담론에 서구론자들은 열정적으로 호응했다. 동유럽에 대한 중세 식민화의 시각에서 볼 때, 독일의 동유럽 침공은 정당한 것이고 독일 민족의 신성로마제국 복고를 알리는 신호탄이기도 했기 때문이다. 서구 개념을 제국 개념에 주로 포함해 사용했던 1941년 이전과 달리, 전쟁이 상승 가도에 진입한 1941년 이후에는 반공산주의를 선전 용어로 전면에 내세우면서, 서구 개념도 나치 선전전의 전면에 배치되었다(Conze, 2015). 1943년 1월 히틀러가 "군대는 마지막 한 명의 군인까지, 그리고 마지막 한 발의 탄약까지 대기시키고 영웅적인 지구력을 발휘하여 방어 전선을 구축하고 서구를 구제하는 데 잊지 못할 기여를 하라"라고 명령한 것은 그 단적인 사례이다(Schildt, 2000: 51 재인용).

≪서구≫ 폐간과 함께 서구 개념이 보수혁명론과 일부 융합해 서구 담론의 축이 오스트리아로 이동함으로써, 1920년대에 뚜렷했던 라인란트와의 지리적 밀착성 역시 느슨해졌다. 즉, 1930년대 초부터 합스부르크 제국의 초민족성과 로마의 유산을 간직한 오스트리아가 '서구 전체의 재활의 요람'으로 떠올랐다. 관련 논쟁은 1935년 잘츠부르크의 대학 주간에 '서구의 문화 및 종교사'를 주된 프로그램으로 다루면서 절정에 달했다.

오스트리아의 서구론자들은 민족사회주의적 합병 선전 및 인종 이데올로기와 확실하게 거리를 두고, 오스트리아의 독자적 정체성을 강화하는 차원에서 오스트리아야말로 진정한 독일적인 것과 서구문명을 구하기 위해 볼셰비즘과 민족사회주의에 동시에 대항하는 기독교적 장벽으로서의 운명을 부여받았다고 주장했다. 명의주교 알로이스 후달(Alois Hudal)은 문화적 게토로서의 민족주의 사상과 민족사회주의, 과격주의를 정면 비판함으로써 오스트리아 서구론을 한층 구체화하는 데 이바지했다. 이를 배경으로 중부 유럽 개념과 합스부르크왕가 복고사상이 서구 사상 내로 깊숙이 유입되었으며, 1945년 이후 서독의 서구 사상에서도 상당한 역할을 담당했다(Conze, 2015: 76; Hürten, 1985: 143~145).

3. 전후 서구 담론의 진화: 문화 비판에서 냉전 수사학의 기수로

1945년 이후 서구 담론은 새롭게 다시 태어났을 뿐만 아니라, 제국과 민족사회주의에 대한 이데올로기 면에서의 근접성을 떨쳐내고 두 번째 전성기를 맞았다. 서구 담론은 전후 서독 사회에서 기독교 세력이 민족사회주의와 무관한 거의 유일한 세력으로서 누렸던 높은 도덕성과 사회적 신뢰, 그리고 그들이 주도한 회개 담론에 힘입어 문화적 헤게모니를 구축할 수 있었다(Burkhard van Schewick, 1981: 5~30; Bösch and Hölscher, 2009). 이제 '서구'는 나치 패망으로 정신적 문화적인 폐허에 내던져진 독일인들에게 중부 유럽, 제국, 독일 민족, 인민(Volk)과 같은 말들이 대신해 줄 수 없는 복구와 새로운 시작의 희망을 가리키는 말로 거듭났다. 전후의 서구 담론은 여전히 보수적이고 엘리트주의 색채가 강했지만, 전간기와 달리 가톨릭 보수권에 국한되지 않고 개신교파(특히 루터파)와 기독교 사회주의권까지 아우르는 담론 헤게모니를 장악했다. 총체적 파국의 경험 위에서 '서구적 유럽의 재형성'은 모든 정치 분파와 종파를 넘어 보편적인 출구로 회자되었고, '서구의 문화적 통일'은 전후 서독의 수많은 사상, 문화계 잡지들에서 하나의 공통된 키워드 역할을 했다. 서구 담론과 정계, 특히 CDU(Christlich Demokratische Union)와 초대 총리 콘라드 아데나워(Konrad Adenauer) 사이의 유착이 두드러졌다. 아데나워는 그의 첫 대정부 연설에서부터 기독교 서구 정신을 강조하면서 이를 자신의 대외정책의 기조로 삼았는데, 그가 초지일관 추진한 유럽 통합과 서독의 서방 편입 정책의 근간에는 '기독교 유럽'에 대한 신조가 있었다. "유럽의 정치적 통합은 프랑스와 독일만의 사안이 아니다. …… 유럽 통합은 훨씬 크고 넓은 문제이다. …… 그리고 우리가 서구문화와 기독교 유럽을 구하고자 한다면 이러한 유럽 통합은 반드시 이루어져야 한다. 유럽 통합은 기독교 서구의 유일한 구제안이다"(Doering-Manteuffel, 1994: 244 재인용).

전후 서구 담론은 1946년 가톨릭계 비평가 요한 나우만(Johann Naumann)이 창간한 ≪신서구(Neues Abendland: Zeitschrift für Politik, Kultur und Geschichte)≫를 거점으로 재부상했다. 대부분 1920년대 ≪서구(Abendland)≫의 기고자였던 ≪신서구≫의 투고자들은 제1차 세계대전 후처럼 제2차 세계대전의 참사를 신학적으로 해석하는 데 열중했다. 전간기 서구론의 골자, 즉 계몽주의, 세속화, 프랑스혁명이 잘 짜인 서구 보편(universitas)의 우주를 파괴하면서 인간은 개인주의와 민족주의의 기치하에 신과 신이 정한 사회질서에 등을 돌렸고, 인류사에서의 모든 불행과 참사는 그로 인한 불가피한 재난에 해당하기 때문에 그에 대한 대책은 체계적인 재기독교화뿐이며 유럽은 오직 기독교 신앙을 통해서만 부흥할 수 있다는, 예의 문화비판적 주장들이 ≪신서구≫에서도 반복되었다(Conze, 2015: 78).

그러나 신서구지는 가톨릭 중앙당, 연방주의, 프로이센주의에 대해서 전간기와는 확연히 달라진 정치적 태도를 보였는데, 중앙당 정책에 대한 일방적인 지지자로서의 태도에서 벗어났을 뿐 아니라, 호의적인 시각을 견지해왔던 프로이센주의에 대해서도 비판적으로 돌아선 것이다. 나우만은 ≪신서구≫ 창간호에서 연방주의적이고 보편적인 전통을 옹호하면서 "트라이치케,

드로이젠과 지벨 이래의 프로이센화된 독일의 역사관에 맞설" 것을 역설하고 "기독교 보편주의의 정신으로 독일을 쇄신하기 위해서", "프로이센 식 오만의 패도, 역사 왜곡, 그리고 대중적 군국주의와 싸울" 것을 신서구지의 과제로 천명했다(Naumann, 1946/47: 3). 신서구지 창간 초기에 팽배해 있던 뚜렷한 반프로이센주의는 ≪신서구≫가 진보 성향의 ≪프랑크푸르트 논집(Frankfurter Hefte)≫과도 협력 관계를 유지하는 데 크게 도움이 되었다.

프로이센주의와 긴밀한 관계에 있는 독일적 특수성의 주장 역시 전후의 서구 담론에서 설 자리를 완전히 잃었다. 나치 패망과 더불어 중부 유럽을 통한 서구 제국의 건설이 실패로 끝남으로써, 게르만의 특수성은 호소력을 완전히 상실했기 때문이다. 게르하르트 리터(Gehard Ritter)와 같은 역사학자는 여전히 종교개혁으로 유럽식 로마 전통(Romanitas)에서 분리되는 것을 특수한 독일 정신문화의 출발점으로 이해했다. 하지만 전후 서구론자들이 보기에 그것은 진보라기보다 서구 공통의 유산에서 탈선하는 것이었고, 독일 특유의 '중간 문화' 경향이야말로 19, 20세기 독일의 극단적 민족주의를 낳은 문화적 뿌리였다. 무엇보다도 중부 유럽에서 미국과 소련이 긴장 관계에 있는 상황에서 주변국에 대해 정치적 입지가 자유롭지 못한 독일이 결코 제3의 세력이 될 수 없다는 것은 현실적으로 자명해 보였다. 이러한 배경에서 유럽 내 국가 간 협력과 기독교 서구적인 공통성에 입각한 제3의 세력 형성이 유력한 정치적 대안으로 떠올랐다. 이로써 서구론자들은 전간기에 범유럽 운동과 뚜렷한 거리를 유지하면서 유럽과 서구를 구분하려 했던 태도에서 벗어나 1945년 이후에는 유럽을 서구와 적극적으로 동일시하는 태도로 선회했다. 이를 배경으로 전간기에는 서구란 말을 거의 쓰지 않아 서구보다 유럽이라는 말에 훨씬 익숙해진 개신교 인사 상당수도 서구 담론에 합류했다(Hürten, 1985: 146, 148~150).

그럼에도 1940년대의 ≪신서구≫에서 서구의 연방주의적 형태나 작용에 대한 구체적인 논의는 예의 문화비판적 회의주의에 가로막혀 협의의 정치적 논의는 거의 부재한 수준에 머물렀다. 그러나 1940년대 말에 들어오면 크게 두 가지 요인의 합작으로 서구 담론은 뚜렷이 정치화한다. 우선, 새로 취임한 편집장 에밀 프란첼(Emil Franzel)과 후임인 게르하르트 크롤(Gerhard Kroll)의 영향을 꼽을 수 있는데, 이들의 주도하에 잡지의 정치적 성격이 눈에 띄게 강화되었다. 아울러 서구운동 자체가 잡지 범주를 넘어서서 조직적으로 팽창해 여러 하부조직을 거느리게 되었다. 서구작전(Abendland-Aktion), 유럽기록정보센터(Centre Européen de Documentation et d'information, 이하 CEDI), 서구아카데미(Abendland Akademie)가 그런 조직이다. 1950년대 초에 이들 조직은 소수의 귀족과 성직자들을 넘어서 CDU-CSU(Christlich-Soziale Union)의 정치권까지 아우르는 보수계를 결집하는 수많은 학술회의와 강연회의 구심점으로서 역할을 다했다. 특히 CEDI는 서독의 서구론자들이 다양한 서유럽 국가들, 그중에서도 오스트리아·프랑스·스페인의 보수계 인사들과 교류하면서 유럽 공동의 서구 개념을 발전시키는 데 일익을 담당했다.[5]

둘째는 냉전의 발발이다. 일반적으로 냉전의 기점으로 여겨지는 1948년 이후 ≪신서구≫는 냉전, 서방 결탁, 유럽 통일, 서독의 정치체제와 같은 문제들에 대한 명확한 태도 표명과 논의의 장으로 탈바꿈했다. 그러나 이 정치적 논의들을 관통하는 기조는 냉전 기류의 상승과 함께 반공주의로 급격히 굳어져 갔는데, 반공산주의는 이제 재기독교화와 더불어 서구운동 역사상 가장 핵심적인 사상으로 부상했다. 그 덕분에 서구 담론은 1950년대에 들어와 전후 독일 사회의 재기독교화에 대한 열정과 희망이 눈에 띄게 한풀 꺾였음에도 불구하고 이전보다 더 널리 확산될 수 있었다.

종전 직후의 서구 담론에서 민족사회주의가 세속화가 낳은 결과로서 집

5 CEDI의 활동에 관해서는 Conze(2005: 169~206) 참고.

중포화를 받았다면, 이제는 볼셰비즘이 그 자리를 대신했고 전후 서독 사회를 재기독교화하려던 노력 못지않게 기독교 서구를 적으로부터 수호하려는 의지가 중요시되었다. 에른스트 폰 히펠(Ernst von Hippel)과 같은 기고자는 볼셰비즘을 계몽의 과격한 실현이자 결과로 보면서 '정신적이고 도덕적인 현상'인 볼셰비즘은 누구에게도 내적으로 엄습할 수 있기 때문에 '정신적 유행병이자 사회적 전염병'으로서 퇴치되어야 한다고 주장했다(Schildt, 1999: 42 이하 재인용). 아울러 전후 초년에는 보수 서구론자들과 비교적 우호 관계를 맺고 있던 발터 디르크스(Walter Dirks)나 오이겐 코곤(Eugen Kogon) 같은 ≪프랑크푸르트 논집≫의 좌익 가톨릭 저널리스트들까지 이단자이자 볼셰비즘의 선동자로 내몰렸다(Schildt, 1999: 52).

이처럼 분위기가 전환되는 가운데 유럽 통일에 대한 목소리도 사뭇 달라졌다. 유럽 통일을 동쪽으로부터의 위협에 맞서는 최적의 방어 전략으로 바라보는 시선에는 변함이 없었지만, 1948년만 해도 서구 담론 내에서 나란히 논의되던 제3의 세력으로서의 유럽연방에 대한 사회주의적 비전은 사라졌다. 빈의 교회사가 요하네스 홀른슈타이너(Johannes Hollnsteiner)는 자신의 방대한 저서 『서구(Abendland)』에서 서구운동의 전통 요소들을 이용하여 사회주의적인 제3세력론을 펼쳤다. 그는 유럽의 균형자 역할을 강조하면서, 유럽은 "결속을 통해 양대 세력에 대한 방어 전선이 아니라 양자를 잇는 교량으로서 정치적으로 중요한 제3세력이 될 수 있다"라고 주장했다. 그에게 기독교 서구문화는 양대 패권 세력이 각자의 모델로 유럽을 재구성하려는 위험에 맞서서 유럽이 "자신의 고유한 구조, 생명력, 역사 발전을 제대로 의식함으로써 양측의 외압으로부터 벗어날 수 있게 해줄" 보증수표와도 같았다. 특히 홀른슈타이너는 "기독교 윤리에 입각한 사회주의적 서구"라면 "서구의 이상인 개인의 자유를 최대한 보장하기 때문에 서구가 수용 가능할 것이고, 그것의 자본주의에 대한 거부, 무계급 사회 지향, 계획경제 수용과 같은 태도로 인해 동쪽에도 만족스러울 것임에 틀림없다"라고 확신했다(Hürten, 1965: 148 재인용).

그러나 1948년은 ≪신서구≫의 기조가 이미 상당히 전투적인 톤의 반공산주의로 급격히 기울어간 전환기이기도 했다. 이제 서구론자들은 냉전의 시작과 함께 자유와 노예화, 그리고 서구 기독교적 삶의 양식과 무신론 사이에서 선택해야 할 시점에 처했다는 위기의식에서 서독 정부에 서방과의 결탁을 강력히 촉구하기에 이른다. 냉전이 지속될수록 특히 양 전선 사이에 끼여 있는 독일은 엄청나게 위험해질 수 있다는 판단에서였다. 1948년 ≪신서구≫는 많은 논란에도 불구하고 볼셰비즘에 대항하여 해리 트루먼(Harry Truman) 미국 대통령과의 연대를 선택한 바티칸의 전략을 불가피한 것이라고 옹호했다(Speckner, 1948: 20). 광적인 서양론자들 가운데 한 명으로, 미국의 영성 결핍과 형식적 민주주의에 회의적이던 크롤도 볼셰비즘의 공격에 맞서기 위해 미국 주도의 자유세계에 동원 가능한 모든 힘을 긁어모을 것을 절박히 촉구하기에 이르렀다(Schildt, 2000: 57).

1948년 말부터 1950년에 걸쳐서 ≪신서구≫의 편집장직을 맡았던 프란첼은 이 기간에 누구보다도 서방 결탁을 옹호하는 데 앞장섰다. 미국의 경제원조와 정치군사 지원에 기초한 독일과 프랑스의 화해와 독일과 프랑스 양국의 동등한 지위 확보를 향후 유럽-서구 정치의 가장 중요한 요건이라고 주장하는 기고문을 다수 게재했다(Franzel, 1948: 321~326; Franzel, 1949: 161~164; Franzel, 1950: 1~4). 그러나 그는 더욱 과감한 주장도 서슴지 않았는데 "범러시아 제국주의와 공산주의'를 저지하기 위해서는 미국이 핵무장을 포기하지 말아야 한다"거나 "대프로이센, 대독일, 인민민주주의적인 독일 소비에트공화국과 결탁'하는 대신에 '서유럽 연맹에 가입하는 독일 재건"을 성취하기 위해서는 분단 독일과 서독의 독자적인 건국이 불가피하다고 주장한 것이다(Franzel, 1950: 183; Franzel, 1949: 51).

반공주의적 서구운동은 1955년 7월 10일에 그 상징적인 정점에 도달한 듯 보였다. 6만여 명의 가톨릭교도와 개신교도들이 955년에 있었던 레히펠트 전투의 1000년 기념제를 위해 아우구스부르크 경기장에 모였을 때, 연방외교장관직에 이제 막 취임한 하인리히 폰 브렌타노(Heinrich von Brentano)는 유명한 연설문을 남겼다. 1000년 전의 헝가리 전투와 현재의 정치적 상황 간의 "유사성은 끔찍할 정도이다. 당시에는 서구의 관문 앞에, 우리가 머물고 있는 이 도시의 관문 앞에 동쪽의 이교도 유목민 무리가 서 있었다. 지금은 다시 이 도시에서 멀지 않은 곳에 동쪽의 대중이 대치해 있다"(Schildt, 2000: 59 재인용).

그러나 서구론자들의 서방 결탁에 대한 정치적 지지는 다음 절에서 볼 수 있듯이 미국 문화나 교육 방식에 대한 지지로 이어지지는 않았다. 서구 개념을 영미권에까지 확대 적용함으로써 토머스 엘리엇(Thomas S. Eliot)이나 아널드 토인비(Arnold Toynbee)를 긍정적으로 평가하려는 새로운 움직임도 있었지만 민주주의, 자유주의, 개인주의, 다원주의 등 전형적인 영미권 문화에 대한 전통적인 문화비판주의의 목소리는 냉전기를 지나면서 오히려 커졌고, 정치적으로도 서구운동은 반의회주의로 치달았다. 독일 전후 문화사가 실트는 "서방 선택과 반자유주의 사이의 줄타기"라는 압축된 표현으로 이러한 서구론자들의 모순적인 양면성을 지적했다(Schildt, 1999: 49). 다음 절에서는 냉전이라는 조건에서 독일 보수 세력의 결집소로 떠올랐던 반학제개혁운동과 이에 주도적으로 관여한 서구운동의 역할을 살펴보되, 이번에는 서구 담론의 또 다른 축인 근대비판주의적 뿌리에 주목하고자 한다.

4. 문화 냉전의 격전지 교육과 서구론자들의 역공: 반학제개혁운동으로서의 서구운동

미군정은 1946년 작성된 유명한 「주크 보고서(Zook Report)」와 함께 서독 학제개혁에 적극적으로 관여하기 시작해, 1950년대까지 이어지는 일대 '문화투쟁'을 유발했다. 그러나 미군정의 야심 찬 학제개혁은 이미 1947~1949년부터 결집하기 시작한 보수적 반개혁 세력의 결연하고도 끈질긴 반대에 부딪혀 실패했다.

CDU 좌파 일부를 제외한 대부분의 CDU, CSU, FDP(Freie Demokratische Partei), DP(Deutsche Partei) 세력, 가톨릭교회, 기독교 지도부, 고등학교 교사의 대변자 격이던 독일문헌학자협회, 독일실업학교교사협회, 수공업회의소로부터 기업가협회에 이르는 경제 단체들, 대부분의 대학 세력이 반개혁 보수 블록을 형성했다. 이들은 이러한 광범한 지지 기반을 활용해 모든 종류의 학교 개혁에 맞서서 독일 대부분의 지역에서 4년제 초등학교, 전통적 삼선형 학제, 인문주의 고등학교, 종파학교를 지켜냈다. 특히 기독교·가톨릭 전통이 강하고 CDU/CSU의 주도하에 문화 및 교육 정책이 결정되어 온 지역에서 이들은 뚜렷하고도 결연한 정치 행동을 보여주었는데, 대표적인 경우가 OMGUS(Office of Military Government for Germany) 전보와 총사령부령 54호에 의거해 미군이 유일하게 주정부 학교 정책에 직접으로 간섭을 시도했던 바이에른주와 전통적인 고등학교 교육학의 영향력이 강했던 라인 북부 지방에서이다(박혜정, 2011: 342).

광범한 반개혁 보수 블록의 핵에는 서구운동이 깊숙이 연루되어 있었는데, 앞에서 열거한 보수 블록의 스펙트럼은 CDU에서 라인 지역에 이르기까지 서구 담론의 영향권과 거의 정확히 일치한다. 서구의 열정은 초종파 기독교 정당인 CDU뿐만 아니라 독일정당(DP)이나 자유민주당(FDP)과 같은 신생 시민 정당들에도 충만했고, '기독교 서구'는 전후 서독 교육학의 이상이었다. 고용주협회(Arbeitgeberverbände)와 더불어 전후 기업가협회를 대표했던 독일기업연합(BDI: Bundesverband der Deutschen Industrielle) 역시 1954년 팸플릿에서 "서독 산업계 전체는 서방세계에 가장 긴밀하게 결합되어 있다고 여기고 책임감을 느낀다. 아시아발 홍수에 맞서는 모든 저항력은 서구문화와 그 전통적인 법에서 나온다"라고 주장했다(Negt, 1976: 401). 1948년 이래 정치·군사적인 서방 결탁과 반공산주의 연대를 소리 높여 요청했던 서구론자들은 학제개혁의 사안에서는 철저히 미국식 대중 교육의 반대자이자 비판자로 나섰다.

누구보다도 논쟁의 최전방에 서서 모든 학제개혁안을 무차별로 공격했던 알로이스 훈트하머(Alois Hundhammer) 장관은 서구운동의 하부조직들 중 하나인 서구 아카데미에서 활발히 활동한 회원이었다. 그는 미군정이 하이스쿨 시스템의 도입을 통해 독일 교육제를 하향평준화·획일화하고, 성취도를 저하시켜 수백 년간의 독일 문화전통을 완전히 파괴시키고자 한다는 과장된 비난을 쏟아냈다(Bayerisches Staatsministerium für Unterricht und Kultus, 1952: 72, 146~147, 193~194). 서구 담론 내 보수적 개신교 세력을 대변했던 루터파의 어조는 한층 더 격렬했는데, 루터파 주교청 회의는 미군정 측의 학제개혁 계획을 민족사회주의의 학교 정책과 동일시하는 것도 서슴지 않았다(Klafki, 1985: 138). 민족사회주의를 비판하고 민족사회주의의 뿌리가 프로이센에 있음을 비판하는 것은 전후 서구 담론의 도덕적 권위를 지탱해 주는 핵심이었다. 이 때문에 민족사회주의에 비유하는 비판은 상당한 호소력과 파괴력을 발휘할 수 있었다.

미국 교육학의 대명사로 여겨졌던 듀이이즘 역시 종종 이러한 공격의 대상이 되었다. 서구 담론을 이끈 주된 사회계층인 김나지움 고등학교 출신의 교양시민층 인사들은 듀이이즘과 그로 대변되는 실용주의 자체를 민족사회주의와 유사한 것으로 간주했다. 양자 모두가 기독교를 포함한 서구의 과거 유산을 포기했으므로 실용주의자들의 공동체 관념도 민족사회주의자들의 민족공동체와 크게 다르지 않다고 본 것이다(Schlander, 1975: 191). 그러나 미군정의 학제개혁 초안 격인 「주크 보고서」가 존 듀이(John Dewey)의 서독 내 지명도 때문에 듀이를 한 번 언급한 것을 제외하면 미군정의 학제개혁에서 듀이이즘은 아무런 역할도 하지 않았다. 그뿐만 아니라 듀이이즘의 독일식 수용에는 학제개혁 사례가 보여주는 것처럼 다양한 정치적 오해가 작용했다. 듀이 자신은 경험적인 사회적 교육을 거쳐 일반교육과 정신훈련 과정으로 나아가야 한다는, 오히려 독일의 전통 학제와 유사한 교육 조직 원칙을 강조했다(Bittner, 2000: 96~97).

미군정 측과 서독의 반개혁 보수 블록의 싸움은 연합군 측의 제국주의적 재교육 개념 자체에 대한 반감, 민족주의적 르상티망, 서독의 국내 정치적 이해관계, 냉전적 국제정세가 복잡하게 뒤섞인 가운데 진행되었다. 그러나 싸움의 견인차 노릇을 하고 최종적으로 승리를 확정지은 힘은 전후 서구 담론이라는 저수지로 집수된 오랜 근대 비판(Modernekritik)의 전통과 그에 대한 교양시민의 합의에서 나왔다.

1930년대 출간된 카를 야스퍼스(Karl Jaspers)의 『시대의 정신적 상황(Geistige Situation der Zeit)』이나 호세 오르테가 이 가세트(José Ortega y Gasset)의 『대중의 반란(La Rebelión de las Masas)』은 1950년대의 기술 사회, 대중화(Vermassung), 소외 관련 논쟁에서 여전히 고전적인 영향력을 행사하고 있었다. 기독교 보수주의 출판계와 언론계에서 문화비판주의적 논조는 1960년대까지도 강력한 영향력을 행사했다. 전후에 확산된 대중화 테제는 근대 비판 전통과 결합해 근대 산업기술사회의 대중화 현상을 서구 세계를 내적으로 취약하게 하여 '내적인 방임 상태'에 이르게 할 주범으로 지목되었다. 1952년에 경제부 장관 루트비히 에르하르트(Ludwig Erhard)는 대중화 현상이 종국적으로 "모스크바 체제에 행운을 더해주게 되는" 결과를 가져올 것이라는 경고까지 덧붙였다(Schildt, 1999: 37 재인용).

이처럼 교양시민층의 큰 반향을 얻은 대중화 테제를 앞세워 반개혁 보수주의자들은 미국식 학제개혁은 물론이고 4년제 초등학교나 진로 탐색 학년 신설과 같이 비교적 낮은 수위의 개혁들에 대해서까지 평준화 지향적이고, 전체주의적이며 대중화 현상을 심화하는 조치들이라는 낙인을 남발했다. 또 학제개혁이 실패로 끝난 후에도 미국의 학교 발전에 대한 언급 등 개혁 지향의 발언이 나올 때마다, 독일의 전통적인 삼층 학제를 개혁하는 것은 미국식 실용주의를 따르는 수준 저하를 의미할 뿐 아니라 수준 높은 서구와 유럽의 문화 전통과 단절하는 것이라는 주장이 오랫동안 반복되었고 그때마다 호소력을 띠었다(Klafki, 1985: 158).

근대 비판적 대중화 테제는 특히 일반 대학과 교육대학의 교육학자들 사이에서 널리 유통되어, 치열한 학제개혁 논쟁의 한가운데서 구조적 학제개혁의 중요성을 평가절하 하고 논의의 초점을 교수 내용과 방법으로 옮기는 데 활용되었다. 기독교 서구를 교육학의 이상으로 내세운 대학의 교육학자들은 나치 치하에서 심각하게 손상된 기독교 서구적인 교육의 전통을 구하고, 몰개성적이고 기술주의적인 대중 교육이 아니라 서구 기독교적인 인간 교육을 회복하는 것을 전후 교육학이 직면한 시대적 과제로 인식했다. 따라서 이들은 학교 개혁에서 중요한 것은 학교 조직의 쇄신이 아니라 독일인의 정신적 지향성을 새롭게 하는 것이라는 주장으로, 학교를 진정한 '인간다움(Humanität)'을 함양하는 전인격 교육의 장으로 개조하자는 별도의 개혁운동을 서독 전 지역에서 촉발했다(Hecker, 1949: 6; Schröer, 1950: 297). 전후의 가장 영향력 있는 교육학자로 꼽히는 에두아르트 슈프랑거(Eduard Spranger)의 '내적 개혁론'은 그 구심점이 됐다(Spranger, 1950: 58~71; Kniep, 1953: 237).

인문교육 강화를 통한 정신적 쇄신을 앞세운 내적개혁론은 일반교육계보다 직업교육계에서 더 강력한 개혁 계기로 작용해, 전통적으로 전문 기술 교육에만 치중해 온 직업교육에서 일반교육의 비중을 크게 높이는 일련의 학제 및 내용 개혁 면에서 성과를 내는 데 성공했다. 1949년 노르트라인베스트팔렌주에서 처음으로 도입된 '전문학교 진학 자격(Fachschulreife)', 1950년대에 들어와 제도적으로 정착된 제9학년, 직업학교 수업의 일반교양 교육의 확대는 그 사례들이다.

그러나 내적개혁론은 큰 흐름에서 1948년까지 학제개혁의 핵심어에 해당했던 '통합학교(Einheitsschule)'가 서방 군정 지역에서 의미를 상실하는 원인이 됐다. 히틀러 패전이 초래한 총체적인 파국 이후 원점에서부터 재건을 고려할 수 있었던 1945년은 교육 분야에서도 새로운 시작의 시기였다. 패전 직후부터 SPD와 KPD가 과거의 민주적 학교 정책에 대한 주장들을 공동으로 재천명하고 나선 것도, 바이마르 시대 개혁교육학의 이른바 '민주적 통합학교(Einheitsschule)' 의제가 재발견된 것도 이러한 기대감에서였다(Georg and Kunze, 1981: 77 이하; Herrlitz, 1998: 161~162).

하지만 연합군정과의 갈등과 타협 사이를 오가며 민주적인 통합학교 모델 도입을 가장 활발히 추진한 니더작센과 헤센, 뷔르템베르크(현재의 바덴뷔르템베르크 연방주의 부분적 전신)에서도 입법화는 끝내 성공하지 못했다. 헤센주의 제1, 2대 문화부 장관 에르빈 슈타인(Erwin Stein)과 프란츠 슈람(Franz Schramm), 니더작센주의 문화부 장관 아돌프 그림(Adolf Grimme)은 사실상 바이마르 개혁교육학 전통의 통합학교안을 주도하면서도 내적개혁론을 주장함으로써, 구조적 학제개혁과는 처음부터 거리가 먼 개혁 노정을 준비했다. 즉, 이들은 하나같이 통합학교의 이념을 조직 원칙이 아닌 교육 원칙으로 강조하면서 '교육의 통일적 정신'과 '독일 교육제도의 내적인 통일성'을 주장하고, 교육 내용의 구성과 관련해서도 경험적 이해 방식을 추구하는 실용주의 원칙이 아니라 기독교, 인문주의, 민주주의, 사회주의와 같은 절대

가치들로의 회귀를 통한 인성교육을 선호했다(Schlander, 1975: 200, 202, 216). 결국 바이마르 개혁교육학이 제기한 교육의 민주화와 평등화라는 의제는 상실되고, 독일의 전통 삼층학제는 평범한 수준의 개혁에서도 지켜졌다.

잘 알려져 있는 대로, 미국의 학제개혁에 대한 압박은 냉전 역학 속에서 조기 후퇴할 수밖에 없었다. 냉전 상황 덕분에 반학제개혁운동에 성공적으로 개입할 수 있었던 서구론자들은 냉전이 심화되자 더욱 거침없이 정치적 우경화로 나아갔다. 서구론자들은 반학제개혁운동에서도 물질주의와 대중주의에 따른 영성 상실을 비판하는 근대 비판을 효과적으로 동원했지만, 이제는 대중화로 인한 서구문명의 위기를 불러온 정치적 요인이라며 자유주의와 민주주의 원칙까지 공격했던 것이다.

서구 담론의 정치적 우경화는 어이없을 정도로 시대착오적인 모습까지 드러냈는데, 이베리아식 전제정치에 대한 지지와 오스트리아-합스부르크의 중부 유럽에 대한 향수가 그것이다. 서구론자들은 그 하부조직인 CEDI를 통해 1950년대 초부터 프란시스코 프랑코(Francisco Franco) 치하의 스페인과 조직적으로 접촉했고 연방의회의 CDU 의원들이 이를 지원해 독일-스페인 관계 개선과 프랑코의 공식 인정을 추진했다. 많은 서구론자는 이베리아 반도의 전제정치 체제야말로 대중민주주의가 아니라, 계서적 사회구조, 영도자 리더십, 국가·사회적으로 강력한 교회의 영향력에 기반을 둔 가장 '자연스러운' 질서의 표상으로 추켜세웠다. 또한 서구론자들은 1930년대 때처럼 오스트리아-합스부르크의 중부 유럽을 현 서독과 유럽 사회의 이상적인 모델로 간주하며 열광했다. 많은 서구론자가 신생 연방공화국에는 없다고 생각한 신탁적 권위와 유럽의 미래 원형을 다양한 종족이 합스부르크의 왕관 하에서 공존했던 합스부르크 제국에서 발견했고, 무엇보다도 형식적 민주주의보다 더 나은 대안으로 확신한 조합주의 질서에 대한 향수를 중부 유럽에서 느꼈던 것이다(Conze, 2001: 57).

이로써 1950년대의 서구운동은 대외적으로는 공산주의 이데올로기의 위협과 싸우고, 대내적으로는 '자유주의적 다원주의(liberal pluralism)'에 맞서는 이중 전선의 투쟁 양상을 띠었다(Conze, 2001: 135). 실트는 이를 두고 "서방 결탁과 반자유주의 사이에서 줄타기"라고 표현했지만(Schildt, 2005: 49) 이는 치밀한 전략적 계산의 결과라기보다 서구 담론의 보수적 근대비판주의가 냉전이라는 정치적 보수화의 계기를 만나 지나치게 우경화하면서 봉착한 난경(難境)에 가까웠다. 왜냐하면 서구 담론 내에서는 서방 결탁과 반자유주의 문화비판(Kulturkritik)의 양립 가능성에 관한 숙고와 논의가 전혀 없었고, 점차 시대착오적인 수준으로까지 보수화해 간 서구운동은 결국 그들의 반헌법적 주장에 관한 ≪슈피겔(Der Spiegel)≫의 폭로성 보도(1955)를 계기로 다소 갑작스럽게 소강상태에 접어들었기 때문이다.

5. 맺음말: 서구 담론의 냉전사적 위치

1958년 ≪신서구≫의 폐간으로 제1차 세계대전부터 1950년대 말에 이르는 독일 지성사의 긴 단락은 종결되었다. 반근대적 서구운동의 몰락은 서독 사회의 자유화에 따라 예정된 당연한 결과라 할 수 있을 것이다. 혹자는 서구운동을 "합의와 수용이 가능한 정치 모델을 찾기 위한 동시대인들의 절체절명의 투쟁으로 얼룩졌던 한 역사적 시기의 마지막에 덧붙인 '후기'와도 같은" 1950년대에 독일과 유럽의 미래 정치사회 구조를 그리려는 정치적 시도의 한 형태였다고 보았고(Conze, 2001: 81), 또 혹자는 서독 사회뿐만 아니라 유럽 내 정치적 분열을 막고 소비에트연방에 대한 공격적인 선 긋기를 통해 사회적·지역적 결집력을 효율적으로 높인 최고의 통합 이데올로기로 평가했다(Hürten, 1985: 153~154). 이 글의 3절에서 살펴본 서구 담론의 냉전 수사학적 발전은 후자의 평가와 교차될 수 있겠다.

분명 서구 담론은 서독 보수계 내의 다양한 집단과 소통할 수 있는 최적의 위치에 힘입어 1950년대 신생 연방공화국의 지배적인 통합 이데올로기로 거듭났다. 가톨릭계는 서구론의 반근대적 세계관을 통해, 피추방민들은 서구론의 중부 유럽에 대한 호소와 자신들의 옛 고향에 대한 기억을 통해, 왕정주의자들은 합스부르크 제국에 대한 서구론의 경의를 통해, 반민주주의적 회의론자들은 이베리아 권위주의에 대한 서구론의 동조를 통해, 남독일인들은 서구론의 프로이센에 반대하는 태도를 통해, 유럽 화해 지지자들은 서구의 트랜스내셔널 범주를 통해, 그리고 무엇보다도 이들 모두가 서구론의 반공산주의를 통해 서로 교감할 수 있었기 때문이다(Conze, 2015: 80).

그러나 이 글에서 결론적으로 좀 더 주목하고자 하는 것은 서구운동의 냉전적 수사학과 반학제개혁운동으로 표출된 실행 차원을 합쳐서 그 냉전적 위치를 되짚어 보는 것이다. 서구 담론은 한편으로는 서독의 서방 편입과 유럽의 반공산주의적 통합을 공고히 하고 앞당기는 데 일조하면서도, 다른 한편으로는 미국의 문화 헤게모니를 관철하기 위한 첫 관문이었던 학제개혁에서는 이를 저지하는 데 누구보다도 앞장서는, 상반된 모습을 보여주었다. 서독의 학제개혁운동은 미군정의 학제개혁이 보수권의 철벽 방어에 막혀 좌초되었기 때문에 냉전적 맥락보다는 주로 서독 교육계 내의 반개혁적 연속성에 초점을 맞추어 고찰되어 왔다.[6] 그러나 미군정의 개혁 콘셉트가 관철되었든 실패했든 간에 서독의 학제개혁을 둘러싼 갈등과 투쟁은 남한의 그것만

6 1945년 이후 15년간을 '무개혁의 시대'로 정의했다. 이 테제는 Robinsohn and Kuhlmann (1967: 311~330)에서 처음 제기된 이래 오랫동안 지배적인 영향력을 발휘했다.

큼이나 '조숙한 냉전'의 일부였다(안진, 2005).

서독의 학제개혁 사례는 무엇보다도 우리의 관심을 냉전의 직접적인 영향이나 결과보다는 냉전의 역학이 실제로 작용하는 방식으로 쏠리게 해준다. 즉 서독의 학제개혁 사례는 냉전을 미소 양국의 대결 구도, 혹은 강대국의 일방적인 영향으로만 파악할 수 없기 때문에 냉전의 영향 아래에 있는 국지적 공간에서의 특수한 동력과 권력관계로부터 거꾸로 읽어야 할 필요성을 지적해 준다. 냉전 역학이 오랜 전통, 사상, 이데올로기, 담론 체계, 편견 등이 복합적으로 교차하는 문화 영역으로 진입하는 순간, 그것은 외교·군사·경제 영역에서보다 더욱 굴절된 형태로 진행될 수밖에 없는 것이다.

박용희는 남한과 서독의 전후 교육개혁을 비교하며 "일방적인 미국의 영향력으로부터 거리를 두면서 자체 개혁의 길"을 간 독일의 경우와 달리 무방비 상태였던 남한의 경우를 대비한 바 있다. 그는 그 배경으로 남한 교육계 내 "좌파 세력의 무시할 수 없는 영향력이 오히려 역으로 미국의 적극적 개입을 초래"했다는 점을 지적했다(박용희, 2013: 341~376). 즉, 미국의 문화 헤게모니가 일방적으로 관철된 것으로 보기 쉬운 남한의 경우에서도 냉전 역학의 실질적 작동에는 미국의 일방적인 문화 수출이 아니라 남한 내 좌파 세력과의 권력투쟁과 남한 내부의 정치권력 관계가 더 우선적인 방향타로 작용했음을 알 수 있다.

서독 교육계의 경우는 더욱 복잡하다. 전후 미군정 측의 학제개혁이 처음부터 이기기 어려운 싸움이었던 것은 바이마르공화국 이래로 학제민주화 문제가 제기되어 온 독일 내의 맥락에서 볼 때 특히 자명했다. 서구운동을 중심으로 결집한 보수 블록이 진짜 승리를 거둔 상대는 미군정이 아니라 바이마르 개혁교육학을 계승한 서독 내의 독자적인 학제개혁 세력이다. 박용희가 남한의 경우와 대비한 서독의 '자체 개혁의 길'은 일단 독일의 전통적인 삼층학제를 평범한 수준의 개혁에서도 지켜내면서 1960년대 말까지 기회를 기다려야 했다. 냉전이 정점을 향해 치닫는 한가운데서도 정치외교적인 서방 결탁은 미국 주도의 냉전 질서를 교육적·문화적 차원에서 공고히 하는 이른바 '미국화'와 연동해 일어나지 않았다.

미국식 학제개혁이 실패한 것이 확실해진 1950년대에 들어와서 미국은 더욱 대대적인 물량 공세와 문화 프로그램을 앞세워 미국의 정치문화와 대중문화를 확산시키기 위해 총력을 기울였다. 이는 냉전이 절정 가도에 이르면서 미소 양국 간에 불붙은 문화 냉전의 일환이었다. 미국은 정치 교육, 교환 연수 프로그램, 학술 지원 사업 등과 같은 회유적이고 간접적인 방식에 초점을 맞춘 재정향(Re-orientation) 정책으로 선회해 더 나은 성과를 거두었다. 이 때문에 미국화 테제가 꾸준히 거론되어 왔지만, 최근에는 반공주의와 서방 결탁이 그 어느 때보다도 공고했던 1950년대 중반 이후에 대해서조차 이러한 미국화 테제가 과장된 것이었다는 주장이 점차 설득력을 얻고 있다(Schildt, 2007: 28).

서구운동에 있어서 냉전이란 무엇이었는가? 그것은 서구 담론과 같은 보수적인 이데올로기가 냉전 질서의 고착화 속에서 서독 사회 내에서 한층 강력한 보수 통합 이데올로기로 거듭날 수 있었던 배양토였고, 미국을 학제개혁 문제에서 조기 후퇴할 수밖에 없도록 압박함으로써 학제개혁을 보수 블록의 승리로 마무리할 수 있게 한 조건으로 작용했다. 냉전의 역학 속에서 전후 독일 사회는 일차적으로는 미국식 교육제도의 이식을 저지했고, 정치적으로도 자유민주주의가 아닌 권위주의적 민주주의의 아데나워 체제를 구축했다.

물론 서구론자들은 이에 만족하지 않았다. 그들은 독일연방공화국에 회의적이었고 가톨릭 로마제국의 정치적 복원을 희망했다. 비록 미소 양 강의 대치 상황으로 인해 서방 자유세계의 기수인 미국의 도움을 받아 볼셰비키의 위협으로부터 수호되어야 할 처지에 있기는 했지만, 그들이 꿈꾸었던 서구는 자유민주주의와 같은 천박한 이념이나 허약한 체제로 오염될 수 없는 숭고하고 원형적인 권위와 가치 그 자체였다. 그러나 냉전은 서구 담론의 문화 헤게모니 확립에 유리하게 작용했던 만큼, 자유주의적 서방세계를 공고한 현실로 만들며 정치적 배열을 주도하기 시작했다. 이미 1950년대 말에는 서구운동의 반의회주의적이고 엘리트주의적인 호소가 대부분의 서독인들에게 시대착오적인 것이 되었다.

:: 참고문헌

박용희. 2013.「전후 고등교육의 재개와 미국의 역할: 독일과 한국 대학교육 재편과정에 대한 비교」. ≪독일연구≫, 26호, 341~376쪽.

박혜정. 2011.「문화투쟁으로 본 전후 독일 학제 개혁운동: 통합학교 논쟁을 중심으로. 1945~1949」. ≪역사학보≫, 210호, 327~355쪽.

슈말레, 볼프강(Wolfgang Schmale). 2006.『유럽의 재발견. 신화와 정체성으로 보는 유럽의 역사』. 박용희 옮김. 을유문화사.

안진. 2005.『미군정과 한국의 민주주의』. 한울.

Bayerisches Staatsministerium für Unterricht und Kultus(ed.). 1952. *Dokumente zur Schulreform in Bayern*. München: Pflaum.

Bittner, Stefan. 2000. “German Readers of Dewey-Before 1933 and After 1945.” *Studies in Philosophy and Education*, Vol.19, No.1/2.

Conze, Vanessa. 2005. *Das Europa der Deutschen: Ideen von Europa in Deutschland zwischen Reichstradition und Westorientierung*(1920-1970). München: Oldenbourg Verlag.

_____. 2015. “Facing the Future Backwards. Abendland as an Anti-liberal Idea of Europe in Germany between the First World War and the 1960s.” in Dieter Gosewinkel(ed.). *Anti-liberal Europe: a neglected story of Europeanization*. N. Y. and Oxford: Berghahn books.

Doering-Manteuffel, Anselm. 1994. “Rheinischer Katholik im Kalten Krieg. Das ‘Christliche Europa’ in der Weltsicht Konrad Adenauers.” in Jochen-Christoph

Kaiser, Martin Greschat and Wilfried Loth(eds.). *Die Christen und die Entstehung der Europäischen Gemeinschaft*. Stuttgart, Berlin, Köln: Kohlhammer.

Faber, Richard. 1979. Abendland. Ein politischer Kampfbegriff. Hildesheim: Philo & Philo Fine Arts.

Franzel, Emil. 1948. "Europäische Zwischenbilanz." *Neues Abenland*, Vol.3.

______. 1949a. "Das deutsche Verhängnis." *Neus Abendland*, Vol.4.

______. 1949b. "Staatsform und geschichtlicher Raum." *Neues Abendland*, Vol.4.

______. 1950a. "Frankreich und Deutschland als Träger des Abenlandes." *Neues Abendland*, Vol.5.

______. 1950b. "Ein notwengies Nachwort." *Neues Abendland*, Vol.5.

Georg, Walter and Andreas Kunze. 1981. *Sozialgeschichte der Berufserziehung*. Eine Einführung. München: Juventa.

Gimbel, John. 1968. *The American Occupation of Germany*. Stanford: Standford University Press.

Hecker, H. 1949. "Berufsbildung und Menschenbildung, ein Problem neuzeitlicher Schulreform." *Die berufsbildende Schule*, Vol.1, No.1.

Herrlitz, Hans-Georg, Wulf Hopf and Hartmut Titze. 1998. *Deutsche Schulgeschichte von 1800 bis zur Gegenwart*. Eine Einführung. München: Juventa.

Hürten, Heinz. 1985. "Der Topos vom christlichen Abendland in Literatur und Publizisktik nach den beiden Weltkriegen." in Albrecht Langner(ed.), *Katholizismus, nationaler Gedanke und Europa seit 1800*. Paderborn et al.: Ferdinand Schöningh.

Klafki, Wolfgang. 1985. "Die fünfziger Jahre - Eine Phase schulorganisatorischer Restauration." in Dieter Bänsch(ed.). *Die fünfziger Jahre. Beiträge zu Politik und Kultur*. Tübingen: Gunter Narr Verlag.

Kniep, Helmut. 1953. "Berufsberatung und Schulreform." *Das Arbeitsamt*, Vol.4, No.8.

Naumann, Johann Wilhelm. 1946/47. "Neues Abendland." *Neues Abendland*, Vol.1.

Negt, Oskar. 1976. "Gesellschaftsbild und Geschichtsbewußtsein der wirtschaftlichen und militärischen Führungsschichten. Zur Ideologie der autoritären Leistungsgesellschaft." in Gert Schäfer and Carl Nedelmann(eds.). *Der CDU-Staat. Analysen zur Verfassungswirklichkeit der Bundesrepublik*, Vol.2. Frankfurt am M.: Suhrkamp.

Pammer, Michael. 2012. "Robustere Regierungsmethoden: Richard Coudenhove-Kalergi und die Opportnität politischer Grundsätze." in Dieter Gosewinkel, Peter Schöttler and Iris Schröder(eds.). *Antiliberales Europa*. Göttingen: Vandenhoeck Ruprecht.

Robinsohn, Saul B. and Caspar Kuhlmann. 1967. "Two Decades of Non-Reform in West-German Education." *Comparative Education Review*, Vol.11, No.3.

Schildt, Axel. 1999. *Zwischen Abendland und Amerika. Studien zur westdeutschen Ideenlandschaft der 50er Jahre*. München: Oldenbourg.

_____. 2000. "Eine Ideologie im Kalten Krieg - Ambivalenzen der abendländischen Gedankenwelt im ersten Jahrzehnt nach dem Zweiten Weltkrieg." in Thomas Kühne(ed.). *Von der Kriegskultur zur Friedenskultur? Zum Mentalitätswandel in Deutschland seit 1945*. Münster: LIT.

_____. 2007. "Zur so genannten Amerikanisierung in der frühen Bundesrepublik. Einige Differenzierungen." in Lars Koch(ed.). *Modernisierung als Amerikanisierung Entwicklungslinien der westdeutschen Kultur 1945-1960*. Bielefeld: Transcript.

Schlander, Otto. 1975. *Reeducation - ein politisch-pädagogisches Prinzip im Widerstreit der Gruppen*. Frankfurt a. M.: Peter Lang.

Schröer, Theodor. 1950. "Die Schulreformbestrebungen in Nordrhein-Westfalen und die Berufsschulen." *Die berufsbildende Schule*, Vol.1, No.10.

Speckner, C. C. 1948. "Der Vatikan zwsichen Westblock und Kominform." *Neues Abendland*, Vol.3.

Spranger, Eduard. 1950. "Innere Reform." in *idem, Pädagogische Perspektiven*. Heidelberg: Quelle & Meyer.

Uertz, Rudolf. 2001. "Konservative Kulturkritik in der frühen Bundesrepublik Deutschland. Die Abendländische Akademie in Eichstätt(1952-1956)." *Historisch-Politische Mitteilungen*, Vol.8, No.1.

Hürten, Heinz. 2009. "Europa und Abendland – Zwei unterschiedliche Begriffe politischer Orientierung," Philipp W. Hildmann(ed.). *Vom christlichen Abendland zum christlichen Europa. Perspektiven eines religiös geprägten Europabegriffs für das 21. Jahrhundert*. München: Hans Seidel Stiftung.

3부

반공과 교육

6장

탈냉전시대 통일 교육의 딜레마와 극복 과제

김귀옥

1. 머리말

2016년 10월 말부터 2017년 3월 10일까지 박근혜·최순실 국정 농단에 따른 촛불집회가 열리고 박근혜 대통령 탄핵으로 2017년 5월 10일에는 문재인 정부가 출범했다. 2018년 2월 평창 동계올림픽에 북한이 참가하면서 열린 한반도 평화의 문은 현재까지 세 번의 남북 정상회담과 두 번의 북-미 정상회담으로 한반도 평화의 분위기가 고조되고 있다. 이러한 분위기에 힘입어 통일부는 '통일교육 지원법'을 개정하여, 2018년 9월 14일부로 시행했다.

여전히 대북 경제 제재가 풀리지 않았고, 아직은 종전 선언과 한반도 평화협정 등 구체적인 평화의 일정은 손에 잡히지 않았다. 이 글에서는 이명박 박근혜 정부 때 위기를 맞았던 남북 평화 환경과 통일 교육을 돌아보며, 문재인 정부뿐만 아니라, 한반도에 평화 체제가 제대로 정착되기 위해서 필요한 통일 교육의 과제를 제안하고자 한다.

지난 정부에서 역사 교과서 국정화 확정 고시로 국정화 논쟁은 일단락되는 듯했다. 그러나 국정 역사 교과서는 거의 대부분의 지역에서 배척되었다. 대안 역사 교과서가 준비되어 있었으며, 문재인 정부 출범으로 국정화가 폐기되었다. 돌아보면 2008년 이명박 정부 출범 이래로 역사 논쟁과 교과서 논쟁은 계속 이어졌다. 2008년 뉴라이트 계열 교과서포럼이 발간한 대안 교과서가 출현(김정욱, 2013: 20)하면서 역사적 사실과 담론, 제도 등을 둘러싼 역사 전쟁이 지속되었다고 판단한다. 한 예로 5·18민주화운동 문제를 둘러싼 자유한국당이나 냉전 보수주의적 관점은 냉전보수 세력의 자기 정당성의 근거이자, 이념으로 볼 수 있다.

사회 정치적 논쟁이 일어날 때마다 우리가 과연 21세기 탈냉전, 탈이념의 시대를 살고 있는지 의심하게 된다. 탈냉전시대에 청소년들의 미래를 준비하는 교육의 기본 정신을 망각한 채 닫힌 지식(closed knowledge)을 주입하려 하는 역사 교과서 국정화 논의는 너무나도 퇴행적이었다. 더 근본적으로 보면, 진보적 역사 교과서로 평가받아 온 검정교과서의 주류 사관조차도 많은 연구자가 민족주의적인 것으로 평가했고(김정욱, 2013: 23; 김정인, 2015: 199), 좀 더 열린 지식(open knowledge)이 필요하다는 주장이 제기되어 왔다. 역사 교과서 국정화 반대론자들이 지닌 사회적 인식이 후진적[1]이라고 비판받아왔으나, 사실 역사 교과 지식을 포함한 사회과 교과서의 기저에는 '자유민주주의' 인식이 지배적으로 깔려 있다. 2011년 당시 교육과학기술부가 고

---

1 새누리당은 "김일성 주체사상을 우리 아이들이 배우고 있습니다"라는 왜곡된 주장을 하며, '국정교과서'를 '국민통합 역사교과서'로 호칭을 바꿨다(이도형, 2015. 10.14).

시한 '2009년 개정 교육과정에 따른 사회과 교육과정'(제2011-361호)은 초등학교 '사회' 교과서, 중학교 '역사', 고등학교 '한국사' 과목 모두 예외 없이 '민주주의'라는 개념 대신 '자유민주주의'를 사용하도록 했다. 한국에서 분단 이후 내내 '자유민주주의'의 또 다른 표현인 반공주의와 대립하는 존재로 표상되었던 '북한', 그리고 남북통일 문제를 최근의 학교 교과서들은 어떻게 설명하고 있는지 궁금하지 않을 수 없다.

최근 대학생들을 보면 학년이 낮을수록 반통일·반북 경향이 두드러지고 '자유민주주의'를 신봉하는 듯하다. 이른바 '일베' 회원뿐만 아니라 일반인이나 10대들 사이에서도 북한 혐오증(심용환, 2016.1.1)이 심각하게 나타난다고 한다. 반북·혐북(嫌北) 태도는 2008년 이명박 정부 출범 이래 2010년 천안함 사건과 5·24조치에 따른 대립된 남북 관계의 영향 때문일까? 대통령 직속 통일준비위원회 주최의 '2015 한반도 통일 심포지엄'에서 한 언론사 사장은 "분단의 일상화가 통일 문제에 대한 진지한 성찰과 논의에 걸림돌로 작용할 것을 심히 우려한다", "분단의 장기화가 부지불식간에 분단의 일상화로 이어지고 있다"(≪연합뉴스≫, 2015.8.13)라고 말했다. 이처럼 분단의 장기화와 일상화는 최근의 혐북 태도에 일정 부분 영향을 미쳤을 것으로 추론한다. 그렇다면 학교 통일 교육과 교육 내용은 그런 태도를 형성하는 데 어떤 역할을 했는지 살펴볼 필요가 있다.

통일 교육은 세계적 탈냉전과 남북대화의 기류 속에서 1999년 '통일교육지원법'이 제정되면서 본격화되었다. 통일 교육이 학생들의 통일 의식을 형성하는 데 얼마나 효과적이었는지, 어떤 제도하에서 어떤 목표와 내용, 방식으로 진행되고 있는지 등을 살펴볼 필요가 있다.

이 글에서는 학교 통일 교육의 실상을 살펴보기 위해 중학교 사회 교과서의 문헌 분석 방식을 활용하고자 한다. 이 글은 다음과 같이 구성되어 있다. 첫째, 2000년대 통일 교육의 성격과 정책 변화 등이 통일 교육에 미친 영향을 살펴볼 것이다. 우선 몇몇 정부기관에서 실시한 통일 의식 조사에 나타난 통일 교육의 실태를 짚어본다. 다음으로 통일 교육에 영향을 미치는 '통일교육지원법'과 그 하위 통일 교육 지침서와 사회과 교육과정을 살펴보겠다. 다음으로 2000년 이후 중학교 사회과 교과서에서 통일 교육과 관련된 단원을 중심으로 북한 및 통일 관련 내용이 어떻게 구성되었는가를 살펴본다. 2012년 사회과 검정교과서 제도하에서 교과서에 나타난 통일 교육 단원의 주 내용이 어떻게 구성되었는가를 살펴본다. 마지막으로 이러한 교과서에서 나타난 통일 교과 지식의 특성과 문제점을 분석하고 극복 과제를 제시하고자 한다.

2. 2000년대 통일 교육의 성격과 정책 변화, 통일 교육의 영향

통일 의식 조사는 여러 기관에서 종종 시행하고 있다. 이제 잠시 통일 교육의 실태를 조사한 기존 보고서들을 통해 2000년대 통일 교육의 현황과 문제점을 먼저 짚어보자.

1) 통일 의식 조사에 나타난 형식화된 통일 교육

일반적으로 통일 의식은 남북 정세에 영향을 받는 편이다. 대개의 통일 의식 조사 결과를 세대별로 보면 청소년층이 중장년층에 비해 통일 문제에 관심이 낮은 편이다. 2000년 남북 정상회담과 6·15남북공동선언을 전후한 시기에도 전반적으로 청소년층이 중장년층에 비해 통일 문제에 관심이 낮은 편(한만길 외, 2000: 29)으로 조사되었다. 또한 통일 교육의 효과와 관련해서는 한만길의 2000년 6·15남북공동선언 직후 조사나 통일 교육 시범학교인

부산 모 여중의 2001년 조사 결과에서 통일에 대한 긍정성이 학생들이 교사들보다 대체로 낮았다(한만길 외, 2000: 67; 이장희 외, 2001: 79). 한만길의 2000년 보고서에서 학생들은 통일 교육에 관심을 갖지 못하는 이유로 68.8%가 교과목의 내용 및 수업 방식에 원인을 돌렸고, 교사의 67.8%는 학생들의 국가 의식의 희박성과 통일 관련 문제의 수능시험 미출제를 원인으로 꼽았다.

북핵을 둘러싸고 한반도 상황이 악화되고 남북 관계마저 대결로 치닫고 있던 2014년 리서치 앤드 리서치(Research & Research)사가 조사한 「2014년 학교 통일 교육 실태 조사 보고서」를 보자. 그해 6, 7월 조사에 참여한 사람은 전국 200개 초등학교 5학년부터 고등학교 3학년까지 학생 11만 6000명과 교사 3130명이다(Research & Research, 2014: 6). 학생들에게 "평소 '북한' 하면 가장 먼저 떠오르는 이미지"를 묻는 질문에 1위 전쟁·군사 25.8%, 2위 독재·인물 25.5%로 답했다(Research & Research, 2014: 10). 부정적인 이미지가 크다. 이와 관련하여 북한과의 전쟁 재발 가능성을 묻는 질문에는 가능성 높음 58.7%, 낮음 12.4%(Research & Research, 2014: 12)라고 답했다. 앞의 질문에 대한 답과 관련성이 높다.

북한 주민의 생활수준에 대해서는 '잘 알고 있다'가 45.8%, '잘 모르고 있다'가 14.9%로 잘 안다(Research & Research, 2014: 11)는 응답이 3배 정도였다. 한편, 북한 주민을 '도와줘야 할 대상'으로 보는 학생은 39.7%, '협력 대상'으로 보는 학생은 33.0%였다(Research & Research, 2014: 11). 북한 주민이 가난하다고 보는 인식이 높은 편이다. 북한 및 통일과 관련하여 알고 싶은 교육 내용을 묻는 질문에는 북한의 생활 모습 38.9%, 통일의 필요성과 미래 22.1(Research & Research, 2014: 12)로 답이 나왔다. 즉, 북한의 경제 사정이 곤란하다는 것은 잘 알고 있으나 실제 북한 주민들의 생활 내용은 잘 알지 못한다는 상충되는 태도를 엿볼 수 있다.

또한 평소 북한 및 통일과 관련된 정보를 어떤 매체를 통해 얻느냐는 질문에 TV, 인터넷 등의 방송통신 매체가 58.8%, 학교 수업이 25.3%였고 교과서·참고 서적은 7.4%(Research & Research, 2014: 18)에 불과했다. 교과과정에 따른 통일 교육 관련 수업 실시 여부를 묻는 질문에 대한 응답은 실시 81.6%, 미실시 18.0%(Research & Research, 2014: 20)였다. 또한 통일 교육 방식에 대해 복수 응답을 허용한 질문에서 교과서 단원 중심 수업(교재 수업)이 77.6%, 범교과 학습 방식(창의적 체험학습)이 45.3%(Research & Research, 2014: 20)로 나왔다. 6차 교육과정의 범교과 학습 방식이 적용되기는 하지만 현재까지는 교과서 단원 중심으로 시행되고 있으며, 교과서 목차와 상관없이 학년 말에 수업이 집중되어 형식적으로 진행되는 경향을 보인다.

교사들은 통일 교육 자료 준비 방법을 묻는 질문(복수 응답 가능)에 인터넷 검색 70.9%, 교사용 지도서 41.2%, 통일 관련 연수 14.9%(Research & Research, 2014: 23)순으로 답했다. 인터넷 검색 자료를 활용하는 교사들이 많다는 것은 교사들의 관점과 관심에 따라서 통일 교육 내용에 편차가 커진다는 의미로 읽힌다. 또한 통일 교육 준비에서 통일교육원 홈페이지나 교육부 인터넷 자료 이용 경험을 묻자 '이용 안 함'이 57.4%, '이용함'이 42.3%로 나왔다(Research & Research, 2014: 24). 통일 교육 활성화 방안을 묻는 질문에는 '다양한 통일 교육 연수 및 수업 활용 자료의 개발'이 48.7%, '교사의 통일 교육 의지 및 관련 지식 강화'가 25.3%였고, '통일 교육 시간 확보'도 20.1%(Research & Research, 2014: 24) 나왔다. 다시 말해 적지 않은 통일 교육 교사들이 통일교육원이나 교육부 인터넷 통일 교육 자료를 활용하긴 하지만, 그런 자료 외에 다양한 교육 자료가 더 많이 필요하다고 생각하는 교사가 더 많았다.

2014년 보고서와 2000년 한만길의 보고서를 비교해 보자. 2000년 보고서에 따르면 학교 통일 교육에 대해 교사들은 문제가 있다고 평가하는 응답이 84.1%, 잘 진행되고 있다고 평가하는 응답이 15.9%(한만길 외, 2000: 68)였다. 반면, 2014년 보고서에서는 학교 통일교육이 잘 이뤄지고 있다고 보는 응답은 57.9%, 그렇지 않다는 응답은 11.3%(Research & Research, 2004: 19)로 나타나 2000년보다 2014년 통일 교육이 잘 이루어지는 경향을 보여준다. 학교 통일 교육이 부진한 이유를 묻는 질문에 대해서는 2000년에는 합의된 방향의 부재 38.8%, 자료 부족 26.3%, 교과서에 관련 내용 부족 13.6%, 통일 교육 활용 시간 부족 11.8%, 통일 관련 지식 보유 교사 부족 9.5%의 순서로 응답했다(한만길 외, 2000: 69). 반면 2014년에는 부진의 이유(복수 응답)로 통일 교육 시간 확보의 어려움 63.9%, 이념 논쟁의 대상 32.4%, 통일 교육 연수 및 수업 활용 자료 부족 28.7%, 교사의 통일 교육 의지 및 관련 지식 부족 22.7% 등을 꼽았다(Research & Research, 2004: 19). 2014년 보고서를 검토하면 2000년에 비해 통일 교육이 잘 진행되고 있지만, 통일 교육 시간의 확보가 어려워서 형식화되고 있음을 추론할 수 있다.

2) 통일 교육에 영향을 미치는 제도적 환경

일제강점기 이래로 한국의 교과서는 수록된 교과 지식을 '정답'으로 여겨왔다. 사회 교과서 역시 사회적 교과 지식을 당연시(naturalization)해 온(엄기호, 2000) '전통적 교과관'(신춘호, 2007: 60)에 갇혀 있었다. 해방 이후 교육 민주화 운동이 정착되기 전까지, 교과 내용이나 교과 지식은 의심이나 비판의 대상이 아니라 무조건 이해하고 외워야 하는 것이었다. 2000년대에 검정교과서 제도가 도입된 이후에야 비로소 교과 지식은 절대적 지식이 아닌 상대적 지식으로 인식될 수 있었다. 그러나 근본적으로는 검정 제도하의 교과서들 역시 1등부터 꼴찌까지 줄 세우는 입시제도의 틀에 갇혀 정답을 추구할 수밖에 없는 조건이었다. 결국 비판성과 성찰성, 자율성 등은 배제된 채 순응적인 암기식 교과 지식, 즉 닫힌 지식만 추구할 수밖에 없는 상황은 과거와 그리 다르지 않다.

그렇다면 사회과 교과서의 하위 범주에 해당하는 통일 교육과 통일 교과 지식은 어떤 상황인가? 큰 틀에서 보면 2000년 6·15남북공동선언 이후 남북 화해의 기류 속에서 다방면의 남북 교류가 이뤄져서 통일 교육에도 긍정적인 영향을 미쳤을 것으로 짐작된다. 2008년 이명박 정부와 연속되는 박근혜 정부 출범 이후 북핵 문제와 북한 인권 문제 등으로 남북 관계가 적대적으로 선회함에 따라 학교 통일 교육에도 부정적인 영향을 미쳤을 것으로 본다.

학교의 통일 교육과 통일 교과 지식에 영향을 미치는 제도로 두 가지 있다. 하나는 '통일교육지원법'과 그 법제 아래 있는 통일교육지침서이고 다른 하나는 '교육과정' 제도이다.

우선 법제도를 보자. 구체적으로 학교 통일 교육에 영향을 미치고 통일 교육의 목표나 내용을 결정하는 법률은 '통일교육지원법'이며, 그에 따라 작성된 통일교육지침서[2]는 언론계의 보도 지침과 유사하다고 할 수 있다. 이는 실제 통일 관련 교과 지식 형성에 영향을 미친다.

1999년 '통일교육지원법'이 시행되면서 민족 동질성 회복을 목표로 한 통일 교육이 시행될 수 있었던 결정적 계기는 김대중 대통령의 국민의 정부 출범과 2000년 6·15남북공동선언이었다. 김영삼 정부 시기에 논의되기 시작한[3] 통일교육지원법은 결국 김대중 대통령 인수위 100대 국정 과제(47번째 과제)에 포함되어(≪동아일보≫, 1998.2.12) 1999년에 시행되었다.

2 통일교육지침서는 학교용과 일반용으로 나뉘는데, 이 글에서는 학교용을 중심으로 살펴본다.

3 1997년 당시 정부는 연내에 '통일교육지원법'을 제정하기 위해 그해 4월 법률안을 확정하고, 국회에 제출하여 예산 확보 등 모든 준비를 끝낼 계획이었으나 반대 의견이 많아 결국 국민의 정부로 넘기게 되었다(정연욱, 1997.7.3).

통일교육지원법(법률 제5752호)의 주요 내용을 잠시 살펴보면 다음과 같다. 우선 통일 교육의 정의는 "국민으로 하여금 자유민주주의에 대한 신념과 민족공동체 의식 및 건전한 안보관을 바탕으로 통일을 이룩하는 데 필요한 가치관과 태도의 함양을 목적으로 하는 제반 교육"(제2조)이다. 통일 교육의 지향은 '자유민주적 기본 질서를 수호하고 평화적 통일을 지향하는 방향으로 실시'(제3조 ①항)되어야 하지만, 근본적 한계가 그어져 있다. 즉, '통일부장관은 통일 교육을 실시하는 자가 자유민주적 기본 질서를 침해하는 내용으로 통일 교육을 실시한 때에는 수사기관 등에 고발'(제11조)하도록 되어 있기 때문이다. 이 조항들에 대해서는 시행 초기부터 문제가 제기되었다. 통일 교육 관련 토론회에서 권혁범 교수는 다음과 같이 지적했다.

> 둘째, 통일 교육이라는 기치를 내건 이상 결국 통일이 왜 필요한가에 대한 현실적 이론적 설명은 불가피하겠지만 그것이 특정한 이데올로기를 강요하고 사상의 자유를 침해하는 편향적 교육이 될 가능성이 높다. '건전한 행위 규범'이나 '바람직한 가치관', '국민적 가치관', '건전한 안보관'이 교육자의 자의적 해석이나 지배적 담론에 의해 좁게 해석하고, 그것이 남한 사회의 지배적 가치 체계를 피교육자에게 의식적 무의식적으로 강제할 가능성은 여전하다. '자유민주주의 수호'라는 것도 경우에 따라서는 모든 진보적이고 좌파적인 이론 및 관점을 배제하는 정당한 개념으로서 유용될 수도 있다[4](권혁범, 2000: 7~8).

한국 현대사에서 자유민주주의는 반공·반북주의와 동일시되었다. 한국의 민주화 성공과 경제발전에 따라 자유민주주의가 점차 반공·반북주의를

4 이러한 비판은 그날 회의에 참석한 한홍구, 정현백, 권영경, 김귀옥, 김민곤 등 대부분의 토론자들이 제기했다.

표 6-1 통일교육의 일반적 목표

2005년 통일교육지침서	2014년 통일교육지침서
가. 통일 환경과 남북한 실상에 관한 객관적 이해와 판단 능력 배양 나. 통일의 필요성 인식과 통일의지 확립 다. 민족공동체 형성을 위한 남북 간 이질성 극복 라. 남북 관계의 이중성 및 안보와 통일의 균형적 인식 다. 통일 국가에 대한 가치관 정립 바. 통일 과정에 대한 이해와 실질적인 통일 준비	가. 미래지향적 통일관 나. 건전한 안보관 다. 균형 있는 북한관

대체해 왔으나, 여전히 그 개념의 저변에는 반공·반북주의가 깔 려있다. 1999년 제정된 통일교육지원법은 개정을 거치면서도 지금까지 통일 교육이나 통일 관련 교과서에서 자유민주주의를 통일의 이념으로 변함없이 설정하고 있다. 다만 김대중 정부와 노무현 정부에서는 남북 화해와 민족적 가치를 앞세움으로써 자유민주주의적 가치가 별로 걸림돌이 되지 않았지만, 2000년 이전이나 2000년대 후반 이후 자유민주주의가 대체로 통일 교육의 중심 가치로 고착화되어 왔다.

이를 통일교육지침서[5]를 통해 좀 더 구체적으로 살펴보고자 한다. 이 지

5 통일교육지침서는 통일부 통일교육원(1972년 '통일연구소'로 개소했고, 1996년 현재의 이름으로 개칭)이 발간하고 있다. 통일교육원 홈페이지 자료실에 이 지침서의 웹 텍스트를 올려놓고 있다. 통일교육지침서의 기원은 1969년 발행된 '반공도덕교육 지침서'로서 양명환·성백선·신금철·강호진 등이 펴낸 『반공도덕과 생활』이 있다. 이 책의 목차를 살펴보면 반공 교육으로서의 성격보다는 교육 기술과 인성교육으로서의 성격이 강하여 1960년대 후반까지도 '반공도덕'은 자리를 잡은 것으로 보이지 않는다. 용어로서 통일교육지침서가 처음으로 마련된 것은 1971년이다. 그해 국토통일원은 통일교육지침서를 제정하도록 제시했다(≪동아일보≫, 1971.9.9). 그럼에도 교육 현장에서 반공 교육 지침서도 마련되지 않아 지

침서는 통일교육지원법 5조에 의거하여 설치된 통일교육심의위원회[6]에서 매년 학교용과 일반용으로 발간하고 있다. 최신 지침서인 2014년판과 남북 교류가 활발했던 2005년 지침서(통일부 통일교육원, 2014)를 비교하면서 통일 교육의 목표 등을 살펴보자.

2005년 지침서에서 가장 중시한 것은 '적대 의식' 탈피였다. "1980년대 후반 국제적인 냉전체제가 무너지기 시작하면서 한반도에도 남북한 간 화해와 협력을 추구하려는 노력이 가속화되어 왔다. 이제는 남북한이 상대방을 단지 '적'으로만 인식해서는 변화하는 남북 관계의 의미를 정확히 파악하거나 미래를 전망하기는 어려울 것"(통일부 통일교육원, 2004: 3)이라는 인식을 바탕으로 통일된 민족공동체를 만들기 위해서는 민족 정체성을 인식시키는 것이 중요하다고 보았다.[7]

반면 2014년 지침서는 통일 교육을 "자유민주주의에 대한 신념과 민족공동체 의식 및 건전한 안보관을 바탕으로 통일을 이룩하는 데 필요한 가치관과 태도를 기르도록 하기 위한 교육"(통일부 통일교육원, 2014: 9)이라고 정의했다. 미래 지향적 통일관을 "오랜 분단으로 훼손된 민족 정체성을 새롭게 정립하여 자유민주주의와 시장경제에 바탕을 둔 하나의 새로운 민족공동체로 발전해 가는 창조적 과정"(통일부 통일교육원, 2014: 9)으로 설정하여 전 시기의 남북이 통합되어가는 통일관은 사라지고 한국 중심의 통일관이 목표로

침서 내에 통일 문제를 포함했다(≪동아일보≫, 1973.7.26).

6 '통일교육지원법' 5조는 이 위원회가 통일 교육에 관한 기본 정책, 기타 중요 사항을 심의하도록 규정하고 있다.

7 이러한 지적은 이미 1971년 남북적십자회담 개최 중에도 나왔다. 당시 초등학교 어린이들의 20%가 북한 사람은 '뿔이 났거나' '얼굴이 붉다'고 답하는 등 북한 동포를 미워하는 문제를 지적하면서, 반공 교육을 지침서 하나 없이 진행해 왔다고 비판했다. 그리고 자유민주주의와 함께 민족 전통과 역사를 부각시킬 것을 제안했다(≪동아일보≫, 1971.9.28).

표 6-2 학교 통일 교육의 목표(또는 주안점)

2005년 통일교육지침서	2014년 통일교육지침서
가. 통일 문제에 대한 관심 제고 나. 통일 환경과 남북한 실상에 관한 객관적이고 신뢰성 있는 정보 제공 다. 통일·북한 관련 지식 체계 구성 및 올바른 인식 태도 형성 라. 화해 협력과 상호 존중의 자세 확립 마. 자유민주주의에 대한 확신 및 민주 시민의식 함양 바. 민족공동체 의식 함양	가. 통일 문제에 대한 관심 제고 및 통일 의지 확립 나. 한반도 통일 시대를 위한 통일 준비 역량 강화 다. 자유민주주의 가치에 대한 확신 및 민주 시민의식 함양 라. 민족공동체를 형성하기 위한 노력 마. 국가 안보의 중요성 인식 바. 북한 실상에 대한 올바른 이해

제시되었다.

대북 인식에는 어떤 차이가 있을까? 2005년 지침서는 "북한에 대한 객관적 인식과 함께 대결과 협력이라는 남북 관계의 이중적 측면을 이해할 수 있어야 한다. 평화통일을 이룩하기 위해서는 무엇보다 남북한이 먼저 교류와 화해 협력 관계를 증진시켜 상호간의 신뢰를 회복하면서 평화를 정착시켜 나가는 것"(통일부 통일교육원, 2014: 7)이 중요하다고 보았다. 2014년 지침서의 경우 통일 교육을 통해 '균형 있는 북한관'을 수립하는 것을 목표로 삼고 있는데, 여기서 '균형 있는 북한관'이란 "북한 실상을 있는 그대로 이해하면서 장차 민족공동체로 통합하기 위한 상대로서 인식하는 한편 우리 안보를 위협하는 경계의 대상으로서 인식하는 관점"(통일부 통일교육원, 2014: 10)이다. 2005년 지침서가 대결 의식보다는 상대적으로 교류와 화해 협력 관계를 증진하자는 의미에서 적대 의식 탈피를 강조한 반면, 2014년 지침서는 '경계 대상'으로 보는 것이 균형 있는 북한관의 한 축임을 명시하고 있다. 〈표 6-2〉를 통해 좀 더 구체적으로 학교 통일 교육의 목표를 살펴보자(통일부 통일교육원, 2014).

2005년 지침서와 2014년 지침서는 통일 문제에 대한 관심 제고나 자유민주주의와 민주 시민의식, 민족공동체 의식 형성과 같은 공통성이 있는 반면, 차이도 뚜렷하다. 첫째, 2005년 지침서의 경우 통일 문제에 대한 관심 제고는 청소년 세대의 통일 문제에 대한 무관심과 방관적 태도를 극복하는 데 초점을 두고 있다. 2014년 지침서는 2005년 지침서와 같은 맥락이긴 하지만, '통일 편익'을 강조하는 것을 통일 교육의 목표로 삼고 있다는 점에서 차이가 있다. 통일 편익 논리는 자본주의와 시장경제 체제에서 태어나고 자란 세대의 통일 문제에 대한 관심을 상기시키는 데는 유리한 점이 있겠지만, 초기 통일 과정의 막대한 비용이나 갈등 요소 증폭 등을 예측할 때 오히려 통일 회의론이나 무관심을 수반할 수도 있다.

둘째, 2005년 지침서는 남북한 실상의 객관적 이해나 화해 협력, 상호 존중 자세를 강조한 반면, 2014년 지침서는 북한을 협력의 대상이자 동시에 분단 해소 전까지 우리의 안보를 위협하는 경계의 대상으로 파악하면서 혈연에 기초한 폐쇄적 민족주의에 빠지지 않도록 해야 함을 강조하고 있다.

통일 교과 지식 형성에 영향을 미치는 또 다른 주요 요인으로 교육부가 설정한 '교육과정'을 들 수 있다(진주교육대학교 국정도서편찬위원회 엮음, 2015: 7; 한만길 외, 2000: 75). 우선 한국전쟁 직후에 시작된 1차 교육과정기(1955~1963)와 2차 교육과정기(1963~1973)에는 반공을 전면에 내세운 반공 교육이 시행되었다. 2차부터 5차 교육과정기까지도 반공 교육은 필수 교과목으로 주당 2시간 운영했다. 특히 1970년대 중반부터 문교부는 반공 관련 내용을 일반 교과서에 반영하고 반공 교과서의 학교별·학년별 계열성 강화를 위한 보완 및 정비 작업을 했으며, 고교 입시에 10% 이상의 반공 관련 문제를 출제하도록 하고 대학 입학 예비고사에도 반공 내용을 중점 반영하도록 했다. 또한 반공 전담 교사 및 장학사의 연수 기회를 확대하고 반공 교육을 대폭 강화하는 조치를 취했다(김진경, 1988: 70). 3차 교육과정부터는 7·4 남북공동성명의 영향으로 북한에 대한 맹목적인 적개심 조성 교육에서 탈피하여 정부의 통일 정책이나 통일 의지를 강조하는 통일 교육을 시행하겠다는 목표를 적시했다.

한편 김영삼 정부와 겹치는 6차 교육과정기에는 도덕이나 윤리 같은 특정 과목에서 통일 교육을 전담하는 기존의 틀을 깨고 범교과적으로 통일 교육을 실시하는 방식으로 전환되었다. 범교과적 교육과정(cross-curricula)은 기존에도 반공 교육, 도의 교육, 실업 교육 등에서 시도되었고, 6차 교육과정 이래 변화하는 사회와 세계에 부응하기 위해 강조되었다. 2000년대에 오면 통일 교육이나 한국 문화 정체성 교육뿐만 아니라 정보통신기술과 시민성, 종교 교육, 진로 교육, 성교육, 직업 관련 교육, 개인·사회·건강 교육 등도 범교과적 주제로 설정되었다(교육과학기술부, 2011: 57).

7차 교육과정에서는 3학년부터 10학년(고등학교 1학년)까지 '국민 공통 기본 교육과정'을 적용하여 사회과 교육을 실시했다. 인간과 공간(지리 중심적 이해), 인간과 시간(역사 중심적 이해), 인간과 사회(일반사회 중심적 이해)로 구분해 학생들에게 통일의 중요성과 미래 전망을 객관적으로 이해시키는 내용을 갖추게 되었다(박찬석, 2003: 140). 1997년 7차 교육과정이 시작된 이래 통일 교육에 가장 큰 영향을 끼친 사건은 2000년 6·15남북공동선언일 것이다. 그 영향으로 교육지침서는 다음과 같이 중요한 사항을 강조했다.

> 7차 교육과정에서… **다만, 대한민국 정부의 수립과 한국전쟁의 과정에서 지나치게 이념의 대립이나 갈등을 부각하는 것은 바람직하지 않으며, 남북 모두 한겨레로서 이념 대립의 피해자이고, 남한의 경우 자유 민주주의 수호를 위해 노력했다는 정도로 다룰 필요**가 있다. 이를 위해 구체적으로 대한민국 정부 수립의 전체적인 과정을 일화, 사진, 만화 등을 통해 살펴보고 연표를 통해 정리한다. 또, 한국전쟁의 진행 과정에 대해서도 전쟁 드라마의 흥밋거리를 제공하는 접근에서 탈피하고, 전쟁의 개황을 간단히 언급한 후, 인명, 재산, 이산가족 등 전쟁으로 인한 피해를 강

조한다. 이를 통해 전쟁이란 끔찍한 것이며, 전쟁 억제를 위해서도 통일이 시급함을 주지시킨다(교육부, 2001: 222, 고딕체는 인용자).

7차 사회과 교육과정은 적대적인 대북관에 기초한 과거의 반공 교육이나 통일·안보 교육의 개념을 접고, 남북 화해에 기초한 통일 교육을 전면에 드러냈다. 2001년에 실험본으로 나온 초등학교 사회 지도서는 '자유민주주의와 시장경제'의 가치를 수호하되, 이념적인 문제를 부각하는 것은 바람직하지 않다고 지적하고 '남북 모두 한겨레로서 이념 대립의 피해자이고, 남한의 경우 자유 민주주의 수호를 위해 노력했다는 정도로 다룰 필요'가 있음을 강조했다. 2000년대 교육부는 자유민주주의 이념의 부각이 통일 문제를 원활히 풀어가는 데 장애가 될 수 있음을 의식했던 것으로 보인다.

교육부가 그 전까지 5~10년 주기로 바꾸던 교육과정을 수시 개정 체제로 변경한 2002년 7차 교육과정 이후, 2007년 개정 교육과정기, 2009년 개정 교육과정기(2009년 총론 고시)를 거쳐, 2009년 개정 교육과정을 기준으로 2011년에 다시 사회과 교육과정이 고시되었고, 2012년에도 교육과정이 수정 고시되었다. 2009년 개정 교육과정부터는 공통 교육과정이 한 학년 줄어 3~9학년(중학교 3학년)에 해당되고, 초등학교는 교과군, 학년군(3~4, 5~6학년) 제도로 운영되었다. 또한 가장 중요한 변화 중 하나는, 초등학교 교과서는 국정 도서인 반면, 중학교와 고등학교 사회과 교과서는 검정 도서로 구분된 것이었다.

통일교육지원법에 기반을 둔 통일 교육 지침서는 그 강조점에는 약간씩 변화가 있었지만 남한 중심주의, 자유민주주의 등의 목표에는 거의 변화가 없었고, 이는 교육과정이나 교과서에도 직접 영향을 미쳤다(박찬석, 2011: 226). 2012년 개시된 사회과 검정 교과서(김명정·전훈, 2015: 1) 역시 통일 교육 지침서의 기준에 따르도록 되어 있어, 검정을 통과하기 위해서는 지침서를 준수할 수밖에 없다.

독일에도 통일 전부터 '독일문제에 대한 교육 지침서'(1978)가 있었다. 그런데 독일은 통일 전에도 후에도 주별 교육에서 공통성을 기반으로 하되 주별 독립성, 다양성을 인정해 왔고, 통일 교육의 이념으로 평화와 자유, 민족을 강조할 뿐, 자유민주주의나 국가 안보를 목표로 내걸지는 않았다(김진숙, 2014: 48).[8] 이제 중학교 사회과 교과서를 중심으로 통일교육의 교과지식을 살펴보도록 한다.

3. 2000년 이후 중학교 사회과 교과서를 통해 본 통일 교육

우선 사회과의 개념부터 살펴보자. 제7차 사회과 교육과정은 사회과를 '사회현상을 올바르게 인식하고, 사회 지식의 습득과 사회생활에 필요한 기능을 익히며, 민주 사회 구성원에게 요청되는 가치와 태도를 지님으로써 민주 시민으로서의 자질을 육성하는 교과'로 정의했다(교육부, 2001: 6). 사회과 교육과정은 초등학교 3, 4학년부터 고등학생까지 사회과에서 통일 교육과 관련된 내용을 교육하도록 하고 있다. 이 글에서는 청소년기 사회 역사 의식을 형성하는 데 영향을 미치는 중학교 사회과 교과서를 중심으로 살펴보고자 한다.[9]

1997~2007년에 이르는 7차 사회과 교육과정에 따른 중학교 사회과 교과

8 한편 2007년도 교육과정에서 통일 교육에 평화 교육을 접목하도록 해온 집필기준을 이명박 정부 시기에 통일 교육 집필 기준에서 삭제해 버린 점을 지적할 수 있다(김홍수, 2014: 446).

9 고등학교를 뺀 것은 고등학교는 대체로 대입 시험에 맞춰져 있어서 실효성이 적다고 보기 때문이다.

서의 일차 교육 목표는 민주 시민의 자질 육성이다. 그 자질은 "시대와 사회의 변화에 따라 다르게 규정될 수 있을 것이다. 21세기 정보화·세계화 시대의 한국 사회가 요구하는 민주 시민 자질은 사회생활을 영위하는 데 필요한 지식을 습득할 수 있는 능력, 인권 존중, 관용과 타협의 정신, 사회정의의 실현, 공동체 의식, 참여와 책임 의식 등의 민주적 가치와 태도, 개인적·사회적 문제를 합리적으로 해결할 수 있는 능력을 바탕으로 개인과 국가, 사회의 발전에 기여하고자 하는 태도"(오인석 외, 2001: 15) 등으로 설명했다.

7차 교육과정은 중1 사회에서 북부 지방의 생활을 통하여 북한에 대한 공간적 이해를 하고, 중3 사회에서는 해방 후 대한민국의 발전 단원에서 시간적으로 분단과 통일 문제를 교육하도록 했다(오인석 외, 2001: 18). 1999년 중학교 『사회 1』에서는 북부 지역인 북한은 남한과의 이질화 문제가 심해지고 있다고 전제하고, 다음과 같이 서술했다.

> 그러나 북한 주민은 우리와 더불어 같이 살아야 할 형제요, 동반자일 뿐만 아니라, 북한은 언젠가 통일되어야 할 우리 땅임을 인식하고, 화해와 신뢰, 협력정신과 민족공동체의식을 키워 나가야 할 것이다(교육부, 1999: 99).

즉, 분단으로 인해 남북 이질화가 심화되었다고 하면서도 북한 주민 역시 통일의 주체로 인식하고 있다. 또한 대륙으로의 관문이라는 북한 지역의 특성, 북한의 행정구역, 지형적 특성, 인구정책, 경제정책과 북한의 경제적 특성, 경제 문제, 식량난 등에 대해서도 가치판단보다는 객관적 사실을 중심으로 서술하고 있다. 한편 1999년 발행된 사회과 교과서는 2000년 남북공동선언이 있기 전임에도 남북 관계에 대해 긍정적으로 서술하고 있다.

> 1992년, 남북한 간에 '교류 협력에 관한 합의서'를 채택하고 균형적인 경제발전

과 민족의 복지 향상을 위하여 자원 개발과 관광 사업 추진 등 협력 사업을 공동으로 추진하기로 했다. 현재 남북 경제 교류는 대기업 중심으로 제3국을 통한 간접교역 형식으로 하고 있으나, 일부 기업에서는 북한의 한약재와 식료품 등을 직접 수입하기도 한다. 앞으로 '남북 경제교류협력 공동위원회'가 구성되어 구체적 실천을 위한 여러 가지 제도가 마련되면, 직접교역과 가공업의 확대로 남북한 간의 물자 교류가 활발히 이루어질 것으로 보인다(교육부, 1999: 106).

1998년은 고 정주영 명예회장의 소떼 방북 이후 전격적으로 금강산 관광 사업의 가능성이 진단되던 시기였고, 남북 경협이 초기적인 형태로 이루어지던 상황이라 경제 협력 사업 활성화의 기대가 교과서에도 반영되었다. 2001년도 교과서 역시 유사한 맥락에서 서술되었다.

북부 지방은 압록강과 두만강을 경계로 하여 중국·러시아와 이어져 있어, 예로부터 불교, 유교, 한자와 같은 대륙의 여러 문화가 전해지는 길목이었고, …… 분단된 남과 북은 서로 다른 사회체제로 인해 한국전쟁과 같은 민족적 아픔을 겪기도 했으며, 많은 대립과 경쟁, 갈등의 모습을 보여 왔다. 그러나 현재는 다양한 교류와 협력을 통해 다시 하나가 되기 위해 노력하고 있다(차경수 외, 2001: 103).

이 교과서에는 2000년 6월 남북 정상의 악수 사진이 실리기도 했다. 그런데 2008년 이후 최근까지 중학교 1학년의 사회 교과서 논조는 급속도로 변화하고 있다. 특히 2009년 개정 교육과정에 따라 2012년부터 채택된 중학교 사회과 검정 교과서[10]에서 그런 양상을 살펴보도록 한다.[11] 사회과 검정

10 검정 단계에서 오류로 판정된 내용에 대해 수정·권고가 행해지고 있다. '교과서

표 6-3 **분단의 원인 설명**

동아출판(주), 196쪽	(주)미래엔, 190~191쪽	(주)지학사, 206쪽
우리나라는 1945년 8월 일본의 식민통치에서 벗어나 광복을 맞이했다. 하지만 우리 민족의 의사와 상관없이 북위 38도선을 경계로 미국과 소련에 의해 국토가 남북으로 분할되었다. …… 남한에는 자유민주주의를 지향하는 대한민국 정부가 출범하고, 북한에는 공산주의 정권이 수립된 것이다. 이후 북한이 일으킨 한국전쟁을 겪으면서 오늘날과 같은 분단 상황으로 굳어지게 되었다. 따라서 남북분단은 일제강점기를 끝내고 독립국가를 세우기 위해 노력하는 극심한 사회변동의 과정 속에서 일어난 비극적 사건이라고 할 수 있다. [참고 사진] 광복, 38도선 분할, 대한민국 정부 수립, 한국전쟁.	우리는 분단된 나라에서 태어나고 자라왔기 때문에 남과 북으로 분단된 현재의 상황을 당연하고 자연스러운 것으로 생각하기 쉽다. 하지만 우리는 한반도를 기반으로 민족공동체를 유지하며 살아온 오랜 역사를 가지고 있다. 그러므로 남과 북이 정치적·군사적으로 대립하면서 항상 전쟁의 위험 속에서 살아가는 것은 결코 자연스러운 일이 아니다. 미군과 소련군이 북위 38도선을 기준으로 한반도를 분할 점령하면서 분단이 시작되었다. ……(독립된 통일국가 수립의 노력, 김구·김규식의 노력 소개) [참고 사진] 카이로회담, 일본 항복, 외세에 의한 38선, 찬반탁 사진 각각, 대한민국정부 수립, 전쟁, 휴전.	광복 직후 미국과 소련이 우리나라를 북위 38도선을 기준으로 남한과 북한으로 나누면서 분단이 시작되었다. 자주적인 통일국가의 수립을 기대했던 국민의 바람과는 달리 1948년 남한과 북한에 서로 다른 정부가 들어서면서 분단 상황은 더욱 굳어지게 되었다. 1950년 6월부터 3년 넘게 지속된 한국전쟁으로 수많은 사상자가 발생하고 산업시설이 파괴되었으며, 남한과 북한의 적대관계는 더욱 심화되었다. [참고 사진] 반탁 사진, 남한의 단정 수립 사진, 전쟁 발발과 피란민 사진, 7·4남북회담.

교과서별 북한 및 통일 문제 관련 내용을 분석하면서 12종 교과서를 다 동원할 수 없어서 이 글에서는 대표적인 교과서를 다음과 같이 선정하여 분석했다. 1학년 사회 교과서는 학교 채택률이 가장 높은 (주)미래엔(구 대한교과

내용 오류 중 가장 큰 비중을 차지하는 유형은 지도 오류'인데, 그중 홍미로운 점은 '휴전선 삭제'나 '압록강, 두만강 하구에 국경선 연장 표시 요망'이 있는 점이다(김명정·전훈, 2015: 6).

11 이번 연구에서 수집 분석된 검정 교과서는 (주)교학사, (주)금성출판사, (주)더텍스트, 동아출판(주)[2014년까지는 두산동아(주)], (주)미래엔(구 대한교과서), 법문사, (주)비상교육, (주)새롬교육, (주)좋은책 신사고, (주)지학사, (주)천재교육, 12종이다.

서)[12]과 비교적 보수적인 (주)지학사[13], 중도적인 동아출판(주)[14], 3학년 교과서는 (주)미래엔, 대표적인 보수적 교과서인 (주)교학사[15]와 진보적인 교과서로 분류되는 (주)금성출판사[16]를 대상으로 한다.

먼저 중학교 1학년 사회과 교과서를 살펴본다. 각 중학교 사회 1학년 검정 교과서는 12개 단원으로 구성되어 있고, 통일 교육이 주로 이루어지는 부분은 제10단원 '사회의 변동과 발전'이다. 출판사에 따라 일정한 차이는 있으나 대개 세 개 장 중 '제3장 남북통일을 위한 노력'이고, 할애된 지면은 4~6쪽 정도이다. 이 장은 분단 과정과 이유, 분단의 영향, 남북통일의 필요성, 통일을 위한 노력 등, 주로 네 개 절로 구성되어 있다. 우선 분단의 원인 설명을 교과서별로 살펴보도록 한다.

(주)지학사 교과서가 분단의 원인을 짧게 기술한 반면, 동아출판(주)은 분단 후 남북 관계의 변화 과정과 분단의 문제를 서술하고 있다. 한편 (주)미래엔 교과서는 협소한 지면을 활용하여 사진과 캡션을 통해 외세에 의한 분단을 강조하고, 신탁통치 지지 및 반대시위 관련 사진을 동시에 배치하여 객

---

12 (주)미래엔의 전신인 대한교과서(주)는 과거 교육부(구 문교부) 지정 국정교과서를 출판했던 대표적인 출판사이고 출판인 김기오 등이 1948년에 설립했다.

13 (주)지학사는 1965년 설립된(창업자 권병일) 학습참고서 전문 출판사로서 1970년대에 간판 참고서로 『하이라이트』를 발간했다.

14 동아출판(주)는 1956년 세워졌고 전신은 동아출판사이다. 1960, 70년대 참고서 업계 1위 판매율(1978년 참고서 시장 점유율 70%)을 차지했고, 최근 『프라임』으로 유명하며, 1985년 두산그룹이 인수하여 '두산동아'로 변경했다가 2014년 예스24가 인수 후 '동아출판'으로 개칭했다.

15 (주)교학사는 한때 참고서 업계 1위였던 『표준전과』와 『표준수련장』을 출판한 업체로서 1951년 설립되었다(창업자 양철우).

16 (주)금성출판사는 교과서, 청소년 서적, 동화, 백과사전 등과 『푸르넷 논술』, 『아하! 그렇구나』 시리즈로 유명하며, 1965년 김낙준(금성문화재단 이사장)이 설립했다.

표 6-4 통일의 필요성

동아출판(주), 198쪽	(주)미래엔, 192쪽	(주)지학사, 207쪽
오랫동안 분단이 지속되면서 분단의 아픔을 기억하는 세대보다 분단상황을 자연스럽게 받아들이고 있는 세대가 더 많아지고 있다. …… 장기적인 관점에서 우리 사회의 발전은 한계에 부딪히게 될 것이다. …… 먼저 통일은 민족사적 당위성을 가지고 있다. …… 또한 통일은 인도주의적 차원에서도 반드시 이루어져야 한다. 통일이 되면 이산가족들이 겪고 있는 오랜 기다림과 아픔을 덜어줄 수 있고, 통일을 통해 북한 주민의 식량 부족 문제를 해결할 수 있다. 통일은 사회통합과 국민의 삶의 질 향상, 국제적 위상 회복에 기여할 것이다.	'우리의 소원은 통일'이라는 노래를 부르면서 가슴이 뭉클해지기도 하고, 운동경기에서 남과 북의 선수단이 한반도기를 앞세우고 공동입장을 하는 장면을 보면서 통일의 미래를 그려보기도 한다. '분단된 채로 수십 년을 살아왔고, 현재의 상태로도 별문제 없을 것 같은데 왜 통일을 해야 할까?'하는 의문을 가지는 사람도 있다. …… 하지만 오늘 이 순간에도 분단으로 인한 고통은 계속되고 있으며, 통일은 분단이 가져온 여러 가지 고통을 해결하는 가장 좋은 방법이다. 우선은 통일은 전쟁이 위험을 줄이고 평화를 가져올 수 있다. 또 남북대치 상황에 따른 국방비를 절감하는 효과도 기대할 수 있다. 경제적 측면에서는 남과 북의 인적·물적 자원을 폭넓게 활용하여 지금보다 높은 수준의 경제발전도 가능할 것이다. 나아가 남과 북의 문화가 어우러진 새로운 민족문화를 창조할 수 있으며, 국제사회에서 한국의 위상도 높아질 것이다.	분단된 지 60여 년이 지난 지금도 남한과 북한은 휴전선을 경계로 대치하고 있다. 이 과정에서 주민들의 일상적인 언어생활과 사고방식 등에서 이질화가 심해지고 있으며, 경제 부문에서도 격차가 확대되고 있다. 급속하게 경제성장을 이룬 남한과 달리 북한은 주민들의 기본적인 의식주 문제마저 제대로 해결하지 못하고 있다. 한반도는 지정학적으로 볼 때 대륙과 해양으로 진출하기 유리한 위치임에도 불구하고, 분단으로 지리적 이점을 충분히 살리지 못하고 있다. …… 이러한 이유로 통일은 반드시 필요하다. 우리에게 절실한 과제인 통일은 …… 남북한이 가지고 있는 자원을 상호 보완하여 이용할 수 있게 된다. 나아가 통일은 한반도에서의 긴장을 없애고, 동아시아 지역은 물론 세계평화와 안정에 이바지할 것이다. [참고 자료] 독일의 통일 과정과 통일 후 문제와 해결

관적으로 보이도록 했으며, 김구, 김규식 선생을 비롯한 민족 지도자들의 좌절된 통일 정부수립 노력을 다루었다. 다음으로 통일의 필요성과 관련된 서술을 보기로 하자.

통일의 필요성을 서술하면서 미래엔 교과서는 정서적 접근 속에서 분단의 고통, 전쟁 위험 감소 등 절박한 현실 문제를 해결하기 위한 대안으로 시작하여, 분단의 해소가 남북의 공영에 기여한다는 점을 설명하고 있다. 지학

표 6-5 **분단의 극복 방안, 또는 통일을 위한 노력**

동아출판(주), 199쪽	(주)미래엔, 193쪽	(주)지학사, 208쪽
개성공단과 같은 경제협력을 확대하여 남북한 간의 경제적 격차를 최소화하려는 노력이 필요하다. 더불어 남한 경제의 지속적 성장을 통해 통일에 필요한 비용을 미리 확보해 두어야 한다. …… 문화적 격차를 최소화하기 위해서는 스포츠를 비롯하여 예술, 학술 등의 문화적 교류를 확대해 나가야 한다. 정부 차원에서 분단극복을 위한 정책을 마련하고 …… 시민들의 역할이 중요하다. [사진 자료] 대북 구호물자 지원, 남북 경협 공장, 남북 스포츠 교류, 2007년 남북정상회담.	분단을 극복하기 위해서는 남북한의 주도적인 노력과 함께 주변 국가의 지지와 협력이 필요하다. 따라서 우리는 남북 간의 지속적인 대화와 교류를 통해 민족 내부의 힘을 모으는 것과 동시에, 통일에 유리한 국제적 환경을 조성하기 위한 노력을 계속하여야 한다. 한편, 통일을 위한 노력은 민간 차원에서도 필요하다. [사진 자료] 7·4남북공동성명, 2000년 6·15남북공동선언, 개성공단, 남북 여자 축구대회.	그렇다면 남북 간 인적 교류와 경제적 협력 이외에 통일을 앞당기는 데 필요한 노력으로는 어떤 것들이 있을까? 우선, 능동적인 외교로 통일의 당위성에 대해 국제사회의 동의를 이끌어내야 한다. …… 또한 분단이 장기화되면서 민족의 동질감이 약화되고, 통일의 당위성에 대한 인식이 점차 낮아지고 있다. 이를 극복하고 통일을 담당해야 할 세대인 청소년들은 건전한 통일관을 확립해야 한다. [사진 자료] 2000년 6월 남북정상회담, 이산가족 상봉, 개성공단.

사 교과서는 분단으로 인한 이질성 문제의 심각성을 해결하는 방안이라는 점에서 시작하여, 흡수 통일을 전제한 상태에서 북한 주민이나 이산가족의 문제를 해결해 주는 데 역점을 두고 남북의 경제적 이익(통일 편익)과 평화를 설명하고 있다. 동아출판은 당위적 문제로부터 출발하여, 서술 방식이 청소년들의 정서와는 거리가 있어 보인다. 세 교과서의 공통성으로는 통일 편익을 강조하는 것을 들 수 있다. 다음으로 분단의 극복 방안, 또는 통일을 위한 노력과 관련된 서술을 살펴보자.

동아출판과 지학사 교과서가 제시한 분단 극복 방안은 남한 중심의 흡수 통일을 전제하는 인상이 강한 반면, 미래엔 교과서는 남북 공동의 노력을 강조하는 점이 두드러진다. 또한 미래엔과 지학사의 서술은 정치·외교적 노력을 중시하지만, 미래엔 교과서는 남북의 주도적 노력을 우선시하고, 지학사는 능동적 외교만을 강조하고 있다. 동아출판과 미래엔은 민간 차원을 포함한 각계의 노력을 강조하는 반면, 지학사는 청소년의 건전한 통일관 확립을

표 6-6 **북한 개방과 남북 교류**

(주)교학사, 118~121쪽	(주)금성출판사, 112~115쪽	(주)미래엔, 104~105쪽
북한은 중앙집권적인 계획경제 체제를 수립하여 국가에서 모든 경제활동을 계획·관리했다. 그러나 1990년대 이후 경제난이 심각해지면서 계획경제체제의 유지가 어려워졌다. …… 또한 북한의 주요 무역시장이었던 중국, 러시아 등 사회주의국가들이 개방정책을 실시하면서 자원수입이 줄고 수출시장이 축소되었다. 여기에 홍수, 가뭄 등의 자연재해까지 겹치면서 경제난이 심화되었다. 이러한 문제점을 극복하기 위해 북한은 경제정책의 변화를 시도했다. [참고 자료] 북한의 기대수명 …… 그러나 개방 지역의 기반시설이 부족하고 정치적 불안정이 지속되고 있으며 외국 투자기업에 대한 제한이 많아 성과에 한계를 드러내고 있다.	북한은 체제적인 특성상 전 세계에 대한 전면적인 개방을 거부하면서 개방과 고립을 반복하고 있다. …… 북한 내부 경제가 악화되면서 폐쇄정책에서 벗어나 개방정책을 부분적으로 시도하고 있다. 북한이 개방정책을 시도한 것은 1990년대 초 옛 소련 및 동부 유럽에서 진행된 사회주의정권 붕괴와 1980년대부터 시작된 중국의 개방정책 때문이었다. 이와 같은 국제사회의 변화는 …… 북한이 개방을 시도하도록 자극을 주었다. …… 나진-선봉 경제무역지대는 1991년 북한에서 처음으로 개방된 지역 …… 금강산과 개성은 비무장지대와 가까운 곳으로 남북교류의 핵심지역으로 부상했으나, 2000년대 말 남북관계가 경색되면서 교류는 다시 중단되었다.	북한은 오랫동안 폐쇄적인 경제체제를 유지하고 중공업 우선정책을 실시하면서 경제가 어려워져서 대외개방을 통한 경제발전이 필요하게 되었다. 이에 따라 북한은 …… 외곽의 국경 인근지역을 중심으로 개방을 추진했다. 주요 개방지역으로는 나진·선봉 경제무역지대와 신의주, 개성 공업지구, 금강산 등이다. …… 또 휴전선에서 가까운 개성공업지구는 남북교류와 경제협력사업을 제도적으로 뒷받침하는 계기가 되었고, 금강산은 관광산업을 기반으로 특별구역이 설치되었으며, 남북교류사업이 활발하게 진행되었다. [자료 1] 개성공업지구의 입지 특성 [자료 2] 개성공업지구가 가지는 장점

서술하고 있다. 체험 활동에서 미래엔은 '평양으로 떠나는 여행'을 실어 긍정적 통일관을 제시했는데, 지학사는 '통일에 대한 찬성과 반대'를 묻는 토론을 제시하여 논쟁적으로 해당 교과를 마감하고 있고, 동아출판은 동질감 회복 방안을 묻는 질문으로 마감하고 있다.

다음으로 중학교 3학년 사회과 교과서를 분석해 보도록 하자. 3학년 사회과 교과서는 다섯 개 단원으로 구성되어 제5단원 '통일 한국의 미래'에서 주로 통일 관련 내용을 다루고 있다. 3종의 교과서는 각각 두 개와 세 개의 장으로 구성되어 있지만, 주요 항목은 북한의 개방, 백두산과 비무장지대, 국토 통일과 통일 후 미래 등으로 구성되어 있다. 여기서는 우선 북한 개방

표 6-7 **비무장지대**

(주)교학사, 124~126쪽	(주)금성출판사, 118~119쪽	(주)미래엔, 109~112쪽
우리나라는 한국전쟁이 끝날 무렵 정전협정을 맺어 비무장지대를 설정했다. …… 비무장지대는 야생 동식물의 천국이자, 수많은 유적과 유물, 문화재가 산재해 있는 역사·문화적 공간이다. 이 지역은 오랜 시간 동안 사람들의 출입이 통제되었다. 전쟁으로 파괴되었던 생태계는 인간의 간섭 없이 복구되었으며 세계적인 자연생태계의 보고가 되었다. …… 최근에는 국제 평화마라톤대회, 생태 평화 자전거 대행진과 같은 다양한 행사가 개최되고 병영체험, 자연생태체험 등 주변 지역 관광이 활발해지면서 문화적 공간으로 거듭나고 있다. [참고 자료] 비무장지대 지도.	비무장지대는 남북한 사이에 설치된 군사분계선(휴전선)이 지나는 지역을 말한다. …… 1990년대 이후 국제적인 탈냉전, 국내 정치의 민주화 등과 함께 남북한의 갈등이 완화되면서 비무장지대에 대한 인식도 많이 바뀌었다. …… 이 일대는 지난 50여 년 동안 국가 안보상의 이유로 출입이 엄격히 통제되었기 때문에 환경보전상태가 매우 뛰어나다. …… 이러한 노력은 남북관계에 긍정적인 영향을 줄 뿐만 아니라, 국제적으로 비무장지대가 분단의 상징에서 동아시아 평화의 상징으로 자리 잡는 계기가 될 것이다. [참고 자료] 비무장지대 지도.	'민통선 이북 비무장 지대의 OOOO 생수'는 …… 비무장지대가 청정지역이 된 이유는 무엇일까? …… 그러나 한반도를 동서로 가로지르는 이 지역은 군사시설 보호와 군 작전을 위해 오랫동안 민간인의 출입이 통제되어 세계에서 유례를 찾아보기 어려운 독특한 경관이 나타나고 있다. 이곳의 경관은 민간인 통제에 따라 환경이 잘 보전되었고, 다양한 습지 생태계와 2,000여 종의 동식물이 서식하며, 81종의 멸종위기 종과 보호 종이 존재한다. [참고 자료] 비무장지대 지도, DMZ는 살아 있다, 비무장지대와 제4차 국토종합계획, 접경지역의 이용 방안.

과 관련된 서술을 살펴보도록 한다.

교학사 교과서는 북한이 계획경제와 폐쇄경제의 내부 문제, 사회주의 개방 정책과 북한의 자연재해가 겹쳐서 경제를 개방하게 되었다고 배경을 설명하되, 외자 유치 제한으로 성과에 한계가 있다고 지적했다. 한국 현대사에서 진보적 교과서로 알려진 금성출판사 교과서조차 북한 폐쇄경제의 문제점을 지적하고, 1990년대 옛 사회주의국가나 중국의 개방에 자극을 받아 개방하게 되었다고 서술하는 것은 교학사와 유사하다. 다만, 금성출판사 교과서는 북한이 개방을 했음에도 불구하고 성과가 적은 이유를 최근 남북 관계의 경색에서 찾는 점이 관점의 차이라 할 수 있다. 미래엔 교과서는 북한의 개방 이유로 폐쇄경제하 중공업 우선 정책에 의해 경제가 어려워진 점을 지적하고, 북한 자신의 경제적·지리적 특성에 따른 개방을 추진하고 있다고 하여 긍정적인 점을 시사했다는 점에서 앞의 두 교과서의 서술과는 차이를 드러냈다. 다음으로 비무장지대(Demilitarized Zone)와 관련된 서술을 보도록 한다.

비무장지대는 전 시기 사회 교과서에서 제대로 다뤄지지 않은 내용이나, 이명박 정부의 2009년 개정 교육과정 고시 이래로 출간된 모든 사회 교과서에서 다루고 있다. 위의 세 교과서는 모두 정부 측 자료를 토대로 비무장지대를 서술하고 있다. 비무장지대의 특성을 상세히 설명하고 있는 것은 교학사 교과서이지만, 현재의 문제를 지적하고 있는 것은 (주)미래엔이다. "휴전 상태에서 비무장지대를 사이에 두고 남한과 북한이 경쟁을 벌인 결과 일부 지역은 비무장지대의 너비가 수백 미터에 불과한 곳도 있다"라는 내용이 포함되어 있다. 실제로 비무장지대는 남북의 수많은 중화기가 배치된 군사적 위험 지역(김영봉·이승복·김은정, 2009: 38)이다. 또한 그곳은 세계적으로도 지뢰 문제가 가장 심각한 곳으로 언급되고 있다(조동준, 2011: 36~37).[17] 청소년들이 배우고 생각하는 책에 희망을 제시하는 것은 교육적으로 대단히 중요하지만, 현실을 은폐하는 것은 희망이 아니라 망상을 불어넣을 수 있다. DMZ와 평화라는 주제는 분단과 잠정적 대결 상황을 제대로 인식하고 평화적 해결 방안을 고민할 수 있도록 이끌어야 할 것이다. 다음으로 국토 통일의 의미를 비교해 보도록 한다.

국토 통일이란 개념은 2000년대 중반까지 사회 교과서에서 사용되지 않았으나 2009년 개정 교육과정 이후 등장했다. 금성출판사 교과서는 국토 개념을 지리적으로 국한해 사용하지는 않았다. 반면 교학사와 미래엔 교과서는 동아시아의 지리학적 조건 속에서 통일의 문제와 비전을 제시했다. 교학

---

17 또한 보고에 따르면 "남북은 지뢰를 비무장지대에 대한 주요한 군사적 방어수단으로 삼아왔다. 현재 남쪽에는 약 120만 개의 지뢰가 깔려 있고, 북쪽 역시 비무장지대를 따라 약 1백만 개를 매설해 놓았다"고 한다(서재철, 2002: 97).

표 6-8 국토 통일의 의미

(주)교학사, 128~135쪽	(주)금성출판사, 120~121쪽	(주)미래엔, 113~116쪽
우리나라는 세계화 시대의 리더 역할을 하기에 좋은 지역에 위치해 있다. 하지만 이를 위해서는 통일이라는 과제를 먼저 해결해야 한다. 동북아시아와 세계의 중심에 우뚝 설 통일 국토의 모습을 그려보자. …… 반도국인 우리나라는 대륙과 해양에 위치한 여러 동북아시아 국가들을 연결하는 전략적 관문으로 허브 역할을 수행할 수 있다. …… 이러한 역할이 현실화되기 위한 전제조건은 통일이다. [자료] 주요 권역별 GDP의 세계 비중 [자료] 철의 실크로드, 경원선, 대륙 철도 연결 노선도, 국토 분단의 아픔, 통일 국토의 잠재력	국토통일은 우리 민족이 조화를 이루면서 살았던 생활공간을 회복하는 것이며, 분단으로 인해 상실된 국토의 일체성을 복구하는 것이다. 국토의 통일은 분단으로 인한 언어와 문자를 비롯한 문화의 이질화를 극복하기 위해 필요하다. 또 남북 간의 대치상황으로 인한 불필요한 인적·물적 자원의 소모를 막기 위해서도 필요하다. …… 특히, 통일 이후를 대비한 교통로의 복원과 확충이 반드시 필요한데, 이는 통일 이후 남북교류의 필수적인 기반이 되기 때문이다. [자료] 남한과 북한의 언어 비교 [자료 1] 한반도와 유라시아 대륙의 철도 [자료 2] 현재 러시아로의 상품 수출 경로	우리나라는 유라시아대륙의 끝에 위치하여 해양으로 진출하기에 유리하다. …… 그러나 광복 이후 남북분단으로 인해 대륙으로 향하는 길이 가로막힘으로써 지리적 이점을 상실하여 우리 민족의 역량을 제대로 발휘하지 못하고 있다. 앞으로 북한과 통일을 이루어 대륙으로 진출할 수 있는 기틀을 다지면 동아시아의 평화와 번영에 기여하게 될 것이다. 그리고 우리 민족의 역량이 최대로 발휘되어 동아시아뿐만 아니라 세계적인 핵심 국가로 발돋움할 수 있게 되어 …… [자료] 개방형 국토 축 [자료 2] 동아시아의 허브를 꿈꾸는 인천국제공항 [자료] 대륙으로 이어지는 철도망 [자료] 아시안 하이웨이

사 교과서는 남한 중심적으로 서술되어 통일을 부차적으로 서술하는 경향이 있다. 반면 미래엔 교과서는 '북한과 통일을 이루어 대륙으로 진출'한다는 비전을 분명히 밝힘으로써 통일의 실제적 과제와 비전을 제시하고 있다.

4. 맺음말: 반공·반북과 통일의 딜레마, 극복 과제

이상에서 중학교 사회 교과서를 분석하여 탈냉전 이후 학교 통일 교육이 통일과 반공·반북의 사이에서 딜레마에 빠져 있는 상황을 발견할 수 있었다. 만일 통일 교과 수업에 참여해 관찰하거나 현장 교사나 학생들을 인터뷰

한다면, 더 풍부하게 문제점을 발견하고 그 대안을 찾을 수 있을 것이다. 그럼에도 이번 문헌 분석만으로도 통일 교과 지식의 문제점뿐만 아니라 통일 환경, 대북 정책과 대북 인식의 문제점을 발견할 수 있었다. 중학교 사회과 교과서는 시기별, 교과서 편찬 주제별, 출판사별로 교과 지식 서술의 강조점과 차이가 엿보인다. 확실히 국정교과서에 비해 검정 교과서는 출판사별로 일정한 다양성과 강조점의 차이를 드러내기도 한다. 그럼에도 검정 교과서들이 자유민주주의나 남한 중심의 통일, 안보나 통일 편익 강조, 비무장지대에 대한 비현실성과 낭만화 경향, 국토 통일 개념의 사용 등을 공통적으로 보여주고 있는 것은 근본적으로 통일관의 다양성을 불허하는 정부의 방침, 즉 통일교육지원법이나 통일 교육 지침서 등이 결정적 영향을 미쳤기 때문이라고 볼 수 있다. 21세기 교과서에서 열린 지식을 추구하는 범교과 교육과정, 즉 체험 학습 방식을 도입했다고 하지만, 통일 교육은 여전히 정부 지침이 '정답'이 되는 닫힌 지식, 정답이 당연시되는 교육으로 남아 있는 것이다. 이제 탈냉전시대 한국의 중학교 사회과 교과서 분석을 통하여 여러 가지 특징과 문제를 정리해 보도록 한다.

첫째, 통일 교육은 통일과 반북의 딜레마에 놓여 있다. 1972년 7·4남북공동선언 이후 통일을 다소 강조했으나 큰 틀에서는 반북에 기초한 반공 교육이 지속되었다. 이념형으로 보면 반공주의는 사회주의나 공산주의를 반대하는 이념·사상·이론이나 정치체제, 사회운동이다. 현실적으로 냉전시대에 미국의 반공주의는 반소주의 경향이 강했다(개디스, 2003). 또한 서독의 반공주의는 반소주의보다는 동독과 서독 내부의 적(공산주의자)을 겨냥한 것이었다(크로이츠베르거, 2015: 45). 한국의 초·중등 학교교육에서는 사회주의나 공산주의에 대한 사상이나 이론적 검토가 거의 생략된 채 북한이나 정부에 대한 반대자들을 반대하고 적대시하는 반북주의가 반공 교육의 목표였다. 이렇게 반공을 앞세운 통일 교육은 통일 없는 반공 교육이었고, 학생들에게 대북 적대감과 두려움, 혐오감을 키워줬다. 그 결과 청소년들은 북한뿐만 아니라 통일에 대해 부정적으로 인식하는 경향이 강했다.

그러나 세계적 탈냉전 이후, 적어도 한반도에서 화해 분위기가 조성되기 시작한 1990년대 이래로 학교교육에서 공식으로 통일 교육이라는 말이 전면에 사용되었다. 물론 학교교육 현장에서는 1990년대 중반에도 여전히 반공 표어 대회가 열리고, 반공 강연회가 개최되곤 했다(강준만, 1997: 37). 1999년 통일교육지원법이 제정된 후 2007년까지 북한에 대한 서술에 다소 균형감이 부여되기 시작했다. 그러나 2009년 개정 사회과 교육과정 고시 이후 학교 통일 교과서에서 북한에 대한 긍정적 시각은 사라졌다. 북한 사람이나 교육, 문화, 복지, 생활상 등을 다룬 내용은 사라지고, 경제 수준에 맞춰 경제난에 허덕이는 곳으로 서술되고 있다. 또한 통일 비용을 남한이 다 부담하는 흡수 통일 방식이 당연시되었다. 검정 교과서들을 보면 일부 교과서를 제외하고는 대개 통일의 준비 주체는 남한이고, 북한은 시혜의 대상으로 그려져 있다. 청소년들의 관점에서 과연 천문학적인 통일 비용을 들여야 하는 북한과의 통일을 수긍하고, 좋아할 수 있을까? 최근의 통일 교육이 안고 있는 반북과 통일의 딜레마이다.

둘째, 통일 교육의 방식과 관련된 문제를 검토해 보자. 반공 교육이건 통일 교육이건, 애초부터 특정 과목이나 단원만으로 진행되기 어려운 특성이 있다. 공산주의를 철학이나 사상, 윤리, 정치 영역만이 아니라 경제, 사회·문화, 심리 등 다양한 영역에 걸쳐 이해해야 하듯이, 북한도 국가, 사회와 문화, 사람에 관련된 총체적인 문제이므로 다면적으로 살펴보지 않으면 안 된다. 그러기에 반공 교육이나 통일 교육은 사회, 역사, 국어 등 다양한 영역에서 범교과적으로 다뤄야 한다. 실제로 정치체제 중심 접근에서 사회·문화적인 접근으로 확산되어야 한다는 요구가 북한 및 통일 문제 전문가들에 의해 꽤 오래 전부터 나왔다(황인표, 2014: 17~18). 그러나 앞에서 언급했듯이 통일 관련 교과 교육 시간은 1년에 많아야 5시간이고, 적게는 1~2시간 정도에 불과하다. 과연 이런 제한된 수업 시간으로 통일에 대한 동기 부여를 제대로 할 수 있을까? 통일 편익을 상쇄해 버리는 통일 비용 문제로 통일 부담감을 느끼고 있는 학생들에게 현재의 통일 교육은 과거의 반공 교육만도 못한 배움이 되어버린 것은 아닌지 모르겠다.

성찰성과 비판성, 창의적 사고력을 죽이는 교과서, 즉 닫힌 지식은 교과 지식의 권력화, 신화화를 추구할 뿐이다(엄기호, 2000: 127). 심지어 학교 교과는 시험에만 필요할 뿐 실생활에 전혀 도움이 되지 않는 것(신춘호, 2007: 57)으로 받아들여진 지 이미 오래다. 최근 교육 당국이 천편일률적 교과서 중심 교육을 지양하고 현장 체험 학습 등을 강조하면서, 표피적이나마 열린 교육으로 변화하는 움직임이 서서히 일어나고 있다. 그러나 통일 교과 지식은 분단과 통일을 성찰적으로 이해하고 통일의 필요성과 방식을 학생 자신의 실생활과 관련지어 다양하게 또한 주체적으로 이해할 수 있는 기회를 원천적으로 봉쇄해 왔다. 통일 교과 지식은 학생을 국가주의적 이데올로기를 습득하는 대상으로 만들어버렸다. 그야말로 통일 교과 지식은 이데올로기 교육으로서 비인간화된 교육과정과 방식(김봉석, 2010: 3)에 멈춰 있다.

셋째, 통일 교육에서 제시하는 통일의 주체를 문제 삼지 않을 수 없다. 2000년대 중반까지는 남북이 공생·번영하기 위하여 화해·협력해야 하고, 남북 주민이 주체가 되어 통일을 해야 한다고 서술되었다. 그러나 2009년 교육과정 이래로 많은 교과서에서 통일의 주체는 남한이 되어버렸다. 우리의 파트너는 북한 이탈 주민이고, 북한 사람들은 머지않아 북한 이탈 주민과 같은 존재가 될 것이라 상정하고 있다. 남한 사람들은 북한 이탈 주민에게 친절과 배려를 베풀고, 그들이 남한 사회에 잘 적용하도록 도와줘야 한다. 그야말로 남한 사람은 시혜를 베풀고, 북한 사람은 시혜를 받는 존재이다. 이러한 주체와 타자의 이원화된 인식이 내재화·내면화되면 어떻게 상호 존중감이나 상호 주체 의식이 형성될 수 있는가? 남한에 거주하는 북한 이탈 주민에 대한 남한 사람들의 무시가 이미 문제시되고 있지만, 청소년들이나 청년들이 북한 거주민을 무시하고 혐오하는 태도를 교육 현장에서 종종 접하게 된다. 대통령이나 여당 정치인, 지식인들이 통일 대박론을 아무리 말해도, 일반 국민은 물론 청소년 역시 통일을 불편하게 여기는 저변에는 북한 사람이나 북한에 대한 부정적인 태도가 내장되어 있다.

넷째, 통일 교육에서 제시하는 통일의 상호성 문제에 대해서도 살펴보자. 2000년대 이후 통일 교과 지식에서 남북 교류와 경협 관련 내용이 많은 비중을 차지하고 있고, 이는 실제 통일 과정에서도 남북 경제공동체 형성을 위해 중요한 부분이다. 그러나 여러 교과서는 남북 경협이나 경제 교류, 인도적 지원 등을 북한에 시혜를 베푸는 행위로 서술하고 있다. 분명히 그런 측면이 강한 것은 사실이다. 그러나 시혜의 상호성은 부차시하거나 간과하고 있다. 예컨대 1998년 고 정주영 현대 명예회장의 방북이나 2000년 남북 공동선언이 직간접으로 1997년 남한의 외환위기를 극복하는 데 미친 영향을 서술한 교과서는 없다. 개성공업지구를 건설함으로써 남한의 중소기업이 안정적으로 숙련된 노동력을 확보하여 얻은 경제적 이득에 대해서도 거의 서술하지 않는다. 또한 비무장지대의 평화적 활용이라는 가치는 분단을 극복하는 데 대단히 중요한 소재이지만, 이것은 남북만이 아니라 유엔사를 포함한 미국의 문제도 깊숙이 개입된 국제 문제라는 사실을 배제함으로써 비무장지대를 평화의 공동체로 만들어가기 위해 남북이 상호간에 어떤 노력을 해야 하는가를 제대로 보고 있지 못하다.

마지막으로 비판적·성찰적 교육의 중요성을 다시금 강조하고 싶다. 비판적 인식은 새로운 관점, 방식, 대안, 지향을 찾기 위한 방식 또는 수단이지, 비판 그 자체가 목적은 아니다. 통일은 현재의 상태를 그대로 합쳐서는 가능하지 않다. 설령 독일이 서독 중심의 흡수 통일을 했다고 하더라도 생활수준이나 사회문화적으로는 화학적 변화를 거쳐서 독일의 정체성을 만들어가는 중이다. 그 화학적 변화에는 자연적 변화만이 아니라, 목적의식의 변화도 동시에 수반된다. 통일된 사회가 정글의 법칙이 적용되는 사회가 아니라, 모두가 공생하고 나누며 사랑할 수 있는 사회이며, 한반도 구성원만이 아니라 해외동포나 동아시아인들이 공생할 수 있는 사회가 되기 위해서는 철저하게 남북의 현재 상황을 비판하며 좋은 점을 확대하고 나쁜 점을 바꾸기 위해 노력해야 한다. 그런 의미에서 우리는 남북 모두를 제대로 비판하고, 상생할 수 있는 평화적 인성, 인권을 함양할 수 있는 교육을 해나가야 한다. 그러나 현재 우리 교육 현장에는 통일, 평화, 인권, 다문화 등의 범교과적 교육 주제와 단원만 있을 뿐 그것이 융합되어 비판적 사유를 가능하게 하고 새로운 에너지로 승화시킬 수 있는 교육 방법론이 부재하다.

더 근본적인 문제로는 2015년 국정 역사 교과서 문제를 둘러싼 논쟁에서 구체화되었듯이 역사를 포함한 사회 교과서는 최근까지도 닫힌 지식 중심이다. 통일 교육 지침서 역시 닫힌 지식을 강요하는 구조를 고착시키고 있다. 21세기 경제협력개발기구(OECD) 교육 강국의 위상을 재정립하고 세계와 소통하는 교육을 내실화하기 위해서는 닫힌 지식에서 열린 지식으로의 전환이 시급하다. 우리에게 필요한 것은 교육 지침서가 아니라 큰 틀의 교육 방향과 전망이다.

현재의 통일 교육이 21세기형의 또 다른 반공·반북 교육에서 벗어나기 위해서는 교육의 관점과 주체가 갇혀 있는 그 딜레마에서 빠져나와야 한다. 그 관점에 깔려 있는 남한과 북한을 선과 악, 발전과 저발전 등으로 구분하는 이분법적 교육이 아니라, 성찰할 수 있는 교육적 방법으로의 전환을 이루어야 한다. 또한 통일을 말하기 전에 냉전과 분단이 현재까지 우리에게 미치는 영향을 청소년들이 더 잘 이해할 수 있도록 도와줄 필요가 있다. 나아가 통일 교육의 목표는 민족지상주의적 통일이나 자본주의적 흡수 통일 의식을 형성하는 것이 아니라, 한반도와 동아시아에 평화를 정착시킬 수 있는 통일 인식으로 전환되어야 한다. 더 나아가 역사교육을 포함한 사회과 교육 제1의 목표인 민주 시민 형성을 위해 획일화된 지식과 정답을 수동적으로 암기하게 하는 교육이 아니라, 열린 지식과 비판적 사고력을 함양하는 데 기여할 수 있는 교육이 되어야 한다. 이러한 열린 지식과 열린 교과서가 세상과 소통할 수 있는 학교교육을 이루어낼 것이다.

:: **참고문헌**

강준만. 1997. 「반공교육과 교권유린」. ≪초등우리교육≫, 6월 호.

개디스, 존 루이스(John Lewis Gaddis). 2003. 『새로 쓰는 냉전의 역사』. 박건영 옮김. 사회평론.

교육과학기술부. 2011. 『사회지도서 6-1』. 두산동아.

교육부. 1999[1995]. 『중학교 사회 1』. 대한교과서주식회사.

______. 2001. 『초등학교 교사용 지도서, 사회 6-1(실험본)』. 대한교과서주식회사.

권혁범. 2000. 「통일교육에서 탈분단 시민교육으로: 평화. 인권 그리고 차이의 공존」. 민족화해협력범국민협의회. 『전환기의 민간통일교육』(발표 자료집).

김명정·전훈. 「사회과 검정 교과서의 내용 오류 문제: 검정 심사 단계의 오류 최소화 방안을 중심으로」. ≪사회과교육≫, 54권 2호, 1~4쪽.

김봉석. 2010. 「지식과 이데올로기: Karl Mannheim 지식사회학의 교육과정학적 함의」. ≪교육과정연구≫, Vol. 28. No.3, 1~25쪽.

김영봉·이승복·김은정. 2009. 『비무장지대 평화적 이용을 위한 남북한 협력사업 추진에 관한 연구』. 국토연구원.

김정욱. 2013. 「역사 교과서 논쟁에 관하여 미국의 교과서 발행제도는 무엇을 시사하는가?」. ≪역사와 문화≫, 26호, 20~29쪽.

김정인. 2015. 「역사 교과서 논쟁과 반공주의」. 김동춘·기외르기 스첼·크리스토프 폴만 외. 『반공의 시대: 한국과 독일. 냉전의 정치』. 돌베개.

김진경. 1988. 「분단이후 반공교육의 전개과정」. ≪실천문학≫, 53~73쪽.

김진숙. 2014. 「통일 전 독일의 '독일 문제에 대한 교육지침서'와 한국의 '통일교육지침서' 비교」. ≪비교교육연구≫, 24권 4호, 29~55쪽.

김홍수. 2014.「이명박 정부 시기 중등학교 도덕과 통일교육의 변화와 평가」. ≪한국민족문화≫, 51권, 427~458쪽.
박찬석. 2011.「도덕과의 통일교육 연구」. ≪도덕윤리과교육≫, 32호, 219~242쪽.
______. 2003.『통일교육. 갈등과 분단을 꿰뚫는 평화의 길찾기』. 인간사랑.
서재철. 2002.「비무장지대 지뢰제거사업을 세계인의 평화축제로!」. ≪민족21≫, 6월 호.
신춘호. 2007.「교과는 왜 가르치고 배우는가?: 교과지식의 성격에 관한 세 가지 관점」. ≪중등우리교육≫, 213호, 56~61쪽.
심용환. "국정화·위안부 … 연말연시 집어삼킨 '역사전쟁' 이제 시작". ≪노컷뉴스≫, 2016년 1월 1일 자.
엄기호. 2000.「교과서란 무엇인가 4: 신화로서의 교과서」. ≪중등우리교육≫, 121호. 121~128쪽.
오인석 외. 2001.『중학교 사회 1: 교사용 지도서』. 두산.
이도형. "교육부, 주체사상 교육과정에 명기…野 "황당무계"". ≪세계일보≫, 2015년 10월 14일 자.
정연욱. "정부, 통일대비 교육지원법안 정기국회 제출키로". ≪동아일보≫, 1997년 7월 3일 자.
조동준. 2011.「정치 환경의 변화와 대인지뢰금지규범의 확산: 대인지뢰에 대한 의제화(framing)와 한국대인지뢰대책회의의 활동을 중심으로」. ≪평화학연구≫, 12권 1호, 27~57쪽.
진주교육대학교 국정도서편찬위원회 엮음. 2015.『초등학교 사회 6학년 1학기 교사용지도서』. 천재교육.
차경수 외. 2001.『중학교 사회 1』(전시본).
크로이츠베르거, 슈테판(Stefan Kreutzberger). 2015.「"공산주의를 물리치라": 2차 세계대전 후 독일에서의 정부·비정부 대공 심리전」.『반공의 시대』. 돌베개.
통일부 통일교육원. 2004.『통일교육지침서(학교용)』. 통일부 통일교육원.
______. 2014.『통일교육지침서(학교용)』. 통일부 통일교육원.
한만길 외. 2000.「남북한 화해협력 촉진을 위한 통일교육의 과제」. 통일연구원.
황인표. 2014.『새로운 패러다임의 통일교육론』. 울력.
Research & Research. 2014.「2014년 학교통일교육 실태조사 보고서」.
≪동아일보≫, 1998년 2월 12일 자. "인수위 선정 차기정부 100大 국정과제".
≪동아일보≫, 1971년 9월 9일 자. "「통일교육지침서(統一教育指針書)」 마련 김 통일원(統一院) 4대국 보장론 불가능".
≪동아일보≫, 1973년 7월 26일 자. "반공교육지침서(反共教育指針書)도 편찬 반공교과서(反共教科書) 일부 수정(修正)".
≪동아일보≫, 1971년 9월 28일 자. "「통일교육(統一教育)의 방향(方向)과 문제점(問題點)".

7장

냉전기 서독 반공 교육의 변화와 쟁점

사회과 교과서에 나타난 반공 교육과 다원주의적 관점

유진영

1. 머리말

제2차 세계대전 이후 동서 갈등의 결과로 1949년 독일연방공화국(서독)과 독일민주공화국(동독)이 수립되었다. 서독은 서방 3개국이 분할 점령했고 동독은 구소련이 점령했다(이규영, 2002: 52~54; Creuzberger and Hoffmann, 2014: 1). 국경선의 분할이 정착되는 과정을 통해 1950년대와 1960년대에 연방공화국과 동독의 정치가 안정세로 접어들었다. 그러나 1961년 8월 13일 베를린장벽이 세워지면서 동·서독의 분단은 현실적으로 피할 수 없는 현상이 되었다. 그 후의 과정은 냉전의 대립이 아닌 '긴장완화'와 '평화공존'의 정착 단계로 접어들었다. 서독 정부의 통일 정책 변화도 이에 따라 이루어졌다. 기민당(CDU) 소속 아데나워 총리의 '힘의 정치'와 사민당(SPD) 소속 브란트 총리의 사민-자민 연정이 추진한 '동방정책'이 이러한 변화를 결정하는 중요한 역할을 했다(이철용, 2009: 97~215쪽; 권오중, 2007: 34~46; Weller, 2001).

냉전의 상황에서 양 국가의 이념 투쟁이 두드러지게 나타났다. 서독은 수립 직후부터 전체주의 체제에 반대했기 때문에 반나치즘과 반공산주의 정책을 취했다. 아데나워 집권(1949~1963)의 서독 정부에서 네오나치당(NPD)뿐 아니라 1951년 공산당(KPD), 공산당 청년 단체인 '자유독일청년(FDJ)' 같은 조직은 금지되었다(최승완, 2006: 231~232; Abendroth et al., 1968).[1] 이처럼 반공주의는 서독 사회의 체제 수호를 위한 정치적 정체성이 되었다. 서독의 반공주의는 1945년 이전부터 존재했으나 냉전이 심화되면서 반공주의는 사상 영역을 떠나 서구와 철의 장막 뒤에서 이념적·정치적 대결을 하게 되었다(Creuzberger and Hoffmann, 2014: 2~3). 구소련과 미국에 대한 양대 강국의 이데올로기로서 반공주의에 대해 1970년대와 1980년대에 수정주의(Revisionism)와 반수정주의(Anti-revisionism)라는 서로 다른 해석이 대치했다(Creuzberger and Hoffmann, 2014: 3~5).[2] 최승완의 연구는 독일은 분단으로 인해 동·서독이 각각 다른 진영에 편입됨으로써 냉전의 국제질서는 독일에서 내부 냉전으로 재편성되었다고 보았다. 이러한 냉전의 여파는 서독 사회에 공산주의의 위협에 대한 두려움과 호전적 반공주의를 확산시켰다. 불신과 적대감에 근거한 반공주의는 적과 동지의 이분법적 인식 구도를 고착시켰고 공산당과 진보 세력에 대한 정치적 불관용, 사상과 언론의 자유 탄압, 맹목적 애국주의와 자의적 정치재판을 야기했다(최승완, 2006: 205, 234~235; Stöver,

1 이뿐 아니라 반공에 대한 사건으로 서베를린에서 1968년 4월에 루디 두치케(Rudi Dutschke) 암살 시도가 있었다.

2 한국에서 민주주의와 공산주의의 개념에 관하여 김정인(2013: 224~229) 참조.

2001; Nolte, 1985; http://www.bpb.de/geschichte/zeitgeschichte/deutschlandarchiv/136249/antikommunismus-zwischen-wissenschaft-und-politischer-bildung?p=all).

반공주의 체제에서 서독의 교육은 어떻게 실시되었을까? 독일 학교에서 정치 교육이 고유한 교과로 자리 잡은 것은 1960년대 정치 교육을 위한 교수학이 본격적으로 정착되면서부터다. 정치교육 등 민주 시민의식 고취 관련 교과가 학교교육에 도입되었고 사회 과목(Sozialkunde)이 통합적으로 다뤄졌다(강구섭, 2012: 47; Führ, 1997: 8~12). 학교에서 정치 교육의 실시 여부는 각 주의 관할 사항이었다.[3] '학교 교과'로서 정치교육은 주별로 다양하게 지칭되며 수업 시수도 매우 다르게 나타났다. 일부 주에서는 정치 교과목 수업을 5학년 또는 7학년부터, 어떤 주에서는 10학년이나 11학년의 고학년에서 시작했다. 수업 시수는 일반적으로 주당 1, 2시간을 배당했다(신두철, 2015: 48~49).

1960년대 정치 교육의 교수학적 과제는 주로 교과의 목표와 근거, 학습 내용, 학습 방법론이었다. 당시 가장 중요한 질문과 이론적 문제는 '수업에서 정치 현상에 대해 구조적으로 특징을 파악하기'와 '민주적 다원주의 방향의 수업 목표 설정'이었다. 수업에서 정치 현상을 다룰 때는 '사례 원리', '기본 원리', '범주 교육' 등과 관련된 사안이 제시되어야 했다. 학생들에게는 당

3 서독의 교육 정책 결정권은 주 정부에 있으며 교과 교육과 관련하여 교육과정(Lehrplan und Richtlinie)에서는 교과서의 집필 기초를 형성하고 사회의 다양한 견해를 통합하는 노력을 하며 교과서들은 검인정 체제로 유지되었다(간제, 1992: 196~197; 유진영·박균열, 2014: 190~191). 교육과정 외에도 큰 틀에서 교육과정 및 교과서에 영향을 미치는 요소로서 주별로 국가 수준의 교육 문제에 대해서 11개 서독 주 문교부 장관들의 상설 협의체인 문화부장관회의 KMK(Kultusminister Konferenz)가 있었다. 연방제로 인해 각 주의 교육이 서로 지나치게 이질화되는 것을 방지하기 위하여 마련된 제도였으며, KMK는 제2차 세계대전 종전 직후인 1948년에 만들어졌다.

대의 정치 현상에서 본보기로 선정된 사건을 통해 갈등 관계를 정확히 분석해 내거나 구체적인 사례나 보기를 통하여 일반화할 수 있는 능력을 갖추도록 요구했다. 이 외에도 사회과학적 관점에서 정치적 의미와 중요성이 있는 시사 논쟁거리를 다루어야 했다. 여기에는 환경문제, 국제화 및 세계화, 정치·경제·문화가 해당된다. 그 외에도 학생들은 정치 현상과 사건을 이해하는 데 있어서 권력·이해관계·효율성·정당성 등과 관련된 주제를 다루도록 교육받았다(신두철, 2005:47~48; 오일환, 1995: 528~533).

이후 독일의 통일 교육 지침서를 대표하는 1978년 「독일문제에 관한 교육 지침서」는 문화부장관회의(KMK)에서 발표되었다(http://www.kmk.org/home.html). 1970년대 서독 정부의 노력에도 불구하고 일반 서독 국민의 통일에 대한 인식이 저하되고, 초중등학교 교과서에 통일에 저해되는 내용들이 들어 있어 개선이 필요하며 이는 개별 주의 문제가 아니라 모든 주에 공통되는 것이라고 판단에서 이 지침서를 제정하게 되었다(Reuter, 1998: 262~263; 김진숙, 2014: 32~33쪽; 오일환, 1995: 532~533; 김진숙, 2014: 33~35).[4]

선행 연구와 관련해 고찰해 보면 독일에서는 동·서독의 역사 교과서에 대한 분석 작업이 이미 통일 이전부터 많이 진행되었다. 통일되기 전까지 동독과 서독의 역사교육은 국가적인 대립과 체제 경쟁 상태에서, 한편으로는 자신의 체제에 대해서는 역사적 정통성을 주장하고, 동시에 상대방의 체제에 대해서는 적국(敵國)의 이미지(Feindbild)를 전파했다. 서독에서 보는 동독의 역사교육은 위로부터 '학생들을 교조화하는 수단'에 지나지 않았고, 동독에서 보는 서독의 역사교육은 학생들이 '독점 자본의 지배에 순응하도록 만

4 「독일문제에 관한 교육 지침서」는 20쪽 남짓의 얇은 문서로, 글, 서문, 학교의 과제, 실제 수업에서 고려해야 할 유의점, 보충 사항, 교과서, 교사 양성 등 일곱 개 항목으로 구성되었다.

드는 도구'에 지나지 않았다.[5]

이 글에서는 냉전 시기에 분단을 경험한 서독의 관점에서 공산주의와 반공 교육이 학교에서 어떻게 이루어졌고, 어떤 관점에서 동독을 이해했는지 사회과 교과서 분석을 통해 유추해 보고자 한다.[6] 서독의 사회과 교과서에 나타난 동독인과 공산주의에 대한 이미지를 찾아 분석하고, 이 과정에서 1960, 1970, 1980년대 시기별로 반공주의 교육에서 주요하게 다루어지는 논점, 그 내용의 방향의 무엇인지를 고찰해 당시 학생들에게 공산국가에 대한 인식, 동독에 대한 체제 구성을 어떻게 전달했는지 추정해 볼 수 있다.[7] 여기서는 하우프트슐레, 레알슐레, 직업학교, 김나지움 등에서 많이 채택한 사회과 교과서를 분석했다.[8]

---

5 선행 연구로서 다음의 연구 등을 참고했다(강구섭, 2012: 45~69; 이병련, 2001: 105~137; 이병련, 2015: 183~223; 김승렬·신주백 외, 2005: 335~360; 한운석, 2008: 267~308; 김상무, 2011: 1~23). 최근 독일 학자와 한국학자가 공동으로 쓴 김동춘·스첼·폴만 외(2011: 172~173) 등 참조.

6 이 연구에서는 독일 브라운슈바이크의 게오르크에케르트 연구소(Georg-Eckert-nstitut für internationale Schulbuchforschung)에서 소장한 사회과 교과서들을 사용했다.

7 그러나 사실상 독일에는 교과서 출판사가 80개가 넘고 주마다 교육과정이 달라서 같은 출판사에서 개발한 교과서도 다양한 판이 있다. 이것을 모두 분석하는 것은 사실상 이 글의 한계를 넘는 것이라고 본다(한운석, 2009: 79~80).

8 이미지 분석에 대해서는 박재영·홍성욱·최문정 외(2009: 135~175), 박재영(2008: 351~378) 참고. 스테레오타입은 자아와 타자에 대한 지각이 객관적으로 있는 그대로의 실체 자체와 동일한 것이라기보다는 대상을 인식하는 주체의 인지적·감정적 요소에 의한 고정관념이나 편견이라는 필터를 거친 결과물이다. 역사적 스테레오타입 연구의 분석 대상은 통상적인 사료의 영역 외에도 여행기, 교과서, 신문기사, 각종 사전, 문학 작품, 그림, 사진, 삽화 등 다양한 언어 텍스트와 시각 자료로까지 확대된다. 이렇게 확대된 대상들을 분석함으로써 현재까지 사회의 저변에 지속적으로 영향을 주는 표상, 고정관념의 실체를 규명할 수 있다.

2. 교과서에 나타난 반공의 이미지와 다원주의 관점

1960년대는 동독과의 국경에서의 군사적 갈등, 쿠바 위기, 바르샤바 조약 군대의 체코슬로바키아 침입(Bischof et al, 2010: 510; Sander, 2005) 등으로 대표되는 동서 갈등의 시기였다. 그럼에도 불구하고 이 시기는 1949년에 합의한 우편 교류에 따라 1968년부터 1988년까지 동·서독인 간 교류가 지속되었다(최승완, 2014: 202~209). 냉전 기류가 다소 완화된 1963년 이후 동독 정권은 서독인에게 연 1회, 최대 4주 동안 가족 상봉을 위한 동독 방문을 허용했다(최승완, 2014: 214). 이 시기 사회과 교과서에는 동독과 공산주의를 어떻게 이해했는지 고찰해 보겠다.

1) 1960년대의 사회과 교과서(Sozialkundebücher)

Sehen beurteilen handeln(보다, 평가하다, 행동하다)(Frankfurt a.M.: Hirschgraben)[9]은 7학년에서 10학년까지 사용된 책으로, 볼프강 힐링엔을 둘러싼 정치적 좌파 작가 그룹의 책이며 1960년에 출판되었다. 1969년 개정된 후 1970년대에도 여러 차례 재개정되었고 1984년까지 발행되었다. 이 책은 공산주의에 대해 자세한 질문을 유도하며 공산주의의 다양한 형태를 다루지만 스탈린주의와 동독에서 '실제 존재하는 스탈린주의'와는 거리를 두고 있다(1976: 197~201). 그러나 내용 기술에 있어서 양 국가의 이데올로기가 민주주의와 공산주의라는 극단으로 양극화되지 않았다. 오히려 학생들이 양 체

9 *Sehen beurteilen handeln. Arbeits- und Lesebuch zur Politischen Bildung und Gesellschaftslehrer für die Sekundarstufe I*. Bearb. von Wolfgang Hillingen u.s. Frankfurt a. M.: Hirschgraben 1960ff., 9. Aufl. 1976, Neubearb. 1984.

제를 구체적이고 실제적으로 이해하도록 교육했다. 예를 들어 서독과 동독의 생활비(기본 식재료 및 고급 소비 제품)에 대한 표를 통해서 양 시스템의 장·단점을 토론할 수 있었다. 하위 섹션에서는 학생들에게 동독의 학교 제도에서 공민 수업의 목표에 대해 원본 자료를 보여주면서 서독의 학교에서 받는 자신들의 수업과의 차이점을 설명하도록 했다(1976: 198).

직업학교 학생을 위한 교과서 *Ordnung in Freiheit*(자유 안에서 질서)은 1968년 처음 출판되었고, 1970년대에 약간 수정된 버전이 출간되어 1983년까지 사용되었다. 이 교과서는 주요 목적을 "헌법의 서문에서 밝힌 것처럼 독일 전체 국민은 자유로운 결정으로 독일의 통일과 자유를 달성하는 일에 부름받았다"라고 밝혔다(1983: 3). 교과서 저자들은 이런 이유에서 학생들이 "중요한 사건을 인식하고 다른 독일에서는 이 사건이 어떻게 규정되어 있는지를 아는 것"이 필수불가결하다고 보았다. 그래서 전체 교과서는 이 점에서 대조를 이룬 구성을 취했다. 각 장(章, Kapitel)이 우선 서독의 상태를 설명하고 이후 "독일의 다른 곳에서"라는 별도의 단락에서 동독의 상태를 대조했다. 이 같은 대조를 통해 서독이 자유로운 국가로, 동독이 억압 상태의 국가로 각각 나타난다고 명확하게 설명한다.

국제정치적 맥락에서 1960년대의 갈등은 "공산 동유럽 국가들"이 행한 실제 위협에서 나타난 결과라고 설명했고 이를 막기 위해 북대서양조약기구(NATO) 국가의 긴급히 무장해야 할 필요성에 대해 기술했다. 그 외에도 이 책은 이데올로기로서의 공산주의에 대해 집중적으로 다루고 있다(1983: 4, 203~211). 이러한 이분법 구조가 동맹국과 적국의 이미지를 사전 작업하는 것으로 보일 소지가 있지만 이 위험한 방법론적 접근 방식은 두 가지 관점에서 이루어졌다. 한편으로는 사료에 근거해, 예를 들어 동독 헌법, '새로운 독일' 당 조직, 또는 공산당 청년 단체 '자유독일청년(FDJ)'의 법령을 직접 사용함으로써 이런 관점을 도출해 내었다. 다른 한편으로는 학생들 개개인에게 과제를 부여했고 시험도 각자 고민하도록 출제했다. 예를 들어 "동독의 사회주의통일당(SED)에 의존하는 조직이 인간의 자유로운 형상에 얼마나 강하게 관여하는가"라는 과제를 받으면 학생들은 "각자의 판단을 통해 그들의 가치관과 세계관을 만들어야 한다"라고 기술했다(Schütze, 2010: 303~305).

2) 1970년대 사회과 교과서(Sozialkundebücher)

동·서독 관계가 개선된 1970년대는 방문 여건이 대폭 개선되었다. 요컨대 1971년 12월 서베를린 시와 동독 정부 간에 체결한 '방문 및 여행 간편화 개선 협정(Vereinbarung über Erleichterungen und Verbesserungen des Reise- und Besuchsverkehrs)'과 1972년 5월 동·서독 정부 간에 체결한 교통조약을 바탕으로 서독 및 서베를린 주민은 횟수에 상관없이 연간 30일간 동독의 가족과 친척은 물론 친구도 방문할 수 있게 되었다. 나아가 관광 목적으로 동독을 방문하거나 여행사를 통한 관광도 허용했다(최승완, 2014: 201, 215~220). 한운석은 이 시기 서독의 교과서는 1970년대 이후 탐구형 학습서(Arbeitsbuch)로 발전해 갔고 학생들의 비판적 사고를 자극하는 문제 제기들, 다양한 시각에서 쓴 사료와 역사 해석들을 제공했다고 보았다(한운석, 2002: 230).

이 시기 출간된 교과서인 *Sozialkunde*[사회과(목)](Klett 1972, 1975)[10]는 정치 교육에 대한 교재로서 '서문'에서 다음과 같이 교육 목표를 밝혔다. "학생들에게 두 체제의 조건들과 결과의 다양한 관점을 알리기 위해", 그리고

---

10 *Sozialkunde. Lehr und Arbeitsbuch zur Politischen Bildung für die Sekundarstufe I (7.-10. Schuljahr).* Bearb. von Martin Greiffenhagen, Manfred Hättich u.a. Stuttgart: Klett 1972, 2. Aufl. 1975; Sozialkunde. Handreichungen für den Lehrer. Bearb. von Martin Greiffenhagen, Manfred Hättich u.a.(Stuttgart: Klett 1972).

"하나 이상의 답이 가능한 질문을 열어놓는 것"이다(1972: 3). '독일 민주공화국'이라는 장(1972: 155~173)은 1949년 이후 동독의 사회주의, 경제구조와 교육제도의 건설에 대해 설명한다. 책 전반에 걸쳐 중립적인 표현 방식을 취한 저자들의 텍스트는 동독과 서독의 사료를 통해 뒷받침되었다. 그래서 학생들은 부분적으로 저자의 주장을 스스로 평가할 수 있다. '국민에 대한 동독 지도부의 상태'라는 부제를 달아 서술한 부분에는 흥미로운 평가가 담겨 있다. 1953년 6월 17일 동독의 봉기 진압[11]에 대한 평가다.

> 동독 국민은 자신들이 서방으로부터 어떤 도움이든 받기를 바랄 수 없다. 사회주의통일당(SED)지도부는 전체주의 국가에서 지도부와 국민의 이해 충돌이 지나쳐서는 안 된다는 것을 명확히 알고 있다(1972: 170).

이같이 표현하면서 이와 대조적으로 서방 민주주의 국가는 극심한 정치적 충돌을 피하기 위해 노력한다고 표현했다.

앞서 살펴본 7학년부터 10학년까지 사용된 사회과 교과서 *Sehen beurteilen handeln* (Frankfurt a.M.: Hirschgraben)의 '하나의 세계(Eine Welt)' (1976: 234~241) 장에서는 정치적으로 상이한 국가의 발전과 구성 과정을 서술하고 있다. 정치 체계적으로 다른 국가들을 설명할 때 무엇보다 이데올로기를 전제로 한 진부한 개념을 없애는 것을 중요하게 다루었다. 1964년 학생 설문 조사를 바탕으로 서로 다른 국민성이 중요한 특징으로 설정되었을 때,

11 1953년 6월 17일 소련 점령지구인 동독의 수도 동베를린에서 일어난 반공 시위로 소련군의 점령과 공산당의 지배에 불만을 품고 있던 동베를린 시민들은 6월 17일 봉기해 공산당 본부와 기타 기관을 습격했다. 이 의거는 동베를린뿐만 아니라 동독 전역으로 파급되었으나 소련군 전차부대의 출동으로 진압되었다(Maier, 2003 참고).

어떤 편견이 생성되었는지 논의했다. 이때 다른 국가에 대한 편견 형성을 지속적으로 검토할 필요가 생겼는데 그 이유는 잘못된 결론에 도달하는 것을 우려했기 때문이다(1976: 235). 이러한 편견을 통해 평화 정책이 방해받을 수 있다고 기술했다.

Lehrerhandbuch(교사용 참고서)(1979, 1985)는 국가 이데올로기 체계를 비교하면서 이데올로기 정치 방향의 생성이라는 주제로 '검증 가능한 사실과 자체적으로 만들어진 표현'을 대조할 수 있는 장, '국내에서의 비판', '두 개의 국가', '침입 금지'라는 장을 실었다. 이때 '두 개의 대안 열어놓기', 상대의 관점을 수용할 것을 명확히 요구했다. 동독에 거주하는 독일인을 이해하기 위한 대목에서는 그들을 절대 '도적'이나 '피해자', 또는 '희생자'로 인식하지 않도록 설명하고자 했다(1985: 198, 203). *Lernfeld Gesellschaft*(사회 학습서)(Diesterweg 1974)[12]는 첫 장에서 협력 가능한 정치적 권력 블록을 구체적으로 확정하여 명시하지 않았다. 다만 '서독과 동독의 특성'(1974: 170~181)에 대한 장에서 학생들에게 동독과 서독에서 사회질서의 차이는 어디서 발생하는지, 두 사회에서 특성은 어떻게 다른지, 어떻게 상이한 결정을 하는지를 명확히 설명한다. 그 차이의 특징으로 예를 들면, '표현의 자유, 이동의 자유, 정보의 자유 등 헌법으로 보장된 기본권의 관점에서' 등을 사실적으로 다뤘다. 이 책의 5번째 개정판(1980)에서는 '갈라진 독일(Das geteilte Deutschland)'이라는 장에서 앞의 내용과 관련해 정부 비판가 루돌프 바로(Rudolf Bahro)의 체포와 동독 국경의 폭력적 행위를 비판적으로 다루었다. 그러나 이 사건을 다루면서도 학생들이 적국이나 동맹국의 이미지 때문에 두 국가 시스템의 대립을 연상하지 않도록 했다.

12 *Lernfeld Gesellschaft. 7./10. Schuljahr. Ein Lehr- und Arbeitsbuch*. Bearb. von Rolf Grix und Wilhelm Knöll.(Frankfurt a.M.: Diesterweg 1974ff., 6. Aufl. 1983).

Der Lehrerbegleitband (교사용 참고서)(1984)에서는 표현이 주목받았다. 단원의 마지막에서 "결정이 불가피하다면 당신은 어느 국가의 재산 소유권을 선호하느냐" 등의 질문을 통해 학생들이 사고할 여지를 남겨두었다. 또한 "주입된 지식으로 답변하면 안 된다. 통일 수업의 의미는 비판적인 평가 능력과 합리적인 근거를 갖춘 의견을 형성하는 데 있다"(1984: 106; Schütze, 2011: 150~155)라고 설명했다.

3) 1980년대의 사회과 교과서(Sozialkundebücher)

소련의 아프가니스탄 침공 이후 국제 정세가 다시 냉전으로 회귀하면서 1980년대 초 서독 주민의 동독 방문이 감소했다. 그러나 미하일 고르바초프(Mikhail Gorbachev)의 개혁 정책에 따른 정세 변화, 에리히 호네커(Erich Honecker)의 서독 방문(1987) 등 동·서독 관계 개선에 힘입어 1986년 이후 다시 연평균 약 370만 명 정도로 증가했다. 1983년 동독이 서독으로부터 10억 마르크의 차관을 받는다. 동독은 서독의 경제적 지원을 받는 대가로 동·서독 교류 확대를 용인하지 않을 수 없었다(최승완, 2006: 215~220).

이 시기에 출판된 두 교과서인 *Lehrwerke Politik 2*(정치교과서 2)(Schöningh, 1981)와 *Politik 3*(Schöningh, 1983)[13]은 내용상 서로 연관성이 있다. *Politik 2*는 2번째 개정에서 '다른 독일에서의 생활-동독의 가족, 학교 및 청소년'에 관해 자세히 다루었다. 이 장은 도입부에서 '장벽 뒤를 들여다보다

13 *Politik 2. Ein Arbeitsbuch für den Politikunterricht (Klasse 8)*. Bearb. von Franz Josef Floren, Brigitte Binke-Orth, Bernhard Orth u.a. Paderborn: Schöningh 1981, 2. Aufl. 1985, 3. Aufl. 1988; *Politik 3. Ein Arbeitsbuch für den Politikunterricht (Klasse 8 und 9)*. Bearb. von Franz Josef Floren, Brigitte Binke-Orth(Bernhard Orth u.a. Paderborn: Schöningh 1983, 2. Aufl. 1988).

(Blick hinter die Mauer)'라는 제목으로 무엇보다 다른 서독과 동독에서의 삶의 법적 조건을 비판적이고도 명확히 보여주었다. 예를 들어 가족, 직업 교육 및 직업 선택이라는 주제로 상이한 법률 텍스트와 다른 원본 자료, 증인의 진술 등을 다루며 토론을 유도했다(1981: 227~285).

동독 시스템에 비판적인 관점을 유지하면서도 이 시스템의 긍정적인 성과는 차별화해 평가하고 있다. 예를 들어 "동독의 가족법이 긍정적으로 문제를 해결한 일들은 우리가 도전으로 받아들여야 한다"라는 점을 거론했다(1985: 240). '동독 기본 정보' 장(1985: 258~261)에서는 공산주의를 적대 이데올로기로 굳혀 명시하는 대신에 인류의 오랜 꿈을 실현하기 위한 시도로 특징된다고 설명했다. 공산주의 사회에는 "부자도 가난한 자도 없고, 주인도 종도 없어야 한다"(1985: 259)라고 정의했다.

Politik 3(정치 3) 은 실제 차원에서 정치사회적 시스템 문제를 철저하게 다루었다. 대부분 원본 텍스트를 싣고, 저자의 텍스트는 거의 싣지 않았다. '독일문제'(1983: 282~326) 및 '독일 제2제국과 독일문제'(1988: 311~362) 장은 '다른 국가의 이데올로기 요구', '동독 시민의 삶과 그로부터 나타난 문제'(1983: 282; 1988: 311), 그리고 '동독의 실제적 관점'을 명확히 보여준다. 이 교과서의 두 번째 개정판은 '새로운 동서 갈등과 독일 정치를 둘러싼 논의'라는 장으로 마치며 다양한 서독 정당들의 의견을 제시한다(1988: 360 이하).

'전쟁과 평화' 장에서는 '동서 갈등'의 생성과 현재의 상황을 매우 상세히 설명한다. 특히 소련과 미국의 관점을 그들의 상호 조건하에서 설명하고 있다. 비판적으로 고찰하며 다음과 같이 설명한다.

> 그래서 다른 측의 팽창 의지 때문에 양 진영에서 계속해서 두려움이 증가하는 점, 이와 함께 정치적 협상의 무능력이 생겨나는 점을 인식해야 하며, 상대의 위치·이해관계·정치적인 행동 등을 편파적인 시각이 아닌 다른 관점으로 평가해

야 한다. 두 개의 적대적 권력 구조 안에서 세계의 분할이 나타나고, 적대적인 가치, 사회, 경제 질서 사이에서 영향력 범주가 나뉘고 경쟁이 심화되어 전쟁으로 이어진다(1983: 344).

그렇기 때문에 국제 문제를 관찰할 때 상호 인식에 대한 관점의 고려 없이는 제대로 된 평가를 할 수 없다고 설명했다. 그 이유는 다른 진영의 세력과 관계를 맺고 있는 각 국가가 내리는 외교적 결정은 상대 국가가 취할 미래 행동에 대한 분명한 가정에 근거해 이루어지기 때문이다. 이러한 가정에는 상대 국가의 향후 목표와 동기, 능력과 의도가 전제되어 있다. 그들의 기대, 그들의 불신, 다른 진영에 대해 갖고 있는 이미지, 무엇보다 보유하고 있는 군사 무기가 중요한 역할을 한다고 설명한다. 이런 배경에서 "핵탄두보다 중요한 것은 정치인의 머리이다"(1983: 409)라고 설명한다. 이런 맥락에서 '소련의 미국 이미지'와 '미국의 소련 이미지'를 상세하게 분석했다(1983: 410쪽; Schütze, 2011: 135~148; Heinze, 2011: 38~52).

4) 1980년대 말 사회과 교과서(Sozialkundebücher)

하우프트슐레용 교과서 *Politik Wirtschaft Gesellschaft* (정치·경제·사회)(Westermann, 1987)[14]는 학생들에게 '동독에서의 삶' 장에서 동독의 생성에 대해 알려주면서(1987: 61~74) 1953년 6월 17일 봉기와 정치 시스템에 대해 독일 내 경계 위치에서 군사적 안정에 대해 비판적인 논평을 하고 있다. 그러나 '인간적 만남을 통해' 학생들의 인식이 명확해지기 때문에 학생들이 동

---

14 *Politik Wirtschaft Gesellschaft. Sozialkunde für Hauptschulen in Niedersachsen*. Bearb. von Dieter Grosser(Braunschweig: Westermann 1989).

독인과 접촉할 기회를 찾고 만남을 유지할 것을 분명하게 요구한다(1987: 67). 또한 '동독의 교육과 학교'에 관해서는 매우 비판적으로 기술하고, '확신에 찬 사회주의자'의 교육 목표와 사전 군사적 훈련도 설명했다(1987: 68 이하). 관련 그림은 모두 원본 사료를 바탕으로 했다. '연방군과 평화유지' 장(1987: 135~154)에서는 냉전 형성에 무엇보다 소련에 책임이 있다고 보고 소련은 지구상의 여러 곳에서 공산주의 지배 영역을 확장하려고 시도했고 그로써 군비경쟁을 유발했다고 설명한다(1987: 140). 그러면서 현재의 '공포의 균형'을 감안할 때, 소련과 미국의 두 권력 진영의 책임이 강조되고 공동 협정의 중요성이 부각된다고 했다.

김나지움의 교과서 *Der Einzelne und die Gesellschaft*(개인과 사회)(Köln: H. Stam GmbH, 1986)[15]는 '동독의 정치 및 경제적 질서' 장에서 이러한 질서의 생성, 이념적 뿌리, 교육·정치·경제 시스템에 대해 설명한다(1986: 138~158). 이른바 '독일문제'는 '국제 정치' 장에서 비판적으로 고찰하며 독일 내 국경이 무기와 지뢰 지대로 나타나는 점을 예로 꼽았다(1986: 180). 그러면서 통일에 대한 상이한 관점에도 불구하고 동독과 서독이 서로 협상하고, 기본 조약 체결 이후 평화로이 공존한다는 것을 강조해서 설명한다(1986:182~186; Schütze, 2010: 40~42; Thurich, 1982 참고).

15 *Der Einzelne und die Gesellschaft. Sozialkunde für Gymnasien in Rheinland-Pfalz. 9. und 10. Schuljahr*. Bearb. von Hermann Baumann und Alfred Sitzmann(Köln-Porz: H. Stam GmbH 1986).

3. 1960, 1970, 1980년대 사회과 교과서에 나타난 반공 이미지와 다원주의적 관점 비교 고찰

앞에서 살펴본 사회과 교과서들에서 다루었던 주제는 다음과 같다. 동서 갈등의 시기인 1960년대에 *Sehen beurteilen handeln*이라는 교과서에서는 양 국가의 이데올로기가 민주주의와 공산주의로 양극화되지 않도록 하는 내용과, 동독의 정치가 아니라 일상적 부분을 비판적으로 보도록 하는 눈을 제시했다. 또한 학생 설문 조사를 바탕으로 동·서독의 서로 다른 국민성을 중요한 특징으로 설정했을 때 어떤 편견이 형성되는지 논의했다. *Lehrerhandbuch*에서는 동독에 살고 있는 독일인을 서독인이 어떻게 이해해야 하는지를 설명했고, *Ordnung in Freiheit*에서는 각자 중요한 사안을 경험하는 것, 다른 독일 즉 동독에서는 어떻게 다르게 규정되었는지를 아는 것이 필수적이라고 보았다. 또한 사료에 근거해 판단하게 함으로써 학생들이 적국과 동맹국이라는 이분법적 사고를 형성하도록 했다.

동서 관계가 개선된 1970년대의 사회과 교육에서는 학생들의 비판적인 사고와 다양한 시각으로 동독 체제를 바라보도록 시도했다. *Sozialkunde*에서는 하나 이상의 답이 가능한 질문을 하는 것으로 정치 교육의 방향을 잡았고, 저자들의 해석이 반영되지 않은 사료를 제시해 학생들의 비판 능력을 향상시켰다. *Lernfeld Gesellschaft*에서는 동독과 서독의 사회질서의 차이가 어디서 생성되는지를 살폈으며, 두 사회의 특성은 상이하게 나뉘고 이로써 상이하게 결정될 수 있다고 보았다. *Der Lehrerbegleitend*에서는 통일 수업이 비판적인 평가 능력과 합리적인 근거를 바탕으로 의견 형성을 할 수 있도록 하는 방향을 제시했다.

소련의 군사 침공으로 국제 정세가 다시 냉전으로 회귀하다가 고르바초프의 개혁 정책에 따른 정세 변화로 우호 관계가 회복된 1980년대에는 동독이 서독의 경제적 지원을 받는 시기로 동·서독 교류가 확대되었다. 이 시기 출판된 *Lehrwerk Politik 2*와 *Lehrwerk Politik 3*에서는 동독과 서독의 상이한 법적 조건을 비판적 관점에서 보여주고, 그것을 뒷받침하는 법률 텍스트를 제시했다. 그리고 동독에 대한 기본 정보를 알려주는 부분에서는 공산주의는 적대적 이데올로기로 제시하지 않았고, 그 역사적 의미를 알려주면서 오랜 인류의 꿈을 실현하기 위한 시도라고 설명했다. 1980년대 말의 *Politik Wirtschaft Gesellschaft*는 동독인의 삶을 설명하는 가운데 학생들이 인간적인 만남을 통해 동독을 명확히 이해하도록 하는 요구를 담고 있다. 또한 냉전을 형성하는 여러 요인 가운데 소련의 책임을 강조하며 공동 협정의 중요성을 부각했다.

이처럼 서독 학생들이 동독에 대한 인식을 길러주는 수업에서 교과서들은 어떠한 선입견을 형성하는 위험에서 벗어나 비판적이고 합리적으로 체제가 다른 상대국을 바라보도록 이끌었다. 전체적으로 1950, 1960년대의 동독과 공산주의에 대한 이해는 1970, 1980년대로 넘어오면서 인간적인 측면에서의 이해와 사회체제에 대한 객관적 이해로 바뀌었고, 이러한 과정을 통해 민주적이고 화해하는 분위기로 다른 국가를 바라보는 관점을 형성했다고 볼 수 있다.

4. 맺음말

학생들의 역사의식을 형성하는 데 TV와 영화, 언론 미디어들, 가족이나 친지들과의 대화 등 학교 외적인 요인도 상당한 영향을 미치기는 하나, 표준화된 지식을 형성하는 데 학교에서 역사 및 사회와 관련된 정치 수업은 여전히 중심 역할을 한다. 이때 교사와 교과서의 역할 또한 중요하다.

이 글은 통일 이전 시기 사회과 교과서를 중심으로, 서독에서 동독과 공산권 국가를 바라보고 가르친 시각을 추적했다. 1960년대부터 정치 교육의 교수학적 과제에서 주요하게 다루어졌던 문제는 수업에서 정치 현상의 구조적 특징을 어떻게 파악하는가와 민주적 다원주의적 관점에서 수업 목표를 설정하는 것이었다. 그래서 수업에서 정치 현상에 대해 사례나 기본 원칙 등을 이해시키며 관련된 사건, 이슈 등을 제시해 왔다. 이를 통해 학생들은 시사적인 정치 현상에서 모델로 선정된 사건을 배우며 갈등 관계 등을 정확히 분석해 내고 일반화할 수 있는 능력을 갖추었다. 이러한 훈련을 통해 단순히 적이나 동지라는 개념이 아닌 시대 흐름과 더불어 교과서 서술과 교수 방법의 민주적이고 열린 시행을 경험했고, 그러한 가운데 하나의 관점이 아닌 다원주의 관점에서 상대 국가를 이해할 수 있는 시각을 교육했다고 추정할 수 있다. 그러면서 탈냉전기 서독의 반공 교육이 얼마나 유연하게 변화했는지 고찰할 수 있다.

서독의 동독에 대한 교육 내용의 변화를 살펴보면서 우리 교육의 지향점을 성찰해 볼 수 있다. 다원주의 인식을 추구하는 민주주의 체제의 통일 교육이라는 시사점이 우리에게 중요한 내용이 될 것이다. 1960년대, 1970년대, 1980년대를 거치면서 구 서독의 학생들은 다른 국가인 동독을 여러 관점에서 스스로 파악하고자 했다. 즉, 정치 교육, 사회과 교육을 통해 '다른 독일에서의 생활-동독의 가족, 학교 및 청소년' 등에 대한 사고 능력을 갖출 수 있었다. 그리고 1980년대 말에는 동독의 생성에 대해 알아보고 분석하면서 자연스럽게 서독 학생들이 공산주의 체제를 '적'으로만 보는 사고가 서서히 변화되는 모습을 보였다. 이처럼 조사된 서독 교과서들은 다양한 관점에서 연맹국과 적대국을 상세히 다루고 있다. 주요 교수 방법들은 교과서들이 원출처, 논쟁에 대한 근거와 대조를 제공해 학생들이 스스로 비교하고 토론하도록 이끌었다.

물론 동독의 정치사회적 상황을 평가하는 면에서 교과서들은 그 시스템을 비민주적인 것으로 기술했고, 인권침해의 결과에 대해서는 다양하지만 명확하게 진술했다. 그러면서도 두 독일 국가의 독일인의 공통성을 나타내고자 했으며, 레저 생활 관심과 일상생활의 갈등 등에 대해 비교 가능한 관점에서 상대를 보고자 했다. 이런 인식과 차이를 통해 서로의 접촉을 추구하고 선입견을 극복하도록 독려했다. 소련에 '냉전'의 책임이 있다는 비난뿐만 아니라 미국의 태도에 대해서도 부분적으로 비판을 제기했다. 비판의 초점은 국제위원회의 활동, 특히 공동의 협상을 통해 편견과 두려움의 제거해 전반적으로 평화 달성을 위한 노력을 하느냐에 있었다. 특히 동독 국민뿐 아니라 바르샤바조약기구에 속한 다른 국가의 국민을 위협적인 적이라고 직접 기술하지는 않았다. 적으로 간주되는 대상은 대부분 공산주의 권력 블록을 가리켰으며 동맹국에 대해서도 명확히 적시하지 않았다.

이처럼 통일 전 서독의 사회과 교과서들은 철저히 정치적·사회적 적과 동맹을 알고 있었으나 그들을 결코 적으로서만 기술한 것이 아니라 이에 대한 반대도 기술하면서 다원주의적인 생각의 자유를 열어놓았다는 점이 현재의 우리 교육에도 시사점이 되리라 생각한다.

:: 참고문헌

교과서

Sehen beurteilen handeln. Arbeits- und Lesebuch zur Politischen Bildung und Gesellschaftslehrer für die Sekundarstufe I. Bearb. von Wolfgang Hillingen u.s. Frankfurt a. M.: Hirschgraben 1960ff., 9. Aufl. 1976, Neubearb. 1984.

Sozialkunde. Lehr und Arbeitsbuch zur Politischen Bildung für die Sekundarstufe I (7-10. Schuljahr). Bearb. von Martin Greiffenhagen, Manfred Hättich u.a. Stuttgart: Klett

1972, 2. Aufl. 1975; Sozialkunde. Handreichungen für den Lehrer. Bearb. von Martin Greiffenhagen, Manfred Hättich u.a. Stuttgart: Klett 1972.

Lernfeld Gesellschaft. 7./10. Schuljahr. Ein Lehr- und Arbeitsbuch. Bearb. von Rolf Grix und *Wilhelm Knöll. Frankfurt a.M.: Diesterweg 1974ff., 6. Aufl. 1983.*

Politik 2. Ein Arbeitsbuch für den Politikunterricht (Klasse 8). Bearb. von Franz Josef Floren, Brigitte Binke-Orth, Bernhard Orth u.a. Paderborn: Schöningh 1981, 2. Aufl. 1985, 3. Aufl. 1988.

Politik 3. Ein Arbeitsbuch für den Politikunterricht (Klasse 8 und 9). Bearb. von Franz Josef Floren, Brigitte Binke-Orth, Bernhard Orth u.a. Paderborn: Schöningh 1983, 2. Aufl. 1988.

Politik Wirtschaft Gesellschaft. Sozialkunde für Hauptschulen in Niedersachsen. Bearb. von Dieter Grosser. Braunschweig: Westermann 1989.

Der Einzelne und die Gesellschaft. Sozialkunde für Gymnasien in Rheinland-Pfalz. 9. und 10. Schuljahr. Bearb. von Hermann Baumann und Alfred Sitzmann. Köln-Porz: H. Stam GmbH 1986.

단행본 및 논문

강구섭. 2012. 「독일통일 후 동서독 교육통합 사례 연구: 학제, 교육과정, 교사 재임용 사례를 중심으로」. ≪비교교육연구≫, 22권 1호, 45~69쪽.

권오중. 2007. 「독일과 한국의 분단과 통일문제의 구조적 차이와 양국 정부가 추진한 통일 정책의 변화와 한계에 관한 연구」, ≪독일연구≫, 14호, 21~48쪽.

김동춘·기외르기 스첼·크리스토프 폴만 외. 2015. 『반공의 시대』.

김상무. 2011. 「통일독일의 분단사 및 분단사교육 논의가 한국의 분단사교육에 주는 시사점」. ≪교육과학연구≫, 42권 3호, 1~23쪽.

김승렬·신주백 외. 2005. 『분단의 두 얼굴』. 역사비평사.

김정인. 2013. 「해방 전후 민주주의'들'의 변주」. ≪개념과 소통≫, 12호, 197~234쪽.

김진숙. 2014. 「통일 전 독일의 '독일문제에 대한 교육지침서'와 한국의 '통일교육지침서' 비교」. ≪비교교육연구≫, 24권 4호, 32~33쪽.

박재영. 2008. 「역사적 스테레오타입 연구의 현황과 전망」. ≪역사학보≫, 198호, 351~378쪽.

박재영·홍성욱·최문정·유도근, 「역사교과서·이미지·스테레오타입: 한·중 역사교과서에 나타난 상호 이미지의 비교분석을 중심으로」, ≪경주사학≫, 30호, 135~175쪽.

신두철. 2005. 「독일의 정치사회화와 정치교육」. ≪한·독사회과학논총≫, 15권 1호, .41~58쪽.

간제, 알렉산더. 1992. 「분단독일의 역사교육」. 정현백 옮김. ≪역사와 현실≫, 8호,

188~210쪽.
오일환. 1995.「통일을 전후한 독일의 정치교육에 관한 연구」. ≪한국정치학회보≫, 29권 2호, 528~533쪽.
유진영·박균열. 2014.「독일의 학교생활기록부 기재방식 및 교육적 활용」. ≪비교교육연구≫, 24권 6호, 190~191쪽.
이규영. 2002.「한국의 독일학 연구현황과 과제: 정치학을 중심으로」. ≪독일연구≫, 4호, 45~96쪽.
이병련. 2015.「역사교육에서의 다원적 이론」. ≪사총≫, 84호, 183~223쪽.
_____. 2003.「동·서독의 역사교과서에 나타난 동서독의 국가와 체제」. ≪독일연구≫, 6호, 29~57쪽.
이철용. 2009.「초대 유럽집행위원회 의장 할슈타인의 유럽통합사상에 관한 소고」. ≪EU연구≫, 25호, 197~215쪽.
최승완. 2014.「독일 통일의 가교: 탈동독민」. ≪이화사학연구≫, 48집, 199~237쪽.
_____. 2006.「냉전의 억압적 정치현실: 1950/60년대 서독의 공산주의자 탄압을 중심으로」. ≪역사학보≫, 190호, 201~238쪽.
한운석.「역사교과서 수정을 통한 독일: 폴란드간의 화해노력」, ≪서양사론≫, 75호, 203~236쪽.
_____. 2008.『독일의 역사화해와 역사교육』. 신서원.
_____. 2009.「나치즘과 홀로코스트에 대한 독일의 역사교육: 문화부장관 결의안과 주 교육과정을 중심으로」. ≪독일연구≫, 18호, 79~114쪽.
_____. 2011.「독일 통일 후의 역사교육: 신연방주를 중심으로」. ≪독일연구≫, 21호, 171~210쪽.

Abendroth, Wolfgang et. al.(ed.). 1968. *KPD-Verbot oder mit Kommunisten leben? Reinbeck bei Hamburg*. Rowohlt.
Bischof, Günter, et al.(eds.). 2010. *The Prague Spring and the Warsaw Pact Invasion of Czechoslovakia in 1968*. Lexington Books.
Creuzberger, Stefan and Dierk Hoffmann, 2014, “Antikommunismus und politische Kultur in der Bundesrepublik Deutschland,” in *„Geistige Gefahr„ und „Immunisierung der Gesellschaft„ - Antikommunismus und politische Kultur in der frühen Bundesrepublik. Schriftenreihe der Vierteljahreshefte für Zeitgeschichte Sondernummer*. München: Oldenbourg Verlag.
Führ, Christoph. 1997. “Zur deutschen Bildungsgeschichte seit 1945.” in *Handbuch der*

deutschen Bildungsgeschichte, VI, 1945 bis zur Gegenwart. Erster Teilbd.: Bundesrepublik Deutschland, München: Verlag C. H. Beck.

Heinze, Carsten. "Das Schulbuch im Innovationsprozess: forschungsmethodische Zugänge am Beispiel des Wandels der Sozialkundebücher im Kontext der gesellschaftlichen Umbrüche vom Ende der 1950er- bis zum Anfang der 1980er- Jahre," *Die deutsche Schule*, Bd. 103, 1, pp.38~52.

Loth, Wilfried. 2001. *Die Teilung der Welt 1941-1955*. München: DTV.

Nolte, Ernst. *Deutschland und der Kalte Krieg, Stuttgart: Klett-Cotta*.

Maier, Gerhart. 2003. "Die siebziger Jahre: Facetten eines Jahrzehntes, Neue soziale Bewegungen - zwei Beispiele." *Die neue Ostpolitik, Die Ära Adenauer, Terrorismus*, Villingen-Schwenningen: Neckar-Verl.

Mattes, Eva. 2011. "Aufgaben zum Thema Bundesrepublik Deutschland in Staatsbürgerkundebüchern der DDR in den siebziger und achtziger Jahren," Aufgaben im Schulbuch, pp.135~148.

Politische Bildung. 2010. *Lexikon Pädagogik*. Reclam.

Reuter, Lutz R. 1998. "Partizipation im Schulsystem." in *Handbuch der deutschen Bildungsgeschichte*. Bd.VI, 1945 bis zur Gegenwart, C.H.Beck, pp.262~263.

Sander, Wolfang(Hrsg.). 2005. *Handbuch politische Bildung*. Schwalbach.

Schütze, Sylvia. 2011. "Aufgaben zum Thema DDR in Sozialkundebüchern der Bundesrepublik Deutschland in den siebziger und achtziger Jahren," *Aufgaben im Schulbuch*. Bad Heilbrunn: Klinkhardt, pp.150~155.

Schütze, Sylvia. 2010. "Freund- und Feindbilder in Schulbüchern der Bundesrepublik Deutschland? Eine Analyse von Sozial- und Gesellschaftskundebüchern vor 1989." in Arsen Djurovic and Eva Mattes(Hrsg.), *Freund- und Freindbilder in Schulbüchern*, Verlag Julius Klinkhardt, Bad Heilbrunn, pp.303~305.

Thurich, Eckart. 1982. *Die Teilung Deutschlands: Dokumente zur deutschen Frage*. Frankfurt a.M.: Diesterweg.

Weller, Christoph. 1997. *Feindbilder. Ansätze und Probleme ihrer Erforschung*. Bremen: InIIS-Arbeitspapier Nr. 22, Universität Bremen.

http://www.bpb.de/geschichte/zeitgeschichte/deutschlandarchiv/136249/antikommunismus-zwischen-wissenschaft-und-politischer-bildung?p=all(검색일: 2015.8.8).

4부

역사적 교훈과 사상으로서의 동방정책

8장

한일 역사대화에 대한 한국 언론의 시선과 출구 모색

1960, 1970년대 서독의 경험을 참조하며

신주백

1. 머리말

한국(인)에게 서독 또는 독일(인)은 분단 시대를 살아왔고, 통일을 평화적으로 달성했다는 점에서 언제나 주목의 대상이다. 그들의 분단사와 선험적인 정책을 알고 싶어 하고, 판단의 잣대로 삼으려 한다. 서독이 프랑스를 시작으로 이스라엘, 체코슬로바키아, 폴란드 등과 시도한 '국제 역사대화'의 경험도 마찬가지이다.

한국에서 '역사대화' 또는 '역사 교과서 대화'라는 말은 2001년 일본의 중학교 역사 교과서, 특히 우익 세력이 주도한 후쇼사 교과서가 검정을 통과함에 따라 일어난 동아시아 역사 갈등을 계기로 흔하게 사용되기 시작했다. 그 후 정부와 민간 차원에서 역사인식을 둘러싼 갈등을 넘어 보려는 움직임이 구체화하면서 역사대화는 곧 역사 교과서 대화를 의미했다.

그런데 정부 차원의 역사대화는 중단된 상태이다. 2010년 이래 역사공동연구위원회를 재개하려는 움직임조차 없다. 민간 차원의 역사대화는 꾸준히 진행되고 있으나, 시간이 흘러도 그들의 활동 영역이 점차 확장되고 있다거나 교재의 파급 효과가 제도 교육에까지 크게 확산되고 있다는 증거는 없다.

왜 이런 결과가 나왔을까? 이를 분석한 연구 논문은 아직 없다. 한국에서는 지금까지 정부와 민간 차원의 역사대화에 대해 많은 연구가 있었다(기무라 시게미쓰, 2009; 김정인, 2007; 박재영, 2006; 박중현, 2007; 박중현, 2010; 신주백, 2007; 신주백, 2009; 신주백, 2014a; 윤휘탁, 2013; 윤휘탁, 2014; 이신철, 2009; 이신철, 2014; 임상선, 2007; 정재정, 2009; 정재정, 2006). 여러 선행 연구는 역사대화가 어떤 과정을 통해 이루어졌는지, 그들이 생산한 결과물의 내용과 그것의 한계는 무엇인지를 짚는 데 치중했다.[1] 대화의 주체가 속한 사회의 반응에 대해 검토한 글은 신주백과 윤휘탁의 글이 거의 전부라고 말해도 좋을 것이다. 신주백은 정부 차원의 역사대화가 국제정치화한 역사 갈등을 과거청산이란 측면에서 풀어보고자 접근한 선택이었다기보다, 한·중·일 3국이 상대방과 국제사회로부터 갈등을 관리하고 문제를 해결하기 위해 노력하지 않는다는 비난을 피하기 위한 '보험 상품'처럼 취급해 왔다고 진단했다(신주백, 2014: 220). 윤휘탁은 민간 차원의 역사대화, 특히 한·중·일 3국의 공동역사 교재인 『미래를 여는 역사』(한겨레신문사, 2005)에 대한 3국의 반응을 폭넓게 정리했다(윤휘탁, 2013: 제2장). 그럼에도 두 사람의 연구는 2002년 이후 지금까지 민간과 정부 차원의 움직임을 함께 분석하지 않았다. 더구나 각

1 원인의 하나는 역사대화에 대해 분석한 필자 대부분이 대화에 참가한 사람(기무라 시게미쓰, 김정인, 박중현, 신주백, 윤휘탁, 정재정)이라는 현실과도 관련이 있을 것이다. 활동에 대해 스스로 반성하고 지속하기 위한 노력의 일환이었다고도 볼 수 있기 때문이다.

사회의 반응이 내포한 특징과 문제점을 제대로 정리하고 비판적으로 짚어내지 못함으로써 현상을 파악하는 데 그친 측면이 있다.

필자는 이 글에서 동북아 역사대화의 경과와 결과물에 대한 한국 언론의 반응을 검토함으로써, 한국 사회가 동북아 역사대화를 어떻게 보고 있고, 그것의 미래를 어떻게 전망하고 있는지 분석하겠다. 구체적으로 말하면 한국 사회는 역사대화를 왜 하려고 한 것일까? 정부와 민간 차원의 역사대화에 대한 관점과 태도, 그리고 반응을 통해 이를 점검해 보겠다. 또한 한국 사회는 역사대화를 매개로 무엇을 지향하려고 했을까? 한국 언론이 그동안 언급해 온 역사대화에 관한 주장을 반성적으로 확인하며 짚어 보겠다.

그런데 한국 사회가 역사대화를 시작하고, 진행하는 도중에 교범처럼 참조했던 선례가 국제 역사대화의 선구자인 서독(독일)의 경험이다.[2] 침략국이자 우리와 같은 분단국가인 서독이 왜, 그리고 어떤 과정을 거쳐 역사 교과서 대화를 시작했으며, 서독과 프랑스, 폴란드는 무엇을 어떻게 합의했는지에 큰 관심을 두었다. 그래서 한국에서 역사대화를 시작할 즈음 서독의 국제 역사 교과서 대화에 대해 분석한 한국의 글들은 21세기 들어 역사 갈등이 증폭되고 있는 즈음에 우연히 발표된 결과물이 아니었다(김유경, 2002; 한운석, 2002; 김승렬, 2003).[3] 하지만 한국에서의 연구는 서독의 국내 사정, 동·서독의 분단 극복, 그리고 대외정책과 맞물려 역사 교과서 대화를 분석하기보다

2 서독이 1980년대까지 프랑스, 이스라엘, 폴란드, 체코슬로바키아와 역사 화해를 위해 움직일 때 공통되게 추진한 접근 방식은 네 가지이다. 즉, 교과서위원회의 설치와 교과서 '정화', 공동 교과서 제작을 위한 노력, 청소년 교류, 그리고 마지막으로 들 수 있는 정책이 학생 스스로 비교하고 이야기를 교환하는 프로그램의 운영이다. 이에 대해서는 보리스(2009: 210~221).

3 또한 동북아역사재단 등은 서독과 프랑스, 서독(독일)과 폴란드 역사대화의 합의문인 권고안을 번역해 두고, 독일-프랑스 공동 역사 교과서의 현대사 편을 번역해 간행했다(휴머니스트, 2008).

는 역사 교과서 대화 자체를 정리하고 분석하는 데 치중했다.[4] 피해 국가이자 분단국가인 한국이 특히 간과하기 쉬운 측면을 충분히 주목하지 않은 것이다.

그래서 이 글에서는 서독의 국제 역사대화의 전환기, 즉 동독을 인정하고 데탕트에 능동적으로 호응하는 한편에서, 체제 비판으로서 과거와 대결한 시기(熊谷徹, 2007: 28)인 1960년대 중반부터 1970년대 중반을 특별히 주목하여 제2절에서 다루겠다. 이를 바탕으로 제3절에서는 2001년의 일본 중학교 역사 교과서의 검정 내용을 둘러싼 파동이 일어난 때부터 지금까지 동북아에서 진행된 역사대화의 역사를 간략히 정리하며 한국 언론의 반응을 분석하겠다. 마지막으로 제4절에서는 그동안 진행된 역사대화의 내재적 한계, 달리 말하면 한국적 시선의 근본적 문제점을 비판적으로 짚으면서 한계에 봉착한 역사대화의 출구를 찾아보겠다.

2. 1960, 1970년대 서독의 대외정책과 폴란드와의 역사대화

1) 베를린장벽과 '접촉을 통한 변화'라는 개념의 탄생

전후 서독과 프랑스의 역사대화는 서방 진영의 일원으로 자신의 안전을 지키고 경제를 회복하겠다는 패전국 서독의 움직임과 무관하지 않다. 서독

4 정부 차원의 역사대화가 중단된 후 그동안의 경험을 반성적으로 고찰할 때 서독(독일)의 경험을 참조한 적은 없다. 더구나 역사대화에 직접 참여한 사람과 언론 등은 서독의 경험을 선택적으로 주목했다. 그래서 한국 사회는 침략국(민족)이 반성하며 역사 화해에 적극적이었다는 측면에만 주로 주목한 경우가 많았다. 민간 차원의 역사대화를 분석한 글에서도 그것은 마찬가지였다.

과 폴란드는 1970년 바르샤바 조약을 계기로 1972년부터 역사대화를 시작했다. 그리고 1977년 '서독과 폴란드의 역사 및 지리 교과서를 위한 권고안'을 발표할 수 있었다.[5] 두 나라는 역사대화를 계속한 결과 2016년 학교 현장에서 사용할 공동 역사 교과서를 발행했다.

서독과 폴란드의 역사대화는 한일 간의 역사대화와 자주 비교되는 역사적 경험이다.[6] 한국 사회는 역사대화의 과정, 특히 권고안의 내용에 주목해 왔다. 그런데 바르샤바 조약으로 성사된 서독과 폴란드 사이에 역사대화가 가능했던 이유는 어디에 있을까. 역사대화를 먼저 제안하고 추진한 서독은 어떤 목적에서 이를 추진했을까. 그리고 동서 냉전체제에서 그것이 어떻게 기능했으며, 역사대화는 무엇을 향한 마중물이었을까.

한국 사회는 서독이 과거 청산에 노력한 결과라고들 흔히 말한다. 말 자체는 맞지만, 그렇게만 말하면 지나치게 단순화한 단정이다. 물론 한국 사회가 주목해 왔던 역사대화 그 자체를 사실적인 경과와 함께 정리할 필요가 있지만, 그보다 더 폭 넓고 심도 깊은, 예를 들어 역사 화해 정책을 포함해 서독의 대외정책과 함께 그것을 가능하게 했던 서독 사회의 내적 공감대에도 주목할 필요가 있다고 본다. 그랬을 때 분석의 출발점은 1961년 8월 베를린장벽의 설치다. 독일과 폴란드의 역사대화를 가능케 한 정치적 환경을 제공한 빌리 브란트 전 서독 총리는 자신의 회고록에서 베를린장벽의 설치가 자

5 권고안은 한운석·김용덕·차용구·김승렬(2008: 239~267)에 수록되어 있다.

6 한국 사회가 서독과 프랑스의 역사 교과서 대화보다 서독(독일)과 폴란드의 역사대화에 더 관심을 보이는 이유는, 독일과 폴란드가 식민지의 지배와 피지배 또는 전쟁의 가해자-피해자 관계로 만났고, 이후 영토 갈등을 겪었으며, 두 나라 내부에 국수적 우익 세력이 존재할 뿐만 아니라, 서로에 대한 무지와 오해가 깊다는 점에서 한일 관계와 많이 닮았기 때문이다. 또한 한국과 폴란드는 국가의 규모로 보면 작은 국가가 아님에도 불구하고 주변 강국에 비해 상대적으로 약소국이어서 괴롭힘을 당했다는 점도 비슷하기 때문이다.

신으로 하여금 "차후 독일과 유럽의 정치에 결정적인 영향을 미칠 외적 요인을 숙고하지 않을 수 없게 만들었다"라고 밝혔다(한운석, 2003: 57 재인용). 특히 서독 사회가 동·서독의 통일이 가까이 있지 않고 먼 미래의 일이라는 현실을 직접 자각하는 계기였다.

브란트의 참모로 동방정책의 밑그림을 그렸지만, 반대 진영으로부터 모스크바 제일주의자, 통일의 배신자로까지 불렸던 에곤 바르는, 1963년 7월 바이에른주 투칭의 크리스천 아카데미에서 강연할 때 훗날 동방정책의 핵심 개념으로 자리 잡는 '접근을 통한 변화'를 처음 밝혔다. 그는 동·서독 대결 정책을 폐기하고 긴장완화를 실현하기 위한 장기 계획을 세울 필요가 있다며, 지금의 분단 현실을 인정하고 동·서독 사회가 접근을 통해 현상을 변화시켜야 한다고 말했다. 그가 말하는 현실이란 아무도 동·서독을 위해 베를린 장벽을 제거해 주지 않는다는 국제정치의 냉정함이었고, 이를 제거할 사람도 자신들이라는 버거움이었다(≪중앙일보≫, 2014.11.28).[7] 그 첫 성과가 1963년 동서 베를린 주민의 왕래를 가능케 한 통행증 제도였다.[8]

동서 냉전이 한창이던 때 서독 내부에서 나타난 이처럼 새로운 주장과 움직임은 그들이 소속된 사회민주당에만 있었던 현상이 아니었다. 사회민주당과 정치 노선이 다른 중도 성향의 자유민주당(FDP) 신진 세력은 이즈음 사회민주당의 긴장완화 정책에 긍정적인 관점과 태도를 보이기 시작했다. 그

7 인터뷰어는 김영희 대기자다.

8 에곤 바르는 인터뷰에서 소련이 통행증 제도를 승인한 이유에 대해 다음과 같이 회고했다. "몇 시간이라도 서베를린 주민들이 동베를린으로 가서 가족을 만나는 길을 터 주려면 동독 당국과 협상해야 했고, 그러자면 베를린을 분할 점령하고 있던 미·소·영·프랑스 4대국의 승인이 필요했어요. 소련이 선뜻 동의한 건 서베를린에 직장을 가진 동베를린 주민 4만 명이 1961년에 세워진 베를린장벽 때문에 직장을 잃어 동베를린 공기가 심상치 않았기 때문이죠. 베를린에 장벽이 존재한다는 사실을 받아들인 거죠"(≪중앙일보≫, 2014.11.28).

계기는 역시 베를린장벽의 설치였다. 그뿐만 아니라 신진 세력은 1945년 패전 후 연합국의 전후 처리에 따라 소련군의 강압으로 폴란드에 내줄 수밖에 없었던 오데르나이세강 서쪽 지대의 영토를 반환하라고 요구하지 말고 폴란드의 영토로 인정하자는 국경 인식을 진지하게 고려했다. 그 지대에서 추방당하여 서독으로 건너온 사람들의 격렬한 반대는 자명했다. 그럼에도 자유민주당 내에서 새로운 국경 인식을 갖는 사람이 늘어갔다. 신진 세력은 1968년 1월 프라이부르크에서 열린 전당대회 때 정책의 핵심 방향을 독일의 재통일에서 긴장완화로 전환했다. 이에 기초하여 현재의 국경선을 인정하고 동독을 승인하는 당의 정책을 공식화하는 한편, 반대 세력을 축소시키고 당내 권력을 장악했다. 또한 자유민주당 신진세력은 동유럽과의 무역 및 기술 교류를 통해 실질적인 접근과 교류를 함으로써 유럽에 항구적인 평화를 실현하는 토대를 마련하는 일이 서독의 책임과 의무라고 보았다(김진호, 2010: 214~216).

2) 서독의 동방정책과 역사대화

1969년 9월 사회민주당은 자유민주당의 국경 인식과 동서 교류 방안을 수용하며 함께 연립정부를 구성했다.[9] 브란트 역시 총리에 취임하기 전 이미 혁신적인 외교 정책을 추진하고 있었다. 그는 기독민주당과의 연립정부 때 외교장관이었는데, 1969년 3월에 바르샤바조약기구의 지도자들이 부다페스트선언을 통해 유럽안보협력회의의 소집을 요구하자, 소극적인 북대서양조약기구의 관계자들과 달리 이 요구가 중부 유럽과 독일문제를 풀어가는 데 매우 중요한 전환점이 될 것이라며 환영했다. 그는 동독을 인정함으로써

9 빌리 브란트는 총리에 선출되었고, 에곤 바르는 총리실 정무차관에 임명되었다.

동·서독 관계를 해결하고 미국과 캐나다가 참여하는 유럽안보협력회의를 주장했다.

브란트의 파격적인 외교 정책은 때마침 미국의 데탕트 정책과 맞물려 날개를 달기 시작했다. 그가 총리로 취임하기 직전인 1969년 7월 미국의 닉슨 대통령이 동아시아에서 미국의 직접적인 출혈을 줄이는 방향으로 동아시아 정책을 전환하겠다고 발언한 것이다. 그 핵심 방향은 '베트남전쟁의 베트남화'였다. 1970년 2월 닉슨 대통령은 의회에 제출한 외교교서를 통해 자신의 데탕트 정책을 전 세계를 향해 명확히 선언했다.[10] 역사는 흔히 이를 닉슨 독트린이라고 말한다.

브란트 총리와 바르 차관은 데탕트의 흐름을 활용하며 자신들의 동방정책을 구체화하기 시작했다.[11] 서독의 움직임은 동·서독의 긴장을 완화하는 한편, 유럽안보협력회의를 중심으로 유럽 속에서 다자 질서를 확립하기 위한 노력으로 구체화되었다.

사회민주당과 자유민주당의 연합 정권을 이끈 브란트 총리는 1970년

---

10 미국은 베트남전쟁을 종결하고, 중국과 화해하는 가운데 동아시아에서 영향력을 유지하기 위한 전략적 고려를 축으로 데탕트 정책을 구체화했다.

11 에곤 바르는 빌리 브란트가 기독민주당(CDU)과의 대연정 내각 때 외교장관에 취임하자 정책기획실장을 맡아 1966년부터 2년 반 동안 오늘날 우리가 흔히들 말하는 동방정책에 관해 구체적이고 치밀한 연구를 진행했다. 이에 대해 그는 배기정 박사와의 인터뷰에서 "1966년 내가 정책기획팀을 맡았을 때, 독일은 통일 문제에 관한 한 백지 상태에 있었다. …… 가장 중요한 것은 현실을 다각도로 분석하고 검토해서 철저하게 준비하는 것이다. 동방정책을 추진하기 전에 우리는 독일문제와 관련하여 동독과 4대 강국은 물론 폴란드, 덴마크, 네덜란드, 체코 등 주변국들의 이해관계에 대해 면밀히 검토했다. 가능한 모든 질문을 제기하고 여기에 답하는 방식으로 문제를 검토했는데, 그것을 정리한 것만도 2천 쪽에 달했다. 이것을 요약하여 27쪽으로 만들고, 다시 한쪽 반으로 요약한 문서를 회담에 제출했다. 이런 과정을 통해 1970년 안드레이 그로미코 소련 외상과 모스크바 조약을 체결할 수 있었다"(≪한겨레신문≫, 2005.10.4).

3월 동독을 방문함으로써 첫 동·서독 정상회담을 성사시켰다. 이미 1969년 10월 총리에 취임할 때 '독일에 두 개의 국가가 존재한다' 해도 동·서독이 서로에게 외국이 아니라 관계가 '특수'할 수밖에 없다고 연설한 그로서는 주저할 필요가 없었다(≪한국경제≫, 2012.1.4). 비록 첫 정상회담에서는 특별한 합의를 도출하지 못했지만, 이를 계기로 긴장완화를 위한 동·서독의 대화채널은 꾸준히 가동되었다.

브란트 정권은 1970년 8월 소련과 불가침조약을 체결했다. 서독은 모스크바 조약 때 국제사회에서 자신의 단독대표권과 할슈타인원칙을 포기하고 동독을 인정했다. 조약 체결 당시 유럽의 국경선과 영토의 불가침성도 인정했다. 동유럽 사회주의 국가들과 서독의 관계 정상화를 위한 움직임에 대해 소련의 허가권까지도 인정했다. 서독에 소련은 동방정책의 지렛대였다(김진호, 2009: 340). 동방정책은 먼저 소련을 움직이고, 그 뒤 소련으로 하여금 동독을 움직이게 하는 우회 정책이었던 것이다(바르, 2001).

모스크바 조약 직후인 1970년 12월 바르샤바를 방문한 브란트 총리는 폴란드와 바르샤바 조약을 체결하고 현재의 국경선을 인정했으며, 역사 교과서 대화를 하자고 제안했다. 바르샤바조약기구의 회원국에 무력을 사용하지 않겠다고 약속했다. 특히 제2차 세계대전이 끝난 후에 독일과 폴란드 사이에 형성된 국경선을 인정하고, 바르샤바의 옛 게토 지역에 있던 유대인 추모비에서 보여준 브란트 총리의 진정 어린 사죄 행동[12]은 서독-폴란드 관계의 새로운 전환점이 되었다.[13] 서독-폴란드 관계가 급속히 개선되던 즈음에 서

12 당시 브란트 수상은 빗물이 흥건한 바닥에 30초 정도 무릎을 꿇고 양손을 맞잡은 채 머리를 숙였다. 이 '세기의 사죄'는, '무릎을 꿇은 것은 한 사람이었지만 일어선 것은 독일 전체였다'고 평가받았다.

13 1997년 유네스코한국위원회 등이 주최한 교과서 국제심포지엄에 참가한 게오르그 에커트 국제교과서연구소의 리멘슈나이더 선임연구원은 다음과 같이 말했다.

독의 게오르크 에케르트 교수가 나서서 폴란드 측과 1년여를 협의한 끝에 1972년부터 역사 교과서 대화가 시작되었다. 서독-폴란드 역사 교과서 대화는 과거 청산, 영토 포기, 소련과의 조약 체결, 그리고 데탕트라는 역사적 경과 속에서 탄생한 동방정책의 작품 가운데 하나였다.

브란트 정권은 동독 안에 있던 서베를린의 지위도 안정화할 필요가 있었다. 이를 위해 1971년 5월 동·서독 및 미국·영국·프랑스·소련 연합국 사이에 베를린협정을 체결할 수 있도록 함으로써 서베를린의 안전을 확보하고 동서 베를린의 교류를 확대할 수 있도록 했다. 실질적인 동·서독 관계를 진전시켜 가던 브란트 정권은 1972년 5월 동·서독 최초의 국가 조약인 통행에 관한 조약을 체결했다. 서독이 동독을 대등한 정치적 파트너로 처음 인정한 것이다(신종훈, 2013: 178~179).

그런데 서독 국내 정치만을 놓고 보면 브란트 정권은 여기까지 오는 데 많은 어려움을 겪었다. 가령 서독의 경제 지원으로 동독 경제가 안정되면 동독 정권은 통일을 원하지 않을 것이라며 경제 지원에 반대하는 기독민주당 인사도 있었다. 언론 재벌로 보수 반공주의자인 악셀 슈프링거처럼 언론 매체에 브란트 총리를 향한 적대감을 서슴없이 드러내는 사람도 있었다. 동독에 대한 승인이 재통일의 의무 위반이고 전 독일인을 보호해야 할 의무까지 위반한 행위라며 브란트 총리를 연방 헌법재판소에 제소하는 일까지 있었다. 이 와중에 브란트 총리와 바르 차관은 조국의 반역자라는 소리까지 들어야 했다. 심지어 브란트 총리는 1972년 4월 불신임 투표까지 당했지만, 겨우

기자: 빌리 브란트 당시 서독총리가 70년 폴란드를 방문하는 등 동방정책을 추진한 것이 양국의 교과서 공동연구에도 도움이 됐습니까.

리멘 슈나이더 : 그렇습니다. 그때 브란트가 바르샤바 무명용사비 앞에서 무릎 꿇고 독일의 잘못을 사죄한 것은 가장 상징적인 전환점이 됐습니다(≪韓國日報≫, 1997.9.24).

2표 차로 정권을 유지할 수 있었다. 결국 의회를 해산하고 총선을 실시하여 국민의 마음을 얻음으로써 동방정책을 지속할 수 있었다. 민주주의라는 공간에서 한국의 남남(南南) 갈등처럼 서독의 서서(西西) 갈등을 넘어선 것이다.

공론장에서 문제를 풀어가려는 성숙한 민주주의와 시민의식은 서독의 좌파와 친동독계 인사에게 동독 방문을 권유하고, 동독이 좋아 살려고 하는 서독인을 막지 않는 서독 정부의 자신감으로 나타났다(바르, 2001). 마침내 브란트 정권은 1972년 12월 동독과 기본 조약을 체결하여 동·서독 관계를 국제관계가 아니라 특별한 관계라고 규정했다.[14] 1973년 9월 동·서독 유엔 동시 가입도 실현했다. 이로써 브란트 정권은 동·서독 관계를 안정적으로 유지할 수 있는 계기를 마련했다. 브란트 정권의 동방정책은 1975년 동서 유럽을 넘는 다자 안보협력협정인 헬싱키협정이 체결되는 데도 커다란 순기능을 했다.

이처럼 '접근을 통한 변화'를 핵심 내용으로 하는 동방정책은 동서 베를린의 긴장을 완화하고, 이어 동·서독 및 동유럽 국가들과의 긴장을 완화하면서 유럽이란 틀에서 동서 관계를 서독 스스로 바꾸어내기 위한 고민의 산물이었다. 이때 서독의 과거사 청산 노력은 서독 내에서의 나치에 대한 과거 청산만이 아니라, 동유럽 사회주의권과의 관계 회복을 통해 동·서독의 긴장을 완화하는 자극제였고, 유럽의 항구적인 안정을 위해 필수적인 다자 협력 질서를 만들게 하는 촉진제였다. '자극제로서의 과거사'가 현상을 인정하고 현재를 안정화하고자 하는 동방정책 속에서 화해 외교 정책의 동기로 작동한 것이다.

14 남북한은 1990년 12월 '남북 사이의 화해와 불가침 및 교류·협력에 관한 합의서'에서 "쌍방 사이의 관계가 나라와 나라 사이의 관계가 아닌 통일을 지향하는 과정에서 잠정적으로 형성되는 특수관계라는 점을 인정"했다. 동·서독의 역사적 경험에서 배운 것이다.

서독-폴란드 역사 교과서 대화는 서독 정부가 추진한 전략적 움직임의 일부였다. 1960, 1970년대 서독 정부가 진행한 이스라엘, 체코와의 역사 교과서 대화도 마찬가지였다. 서독 정부는 쌍무적 역사 교과서 대화를 진행하면서도 기본적으로 유럽이란 전체의 틀 안에서 교과서위원회를 운영하고 교재를 개발했다(팰드만, 2009: 34; 보리스, 2009: 215). 새로운 변화의 밑바탕에는 서독 사회의 민주주의가 자리 잡고 있었고, 그것이 새로운 변화를 추진하는 동력이기도 했다.

3. 2001년 이후 역사대화의 구체화와 한국 언론의 반응[15]

1) 1982년 일본 고교 역사 교과서 검정 파동과 역사대화

1982년 여름, 이듬해부터 사용할 일본의 고등학교 사회 교과서의 검정 결과가 알려지면서 한·중·일 간에 외교 갈등이 일어났다. 당시 일본 정부는 교과서 검정의 기준으로 '근린 제국 조항(近隣諸國條項)'을 새로 추가하는 선에서 일을 마무리 지었다. 일본의 진보적 지식인 사회 역시 교과서 검정 문제에 대응하는 데 더 관심을 두었다. 한편, 전두환 정부는 '극일(克日)'을 내세우며 독립기념관을 건립하는 하는 선에서 국민감정을 다스렸다. 한국은 침략과 저항에 대한 집합적 기억을 강화한 것이다. 이처럼 당시까지 일본 정부의 역사 왜곡에 대응하는 태도는 한일 양국 모두 문제를 근본적으로 해결하는 데 방점을 두지 않았다. 오히려 외교적으로 봉합하는 데 치중했다. 그

15 한일 역사대화의 역사에 관해서는 다음 글에 근거했다(신주백, 2006; 신주백, 2007; 신주백, 2009; 신주백, 2010; 신주백, 2011; 신주백, 2014b).

로부터 19년이 흐른 2001년 이전까지만 해도 일본의 역사 교과서 문제는 국제사회에서 크게 문제시되지 않았다.

그런데 1990년대 들어 새로운 시대 분위기 속에서 민간 차원의 과거 청산 움직임이 활발하게 일어난 흐름과 맞물려 봉인이 풀리기 시작했다.[16] 먼저, 1991년부터 1993년까지 한국의 국제교과서연구소와 일본의 일한역사교과서연구회 사이에 민간 차원의 자발적인 역사 교과서 대화가 처음 시작되었다.[17] 두 단체 사이의 역사대화는 주로 일본의 고등학교 역사 교과서가 분석 대상이었는데, 교과서를 중심으로 한, 한일 간 논의는 이때가 처음이었다. 일본 역사 교과서의 왜곡된 부분을 시정토록 할 생각에서 출발한 역사대화는 한국의 역사교과서도 문제 삼겠다는 태도를 취하지 않고 일본의 역사 교과서가 문제라는 일방적 시선으로 접근했다.[18] 언론의 보도 태도도 이 시선에서 벗어나지 않았다. 아무튼 이때를 계기로 역사교육과 역사인식에 관심을 가진 한일 학자들 사이에 안정된 네트워크가 비로소 형성되기 시작했다.

1997년 유네스코 한국위원회가 주도한 심포지엄이 열렸다. 한국사회에서 역사인식을 둘러싼 차이를 역사대화로 풀어보기 위한 모색은 이때가 사

---

16 경제성장과 정치 민주화를 달성한 한국 사회의 변화가 움직임의 원동력이었다. 여기에 1990년 동·서독이 통일되고 1991년 사회주의 소련이 몰락하면서 전후 세계질서의 기본 구도였던 냉전체제가 해체되고, 이와 맞물려 남북 관계의 경직성도 풀려갔다. 소송을 통해 과거사를 청산하려는 노력이 1990년대 들어 급속히 늘어난 배경도 이러한 변화와 맞물려 있다.

17 양측은 합의문과 같은 역사대화의 공동 결과물을 만들어내지 못했다. 그 대신에 각자 자신의 시각에서 이번 역사대화를 정리한 책을 발행했다(日韓歷史教科書研究會 編, 1993; 國際教科書研究所 編, 1994).

18 제4절에서 이것과 연관 있는 직접 인용문을 소개하겠지만, 제1회 회의에서 다카사키 소지 교수는 한국 역사 교과서의 세 가지 문제점을 지적했다(≪동아일보≫, 1991.3.28). 그러나 그의 지적은 한국 근대사에 대한 해석의 문제점이라기보다, 빠진 부분에 대한 것이다.

실상 처음이었다. 심포지엄에서는 유럽의 경험을 한일 관계에 어떻게 적용할 수 있는가에 초점을 두고, 역사 교과서 대화를 어떻게 추진하고 어떤 결과물을 도출할 것인가에 대해 다양한 주장이 있었다.[19] 심포지엄은 한국에서 서독과 프랑스, 서독과 폴란드 등 국제 역사 교과서 대화의 경험을 당사자들로부터 직접 듣는 첫 회의였으며, 부교재 또는 공동 역사 교과서 등의 결과물을 비롯해 역사 교과서 대화에 관한 이론적 검토가 처음 이루어진 회의였다. 하지만 유네스코 일본위원회가 "역사 교과서 문제는 민간 학자들 간에 논의되는 것이 낫다"라는 이유로 참여하지 않고(≪서울신문≫, 1997.7.28), 네 명의 일본인 학자가 개별적으로 참가함으로써 이후 역사대화를 구체화할 수 있는 계기를 마련하지 못했다.

2) 2001년 일본 중학교 역사 교과서 검정 파동과 정부 차원의 역사대화

그런데 2001년 '새로운 역사 교과서를 만드는 모임'이 제작한 『새로운 역사 교과서(新しい歴史教科書)』(扶桑社)의 검정 내용이 알려지면서 동아시아에서 심각한 외교 갈등이 일어났다. 이때부터 지금까지 한일 간의 역사 갈등은 매년 일어났고, 이전과 비교할 수 없을 만큼 확대되고 심화되었다. 반면에 역사 갈등을 극복하기 위한 새로운 움직임 또한 한때 아주 다양하게 전개되었다. 예를 들어 서독-폴란드 등의 교과서 대화를 이해하기 위해 그들의 노력을 분석하고 저작물을 번역하여 소개하거나 관련자를 초대하여 토론하는 일이 빈번해졌다.[20] 논의가 확산되는 과정에서 역사대화를 어떻게 추진

19 결과물로 나온 책이 유네스코한국위원회 엮음(1998)이다.

20 독일의 경험에 관한 자료는 한국교육개발원에서 2002년부터 적극 번역하여 관심 있는 사람들에게 비매품 형식으로 배포했다. 그 후에는 동북아역사재단에서 국제 역사대화에 관한 심포지엄을 개최하고 서적을 발간해 왔다.

해야 하며, 역사 문제와 한반도 문제의 평화적 해결, 더 나아가 동아시아 공동체 구성 문제 등을 연계해 사고하는 현상이 나타났다. 이런 가운데 정부와 민간 차원에서 동시에 역사대화가 시작되었다. 그럼 정부 차원의 역사대화부터 살펴보자. 한일 양국의 정상은 2001년 10월 역사 공동 연구 기구로 한일역사공동연구위원회를 조직하기로 합의했다. 한국 정부는 제1기 위원회를 구성할 때 '역사 왜곡 바로잡기'라는 목적을 달성하고자 공동 연구의 성과를 교과서에 반영한다는 문구를 위원회 출범을 준비하면서부터 일본 정부에 요구했다. 하지만 일본 정부는 교과서 검정 제도에 정부가 개입할 수 없도록 장치가 되어 있다며 이를 회피했다(≪동아일보≫, 2002.3.8; ≪동아일보≫, 3.12). 위원회는 2005년 『한일역사공동연구보고서』 1~6권을 발간하고 제1기 활동을 마쳤다.

이에 대해 언론은 '역사 왜곡 차단엔 미흡', '실망스러운 한일 역사 공동 연구 결과', '평행선만 긋다 마감'이라며 비판적인 의견을 내놓았다(≪한국일보≫, 2005.3.26; ≪국민일보≫, 2005.6.2; ≪한국경제≫, 2005.6.1). 그와 함께 '한일 역사 공동 연구 더 멀리 내다봐야', '1기 한일 역사 공동 연구 뭘 남겼나', '한일 역사 공동 연구 이제 시작일 뿐'이라는 기사에서 시사받을 수 있듯이, 시작이니 앞으로의 활동을 기대한다는 반응도 있었다(≪문화일보≫, 2005.6.1; ≪동아일보≫, 2005.6.1; ≪한국일보≫, 2005.6.1).

제2기 위원회는 교과서분과위원회를 설치하는 문제를 놓고 양측 외교 당국자 간에 지루한 협상 과정을 거친 데다, 한일 관계가 냉랭해지면서 일본 측이 위원회 구성에 난항을 겪었다. 그래서 제1기 위원회 이후 2년여가 지난 2007년 6월 출범하여 2010년 2월 『한일역사공동연구보고서』 1~7권을 발간하고 활동을 마쳤다.

제2기 위원회의 활동 결과에 대해 언론이 가장 주목한 점은 임나일본부가 없었다고 합의했다는 점이었다. 그러면서 '새로 시작된 한일 역사 바로잡기'라고 의미를 부여하는 신문도 있었다(≪國民日報≫, 2010.3.23). 하지만 대부분의 언론은 '성의 없는 日', '일본 역사왜곡… 갈길 먼 '역사 바로잡기'', '일본 '우월주의 史觀' 바로잡아야'라는 제목의 비판 기사를 쏟아냈다(KBS, 2010.3.23; ≪동아일보≫, 2010.3.24; ≪매일경제≫, 2010.3.26). 그러면서 일본의 역사 왜곡 때문에 공동 연구가 제대로 이루어지지 않고 있다는 시각에서 한국은 선(善)이고 일본은 악(惡)이라는 구도를 가감 없이 드러내었다.

그럼에도 성과를 거두지 못하고 대립을 계속하는 이유에 대해 다음과 같이 진단하는 언론인도 있었다.

> 우선은 위원회가 지향하는 연구의 목표가 분명하지 않다는 점을 꼽을 수 있다. 역사인식에서 상호 이해를 높인다는 연구위의 출범 취지는 높이 살만한 것이지만 어떤 식으로 상호 이해를 높일지 명료한 각론이 없다. 결국 양국 학자들은 자국의 기존 역사인식을 재천명하는 것으로 역할을 다할 뿐이며 그래선 회의가 공전을 거듭할 뿐이다(≪한국일보≫, 2010.3.29).

목표의 불분명함이란 지적은 뒤에서 다시 언급하겠지만, 현 단계에서 정부 차원 역사대화의 불가피한 한계이면서도 문제인 것만은 분명하다. 그래도 한국 언론은 한일역사공동연구위원회와 같은 역사대화 기구의 필요성을 부정하지 않았다. 오히려 갈 길이 멀지만 제3기를 조속히 준비하여 협력의 시대를 향할 준비를 하자는 태도가 한국 언론의 기본적인 입장이었다(≪국민일보≫, 2010.3.24; ≪매일경제≫, 2010.3.26).

하지만 제3기 위원회는 지금까지 구성되고 있지 않으며, 현재는 위원회에 대한 논의 자체가 중단되어 있다. 그것은 일본과 중국 사이에서도 마찬가지이다. 한일역사공동연구위원회처럼 중국과 일본 사이에서도 2006년 12월 중일역사공동연구위원회가 출범했다. 위원회는 2010년 1월 전후사 부분의

연구 내용을 뺀 결과를 『중일역사공동연구 보고서』 1, 2권으로 제출하고 활동을 종료했다.[21]

두 위원회의 활동은 1945년 이후 동북아에서 정부 차원의 첫 공식 역사대화라는 데 의의가 있다. 이는 유럽의 국제 역사 교과서 대화가 도달한 지점에 비하면 매우 낮은 수준의 협력이지만, 이제라도 역사인식의 공유와 공생을 향한 움직임을 시작했다는 데 주목할 필요가 있다.

그러면서도 미래를 위해 두 위원회의 활동을 비판적으로 분석할 필요가 있다. 두 위원회는 1945년 이후 60년도 더 지나 비로소 마주한 역사대화 기구라는 현실에서부터 활동 방향이 제한받을 수밖에 없었기 때문이다.

조직이란 형식의 측면에서 보면, 한·중·일 3국은 정부 차원의 역사대화를 정치 외교 관계의 맥락에서 관리했다. 이는 두 위원회 모두 후속 활동을 하기로 외교 당국 간에 약속만 하고 역사 갈등으로 초래된 외교 긴장을 내세워 역사대화를 중지하고 있는 데서 확인할 수 있다. 두 위원회의 중지는 우연히 일치한 결과가 아닌 것이다. 또한 한·중·일 3국은 국내에서의 비판을 완화시키는 장치로 역사대화를 활용했다. 특히 침략자였던 일본은 한국과 중국이 자국의 역사인식을 비판하는 '역사 카드'로 활용할 때 대화와 협력을 모색하고 있다는 인상을 국제사회에 보여줌으로써 자국 외교에 커다란 지장을 주지 않도록 하는 면피의 수단으로 역사대화를 이용해 왔다. 달리 말하면 한·중·일 3국은 역사대화를 진행해 과거사를 재인식하고 반성적으로 성찰하는 기회로 간주하지 않고 외교의 '보험 상품'처럼 취급해 왔다. 한·중·일 3국의 위원회 운영 방식은 학문과 역사교육 영역의 자율적 기구로 위원회를

21 기타오카 신이치(北岡伸一), 부핑(步平)이 책임 편집한 보고서 제1권(中近世史), 제2권(近現代史)은 2014년 각각 勉誠出版(일본), 社会科学文献出版社(중국)에서 간행되었다.

간주하지 않았다는 점에서 서독의 국제 역사 교과서 대화 경험과 큰 차이가 있었다. 한국 언론은 이 측면을 비판한 적이 없다.

역사대화라는 내용의 측면에서 보면, 두 위원회의 결과물은 '연구' 성과이지 역사교육과 연계된 성과가 아니었다. 두 위원회 모두 교과서 분석을 전면화하지도 못했다. 그뿐만 아니라 각국의 학교교육을 담당하는 정부 기구가 역사대화 기구에서 제대로 역할을 하지 못했다.[22] 역사대화가 교육의 영역이자 화해의 영역이 아니라 외교 전략의 일환이었으니 역사대화와 학교 역사교육 사이의 괴리는 당연했다. 이 점이 독일과 프랑스, 독일과 폴란드의 역사 교과서 대화와 동북아 3국 사이의 역사대화와 가장 크게 다른 점이다. 결국 두 위원회의 역사대화는 역사 교과서를 개선하여 학교교육에서 상대방에 대한 자신의 편견을 교정하고 민족적이고 자기중심적인 오염을 정화하는 계기가 될 수 없었다. 이에 대해 한국 언론은 역사 왜곡 바로잡기라는 데 보도의 초점을 두었지, 위원회와 역사교육의 연계성을 강화하도록 압박하지 않았다.

3) 2001년 일본 중학교 역사 교과서 검정 파동과 민간 차원의 역사대화

2001년 교과서 검정 파동을 계기로 그 이듬해부터 네 곳에서 민간 차원의 역사대화가 시작되었다. 즉 '대구와 히로시마 지역 역사교사모임', '한·중·일 공동역사편찬위원회', 전국역사교사모임과 일본역사교육자협의회 사이의 '한일역사교사모임', 그리고 한일 여성 연구자들의 모임이 있었다. 민간 차원의 네 모임은 각각 2005년 『조선통신사』(한길사),[23] 『미래를 여는 역사』

22 한국 측은 역사 교과서 대화를 하자는 방침이었다는 점에서 일본, 중국과 조금 달랐다.

(한겨레신문사),[24] 2006년의 『마주보는 한일사』 1·2(사계절),[25] 『여성의 눈으로 본 한일 근현대사』(한울, 2005)를 발행했다. 앞의 세 그룹은 각주에 언급하고 있듯이 2012년과 2013년에 두 번째 공동 작업의 결과물을 간행했다. 그리고 이들보다 먼저 역사대화를 하고 있던 서울시립대학과 일본 학예대학의 역사 연구자 등도 2007년 『한일 교류의 역사』(혜안)를 출판했다.

대부분의 공동 역사 교재가 한일 양국의 참가자들이 협력한 결과물이라면, 『미래를 여는 역사』와 『한·중·일이 함께 쓴 동아시아 근현대사』 1·2는 한국, 일본, 중국의 역사 연구자와 역사 교사가 모여 만든 다자간 역사대화의 교재이다. 『미래를 여는 역사』는 2005년도 교과서 채택 과정에서 우익의 역사 교과서인 『새로운 역사 교과서』의 역사인식을 정면으로 부정하며 채택 반대 운동을 벌이는 데 결정적인 역할을 한 교재이기도 하다.[26] 두 번째 결과물은 '관계사'를 넘어 동북아시아라는 '지역'을 시야에 넣고 작업한 성과라는 점에서 새로운 시도였다.

민간 차원의 이러한 노력에 대해 "폐쇄적 민족주의 패러다임을 스스로 극복하면서 평화를 지향하는 시민사회의 역량을 미래의 대안으로 제시하려는 노력"이라고 평가하는 언론도 있었다(≪한겨레신문≫, 2005.12.24). 하지만 대다수 언론은 "日 역사왜곡' 바로잡았다'라는 기사의 제목처럼 역사 왜곡에 대한 대응과 '왜곡' 내용을 바로잡는다는 시각에서 보도했다(≪동아일보≫, 2006.8.8).[27] 그래서 일본인 교사와 연구자가 임나일본부설을 인정하지 않고

23 두 번째 작업으로 『한국과 일본, 그 사이의 역사』(휴머니스트, 2012)를 출판했다.

24 두 번째 작업으로 『한중일이 함께 쓴 동아시아 근현대사』 1·2(휴머니스트, 2012)를 출판했다. 지금은 세 번째 공동 작업의 성과를 준비하고 있다.

25 두 번째 작업으로 『마주보는 한일사』 3(사계절, 2014)을 출판했다.

26 교재가 만들어지는 과정, 교재의 내용에 대한 구체적인 분석, 한·중·일 3국에서의 서평문에 대해서는 아시아 평화와 역사연구소 엮음(2008), 신주백(2014a) 참조.

임진왜란이 침략의 역사임을 명확히 했다는 점에 관심을 두고 '역사 왜곡을 바로잡는 첫 단추'라는 데 의미를 부여하는 보도도 있었다(≪동아일보≫, 2006.8.8). 또한 민간 차원의 역사대화이지만 독도 문제 등 영토 문제처럼 당분간 도저히 합의에 이를 수 없고 정치적 부담이 상당한 논점은 서술하지 않는 경우가 대부분이었다.[28] 이를 두고 서독이 국제 역사 교과서 대화에서 적용한 '최소 해법의 원칙'에 충실한 접근이었다고 평가하는 한국 언론은 없었다. 그러니 논점을 병기했다는 서술을 긍정하거나 그렇지 못한 접근을 비판하는 시선 역시 있을 수 없었다. 결국 한국 언론은 자기중심적인 시선을 상대화하려는 노력이 있었는지에 대해 그다지 관심을 두지 않은 것이다.

그런데 여러 그룹에서 시도한 공동 역사 교재들이지만 공통점이 있었다. 공동 역사 교재 작업의 동기가 2001년 일본의 중학교 역사 교과서 검정 파동과 연관이 있다는 점이다. 그리고 갈등을 극복하고 문제를 해결해 가자는 자발적인 태도의 결과라는 점이다. 대결적이지 않았던 것이다.

결과물에서도 공통점을 찾을 수 있다. 각자 역사대화를 시도했지만 '공통'을 내세우며 '교재' 개발을 축으로 역사대화를 진행했다. 교재들은 대화에 참가한 사람들의 특징을 반영하여 다양한 편집과 내용 구성을 시도하지 않고 모두 개설서 형식의 '서술형'으로 발행되었다. 독일과 프랑서처럼 공동 역사 교과서도 아니고, 그렇다고 1956년 에노 마이어 박사 개인이 47개 테제로 발표한 「역사교육에서 독일-폴란드 관계의 서술에 대하여」처럼 한일 관계사 교육에 관한 '조언'도 아니었던 것이다.[29]

---

27 이와 같은 논조의 기사는 더 있다(≪세계일보≫, 2005.5.26; ≪동아일보≫, 2007.5.27; ≪매일신문≫, 2008.7.17).

28 『마주보는 한일사』 3권만이 예외였다. 필자들은 이메일만 40번 주고받으며 서로 주목하고 있는 점이 다르다는 사실을 인정하고 그것을 드러내었다(≪한겨레신문≫, 2014.8.1).

민간 차원의 역사대화가 개설서 형식의 서술형 교재를 개발하는 데 목표를 두고 진행된 결과, 교재들은 단순한 편집 구성이어서 어찌 보면 각각의 특징을 콕 집어 부각시키기 어려운 결과물이라고도 말할 수 있다. 왜 이런 결과가 나왔을까? 민간 차원의 자발적인 접근이었으므로 서로의 역사교육과 교과서에 직접 대응하는 교재를 개발하려 하지 않고, 참고용 부교재라는 위치와 판매를 더 염두에 둔 의도와 연관이 있을 것이다. 또한 하나의 역사인식이 가능한 것처럼 생각하고 '공통' 교재를 만들어야 역사대화를 성공적으로 진행했다고 보려는 필자들 및 한국 사회의 시선과 깊은 연관이 있을 것이다. 특히 한·중·일 3국의 역사대화에 참여한 필자의 경험에 비춰보면, 일본 우익의 공격을 의식한 일본 측 주도자들에게서 이러한 경향이 눈에 띄었다. 그들은 논점을 병기하는 서술 방식조차 거부했다. 결국 시간의 지속성과 수평적 확장성이라는 측면에서 볼 때, 편집 구성이나 관점 또는 해석에서 각자의 특별함도 부족한 가운데 서술형 교재의 반복적이고 중복적인 간행은 결과적으로 교육 현장에 직접 영향을 미칠 수 있는 파급 효과를 스스로 제한하는 선택이었다.

그럼에도 민간 차원에서 공동 역사 교재를 만들려는 협력 활동은 유럽에서의 양상과 다른 모습이며, 정부 차원의 역사대화에 비해 성과물의 대중적 접근성이라는 측면에서 뚜렷한 성과를 거두었다. 민간 차원의 노력은 꽉 막혀 있는 동아시아 역사대화의 현실에서 비정부기구(NGO)로서 부분적이지만 새로운 가능성을 열어젖히는 활동이었다. 공동 교재를 개발한 활동은 서독처럼 동북아에서도 '할 수 있다'라는 사회심리 형성과 정부 차원의 역사대화

29 에노 마이어의 움직임에 대해서는 한운석 외(2008: 69~82) 참조. 에노 마이어 박사는 서독-폴란드 역사대화의 선구적인 역할을 한 사람이어서 두 나라 역사대화의 역사를 설명할 때 꼭 언급하는 인물이다.

에도 자극제가 되었다.[30]

특히『한·중·일이 함께 쓴 동아시아 근현대사』작업을 통해 지역 차원의 역사대화가 가능할 수 있음이 확인되었다. 브란트 정권이 서독 스스로 현상을 바꾸어야 한다고 자각하고 유럽의 틀 속에서 역사 교과서 대화를 지속함으로써 역사 화해와 분단 극복이란 과제의 선순환 과정을 확보했듯이, 이 교재는 우리의 노력도 일본과의 구원(舊怨)을 청산하며 분단 극복과 '동아시아'를 동시에 시야에 넣는 선순환이어야 한다는 현실에 부응한 결과물이다. 왜냐하면 한국의 현실에서 보면 한반도의 분단이 민족의 분단이자 지역의 분단이기 때문이다. 하지만 공동 역사 교재 집필자들과 한국 언론은 공동 역사 교재 작업이 내포한 한국적 미래의 의미에 대해 구체적이고 폭넓게 자각하지 못했다.

4. 역사대화의 출구 모색을 위한 우리 안의 시선 검토

한국 언론이 미래의 한국(한반도)에 시사하는 역사대화의 의미를 깊이 있게 자각했다면, 정부 차원의 쌍무적 역사대화가 지금까지 중지된 현실을 좌시하지 않았을 것이다. 예를 들어 2013년 11월 박근혜 대통령이 국립외교원의 국제학술회의 자리에서, 한·중·일 3국의 역사공동연구위원회를 설치하고 장기적으로 공동 역사 교과서를 편찬하자고 제기한 다음과 같은 연설에 대한 반응을 보면 알 수 있다(≪경향신문≫, 2013.11.15).[31]

---

30 이는 제2기 한일역사공동연구위원회의 활동이 막바지로 치닫고 있던 2009년 10월 오카다 가쓰야 일본 외상이 3국의 공동 역사교과서 작업 자체가 불가능하다고 보지 않고, 그 전제로 공동연구의 중요성을 강조한 발언에서도 알 수 있다(≪매일경제≫, 2009.10.8 ; ≪국민일보≫, 2010.10.9 ; ≪부산일보≫, 2009.10.9).

우리는 이 시점에서 잠재적인 위기 상황을 극복하고 동북아를 신뢰와 협력의 장으로 만들어내야 합니다.

제가 제안해 온 **동북아 평화 협력 구상**은 역내 국가들이 작지만 의미 있는 협력부터 시작하여 서로 믿을 수 있는 관행을 축적하고 이러한 협력의 관행을 확산시켜 불신과 대립을 완화하자는 것입니다.

핵 안전을 비롯해, 기후변화와 자연재해, 사이버 협력, 자금 세탁 방지 등 **연성 이슈부터 시작해** 대화와 협력을 축적해 점차 그 범위를 넓혀가자는 것입니다.

이러한 과정이 진전됨에 따라 **궁극적으로는 유럽의 경험처럼, 가장 민감한 사안들도 논의할 수 있는 시점이 올 수 있다고** 확신합니다.

저는 동북아 평화 협력을 위해 **먼저 역내 국가들이 동북아 미래에 대한 인식을 공유해야 한다고** 생각합니다.

목적을 공유하지 않으면 작은 차이도 극복할 수 없습니다.

그러나 목적이 같으면 그 차이는 극복할 수 있습니다.

독일과 프랑스, 독일과 폴란드가 했던 것처럼 **동북아 공동의 역사 교과서를 발간함**으로써 동서 유럽이 그랬던 것처럼 **협력과 대화의 관행을 쌓아갈 수도 있을 것입니다**[32](고딕체는 인용자 강조).

대통령의 주장처럼 '공동의 역사 교과서'는 연성 이슈의 하나이며, '협력과 대화의 관행을 쌓아갈 수' 있고 목적을 공유할 수 있는 매우 유용한 사안이다. 역사 교과서 작업은 대통령 자신이 구상하는 동북아 평화 협력 구상을

---

31 정의화 국회의장도 방한 중이던 시진핑 중국 국가주석을 만났을 때 같은 제안을 했다(≪서울경제≫, 2014.7.4).

32 http://www1.president.go.kr/activity/today.php?srh[view_mode]=detail&srh[seq]=1558(검색일: 2015.8.18). 이 제안에 대해 일본도 처음에는 거부 반응을 보이다 방침을 바꾸어 '대환영한다'라고 화답했다(≪한겨레신문≫, 2013.11.19).

구체화하는데도 매우 중요한 활력소일 것이다.

한국 언론은 이에 대해 단기간에 공동 역사 교과서를 발간하는 문제로까지 협력과 대화가 구체화되기는 어려울 것이라고 반응했다. 공동 역사 교과서의 집필이 이루어지더라도, 일본이 '위안부 문제는 종결됐다', '위안부 강제 동원의 증거는 없다'라는 등 자국의 주장을 대외적으로 알리는 무대로 활용하려 할 개연성, 곧 일본에 판을 깔아주게 될지 모른다는 우려도 있었다(≪서울신문≫, 2013.11.19). 이러한 우려는 2009년 10월 하토야마 정권의 외교 책임자인 오카다 가쓰야 일본 외상이 도쿄 외국특파원협회 강연에서 "한중일 공통 (역사) 교과서를 만드는 게 가장 이상적"이라며 3국 공동의 역사 연구의 필요성을 밝혔을 때(≪부산일보≫, 2009.10.9), 또는 "문제는 성의 있는 진정성"이라고 반응했을 때와 비교해서 한 발짝도 나아가지 않았다는 점에서도 확인할 수 있다(≪매일경제≫, 2009.10.8).

한국 언론은 박 대통령이 말하는 공동 역사 교과서 작업이 왜 어려운지, 단기간에 성과를 내기 어렵다면 어떻게 해야 하는지에 대해 구체적이고 폭넓은 의견을 제시하지 않았다. 한국 정부도 이 발언을 구체화하기 위해 노력한 것 같지 않다. 필자로서는 확인하기 어렵지만, 당시의 어떤 외교 현실을 염두에 두고 제기한 일회성 주장이었을 가능성이 높다. 이제 그 이유를 우리 안의 시선에서 찾아보고, 극복할 수 있는 출구도 모색해 보자.

우선, 한국 정부는 위의 발언이 있을 때까지 협력과 대화의 관행을 만드는 데 필요한 과정을 치밀하게 고민한 적이 없다. 동북아시아 3국은 역사교육과 역사인식이 서로 어떻게 다른지, 상대편에 대해 자국의 교과서에서 어떤 이미지를 학생들에게 전달하고 있는지, 기술해야 할 내용 가운데 무엇이 생략되어 있는지, 이러한 점검 사항들이 각국의 학교교육 내지는 역사교육에서 어떤 의미가 있는지에 대해 서로가 신뢰할 만한 검토 자료를 확보하지 못하고 있었다. 그러면서 과정도 없이 바로 교과서 개발과 반영 여부를 이야기한 것이다. 박 대통령의 언행은 역사대화에 대해 서독의 대화 경험을 인습적으로 빌려와 '공동 역사 교과서'를 발간하자고 기계적으로 생각해 온 상징적인 보기이다.[33]

둘째, 박 대통령이 말하는 '공동'의 역사 교과서란 하나의 일치된 교과서를 의미한다. 그동안 정부든 민간이든 한국 사회는 '공동'을 말하며 '공통'을 전제로 역사대화를 해왔다. 원래 '공동'이 '함께'라는 함의라면, '공통'은 '일치'라는 의미를 내포하고 있다. 하지만 한국 사회는 국민국가적인 맥락, 곧 3국 모두가 자국사 중심의 역사교육과 역사 연구를 진행해 오고 있는 현실에서 일치된 역사인식을 확보한다는 접근이 가능한지, 그것이 꼭 필요한지를 검토한 적이 없다. 1929년경부터 역사대화를 시작했고, 유럽이라는 지역의 시야에서 공동의 역사 교과서를 간행한 프랑스와 독일도 고등학생용 공동 역사교과서를 한 차례 간행했지만 완전히 일치된 내용으로 발행하지 못했다. 그들은 서로의 다른 주장을 '장'별로 간략히 요약하며 병기했다.[34] 공존과 협력을 지향하면서도 다름을 드러내는 데 주저하지 않았던 것이다. 이것이 현재까지 인류가 달성한 역사 교과서 대화의 최고 협력 수준이다. 달리 보면, 역사대화를 진행하는 과정에서 공통만을 내세우면 협력 방식과 인식의 차이를 무시하고 자칫 특정 견해를 강요할 우려가 있으며, 그럴 경우 대화 자체가 중단될 수도 있다.

셋째, 동북아 역사대화, 곧 다자간 역사 교과서 대화는 박 대통령 자신의

---

33 인습적이고 기계적인 태도는 '권고안'을 주장하는 데서도 확인할 수 있다. 한국사회는 독일의 역사대화 경험에서처럼 '권고안'이 우리 또는 동북아의 현실에 맞는지 학문과 정세의 측면에서 검토를 한 적도 없다. 그러면서 현재의 어려움을 극복하는 대안의 하나로 통용되고 있다.

34 이 부분만이 공동 역사 교과서에 대한 모든 논평에서 긍정적인 반응을 이끌었다(비텐브록, 2009: 124).

'동북아 평화 협력 구상'을 실현하는 촉매제이겠지만, 대외정책과 모순되는 부분이 있다. 한미 동맹을 넘어설 수 있는 전략적 비전을 제시하지 않은 채, 3국이 공유할 수 있는 역사교육을 제도화할 수는 없다. 동맹과 다자는 모순되기 때문이다. 더구나 북한 붕괴론에 입각해 대북 압박 일변도의 정책을 추진하는 현실에서, 다자간 대화는 북한에 대한 또 다른 국제적 압박 수단에 불과하다. 달리 보면, 박 대통령은 서독에서 쌍무적인 역사 교과서 대화가 유럽이란 틀 내에서 동·서독 또는 동서 유럽의 긴장을 완화하는 동방정책의 하나로 꾸준히 작동했기 때문에 성과를 거둘 수 있었다는 역사적 경험을 간과했다.

이러한 문제점을 극복하기 위해서는 역사대화가 한반도의 분단 극복에 어떤 기여를 해야 하는가, 그리고 할 수 있는가를 진지하게 검토할 필요가 있다. 달리 말하면 한일 또는 한중 사이의 역사대화가 한반도 문제, 곧 분단 극복으로 향하는 과정에서 어떤 의미가 있는지를 전략적으로 사고해 볼 필요가 있다. 그리고 다자간 질서 구축과 분단 극복의 전략적 관계성 속에서 역사대화는 어떤 의미가 있는지를 분석해야 한다. 쌍무적 역사대화든, 동북아 역사대화든, 한반도의 분단이 민족의 분단이자 지역의 분단이기 때문이다.

넷째, 하지만 지금까지 한국 사회는 독일의 국제 역사 교과서 대화 경험을 표피적이고 단선적으로만 선취(選取)해 왔다. 이처럼 다자간 역사대화의 과정과 의미를 제대로 파악하지 못하고 있는 원인의 하나는, 한국 사회가 역사대화의 목적을 일본의 역사 왜곡을 시정하는 데 초점을 맞춰왔기 때문이다. 물론 일본이 동아시아와의 특수한 역사적 관계를 청산한다는 태도와 지향이 없다면 성과를 거두기 어려운 현실을 염두에 둘 때 이를 유달리 강조할 수는 있다. 하지만 친일과 반일, 악과 선이란 이분법적인 양자 구도로만 접근하면 역사와 관련한 다양하고 심층적인 내포들에 접근할 기회조차 사라진다. 더구나 한국의 역사인식은 옳고, 상대화할 필요가 없다는 전제에서 역사를 바로잡으려는 인식과 태도가 한국 사회 구성원들 사이에 매우 강고하게 뿌리내려 있어 역사대화의 진전을 가로막는 측면도 있다.

다소 긴 인용문이지만, 가령 지금부터 25년 전인 1991년 3월 일본 메이지대학에서 열린 제1회 '한일 합동 역사 교과서 연구회' 발표회 때의 다카사키 소지 교수의 발언에 주목해 보자.

> 한국의 고교 역사 교과서에 나타난 근·현대 한일 관계사의 기술에 대하여」란 제목으로 발표에 나선 다카사키 쇼지(高崎宗司) 진전숙 대학 교수는 세 가지 점에서 한국 교과서의 미비점을 지적하고 나섰다. 그는 첫째로 일제하 식민지 정책에 반대한 일본인이 있었음에도 한국 교과서가 이를 완전히 외면하고 있는 사실에 불만을 표시했다. 그 예로 다카사키 교수는 3·1운동을 계기로 일제의 한국인 탄압과 동화 정책을 비판한 미학자 야나기(柳宗悅), 제암리 학살 사건을 「어떤 살육사건」이란 제목의 시로 폭로한 영문학자 사이토(齋藤勇) 등을 열거했다.
>
> 두 번째로 다카사키 교수는 한국 교과서가 재일 한국인의 역사는 전혀 언급하지 않고 있다는 점을 지적했다. 그의 분석에 따르면 한국 교과서에는 "생활 기반이 약화된 농민들이 일본인 고리대금에 시달려 생계유지를 위해 화전민이 되거나 만주·연해주 등지로 이주해야 했다"고만 기술되어 있을 뿐 일본으로 이주한 한국인에 관한 사항은 무시되었다는 것이다.
>
> 이와 관련, 다카사키 교수는 1982년의 일본교과서 왜곡파동 때 한국의 국사편찬위원회가 「관동대지진시의 조선인학살」, 「여자정신대」 등 24개 항목의 일본역사 교과서 왜곡부분을 지적했으면서도 정작 한국교과서에서는 이에 관한 기술이 보이지 않고 있다고 비판했다. 그는 또한 한국인 원폭피해자나 사할린에 끌려갔던 한국인에 관해서도 한·일 두 나라 교과서가 함께 명시해야 할 것이라고 말했다.
>
> 이와 함께 다카사키 교수는 한국의 교과서가 대한민국 임시정부하의 광복군활동 및 사회주의자들의 조직, 조선의용군 등을 소개했으나 김일성을 중심으로 한 재

만한인 조국광복회 활동은 외면당하고 있다는 주장을 펴기도 했다.

그는 끝으로 한국교과서가 광복이후의 새로운 한·일 관계에도 다소간의 구체적 설명이 필요할 것이라고 덧붙였다(≪국민일보≫, 1991.3.28).

다카사키 소지 교수가 지적한 문제점들은 상당 부분 오늘에도 한국의 중고교 역사 교과서에 여전히 남아 있다. 한국 사회는 역사대화 과정에서 자신에 대한 지적을 진지하게 검토하고 상대화할 수 있는 준비와 태도를 제대로 갖추지 않은 것이다.

이처럼 한국 사회는 일관되게 피해 민족과 가해 민족이란 이분법 구도로 한일 역사인식의 격차를 바라보아 왔다. 민족 문제의 관점에서만 한일 간 역사인식 문제를 보았지, 민주주의의 다양성이란 측면에서 타자의 지적을 어떻게 비판하거나 수용할 것인가에 대한 준비가 덜 되어 있다. 서독은 오데르나이세강 서쪽, 곧 당시의 국경선을 인정하자는 주장을 자유민주당이 선도적으로 제기하고, 사회민주당도 여기에 호응하며 반대 세력과 논쟁을 벌이는 공론화 과정을 거쳐 1970년 바르샤바 조약에 반영했다. 동·서독 또는 동서 유럽의 긴장을 완화하는 정책을 추진하는 과정에서 반대 세력과의 논쟁에 주저하지 않았고 선거를 통해 심판을 받았으며, 한때 정권을 상실할 위기도 선거를 통해 극복했다. 서독-폴란드 역사 교과서 대화의 결과물인 1976년의 권고안을 수용할지를 둘러싸고 서독 사회에서 격렬한 논쟁이 일었고, 1980년대 들어 모든 주에서 이를 수용하는 성숙한 모습을 보였다. 민주주의의 실천과 확대 과정이 뒷받침되었기에 가능했던 것이다. 서독의 이러한 경험에서 시사받을 수 있듯이, 일본 역사 왜곡의 시정과 역사 화해는 한국 사회 내부의 다양성과 공존을 바탕으로 하는 민주주의의 내적 확대와 심화 과정을 동반해야 진정으로 실현할 수 있다. 달리 말하면 한국 사회에서의 민주주의 확대와 발전이 동아시아 역사 화해를 실현하는 토대이자 출발점이다.

5. 맺음말

이상으로 서독의 역사대화 경험과 함축적인 의미를 살펴보고, 한일 또는 동북아 역사대화의 역사를 간략히 짚었으며, 그에 대해 한국의 언론, 더 나아가 한국 사회가 어떤 반응을 보였고, 왜 그러했는지를 비판적으로 살펴보았다. 맺음말에서는 새삼 이를 요약하지 않고, '타자를 공격하는 무기로서의 역사대화'가 아니라, 한반도와 동아시아 지역의 미래를 상상하고 그림을 그리며 현재를 움직일 수 있는 역사대화'가 진행되기 위한 방향을 언급하겠다.

역사적으로 한반도는 남쪽과 북쪽의 세력이 교차하는 곳이었다. 때론 양쪽이 한반도를 축으로 충돌하는 경우도 있었고, 그렇지 않은 경우도 있었다. 한반도의 정치 세력은 어느 한쪽을 관리하며 다른 한쪽과 대결 관계를 유지한 때도 있었다. 한반도 분단의 역사가 이러한 역사적 현상을 파노라마처럼 보여주고 있다.

한반도의 분단은 민족의 분단이다. 38도선을 넘어설 수 있는 사람은 우리밖에 없다. 주변 국가들은 현상 유지를 바라고 있을 뿐이다. 38도선을 극복할 수 있는 동력을 우리 스스로 찾아야 하고 만들어야 하는 이유가 여기에 있다. 더구나 1876년 개항 이후 오늘까지 140여 년의 한국 근현대사에서 우리의 운명을 우리의 의사와 무관하게 결정지었던 한반도 주변의 강국은 여전히 강국이다. 오히려 국제적 영향력은 그때보다 더 커졌다. 어느 한쪽과 대결하고 다른 한쪽과 원만한 관계를 유지한다고 해서 분단을 극복할 수 있는 유리한 환경이 조성되기 어려운 이유가 여기에 있다. 모두를 만족시키거나 신뢰를 획득해야 한다.

동시에 한반도의 분단은 동아시아 지역의 분단을 견고하게 하는 생명체이다. 냉전이 해소된 오늘날에도 크게 보면 동북아 국제관계가 북방형 삼각구도와 남방형 삼각구도라는 양자 간 경쟁적 대결 구도로 견고하게 유지되는 데 한반도의 분단이 결정적인 역할을 하고 있다. 두 구도의 정점에 미국과 중국이 있으며, 2010년을 전환점으로 미국과 중국, 곧 G2는 자신의 세력을 재구축하는 전략의 일환으로 역사 문제까지 활용하며 주변 세력을 끌어들이고 있다. 지역의 역사 문제가 동아시아 국제관계에 영향을 미치는 종속변수에서 독립된 상수로 바뀌면서 서로의 파워 게임을 대변하는 요소로도 작용하고 있는 것이다.

그런데 한반도에서 평화 체제를 정착시키고 분단을 극복하는 과정은 동아시아 국가들의 협력을 얻어가는 과정일 수밖에 없다. 그러한 협력 과정은 지역의 새로운 질서, 곧 다자간 국제질서를 만드는 과정이자 동아시아에서 G2 구도를 해체하는 과정이기도 하다. 우리가 피해국(민족)임에도 불구하고 동아시아의 역사 문제를 관리하고 역사대화와 같은 문제 해결 지향적인 접근을 적극적으로 취해야 하며, 사회 구성원 모두가 지역을 의식적으로 보고 지향할 수 있도록 동아시아에 관한 역사교육을 실시하는 데 특별한 노력을 기울여야 하는 이유가 여기에 있다.

냉전체제가 해체된 후 지난 25년가량의 경험을 되돌아볼 때 한국에서 역사대화는 나는 옳고 정당하다는 전제 아래 타자 공격하기의 경향이 강했다. 앞으로 한국의 역사대화는 타자 공격하기가 아니라 분단 극복하기이고 지역 만들기여야 한다. 한국사회는 그러한 전환을 이루기 위해, 다양성을 존중하는 사회를 구축해 가는 한편, 공동체의 원리와 개인의 권리를 함께 구현해 가는 민주주의를 성숙시키는 노력을 병행해야 한다. 그러한 노력은 한반도와 지역의 미래를 상상하고, 구상을 가다듬으며, 행동하는 움직임으로 이어져야 한다.

:: 참고문헌

≪경향신문≫, ≪국민일보≫, ≪동아일보≫, ≪매일경제≫, ≪세계일보≫, ≪부산일보≫, ≪서울신문≫, ≪시사저널≫, ≪한국경제≫, ≪한겨레신문≫.

국제교과서연구소 엮음. 1994.『한·일 역사교과서 수정의 제문제』. 백산자료원.

기무라 시게미쓰(木村茂光). 2009.「한·일 공통 역사교재 작성과 역사교육」. 동북아역사재단 엮음.『역사 대화로 열어가는 동아시아 역사 화해』. 동북아역사재단.

김정인. 2007.「동아시아 공동 역사교재 개발: 그 경험의 공유와 도약을 위한 모색」. ≪역사교육≫, 101권.

바르, 에곤(Egon Bahr). 2001.「서독은 좌파 인사도 동독에 보냈다」, ≪시사저널≫, 621호.

박재영. 2006.「교과서 협의를 통한 독일의 과거극복」. ≪사회과교육≫, 45권 3호.

______. 2006.「한중일 3국의 역사교과서 협의의 제문제: 유럽의 교과서 협의와 비교하여」. ≪백산학보≫, 75호.

______. 2007.「오데르 나이세 국경문제와 독일 역사교과서」. ≪중앙사론≫, 40집.

박중현.「공동 교과서를 통해 본 대화와 갈등」. ≪역사교육연구≫, 6호.

______. 2009.「공동 교재를 통한 역사 화해의 가능성 모색」. 동북아역사재단 엮음.『역사 대화로 열어가는 동아시아 역사 화해』. 동북아역사재단.

______. 2010.「'망각'에서 '성찰' 그리고 '마주 보기'로: 공동역사교재의 제작을 중심으로」. ≪역사교육≫, 116권.

보리스, 보도 폰(Bodo von Borries). 2009.「역사 화해를 위한 역사교육: 독일 관점에서의 이론적 고찰과 실제 경험」. 동북아역사재단 엮음.『역사 대화로 열어가는 동아시아 역사 화해』. 동북아역사재단.

비텐브로크, 롤프(Rolf Wittenbrock). 2009.「유럽의 역사공동교과서 편찬 경험」. 유네스코한국위원회 동북아역사재단 엮음.『기억의 공유와 다원적 보편성』. 유네스코한국위원회 동북아역사재단.

신종훈. 2013.「서독의 독일정책」. 통일연구원 옮김.『EC/EU사례분석을 통한 남북 및 동북아공동체 추진방안: EC기 분석을 중심으로』. 통일연구원.

신주백. 2007.「'한일 교류의 역사' 발간의 의미와 동아시아 교과서 대화」. ≪역사교육연구≫, 5호.

______. 2009.「동아시아 역사 만들기: 역사대화를 통한 기억 공유의 가능성 탐색」. 유네스코한국위원회 동북아역사재단 엮음.『기억의 공유와 다원적 보편성』. 유네스코한국위원회 동북아역사재단.

______. 2014a. 「동아시아 역사교과서대화의 역사와 동아시아형 역사 만들기」. 『역사화해와 동아시아형 미래 만들기』. 선인

______. 2014b. 「보고서: 한국에서 기억하는 '미래를 여는 역사' 편찬 과정」. 『역사화해와 동아시아형 미래 만들기』. 선인(이 글은 University of Hawai'i at Mānoa School of Pacific and Asian Studies에서 2015년 7월 번역하여 전자 출판한 *A History to Open the Future: Modern East Asian History and Regional Reconciliation*의 부록에 "Appendix 1: The Making of A History to Open the Future as Observed by a South Korea Participant"로 수록되어 있다).

아시아 평화와 역사연구소 엮음. 2008. 『동아시아에서 역사인식의 국경 넘기』. 선인.

유네스코한국위원회 엮음. 1998. 『21세기 역사교육과 역사교과서』. 오름.

윤휘탁. 2013. 「동아시아에서의 역사인식 공유노력과 한계: 한중일의 공동 역사책에 대한 각국의 반응과 관련하여」. ≪중국사연구≫, 86집.

______. 2014. 「동아시아의 역사대화와 학문 외적 환경」. ≪역사교육연구≫, 20호.

이신철. 2009. 「한일 역사갈등 극복을 위한 국가 간 역사대화의 성과와 한계」. ≪동북아역사논총≫, 25호.

______. 2014. 「공통부교재를 통한 동아시아 역사청산과 역사화해의 성과와 한계」. ≪사림≫, 50호.

임상선. 2009. 「한·일 공동 역사교재 비교 연구」. 동북아역사재단 엮음. 『역사 대화로 열어가는 동아시아 역사 화해』. 동북아역사재단.

전국역사교사모임. 2006. 『마주보는 한일사』 1·2. 사계절.

______. 2014. 『마주보는 한일사』 3. 사계절.

정재정. 2006. 「한일의 역사대화: 화해와 상생을 위한 오딧세이」. ≪일본학연구≫, 19권.

______. 2007. 「한일의 역사갈등과 역사대화」. ≪사학연구≫, 88집.

______. 2009. 「한일역사교과서문제의 사적전개: 역사교과서 연구와 역사교과서 대화에 초점을 맞추어」. ≪한일관계사연구≫, 33집.

차용구. 2008. 「독일과 폴란드의 역사대화: 접경지역 역사서술을 중심으로」. ≪전북사학≫, 33권.

탕중난(湯重南). 2009. 「동아시아 공동 역사교재: 평가와 향후 과제」. 유네스코한국위원회 동북아역사재단 엮음. 『기억의 공유와 다원적 보편성』. 유네스코한국위원회 동북아역사재단.

펠드만, 릴리 가드너(Lily Gardner Feldman). 「독일의 화해 외교정책에서 역사의 역할」. 동북아역사재단 엮음. 『역사 대화로 열어가는 동아시아 역사 화해』. 동북아역사재단.

한국역사교과서연구회·일본역사교육연구회. 2007. 『한일 교류의 역사』. 혜안.

한일공통역사교재 제작팀. 2005.『조선통신사』. 한길사.
______. 2012.『한국과 일본, 그 사이의 역사』. 휴머니스트.
한일여성공동역사교재 편찬위원회. 2005.『여성의 눈으로 본 한일 근현대사』. 한울.
한일역사공동연구위원회. 2005.『한일역사공동연구보고서』 1~6권. 서울·東京: 한일역사공동연구위원회.
______. 2010.『한일역사공동연구보고서』 1~7권. 서울·東京: 한일역사공동연구위원회.
한중일3국공동역사편찬위원회. 2005.『미래를 여는 역사』. 한겨레신문사.
______. 2012.『한중일이 함께 쓴 동아시아 근현대사』 1·2. 휴머니스트.

熊谷徹. 2007.『ドイツは過去とどう向き合ってきたか』. 東京: 高文硏.
日韓歷史教科書硏究會 編. 1993.『教科書を日韓協力で考える』. 東京: 大月書店.
中日歷史共同硏究委員會. 2014.『中日歷史共同硏究 보고서』 1.2. 東京: 勉誠出版(일본). 北京: 社會科學文獻出版社(중국).

9장

'성리학적 구성주의'로 조명한 빌리 브란트의 사상과 동방정책

노명환

1. 머리말

필자는 그동안 구성주의 시각에서 빌리 브란트(Willy Brandt)의 사상과 정책을 조명하는 작업들을 수행해 왔다(노명환, 2013a; 노명환, 2013b; 노명환, 2015: 317~346; 노명환, 2015). 그러한 가운데 필자는 브란트의 사상과 동방정책을 조명하기 위해 좀 더 유용하다고 생각되는 '성리학적 구성주의' 개념을 제시했다. 이 글에서는 성리학적 구성주의 개념을 적용해 브란트의 사상과 동방정책을 역사의 전개 과정과 함께 조명해 보고자 한다. 이러한 시각의 틀로 그의 사상과 정책을 조명하는 이 작업은 특별한 어떤 것이라기보다 여러 다양한 이해 방식 중의 하나다. 한국의 관점에서 '성리학적 구성주의'라는 개념으로 살펴보는 것은 앞으로 한국의 상황을 논의하는 데 더욱 풍부한 의미를 만들어낼 수 있다고 생각한다. 또한 필자는 이러한 이해의 틀 속에서 브란트의 동방정책과 김대중의 햇볕 정책을 비교하는 작업을 수행해 오고 있다.

그동안의 연구를 통해서 볼 때 브란트의 동방정책은 제2차 세계대전 후의 현실에서 만들어진 것이라기보다 전전(戰前)[1]에 정립된 그의 세계관과 정치철학에 기초하고 있다. 이에 따르면 브란트가 가장 상위에 둔 가치는 인권이다. 인권 신장을 위해서는 평화가 가장 필수적이며 민주주의와 복지 제도도 그 의미가 중요했다. 이러한 그의 세계관과 정치철학에 의거하여 그의 나치 시대 및 독일문제에 대한 이해가 이루어졌다.

이러한 그의 세계관과 정치철학, 그리고 독일문제의 이해에서 '다양성 속의 통일' 원리가 주요한 개념으로 작용했다. 아울러 평화의 정착이라는 측면에서 '공동의 안보' 개념이 주요하게 자리 잡았다. 그에 따르면 '다양성 속의 통일' 상황은 끊임없이 새롭게 구성된다. 그래서 다양한 요소가 적대 관계로 발전하여 고정되는 것이 아니라 서로를 인정하는 가운데 다양성 속의 통일을 끊임없이 새롭게 실현해 간다. 이리하여 평화의 전제 조건으로서 '공동의 안보' 개념이 가능하게 한다. 이 개념들과 상호 관계의 원리에 대해서는 다음 절에서 자세히 설명한다. 전전에 형성된 그의 정치철학은 전후(戰後)에 분단 극복 정책과 사상으로 연결되었다. 이러한 연계선상에서 그의 동방정책을 이해할 필요가 있다.

그런데 그의 정치철학과 정책은 나치 시대에 대한 성찰과 과거 청산 정책과 직결된다. 브란트의 분단 극복 정책과 사유체계에는 나치 시대의 원인으로 당대에 적나라하게 드러났던 이른바 '독일문제'[2]가 자리 잡고 있다. '독

1 일반적으로 전전(戰前, Vorkriegszeit)이라고 하면 전쟁 전을 말하겠으나 여기서는 전후(戰後, Nachkriegszeit)에 대비되는 개념으로 전쟁 기간을 포함하는 1945년 이전을 말한다. 이 글에서는 때로는 더욱 정확히 표현하기 위해 종전(終戰) 전(前)이라는 개념도 사용한다.

일문제'에 대한 그의 이해 관점과 극복 방안이 전후 분단 극복 정책의 핵심이었다. 이러한 그의 사상은 그가 나치에 저항하여 투쟁하면서 북유럽 지역인 노르웨이와 스웨덴에서 망명 생활을 할 시기에 저항운동 기관지의 기자로서의 활동과 다른 여러 저작을 통해 제시되었다. 필자가 보기에 여기에서 브란트는 앞에서 말했듯이 '다양성 속의 통일' 원리와 '공동의 안보' 개념을 핵심으로 다루고 있다. 물론 브란트가 '다양성 속의 통일(Einheit in Vielfalt)'이라는 용어를 명시적으로 사용하는 것은 전후 시대부터이지만, 전전에도 이러한 개념의 내용을 본문에서 서술하듯이 일관되게 표현하고 있다. '공동의 안보(gemeinsame Sicherheit)' 개념은 전전에 이미 명시적으로 사용하기 시작했다. 이러한 개념들은 전후에 그의 사상과 정책들을 관통하는 기조로서 끊임없이 작용했다.

필자는 이 글에서 브란트의 이러한 개념들에 기초한 세계관과 정치사상, 그리고 정책으로 실현되는 과정의 역사를 '성리학적 구성주의'라는 필자 나름의 개념으로 설명하고자 한다. 이 글의 연구 범위는 전전(Vorkriegszeit)의 망명 시기부터 전후(Nachkriegszeit)의 정치 활동 시기까지 브란트의 일대기를 포괄한다. 구체적으로 전전의 나치 체제 극복 방안으로서의 유럽 통합 사상, 전후의 냉전 및 분단을 극복하기 위한 사상과 정책, 특별히 동방정책을 추진하고, 유럽안보협력회의(CSCE)를 설립하기 위한 노력에 대해서 '성리학적 구성주의' 관점으로 조명해 본다. 필자는 이를 위해 브란트의 주요 저작, 편지, 연설문 등을 고찰하고 분석했다.

2 '독일문제' 개념에 대해서는 본문에서 자세히 설명했다.

2. '성리학적 구성주의' 개념과 브란트의 사상 및 정책의 의미

필자가 설정한 '성리학적 구성주의'란 성리학의 세계관과 현대의 구성주의를 통합한 개념이다. 구성주의(constructivism)는 구조(structure)와 행위자(actor) 사이의 끊임없는 상호작용을 통해 정체성(identity)과 이해관계(interests)가 새롭게 구성(construction)되는 것을 전제하고 있다. 이는 정체성은 본질적인 것이고 변하지 않는다고 보는 본질주의(essentialism)와 대립되는 이론적 관점이다. 구성주의를 표방하는 많은 연구 성과와 갈래가 있는데, 필자는 주로 앤서니 기든스(Anthony Giddens)의 구조화 이론에 기초한 사회구성론과 알렉산더 웬트(Alexander Wendt)의 구성주의 이론에 초점을 맞춰 연구를 수행해 왔다(Giddens, 1984; Wendt, 1999; Lynch, 2007).

성리학(性理學)[3]의 성리는 인간의 본성은 하늘의 이치라는 천인합일(天人

---

3 중국 송대의 성리학(性理學) 정립 과정에서 주돈이(1017~1073)와 정이(정이천, 1033~1107)가 특별히 중대한 학문적 역할을 수행했고, 이들의 업적이 주희(1130~1200)에 의해 집대성되었다. 주돈이가 태극도설(太極圖說)을 완성해 우주의 본질을 재해석했는데, 음양오행(陰陽五行)의 우주 작동 원리를 설명해 주었다. 태극도설은 전통적인 유학 경전인 4서3경 가운데서 역경(易經)에 큰 역점을 두었다. 그런데 본래 이 음양오행설은 주역의 음양 이론과 전국시대의 추연(鄒衍)이 체계적으로 정립한 오행 이론을 한나라의 동중서가 결합한 결과였다. 동중서(董仲舒)는 음양의 작용을 통해 생성된 수(水), 화(火), 목(木), 금(金), 토(土)의 오행을 괘로써 표시하고 우주 만물을 상징하게 했다. 송(宋) 초 도교 사상가 진단이 무극도설(無極圖說)을 통해 음양오행설을 시각적으로 형상화했다. 이에 기초해 주돈이가 태극도설을 만들었다. 음양오행설의 발전 과정에 대해서는 여러 이설이 있으나 위의 내용만큼은 공히 정설로 받아들여지고 있다. 정이(程頤)가 불교의 이(理)와 도교의 기(氣) 개념을 도입해 이 중심의 이기론(理氣論)을 정립했다. 불교에서 도입한 이(理)의 개념은 『주역』의 태극(太極)에 해당한다. 이기론은 역경의 음양론, 진단의 오행 이론을 통합하는 음양오행설을 포괄했다. 주희는 『사서집주(四書集註)』를 통해 이 이기론에 도덕론(道德論)론과 수양론(修養論)을 종합적으로 연계해 성

合一)의 세계관을 말한다. 이에 따르면 인간 자신이 우주 질서의 축소판인 소우주다. 즉, 인간 자신도 끊임없는 음양오행(陰陽五行)과 이기(理氣)의 변증법적 상호작용과 조화 작용 속에서 존재한다. 이러한 개념은 구한말 동학을 창시한 최제우의 인내천(人乃天) 사상과도 일맥상통한다고 하겠다. 성리

리학을 체계화했다. 이처럼 성리학 탄생은 전통 유학을 바탕으로 불교와 도교의 교리적 요소를 비판적으로 종합하여 변증법적 통합을 이룬 것으로 '새로운 유교(neo-confucianism)'의 정립을 의미했다. 이 과정에는 당시 전통 유학이 큰 위기에 처한 역사적 배경이 자리하고 있다. 불교와 도교가 성행하면서 사회윤리로서의 전통 유교는 점차 사람들의 관심 밖으로 밀리기 시작했다. 왜냐하면 불교와 도교는 사회윤리뿐만 아니라, 현세와 내세에 대한 철학적 원리를 제공하고, 그에 따른 삶의 자세를 제시하고 있었기 때문이다. 다시 말해, 유교와는 달리 불교와 도교는 인간 삶의 근원적인 문제를 다루고 있었기 때문에 사람들은 불교와 도교에 심취하게 되었고 유교에 대한 사람들의 관심은 점차 약해졌다. 불교는 윤회와 해탈의 내세관과 함께 인간 삶을 존재론적 철학으로 설명해 주었고, 삶의 자세로서 수양의 방법을 제시했다. 도교는 인간의 생사를 기(氣)의 취산(聚散)으로 설명하면서 자연과 합일하는 삶을 살도록 권장했다. 이러한 상황의 도전에 직면해 유학자들은 점차 불교와 도교의 교리적 요소들을 흡수해 철학적 차원의 새로운 유학을 정립하는 응전을 시작했다. 그러한 가운데 앞에서 설명한 대로 신유교로서 성리학이 정립되었던 것이다. 내용으로 볼 때 성리학은 인간과 만물의 본성(本性)은 곧 이(理)라는 명제에 기초를 둔 사상 체계이다. 세상은 이와 기로 이루어져 있는데 이는 만물이 생성 운용되는 데서 그 작용의 근원이 되는 존재다. 이는 실체로서 존재하지 않으며, 보이지 않는 만물 운용의 이치 및 이법으로서 존재한다. 기는 실질적으로 만물을 운용하고 그 운용되는 실체이며 실질 현상이다. 그런데 기는 이 없이는 작동할 수 없으며 기가 있는 곳에 이가 존재한다. 이와 기는 모든 만물 각각의 개체 속에서 항상 함께 있으면서 서로 다른 존재로 내재한다. 기는 음양오행의 원리로 만물을 작동한다. 음양오행의 원리에 따르면 음과 양이라는 서로 다른 존재를 상징하는 요소들의 상호 조화 작용으로 만물의 근본 구성 요소인 오행을 생성한다. 오행은 물(水), 불(火), 나무(木), 금속(金), 흙(土)을 말한다. 이러한 음양오행의 원리에 의한 우주 작동은 생성 변화 소멸의 순환을 지속한다. 음과 양은 서로 다른 것을 상징하는 것이면서, 또한 동일 존재이기도 하다. 이분법적으로 구분되어 있지 않다. 이것이 상반상성(相反相成)의 원리다. 노명환(2016: 149~220, 주 36~39)에서 선별적으로 재인용.

학에서 음과 양은 서로 다른 것, 즉 다양한 것을 상징하며, 서로 대립적이면서도 또한 필연적으로 자신의 존재를 위해 서로가 필요한 관계를 상징한다. 음과 양은 같은 것이면서 다른 것이다. 이러한 음과 양이 변증법적으로 상호작용 해 조화를 이루며 우주 만물을 상징하는 오행을 만들어낸다. 오행은 우주만물을 상징하는 것으로서 수(水), 화(火), 목(木), 금(金), 토(土)를 말한다. 오행 각각은 상호작용을 한다. 이 각각의 상호작용은 상극(相剋)의 관계, 혹은 상생(相生)의 관계로 나타난다. 상극과 상생이 상호작용 한다. 이와 기의 조화는 상극을 상생으로 변화시킬 수 있다.

음양의 작용에 의한 오행의 생성은 구체적으로 음효(陰爻)와 양효(陽爻)의 조합에 의한 괘(卦)의 구성으로 나타난다. 이러한 음효와 양효의 조합은 마치 디지털 세계의 0과 1의 비트스트림(bitstream) 같은 무한대의 괘를 만들어낼 수 있다. 비트스트림이란 일종의 무한대의 의미 구성 행위라고 할 수 있다. 그런데 『주역(周易)』에서의 괘는 세 개의 효가 조합을 이루는 것으로 최대 64가지가 만들어질 수 있다. 그런데 세 개의 효에 국한하지 않는다면 무한대의 괘가 만들어질 수 있을 것이다.

음양의 상호작용과 조화, 오행의 생성·변화·소멸·재생성의 과정은 순환을 의미하는 원으로 표시된다. 이 과정에서 오행의 상호작용이 일어난다. 그런데 여기서 순환은 반복을 의미하는 것이 아니고, 끊임없는 새로운 구성이 본질인 우주 질서의 영원한 지속을 상징한다. 오행 생성의 기초를 이루는 음양의 상호작용은 반복적인 것이 아니고 서로 다른 요소가 새로이 끊임없고 지속적으로 운동하는 과정이다. 음양오행은 기의 세계에 놓여 있으며 이들은 현상의, 즉 에너지의 세계다. 그런데 이러한 기를 주재하는 개념으로 이가 있다. 이와 기의 관계는 둘이면서 하나다. 이 없이는 기가 작동할 수 없고, 이는 기가 있는 곳에서만 존재하고 기를 주재할 수 있다. 이는 기 없이 존재할 수 없고, 기를 통해서만 그 존재를 드러낼 수 있다. 이러한 기와 이는

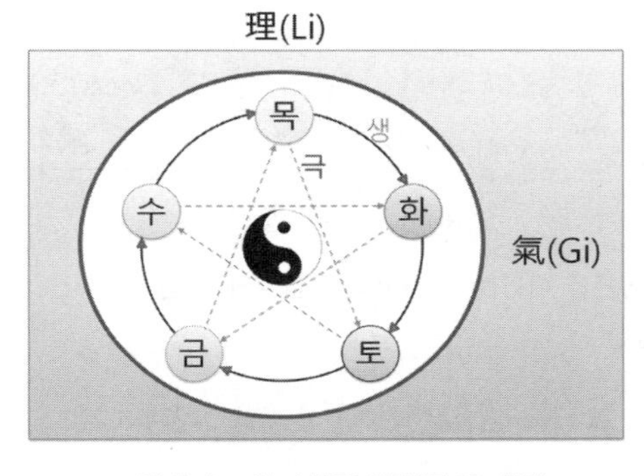

그림 9-1 **성리학적 구성주의 개념**

상호작용을 하며 조화를 이루어야 한다. 이러한 이기가 조화하는 가운데, 음양이 조화를 이루고, 오행의 상극이 상생으로 변화한다. 필자의 개념에서 이 이기의 조화는 인간을 위한 인간의 수양 행위, 사상, 정책을 말한다. 필자가 보기에 브란트의 '다양성 속의 통일' 사상, '공동의 안보' 등의 개념을 가진 정책은 상극을 상생으로 변화시키는 이기의 조화 정책이라고 말할 수 있다. 브란트의 개념에서 상극을 상생으로 변화시키는 것은 곧 훌륭한 정치의 요체다. 성리학적 구성주의에 대한 지금까지의 설명을 그림으로 설명해 보면 〈그림 9-1〉과 같다.

〈그림 9-1〉은 '성리학적 구성주의'의 핵심으로 서로 다른 세상의 모든 존재는 끊임없는 상호작용, 상호 구성 과정에 있음을 상징적으로 말해준다. 이러한 성리학의 세계관을 필자는 브란트의 '끊임없는 다양성 속의 통일' 구성 과정을 설명하는 원리로 채용한다. 서로 다른 것은 대립 관계일 수도 있다. 그런데 이들은 서로를 위해 반드시 필요한 것들이며, 이를 상징하는 음양은 상호작용 해 조화를 이루어낸다. 그 결과 오행을 생성한다. 오행은 상극과 상생의 관계를 포괄하고, 이와 기의 조화 작용으로 상극에서 상생으로 변화한다. 그리하여 끊임없는 '다양성 속의 통일' 과정을 이루어간다.

필자의 개념인 '성리학적 구성주의'는 이러한 성리학의 원리에 따라 서로 다른 정체성이 상호작용을 해 새로운 정체성을 끊임없이 구성하고, 그에 따라 이해관계가 새로 구성되는 현상을 말한다. 예를 들어 구조와 행위자의 상호작용을 통한 끊임없는 구조화를 설명한 기든스의 구성주의 이론을 필자의

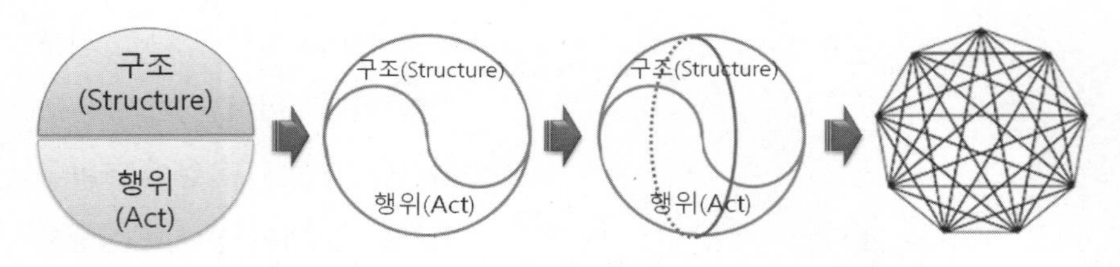

그림 9-2 기든스의 구성주의 이론을 적용한 '성리학적 구성주의' 개념

'성리학적 구성주의' 개념을 적용해 그림으로 표현하면 〈그림 9-2〉와 같다. 끊임없는 상호 구성을 상징하는 구(球, sphere)로 귀결되는 성리학적 구성주의를 그림으로 표현해 보았다.

〈그림 9-2〉에서 성리학적 구성주의는 구조와 행위가 이분법적으로 구분되지 않는다. 음양의 원리처럼 행위인가 하면 구조가 되고, 구조인가 하면 행위가 된다. 그 구조와 행위는 끊임없이 상호작용을 하고 구성해 새로운 의미들을 만들어낸다. 이러한 과정이 끊임없이 이루어지는 것을 필자는 맨 마지막의 그림인 구로써 상징적으로 표현했다. 필자는 이러한 '성리학적 구성주의' 개념을 도입해 브란트의 '다양성 속의 통일' 원리와 '공동의 안보' 개념을 상호 유기적인 연계 속에서 설명할 수 있다고 본다. 브란트가 강조한 '다양성 속의 통일(Einheit in Vielfalt)'(Bundeskanzler-Willy-Brandt-Stiftung, 2004: 438) 그리고 '상호성에 기반한 신뢰와 협력(Vertrauen und Gemeinsamkeit ist eine Sache auf Gegenseitigkeit)'(Bundeskanzler-Willy-Brandt-Stiftung, 2004: 285)의 개념은 서로 다른 것이 상호작용을 하여 변증법적으로 조화를 이루면서 평화와 인권을 유지·발전시키는 것을 말한다.

즉, 이 '성리학적 구성주의'를 브란트의 사상에 적용할 때, 다음 절에서 설명할 것처럼 평화와 인권, 민주주의의 가치를 위해 서로 다른, 혹은 대립적인 정체성들이 상호작용 해 끊임없이 새로운 공동의 정체성과 그에 따른 공동의 이해관계를 구성해낼 수 있다. 이러한 사고의 연장선상에서 브란트는 '공동의 안보(Gemeinsame Sicherheit)'라는 개념을 설정하고, 이를 유럽 통합으로 실현하고자 했다. 전후에는 이러한 개념들의 정치철학으로 유럽 통합을 실현해 가면서 냉전 극복, 분단 극복 같은 목표를 실현하고자 했다.

브란트가 말하는 '공동의 안보'는 끊임없는 '다양성 속의 통일' 과정을 통해 적(敵)의 개념을 끊임없이 제거해 가는 과정에서 가능했다. 즉, 끊임없는 상극에서 상생으로의 변화 과정을 의미했다. 브란트에 따르면 세상의 모든 존재는 궁극적으로 서로 다른 것, 경우에 따라서는 '아(我)'와 '타(他)'의 대립 관계에서 실재한다. 그런데 세상의 모든 존재는 그러한 '아'와 '타'의 서로 다른, 또는 대립 관계를 인정하는 가운데 끊임없는 변증법적 상호작용을 통해 '다양성 속의 통일'로서 '우리'를 구성해 나간다고 그는 보았다. 즉, 그는 '아'의 정체성과 '타'의 정체성이 '우리'의 정체성으로 구성되는 것을 전제했다. 이 '우리'의 정체성은 다시금 다른 정체성의 단위 개체와 '아'와 '타'의 대립 관계 속에 놓인다. 그러면서 끊임없는 변증법적 상호 구성 과정을 통해 지속적으로 '우리'의 단위를 확대하면서 변화해야 했다.

다시 말해, 브란트가 말하는 '다양성 속의 통일'은 완성을 통해 종결되는 일회적인 것이 아니고 끊임없이 변증법적으로 재구성되는 과정의 기제(mechanism)를 의미했다. 즉, 브란트의 '다양성 속의 통일'은 끊임없이 생성되는 현상이다. 통일된 단위체는 다시 다른 단위체와 상호작용을 하면서 '다양성 속의 통일'을 이룬다. 그리고 다시 통일의 과정을 위해 상호작용을 한다. 예를 들어, 독일인은 독일인의 정체성을 가지면서 유럽인의 정체성을 구성하고, 또 그 위에 세계시민의 정체성을 구성한다. 국가의 정체성 속에서 독일인은 프랑스인과 대립 관계 혹은 적대 관계일 수 있지만, 유럽인의 정체성 속에서 '우리'의 정체성을 구성할 수 있다. 유럽인과 아시아인이 세계시민 공동체 속에서 '우리'라는 정체성을 가질 수 있다. 그래서 브란트에게는 평화를 위해 이 끊임없는 변증법적 정체성의 구성 과정이 작동할 수 있도록 하는

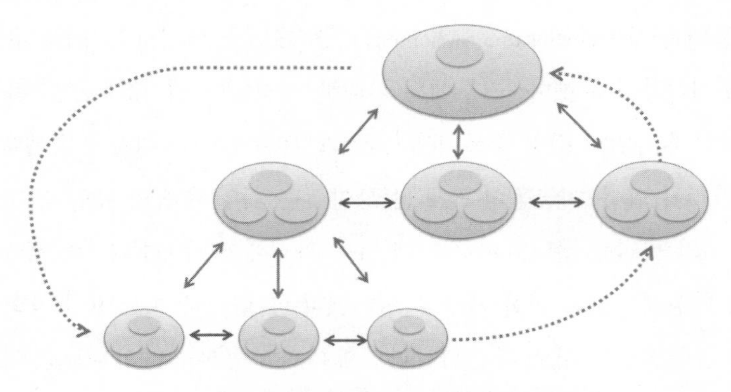

그림 9-3 끊임없는 '다양성 속의 통일' 과정

것이 중요했다. 따라서 브란트의 '다양성 속의 통일' 개념은 끊임없이 진행되는 일련의 '과정'을 의미한다는 점을 명확히 하는 것이 중요하다. 그에게 '끊임없이 진행된다'는 개념은 '정체성 구성이 항상 열려 있어야 한다'는 것을 의미했다. 서로 다른, 혹은 대립적인, 혹은 적대 관계인 '너'와 '내'가 '우리'가 되는 과정은 동시에 끊임없이 대립자 또는 적(敵)이라는 상대의 개념을 없애 가는 과정이기도 하다. '다양성 속의 통일'이 이루어지는 과정을 그림으로 나타내보면 〈그림 9-3〉과 같다.

이에 따르면 이러한 지속적인 구성 과정의 기제가 제대로 작동하면서 적의 개념은 제거되고, 평화와 인권, 인간의 질적 삶이 보장될 수 있다. 이것이 그의 유럽 통합 전략과 분단 극복 정책을 위한 사상의 핵심이다.

이와 같은 브란트의 관점을 좀 더 명확히 설명하기 위해 비교 차원으로 새뮤얼 헌팅턴(Samuel P. Huntington)의 문명충돌론(The Clash of Civilizations)의 핵심을 간략히 소개하고자 한다. 필자는 이전의 연구에서 '성리학적 구성주의' 개념으로 헌팅턴의 문명충돌론을 비판한 바 있다. 필자가 보기에 헌팅턴의 문명충돌론은 극단의 본질주의에 기초하고 있다. 예를 들어 헌팅턴은 마이클 딥딘(Michael Dibdin)의 소설 「죽은 못(Dead Lagoon)」에서 다음과 같은 언급들을 인용했다. "진정한 적수가 없으면 진정한 동지도 있을 수 없다. 우리 아닌 것을 미워하지 않는다면 우리 것을 사랑할 수 없다. 이것은 100년이 넘도록 지속되어 온 감상적이고 위선적인 표어가 물러간 자리에서 우리가 고통스럽게 다시 발견하고 있는 뿌리 깊은 진리다. 이것을 부정하는 사람은 자신의 가족, 정신적 유산, 문화, 타고난 권리, 스스로를 부정하는 셈이다! 이것은 사소하게 보아 넘길 문제가 아니다"(Huntington, 1997: 18). 이 인용문과 함께 그는 다음과 같이 강조한다. "이 해묵은 명제에 담겨 있는 불행한 진실을 정치인과 학자는 묵과하고 넘어가서는 안 된다. 자신의 정체성을 찾고 민족성을 재창조하려는 민족에게는 적수가 반드시 필요하며, 잠재적으로 가장 위대한 적대감은 세계 주요 문명들 사이의 단층선에서 불거진다"(Huntington, 1997). 그러면서 그는 미국이 가져야 할 안보관을 다음과 같이 강조한다. "서구의 생존은 미국이 자신의 서구적 정체성을 재인식하고 자기 문명을 보편이 아닌 특수한 것으로 받아들이면서 비서구사회로부터 오는 위협에 맞서 힘을 합쳐 자신의 문명을 혁신하고 수호할 수 있느냐 없느냐에 달려 있다"(Huntington, 1997: 19).

헌팅턴은 서로 다른 존재들이 대립하고 싸우면서 서로 다른 것들 각자의 정체성이 강화되는 기제를 설명하고 있다. 그는 충돌로 갈 수밖에 없는 세상 존재들의 관계의 '본질적 구조'를 이야기한다. 이렇게 대립과 충돌이 본질인 세상을 제대로 인식하면서 자신과 공동체의 정체성을 강화하고, 그러한 대립과 충돌에 대비해야 하는 것이 안보와 평화 및 번영 정책의 핵심이다. 이는 대단히 전투적인 본질주의라고도 하겠다. 이러한 헌팅턴의 관점에 대한 비판으로서 필자는 '성리학적 구성주의' 관점에서 정체성은 서로 다른 것 사이에서 끊임없는 상호작용을 통해 끊임없이 새롭게 구성된다는 점을 제시했다(Noh, 2014: 241~251). 필자가 보기에 헌팅턴의 관점과 앞에서 언급한 브란트의 사상은 극명한 대조를 이룬다.

브란트는 '아'와 '타'가 변증법적 상호 구성을 통해 '우리'를 구성하지 못한 채 서로 다름에 고정되고, 혹은 적대 관계를 깊게 할 때 그것이 본질적인 갈등과 분규, 전쟁의 원인이 된다고 보았다. 이러한 적대 관계에서는 '아'의 정체성만 강조되고, 이 적대 관계는 또한 '아'의 정체성을 강화하는 기제로 작용한다.[4] 브란트에게는 '아'의 본질은 끊임없는 구성 과정을 통해 끊임없이 '우리'라는 확대의 방향으로 변화해야 했다. 이것이 그가 연방주의 유럽 통합안을 열렬히 지지했을 때, '유럽안보협력회의(CSCE)' 발족을 성사시키기 위해 필사적인 노력을 경주했을 때, 동독과 화해 협력을 추구하는 동방정책을 실시할 때부터 가지고 있던 사상이다. 필자가 제안하는 '성리학적 구성주의'가 그 기조다.

그런데 인간의 사회적 삶에서 '아'와 '타'의 정체성 관계는 다층적·다면적으로 존재했다. 따라서 평화를 위해서는 다층적이고 다면적인 차원에서 '아'와 '타'가 끊임없는 변증법적 상호 구성 과정을 통해 '우리'를 구성해낼 수 있어야 했다. '다양성 속의 통일'을 지속적으로 이루어내야 했다. 이러한 상호 구성 과정은 민주주의 제도 속에서 이루어져야 했다. 역으로 이러한 상호 구성 과정의 결과로서 민주주의가 발전했다. 브란트가 추진한 유럽 통합 정책, 냉전 극복 정책, 독일의 분단 극복 정책은 이러한 그의 평화 사상에 기초하고 있었다. 그에게서 유럽 통합과 독일의 분단 극복이란 다층적이고 다면적인 차원에서 정체성이 끊임없이 새롭게 구성되는 과정을 의미했다. 그는 모든 사회적 존재는 끊임없는 상호 구성 과정에 놓여 있다고 보았다. 그래서 평화와 인권의 신장, 그리고 민주주의가 가능하다고 그는 보았다. 그는 그의 정치철학의 기조로서 '다양성 속의 통일(Einheit in Vielfalt)'을 중시했다. 이러한 사상의 기초 위에서 그는 '공동의 안보' 개념을 발전시켰다. 브란트가 말

4 이러한 측면을 헌팅턴의 문명충돌론이 대표적으로 보여준다(노명환: 2016 참조).

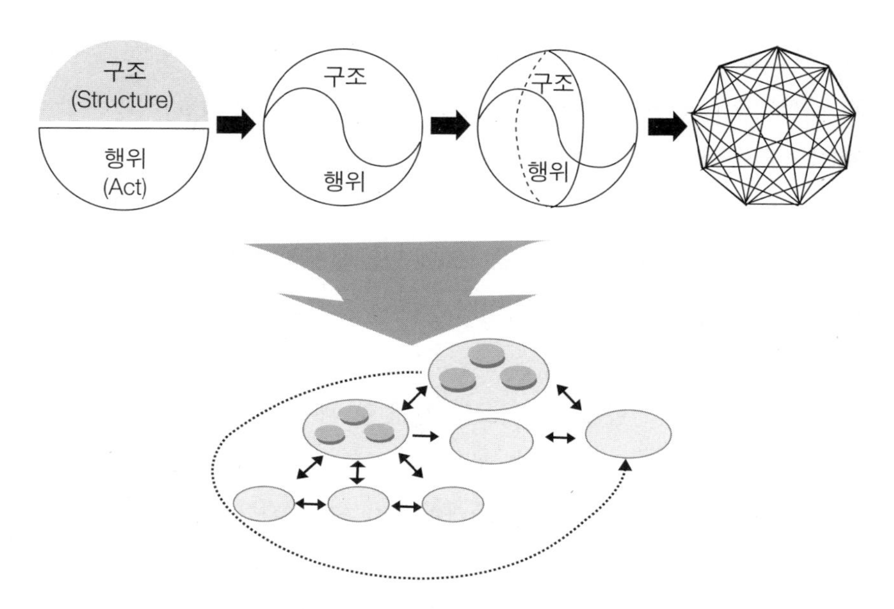

그림 9-4 **성리학적 구성주의에 의거한 끊임없는 다양성 속의 통일**

하는 끊임없는 '다양성 속의 통일' 과정을 필자의 개념인 '성리학적 구성주의'를 적용하여 〈그림 9-4〉로 설명해 볼 수 있겠다.

그림에서 필자는 다양한 측면과 차원의 서로 다른 정체성들이 음과 양처럼 끊임없이 서로 작용해 상극에서 상생으로 다양성 속의 통일을 이루어가는 과정을 설명했다. 앞서 언급한 바와 같이 끊임없는 '다양성 속의 통일' 과정은 궁극적으로 구(球, sphere)로서 상징화될 수 있겠다. 화살표 아래에서는 '다양성 속의 통일' 상황에서 존재하는 통일체들이 또한 지속적으로 다른 통일체들과 함께 '다양성 속의 통일'을 만들어가는 과정을 표현했다. 이로써 끊임없이 적의 개념을 제거하고 다양성 속의 통일 원리 가운데 평화와 인권의 신장, 그리고 민주주의를 지향해 가는 승화 과정을 시각적으로 표현한 것이다.

따라서 '성리학적 구성주의' 개념을 브란트의 사상에 적용할 때, 그것은 '평화와 인권을 위해 서로 다른, 혹은 대립 관계에 있는 것들이 지속적으로 상호작용을 하며 조화를 만들어내는 것'을 말한다. 혹은 '서로 다른 것들이 지속적으로 상호작용을 하여 조화를 만들어내는 결과로서 평화와 인권이 유지·발전되는 메커니즘'을 뜻한다. 브란트는 다음 절에서 설명하듯이 나치 시대를 청산하기 위해 그 유산으로서 '독일문제'를 근원적으로 해소해야 한다고 보았고, 그것에 대한 철학적 원리로서 '다양성 속의 통일'을 제시했다. 그리하여 '독일문제'에서 기인한 독일의 분단 상황을 극복하기 위해서도 다층적이고 다면적인 차원에서 '다양성 속의 통일' 원리를 적용하여야 했다. 예를 들어, 서독이 동독과 함께 분단을 극복하려 할 때 서독은 진정한 '독일문제'의 청산 노력 속에서 양자 사이의 변증법적 상호작용과 구성은 물론이고, 동시에 서독 내부의, 그리고 독일을 둘러싼 국가들과의 관계에서 '우리'라는 정체성을 구성해낼 수 있어야 했다. 구체적으로 이는 독일의 과거 청산, 동·서독의 화해·협력, 서독 내부의 화해와 민주주의 실현, 그리고 유럽 통합을 하나의 틀에서 추구해야 함을 의미했다. 국내적으로 그리고 국제적으로 개인과 개인, 지역적·계층적 집단 사이, 성별 사이, 국가와 국가 사이, 이념적 체제와 체제 사이의 끊임없는 상호작용과 구성을 말한다. 본문에서 설명하듯, 그가 최대의 안보는 '공동의 안보'라고 말할 때 이는 위와 같은 끊임없는 상호작용과 구성을 의미했다. 그에 따르면 부분의 정체성, 부분에 대한 충성은 전체에 대한 해가 될 수 있고 그로 인해 부분에 해가 될 수 있다. 부분과 부분의 조화, 부분과 전체의 조화가 중요하다. 이러한 브란트의 사유체계는 다음 절에서 자세히 설명하듯이 성리학 사상의 내용과 대단히 유사한 측면을 보여준다. 바로 이 점에서 다시 한번 부분에 대한 충성을 강조한 헌팅턴과 분명한 차이를 볼 수 있다.

3. 전쟁 전의 빌리 브란트의 '다양성 속의 통일' 원리와 '공동의 안보' 개념에 대한 '성리학적 구성주의' 시각

브란트는 나치 시대를 살면서 그 시대의 반인륜적인 범죄 현상의 근본적인 원인으로 독일의 민족주의와 제국주의, 거기에 내포되어 있는 자민족 중심주의와 인종차별, 이념차별 등 배타적인 차별주의를 꼽았다. 예를 들어 국가와 민족 차원에서는 제국주의 정책과 전쟁의 추구, 인종의 차원에서는 유대인에 대한 일방적이고 비이성적인 적대, 이념의 차원에서는 공산주의에 대한 감정적 적대와 정치적 이용 등이 원인이면서 또한 범죄 내용이었다. 그가 보기에 히틀러 시대의 독일 사회·문화 시스템은 서로 다른 것에 대한 이해와 포용을 결여하고 다른 것을 적대시했으며, 이를 이용해 파시즘 체제의 결속을 다졌다. 그는 이것이 히틀러 시대에 돌출한 것이 아니라 독일 역사에 그 연원이 있다고 보고, '독일문제'의 핵심으로 이해했다. 이를 달리 표현하면 브란트가 보기에 독일인들이 참담하게도 다른 민족, 인종, 이념의 사람들을 박해하고 죽이는 것을 범죄로 인식하지 않고, 애국이며 인류 사회의 진보를 위한 기여로 인식하는 왜곡에 빠져들었다. 여기에는 왜곡된 민족주의가 그 기저에 깔려 있었다. 차이를 존중하지 않는 일방적으로 왜곡된 이러한 인식이, 권력이 독일인들을 조종하고 독재체제의 수립과 유지를 가능하게 했으며 독일인들의 반인륜적인 사회 범죄와 전쟁 수행을 추동했다.

그런데 브란트에 따르면 세상은 서로 다른 것으로 이루어져 있고, 이 서로 다른 것들이 상호작용을 하여 조화를 이루는 것, 즉 '다양성 속의 통일'이 세상의 근본 원리였다.[5] 서로 다른 것은 상호성(Gegenseitigkeit)에 기초해 연

---

5 이러한 관점에서 문화 이론을 적용하여 본다면 브란트는 다문화주의를 넘어서는 상호문화주의자라고 할 수 있겠다. 서로 다른 인종, 이념, 문화에 대해서도 '다양

계되어 있다고 생각했다. 그리하여 그는 신뢰와 협력이라는 개념은 바로 상호성에 기초한다고 보았다(Vertrauen und Gemeinsamkeit ist eine Sache auf Gegenseitigkeit)(Bundeskanzler-Willy-Brandt-Stiftung, 2004: 285). 그는 이러한 '다양성 속의 통일'을 이루는 사회가 민주주의 사회이고 이러한 시스템 속에서 진정한 평화가 자리 잡을 수 있으며, 인권이 보장되고 인류의 진보가 가능하다고 보았다.

브란트는 '다양성 속의 통일' 사회를 실현하기 위해 국가 내에서 철저한 자유의 보장과 사회연대의 민주화가 이루어지도록 하는 것은 물론이고 국가·민족, 인종, 이념을 뛰어넘는 차원에서 인간의 자유, 평등, 연대의 가치가 발현될 수 있도록 하는 초국가주의 공동체를 만들어가야 한다고 보았다.[6] '독일문제'에 대한 그의 인식과 해법은 민족주의의 가치를 근본적으로 재평가하도록 했다. 그는 "민족주의를 반대하고 민족적 통일의 유지를 찬성한다(Gegen Nationalismus, für Erhaltung der nationalen Einheit)"(Bundeskanzler-Willy-Brandt-Stiftung, 2004: 171)라는 주장을 자주 역설했다. 그는 나치 시기 이후 독일 복구의 최우선 과제로 민족주의를 극복하고 "민주화된 독일을 국제기구에 편입시키는 것"(Bundeskanzler-Willy-Brandt-Stiftung, 2004: 149)으로 보았다. 즉, 그는 독일과 유럽, 그리고 세계를 다층의 민주주의 공동체로 만

성 속의 통일'이라는 새로운 공동체 정체성 구성의 원칙을 통해 해결할 수 있었다. 다층적·다면적으로 끊임없이 정체성을 새롭게 구성하는 것이다. 이를 현대의 문화 이론으로 설명하면, 브란트는 문화차별주의에 대해 근본적인 문제의식을 가졌고, 문화를 하나로 동화시켜야 한다는 동화주의에 반대했다. 다양한 문화를 인정하는 다문화주의와 그에 기초하여 다양한 문화들 간의 상호 작용을 강조하는 상호문화주의 관점을 가졌다.

6 민주주의, 사회적 연대와 책임을 실현하는 사회주의를 뜻했다. 사회주의는 자유와 민주주의를 기반으로 해야 했다. 그는 소련의 현실을 보면서 공산주의 체제와 이념에 대해 근본적인 문제의식을 키워갔다.

들어가면서 종래의 민족주의 가치를 '다양성 속의 통일' 방식으로 수정·발현시키고자 했다.

그는 전후에 새롭게 태어나는 독일에서 민주주의 세력이 민족주의 세력을 압도하면서 이러한 방향을 실천할 것을 다음과 같이 간절히 바랐다.

> 새로운 독일에도 민족주의 세력이 있을 것이다. 그러나 우리는 올곧은 민주주의자들이 이 민족주의자들을 압도하고 유럽과 국제적인 차원의 목표를 향해 흔들리지 않고 다수의 국민을 이 길로 이끌어갈 수 있기를 희망한다(Bundeskanzler-Willy-Brandt-Stiftung, 2004).

브란트는 '독일 민족'이 독일인들이 가질 수 있는 정체성의 고정된 단위체가 아니라, 새로운 구성을 통해 획득할 수 있는 정체성들의 한 요소가 됨을 직시했다. 이는 달리 말해 본래의 독일 민족 정체성과 실존이 인정되는 가운데 다른 민족과 상호작용을 하고 그 결과로서 새로운 단위체로 정체성이 구성될 수 있음을 의미한다. 그가 말하는 유럽과 국제적인 차원의 목표, 즉 유럽연방과 세계공동체 수립은 그의 이러한 정치철학에 기초했다. 예를 들어, 유럽연방주의 제도는 유럽 내의 민족과 민족, 민족과 유럽이 서로 조화를 이루는 것이다. 그가 말하는 유럽 차원의 독일문제 해결이라는 것은 이러한 그의 사상의 구체적인 표현이다. 즉, 독일문제의 근본적인 해결을 위해 독일인들이 독일의 정체성을 유지하지만 다른 민족들과의 상호작용 속에서 변증법적으로 유럽 정체성을 확실하게 가져야 한다는 점을 깊이 사유했다.

그는 민주주의에 기초한 유럽연방주의 사상을 심화했고 독일은 이 연방 안에서 자리를 잡아야 했다. 그러면서 유럽연방은 또한 동시에 세계공동체를 향해 열려 있어야 했다(노명환, 2015: 317~346). 이는 독일이 새로운 정체성의 구성을 통해 '유럽의 독일'이 아니라 '유럽 속의 독일', '세계의 독일'이 아니라 '세계 속의 독일'로 조화로운 자리 매김을 해야 한다는 것을 의미했다. 이러한 그의 유럽연방주의와 세계공동체에 대한 사유체계는 부분과 부분, 부분과 전체가 조화를 이루는 것을 의미했다. 이러한 맥락에서 그는 "민주주의 국가에서 개인의 자유가 사회의 이익과 조화를 이루어야 하듯이, 개별 국가는 그 국가가 속한 커다란 공동체의 한 구성 인자라는 사실을 명심하는 가운데 결정들을 내려야 한다"(노명환, 2015: 317~346, 각주 16번 재인용)라고 강조했다.

브란트의 이러한 관점은 2절에서 필자가 설명한 '성리학적 구성주의' 측면을 대표적으로 보여준다고 생각한다. 이에 따르면 민주주의 국가 안에서 개인과 개인이 상호작용을 하여 조화를 이루면서 '다양성 속의 통일'로 국가 공동체를 이룬다고 볼 수 있다. 개인은 또한 국가 공동체와 상호작용을 하며 조화를 이룬다. 부분과 부분, 부분과 전체의 조화를 이루는 것이다. 마찬가지로 국가는 다른 국가들과 상호작용을 하여 '다양성 속의 통일' 원리 속에서 국가들의 공동체를 이룬다. 따라서 브란트가 '다양성 속의 통일' 원리에 의한 국가 공동체의 구성과 국가들의 공동체 구성이라는 두 단계만을 염두에 둔 것이 아니라 계속되는 단계의 끊임없는 구성 과정을 강조하고 있다고 보아야 할 것이다.

이러한 가운데 그는 '공동의 안보'와 '공동의 번영'이라는 개념을 상정했다.

> 안보를 추구하는 데 있어서 공동의 안보 개념이 가장 우선적인 원칙으로 자리 잡아야 한다(노명환, 2015: 317~346, 각주 16번 재인용).

그런데 우리는 이러한 공동의 안보 개념은 끊임없는 '다양성 속의 통일' 원리에 의한 정체성의 지속적이고도 새로운 구성을 전제하지 않고는 상정

불가능하다는 점에 주목할 필요가 있다. '다양성 속의 통일' 원리에 의거해 끊임없이 공동의 정체성을 구성하는 과정 없이 어떻게 공동의 안보 체제를 구축할 수 있겠는가? 공동의 안보, 공동의 번영 개념은 '다양성 속의 통일' 원리에 의거한 서로 다른 것, 혹은 대립 관계 속에 있는 '아'와 '타' 사이의 변증법적 상호작용을 통해 '우리'를 구성해 갈 수 있을 때만 가능할 것이다. 물론 그 '우리'의 결합 강도와 성분이 어느 정도인지는 '다양성 속의 통일'의 성격만큼이나 다르게 나타날 수 있다. 끊임없는 '우리 만들기' 과정이 추구되고 실현된다면 대립자 혹은 적이라는 개념은 존재하지 않게 되고 공동의 안보를 가능하게 하는 토양이 될 것이다. 이것이 바로 그가 추구하는 평화와 민주주의 그리고 인권을 위한 역사의 방향이다.

이러한 그의 사유체계, 즉 정치사상을 설명하기 위해 필자는 '성리학적 구성주의' 개념을 적용하고자 했다. 예를 들어 그의 유럽 통합 사상은 음과 양이 끊임없이 서로 작용하면서 오행을 만들어내듯이 서로 다른 유럽의 국가 정체성이 유럽의 정체성을 만들어내는 것을 상정하고 있다. 상극 관계인 유럽 각국의 정체성이 이 유럽 정체성 개념을 통해 상생의 관계로 설정된다. 물론 이 상생의 관계 속에서도 상극의 관계는 존재한다. 유럽 정체성은 다시 다른 지역의 정체성과 상호작용 해 세계의 정체성을 만들어낸다. 그런데 세계가 끝이 아니다. 계속적으로 끝이 없는 정체성의 단위체로 향하여 이 구성 과정이 끊임없이 이루어진다. 여기에서 유럽과 세계는 끝없이 존재하는 정체성 단위의 상징이라 하겠다.

이렇게 본다면 서로 다른 것은 조화를 이루기 위한 대상이지 대립과 증오와 전쟁의 대상이 아니다. 이러한 원리 속에는 적의 개념이 존재하지 않게 된다. 그리하여 실질적으로 적은 존재하지 않는다. 전쟁의 개념이 존재하지 않고 다양성 속의 통일이 끊임없이 계속 만들어지는 상태가 되는 것이다. 이와 관련해 유럽 통합의 의미에 대한 다음과 같은 그의 언급은 시사하는 바가 대단히 크다.

> 유럽 통합에 대한 요구는 자신의 안보가 다른 사람에 대항한 싸움에서만 확보될 수 있다는 원시적인 관점을 벗어나야 한다는 사상을 내포한다. 보다 많이 견고한 안보는 모든 국가들의 생존권과 생활 이해관계를 존중하는 민족들 사이에서만 가능하다(노명환, 2015: 317~346, 각주 17번 재인용).

이는 유럽 통합이 다양성 속의 통일 원리의 가치를 인정하고 이를 실현함으로써 공동의 안보와 번영을 이루고자 한다고 보는 것이다. 오늘날 유럽연합의 모토가 '다양성 속의 통일(unity in diversity)'임을 볼 때 브란트가 제2차 세계대전 이전에 내놓은 이러한 분석은 매우 예리하다고 하겠다. 그는 정체성의 새로운 구성을 통하여 개인의 자유가 국가 사회의 이익과 조화를 이루듯이 개별 국가들의 자치가 유럽연방 안에서 실시되어야 함을 강조했다. 이리하여 국가 간의 해결하기 어려운, 전쟁의 원인이 되는 문제들을 유럽의 차원에서 해결해야 했다.[7] 지속적이고 새로운 정체성의 구성 과정을 설명하는 데 '성리학적 구성주의' 개념을 적용하는 것은 매우 뜻깊다고 생각한다. 앞에서 설명한 바와 같이 헌팅턴의 정체성 개념은 '나'와 '우리'를 위해 적의 개념과 실질적인 적이 끝없이 필요하다. 여기에서 정체성 구성의 기제와 그것의 사회적 역할과 가치에 대한 브란트와 헌팅턴의 인식에 뚜렷한 차이가 있음을 알 수 있다.

7 브란트는 이러한 해결책이 앞에서 소개한 '모든 민족의 자결권, 국제법에 의한 국가 관계, 동등한 원자재와 시장에 대한 요구 등의 문제들이 유럽합중국의 형성과 함께 해결될 수 있을 것이다'에 해당한다. 이 공동체 시스템 속에서 한 국가가 자국의 이익만을 위한 행위를 할 수 없도록 만들어야 했다. 특히 안보도 '공동의 안보' 형태를 취해야 했다.

브란트는 폴란드 회랑 문제를 풀기 위해 독일인의 이해관계 관점만이 아니라 폴란드인의 이해관계를 고려하고, 이 서로 다른 이해관계를 유럽의 차원에서 변증법적으로 통합해야 한다고 보았다.

> 이전 폴란드 회랑의 문제는 예를 들어 하나의 고립된 폴란드의 입장 또는 독일의 관점에서만 해결될 수 없다. 폴란드는 회랑으로 인해 바다로의 접근이 차단되지 않기를 바라고, 그 회랑에 폴란드 인들이 살고 있다는 점을 고려할 것을 요구한다. 이에 반해 독일은 회랑이 없는 경우 동프로이센이 본토 독일로부터 고립된다는 점과 독일 자유 도시 단치히가 독일제국에서 벗어나게 된다는 점을 강조한다.
> 이러한 문제를 푸는 데 있어서 독일과 폴란드의 이해관계 모두가 만족스럽게 충족되도록 하는 해결책만이 의미가 있는 것이다(노명환, 2015: 317~346, 각주 23번 재인용).

여기에서 해결책이란 브란트가 말하는 '모든 민족들의 자결권, 국제법에 의한 국가 관계, 동등한 원자재와 시장에 대한 요구 등의 문제들이 유럽합중국의 형성과 함께 해결될 수 있을 것이다"(노명환, 2015: 317~346, 각주 20번 재인용)라는 논리에 연관시켜 보면 유럽 통합을 통한, 유럽 차원에서의 해결책을 말한다고 하겠다. 폴란드 회랑 문제를 푸는 데 브란트는 역지사지(易地思之)의 자세로 상호 이해관계를 수렴하고 통합해야 할 필요성을 강조하고 있으며, 이는 독일인과 폴란드인이 유럽의 정체성을 공유할 때 가능하다고 보았다. 그는 독일과 폴란드가 각각 국가 주권의 관점에서 전통적인 주고받기식의 외교적 타협을 통해서는 근본적인 해결책에 도달할 수 없다고 보았다.[8]

8 다음 절에서 보듯이 이 역지사지의 사고는 그의 분단 극복 정책, 동방정책의 핵심

이는 다양성 속의 통일 원리에 의거한 공동 안보 개념, 그리고 이에 바탕을 둔 유럽 정체성의 구성이 독일과 폴란드 사이의 문제를 해결할 수 있다는 말이라고 하겠다. 이러한 역지사지의 관점도 앞에서 설명한 것처럼 '성리학적 구성주의' 개념에서 체계적으로 이해할 수 있다.

폴란드 회랑 문제에 대해 이러한 관점을 가졌던 브란트에게 1943년 12월 테헤란 회담의 결과는 전후 독일의 동부 국경에 대해 더욱 심도 깊게 생각할 기회로 작용했다. 이 회담은 전후 폴란드가 그들의 동쪽 영토를 우크라이나와 백러시아에 할양하고, 대신 독일의 동쪽 영토로 보상받는 것을 결정했다. 이는 전후에 독일과 폴란드의 국경이 오데르나이세강으로 설정됨으로써 현실화되었다. 브란트는 테헤란 회담 직후 유럽 차원을 전제한 채 폴란드 회랑 지역에서 민족들의 교환을 생각하기도 했다.[9] 그러나 궁극적으로 그는 이러한 해결책을 민족주의에 기초한 임시적이고 불완전한 것으로 보아 진정한 유럽 통합만이 해결책이라고 생각했다.

브란트는 히틀러 시대가 막을 내리고 독일문제를 베르사유 체제에서 추구되었던 것과 같이 독일의 분할을 통해 해결하려는 데 반대했다. 독일의 민족주의 관점에서가 아니라 실효성이 없다는 이유 때문이었다. 그는 그러한 방식이 왜곡된 민족주의를 강화할 뿐이라고 보았다.

이 된다. 독일과 폴란드 사이의 역사대화도 가능해진다. 이는 정체성의 새로운 구성을 전제로 하는 유럽사와 세계사 차원에서 가능했다. 동북아의 역사 대화를 위한 중요한 시사점이라고 생각한다.

9 이는 브란트의 절실한 고민을 보여주는데 이 문제의 위험성(인종주의, 민족주의)을 그는 잘 알고 있었다. 이에 대해서는 앞으로 깊은 연구가 필요하다고 본다. 그는 독일 서쪽의 국경선에서는 독일이 알자스로렌을 포기하는 선에서 결정될 수 있다고 보았다.

> 소국들의 분열 체제로의 회귀에 반대하면서 우리는 독일이 유럽의, 국제적인 협력 체제로 귀속될 수 있기를 희망한다(Bundeskanzler-Willy-Brandt-Stiftung, 2002: 178).

그런데 앞에서 이미 언급한 것처럼 브란트에 따르면 유럽의 통합은 그 자체에 머무르지 않고 계속되는 '아'와 '타'의 변증법적 작용을 통해 '우리'로서 세계공동체의 구성으로 이어져야 했다. 즉, 유럽은 다시 세계공동체를 향해 다른 지역들과 부분과 부분, 부분과 전체의 조화를 이루어나가야 했다. 이러한 그의 사유체계는 유럽보다 상위의 공동체 단위로서 세계를 상정하고 있다는 것을 알 수 있다. 이러한 측면에서 그는 국제연합의 창설에 관심을 기울였다.

> 우리는 비싼 대가를 치르고 얻은 가치 있는 국제연맹의 경험을 가지고 있다. 그 중요한 것 중 하나는 국제기구가 효율적으로 기능하기 위해서는 중립성이란 존재할 수 없으며, 모든 회원국은 공동의 안보를 위해 그들 주권의 일부를 이 기구에 양도할 수 있어야 한다는 것이다(Bundeskanzler-Willy-Brandt-Stiftung, 2002: 192).

주권 양도를 전제하는 이러한 그의 국제연합 비전은 세계공동체 수립을 뜻하는 것으로서 여기에는 세계인의 정체성 구성에 대한 개념이 자리하고 있다고 보아야 할 것이다.

이는 새로운 상위 공동체 단위의 정체성 구성을 통해 그 하위 공동체들의 인권과 평화 문제 해결을 위해 끊임없는 구성 과정을 상정하는 '성리학적 구성주의' 관점이라고 볼 수 있다. 따라서 이 세계공동체 비전은 유럽연방의 창설에 대한 그의 비전과 동일선상에 있다고 할 수 있다. 그런데 그가 세계공동체 구성보다 유럽공동체 구성에 치열하게 역점을 둔 것은 그 실현 가능성의 측면, 그리고 독일문제 해결을 위한 유럽공동체의 긴급한 필요성 때문이라고 밝히고 있다.

그는 주권 양도를 통해 국제연합을 설립하는 것이 강대국들의 상이한 이해관계 때문에 용이하지 않을 것으로 보고 그 하위 개념인 지역공동체로서 유럽연방의 창설에 우선순위를 두었다.

> 세계연합의 조속한 실현이라는 환상주의보다 지역의 경제 정치 협력의 문제가 더 주목받을 것이다. 그래서 우리는 유럽 통합의 문제에 더욱 집중한다. 우리는 유럽 통합에 대한 이러한 집중을 세계의 집단 안보 체제에 반하는 것이 아니라 부분 해결로 이해한다(Bundeskanzler-Willy- Brandt-Stiftung, 2002: 192~193).

그런가 하면 실질적인 전쟁의 중심지이며 독일문제로 고통받은 유럽이 시급히 통합되어야 할 필요성을 다음과 같이 개진했다.

> 현실적으로 유럽은 현재까지 전쟁 전개의 중심이었다. 유럽 대륙의 국가적 분열 때문에 경제발전이 방해를 받는다. 역사적으로 민족적인 갈등과 지배층의 이기주의가 유럽 통합을 방해해 왔다. 이러한 방해물 구조에다 새로운 것이 더해졌는데, 히틀러의 '새로운 유럽'이라는 깡패 정치였다. 이것이 전체 유럽 문제의 해결을 더욱 어렵게 만들었다. 독일에 대한 증오는 독일의 새로운 유럽으로의 진입에 큰 장애가 되었다. 그러나 독일 없이는 전체 유럽 문제의 해결은 불가능하다. 전쟁이 끝나고 바로 유럽연방을 수립할 수 있다고는 생각하지 않는다. 그러나 이 길은 맞다. 새로운 독일 정부는 이를 반드시 관철하도록 노력해야 한다. 이웃 국가들에 대한 독일의 지배적 위치의 위험은 유럽연방 속에서 큰 것이 아니라 분열된 유럽

에서 더욱 크다(Bundeskanzler-Willy- Brandt-Stiftung, 2002: 193).

그는 전체와 부분의 조직적 연관관계를 확장해 가면서 긴박하게 필요한 것과 가능한 것의 실현에 우선순위를 두고 있다. 필자는 이와 같은 브란트의 사유체계는 필자의 개념인 '성리학적 구성주의' 개념으로 체계적으로 이해될 수 있음을 다시금 강조한다.

4. '성리학적 구성주의'와 전후의 분단 극복 정책으로서 '다양성 속의 통일' 원리와 '공동의 안보' 개념의 실현

브란트가 구상하고 꿈꾸던바 1945년 5월 마침내 독일이 항복하면서 나치 시대가 끝났다. 이제 독일이 '독일문제'를 청산하는 차원에서 민주국가로 새롭게 태어나 유럽과 세계공동체의 일원이 되어야 했다. 그런데 제2차 세계대전 후 현실에서는 미국과 소련을 각각 중심으로 한 이념과 체제의 대결에 의해 전 세계적으로 냉전 상황이 전개되었다. 이와 아울러 독일과 유럽, 그리고 세계가 양분되어갔다. '독일문제'를 안고 있는 패전국 독일을 어떻게 처리할 것인가를 두고 미국과 소련이 첨예하게 대립하면서 냉전이 시작되었다고 볼 때, '독일문제'는 분명 냉전의 한 원인이었다. '독일문제' 해법을 두고 승전 연합국이 분열하면서 냉전이 전개되었다. 본래 승전 연합국이 독일과 그 안의 베를린을 4분한 것은 '독일문제'를 해소하는 차원이었다. 독일이 동과 서로 분단되고, 그 안에서 베를린 분할이 고착된 것은 '독일문제'가 또한 독일 분단의 근본 원인임을 말해준다. 이제 독일문제는 1945년 종전까지의 '독일문제' 개념에다 전후 냉전체제와 분단 상황이 복합적으로 합성된 '분단된 독일문제'라는 전후 새로운 독일문제 개념으로 이어지고 있었다.[10] '전전의 독일문제' 위에 '전후의 독일문제'가 인과관계를 맺으면서 응축되어 이중의 '독일문제'가 형성되어 갔다. 1945년 이전을 말하는 '전전의 독일문제'는 이제 기억을 매개로 전후의 독일문제와 연계되며 과거 청산의 대상이 되었다. 서독에서 독일인들은 이 전전의 기억과 과거 청산의 과정을 공유하면서 새로운 정체성을 발전시켜 갔다.

망명지에서 돌아와 베를린의 사민당 정치가로 활동하면서 브란트는 이와 같은 이중의 '독일문제'에 직면했다. 브란트는 이때에도 변함없이 망명 시기와 마찬가지로 나치 시대의 범죄가 다시는 반복될 수 없도록 '독일문제'의 유산을 근본적으로 청산해야 한다는 생각을 강하게 하고 있었다. 그런데 이 과제는 새롭게 형성된 '독일문제'의 이중성으로 인해 냉전과 독일의 분단 문제를 해결하는 과업과 중첩되었다. 그것은 전후의 '독일문제'를 해결하기 위해 전전의 '독일문제'를 완전히 해소해야 한다는 것을 의미하는 동시에, 역으로 '전후의 독일문제'를 해결하는 과정은 '전전의 독일문제'를 청산하는 작업이어야 했다. 다시 말해 '전전의 독일문제'를 해소하기 위해서는 '전후의 독일문제'를 해결해야 했다. 역으로 '전후의 독일문제'를 해결하기 위해서는 '전전의 독일문제'를 청산해야 했다. 이는 양자가 목적과 수단, 수단과 목적의 관계를 이루고 있음을 의미했다.

이러한 상황에서 '전전의 독일문제'를 해소하는 것, 즉 전후 독일의 과거사 청산은 잘못된 과거를 기억하고 희생자들에게 사과하고 배상한다는 차원을 넘어서서, 일정 부분 '전전의 독일문제'와 인과관계로 엮여 있는 전후의 현실을 받아들여야 한다는 것을 의미했다. 그러면서 독일은 앞 절에서 설명한 것처럼 완전히 새롭게 태어나야 했다. 그러면 이때에 브란트에게 전후의

10 이와 관련해서 필자는 경우에 따라 '전전의 독일문제', '전후의 독일문제'라는 용어를 사용한다. '전후의 독일문제'는 '전전의 독일문제'를 포함한다.

현실을 받아들이고 독일이 새롭게 태어난다는 것이 구체적으로 어떠한 것을 의미했는가? 그것은 크게 보아 분단 현실을 인정하고, 동·서독이 각기 자신이 속한 체제로의 통합을 받아들이고, 전후에 새롭게 설정된 독일 동부 국경선을 수용하는 것이었다. 독일이 새롭게 태어나기 위해 (서)베를린을 포함한 서독이 우선 완전한 민주주의 국가가 되어야 했다. 그러면서 독일 전체의, 유럽의, 세계의 평화와 인권을 위한 방향의 길에서 끝없이 이어지는 동심원 파문의 중심 역할을 해야 했다.

전후의 냉혹한 현실을 받아들이는 일이 브란트에게도 처음에는 대단히 힘든 것이었다. 그의 내적·정책적 변화가 점진적으로 이루어졌다. 1957년 (서)베를린 시장이 되었을 때, 그는 처음으로 큰 책임을 맡은 정치가로서 그가 구상해 오던 '독일문제' 해소 정책을 부분적으로나마 실천에 옮길 수 있었다. 분단의 현실을 인정하는 가운데 (서)베를린의 안정과 발전을 꾀하는 것이 그의 최우선 과제였다. 구체적으로 그는 (서)베를린을 행정적으로 서독에 귀속시키고 서독과의 자유 통행에 제한을 받지 않도록 하는 데 총력을 기울였다. 이는 특히 베를린 봉쇄를 경험한 (서)베를린 시민들에게 가장 절실한 문제이기도 했다. 그는 자유와 민주주의의 보장이라는 관점에서 소련과 동독, 동유럽의 체제에 크게 실망했다. 그는 망명 시기에 비해 더 강력히 반공주의를 표방했다. 그러나 그는 감정 차원의 반공주의는 크게 경계했다. 공산주의의 존재와 가치를 인정하면서 상호 경쟁하고 교류하고, 협력하면서 변화시켜야 할 대상으로 보았다.

이러한 분단의 현실 속에서 그는 (서)베를린과 서독을 자유, 민주주의, 사회적 연대의 가치가 극대화되는, 즉 '다양성 속의 통일'의 원리가 만개하는 사회로 만드는 것을 최우선시했다. 이러한 독일의 민주화는 망명 시기에 그가 역설한 '전전의 독일문제'에 대한 궁극적인 해결 방안이었다. 전후에는 실질적인 독일의 과거사 청산 작업의 주 내용이고 목표가 되었다. '다양성 속의 통일'의 원리가, 만개하는 민주주의 실현을 통한 과거사 청산이 (서)베를린뿐만 아니라 서독 전체에서 실현되어야 한다고 생각했다. 이를 위해 그는 진정으로 기여할 만한 일을 찾으려 했다. 예를 들어, 그는 1959년 사회민주당이 고데스베르크 강령을 채택하는 데 대단히 적극적인 역할을 수행했다. 그는 사민당이 '닫혀 있다'고 보고, "사회를 향해, 대중을 향해 문을 열어야 한다"고 주장했다. 그리하여 당원들 사이에, 그리고 당원들과 대중 사이에 다양한 상호작용과 조화가 이루어질 수 있게 해야 한다고 주장했다. 그는 고데스베르크 강령의 채택을 통해 사민당을 계급정당을 넘어서서, 사회민주주의 정체성을 띤 대중정당으로 탈바꿈시키고자 했다. '자기 계급만을 위한 계급투쟁 지향의 경직된 정당'이 아니라 '다양성 속의 통일'의 민주주의 문화 속에서 사회민주주의의 가치를 실현해야 한다고 역설했다. 즉, 브란트는 서독을 자유, 정의, 사회적 연대가 온전히 실현되는 민주주의 사회로 만들기 위해 사민당의 강령이 시대의 가치에 발맞춰 유연하게 바뀌어야 한다고 보았다.

그는 서신을 통해 서독 총리 콘라트 아데나워(Konrad Adenauer)에게 서독의 완전한 민주화와 서방 통합의 가치에 관한 소신을 자주 피력했다. 브란트는 서독이 서방 통합에 결속되는 것, 즉 아데나워 총리의 서유럽 통합 정책을 적극적으로 지지했다. 북대서양조약기구 가입에도 적극적으로 찬성했다. 물론 브란트는 아데나워가 동독과 동유럽에 대해 극히 단절적인 정책을 펼치는 것에 깊은 우려를 표했다. 브란트의 서유럽 통합 지지는 동독과 동유럽을 서방세계로부터 고립시키자는 것이 아니었다. 우선 현실적으로 실현 가능한 서방 통합에 역점을 두자는 것이었다. 브란트의 서방 통합 정책 지지는 또한 '전전의 독일문제'에 대한 책임 의식과 '전후 독일문제'의 현실 인식에 기인한 것이다. 그리고 무엇보다도 유럽 전체의 통합, 나아가 세계의 통합을 전제하는 그의 비전에 바탕을 두었다. 브란트의 서유럽 통합 주장은 당시 그가 속한 사민당에서는 극히 소수 의견에 해당했다. 쿠르트 슈마허(Kurt Schumacher)가 이끄는 당시 독일사민당의 주류는 서방 통합에 철저히 반대했다. 망명 시기에 브란트의 유럽연방과 세계공동체 비전에 어떠한 정치철학적 사고가 작용했는지는 앞 절에서 충분히 논했다. 전후 이러한 그의 서유럽 통합에 대한, 그리고 점진적인 유럽 통합에 대한 정책적 관점은 망명 시기에 개진된 것이다. 이는 끊임없는 정체성 구성 과정을 상정하는 '성리학적 구성주의' 정치철학의 연속선상이라고 말할 수 있겠다.

브란트는 지속적인 유럽과 세계의 정체성 구성을 통해 왜곡된 독일 민족주의를 극복하고 독일문제를 해결해야 한다고 생각했다. 그는 독일 국경선에 대해, 처음에는 매우 당혹스러워했다. 서부 국경선은 그가 종전(終戰) 전에 합당하다고 예견한 대로, 알자스로렌을 포기하는 선에서 결정되었다. 그러나 동부 국경선은 오데르나이세강으로 설정되었다. 이로 인해 독일은 동프로이센을 포함하는 커다란 영토를 상실했다. 브란트가 볼 때도 극히 인위적이고 부자연스러운 국경선 설정이었다. 이는 앞 절에서 그가 문제의식을 표출한 것처럼 독일을 제재하기 위한 베르사유 방식의 영토 분할에 해당했다. 그는 이러한 인위적 영토 분할이 '독일문제'를 더 키우는, 즉 독일의 민족주의를 전후 독일에서도 강하게 부추길 것이라고 우려했다. 물론 전후의 현실에서 독일이 처음에는 4분되었다가 냉전과 함께 동독과 서독으로 양분되어 대치하고 있는 마당에, 동부 국경이 브란트가 우려한 것처럼 독일인들의 첨예한 민족주의적 이슈가 될 수는 없었다. 그러나 점차 그는 '종전 전의 독일문제'를 청산하고 전후 현실을 인정하는 차원에서 독일의 동부 국경선을 수용하는 방향으로 생각을 정리하기 시작했다. 아울러 정치적으로나마 동독을 국가로 인정해야 한다고 생각하기 시작했다. 거기에는 또한 끊임없는 정체성 구성 과정을 상정하는, 앞 절에서 설명한 필자의 개념인 '성리학적 구성주의' 정치철학이 작용했다. 독일인들이 '다양성 속의 통일' 원리에 따라 끊임없이 유럽인, 세계인의 정체성을 구성해 가면서 독일과 유럽, 그리고 세계 차원에서 평화롭게 인권을 누리면서 살아갈 수만 있다면, 새로운 국경선이 본질적인 문제가 될 수는 없었다. 국경선은 민족주의, 국가주의 이념에 내재하는 사유의 산물이었다.

1961년 8월 베를린 장벽이 설치된 후 브란트는 이러한 '성리학적 구성주의' 사유 방향과 정책 수립에 박차를 가했다. 설치 시점 직후에는 장벽을 즉시 허물기 위해 그는 존 케네디(John Kennedy) 미국 대통령과 아데나워 총리 등에게 호소하면서 국내외적으로 필사의 노력을 경주했다. 이러한 노력이 주효하지 못한 가운데, 그는 '종전 전의 독일문제'에 기인한 전후의 현실을 인정하는 차원에서 장벽의 존재를 받아들이고자 했다. 그는 이 시점에서 그동안 산발적으로 개진해 오던 "동독과 동유럽 및 공산권의 존재를 인정하고 적극적으로 교류하며 소통해야 한다"라는 주장을 체계적으로 펼치기 시작했다. 그는 베를린장벽을 분단과 비극의 상징기호가 아닌 교류와 협력 및 화해를 해야 할 필요성의 상징기호로 보고자 했다(노명환, 2013). 헤겔이 말하는 "미네르바의 부엉이"처럼 그는 대부분의 사람들이 베를린장벽을 분단과 증오, 비극의 상징기호로 대하고 있을 때, 교류와 협력 및 화해를 해야 할 필연성을 깨우는 상징기호로 설정했다(노명환, 2013).[11] 브란트는 실제로 동서 베를린의 대화와 협정을 통해 통행증을 발권하면서 교류를 활성화하고자 했다. 차후 그의 '동방정책'의 밑그림이 되는 이러한 사유체계는 1963년 7월 15일 이른바 '투칭 연설'에서 구체적으로 나타났다. 이 연설에서 그는 양 진영이 서로를 인정하고 '상호 접촉을 통한 변화'를 시작할 것을 핵심적으로 주장

11 미네르바는 지혜의 여신이다. 부엉이는 어둠이 내렸을 때 깃을 펄럭이며 활동을 시작한다. 헤겔이 말하는 미네르바의 부엉이는 '세상의 사람들이 역사가 가야 할 방향을 모르고 어둠 속에 있을 때, 이를 제시하는 선각자'를 뜻한다.

했다. 이른바 '변화의 정책(Politik der Transformation)'을 제안한 것이다.

> 변화의 정책이 중요하다. 현실적이고 정치적이고 이념적인 장벽은 분규 없이 점차 제거되어야 한다. 이는 분규를 없애는 평화적인 변화의 정책이다. 이는 삼투의 정책이고 평화적인 위험부담의 정책이다. 왜 위험부담의 정책이냐 하면 우리가 분규를 변화시키려 하면 다른 편의 반응 행위에 대해 열려 있게 되고 또한 열려 있어야 하기 때문이다(Bundeskanzler-Willy-Brandt-Stiftung, 2004: 437).

'변화의 정책'을 통해 그는 서방과 동방이라는 서로 다른 것, 서로 대립되는 것 사이의 상호작용을 추진하고, 그 변증법적인 결과로서 평화적으로 민족 동질성을 회복하고자 했다. 그는 그러한 '변화의 정책'으로 야기될 상황에 대비해 열린, 그리고 준비된 자세를 강조했다. '변화의 정책'을 통해 회복할 수 있는 독일의 민족 동질성은 유럽인의, 세계계인의 정체성으로 계속 열려 있어야 했다. 필자는 이러한 그의 '변화의 정책'을 필자의 개념인 '성리학적 구성주의' 관점에서 이해한다. 그는 '변화의 정책'을 위해 교류와 접촉의 중요성을 강조했다. 그러면서 다시금 접촉을 통한 변화가 동반하는 효과를 제시해 주고 있다.

> 우리는 오늘의 진영 체제를 극복하고 서로 소통할 수 있는 방법을 찾아야 한다. 우리는 많은 현실적인 접촉점들, 그리고 되도록 유의미한 소통이 필요하다. 우리는 학자들, 학생들, 정보들, 사상, 활동들을 교환하는 것을 두려워할 필요가 없다. 책임질 수 있는 방법으로 이성적인 시도를 하는 것이 중요하다. 동서 간의 이러한 종류의 공동 프로젝트는 우리에게 큰 의미가 있다. 가능한 한 공산주의 동방에 대한 의미 있는 연계가 주효하다고 생각한다. 이러한 접근은 다른 편의 변화를 위해 기여할 것이다. 나는 이것을 적극적인·평화적인·민주적인 공존의

> 정책으로 이해한다. 우리는 평화적이고 역동적인 변화를 촉진하는 데 기여할 수 있도록 전진해야 한다. 단순한 자기주장은 의미가 없다(Bundeskanzler-Willy-Brandt-Stiftung, 2004: 436~437).

그는 이러한 측면에서 "이러한 영역에서 우리는 동방보다 더 많은 경험을 했고 상대방을 이해하고 있다"(Bundeskanzler-Willy-Brandt-Stiftung, 2004)라며 서방이 훨씬 우위에 있음을 강조했다. 여기에서 필자는 다음의 점을 크게 강조하고자 한다. '다양성 속의 통일', '공동의 안보' 개념은 상황에 따라 대단히 비현실적이고 위험천만할 수 있다. 왜냐하면 적은 무력으로 나를 굴복시킬 준비를 하고 있는데, 나는 '성리학적 구성주의'로 이해될 수 있는 끊임없는 '다양성 속의 통일'과 '공동의 안보'를 생각하고 제안한다면, 이는 참으로 비현실적이고 위험천만한 행위가 되기 때문이다.

이와 관련해 브란트는 자신의 진영이 강할 때 '다양성 속의 통일'과 '공동의 안보' 정책을 끊임없는 실현할 수 있다고 강조했다. 자신의 진영을 강하게 하는 동시에 이와 같은 성리학적 구성주의 관점을 추구해야 하는 것이다. 예를 들어, 브란트는 '접근을 통한 변화' 정책을 추진하는 데 자신의 진영이 강한 위치에서 준비하고 있어야 한다는 점을 다음과 같이 강조했다.

> 이것은 우리가 우리의 가치를 확신할 때만 가능하다. 이 관계에서 나는 희망적이다. 우리는 우리가 왜 서방에서 살려고 하는지 잘 안다. 우리의 제도는 많은 약점에도 불구하고 강하며, 우리에게 확신을 준다. 우리는 반대의 이념, 반대의 도그마가 필요하지 않다. 많은 생활 영역이 정치적 영향을 직접 받지 않게 하는 것이 우리의 커다란 정치적 꿈이다. 자유는 강하다(Bundeskanzler-Willy-Brandt-Stiftung, 2004: 437).

그 강함 속에는 무엇보다도 자유, 그리고 서로 다른 것, 서로 대립하는 것 사이의 교류와 조화 즉 '다양성 속의 통일'의 사회 원리에 잘 적응하는 능력이 포함되어 있었다. 이를 위해 그는 서독에서 더 높은 수준의 민주주의를 실현해야 한다고 보았다. 그는 '독일문제'의 청산, 즉 과거 청산을 철저히 해야 한다고 보았다. 민주화된 서독이 서유럽 통합으로 결속되고, 이러한 서유럽은 또한 더 높은 수준의 민주주의를 실현해야 했다. 그것이 서방의 강한 힘의 기초였다.

이러한 브란트의 서방 통합과 동독과 동유럽에 대한 '접근을 통한 변화' 개념은 그의 동방정책의 핵심 내용이다. 브란트는 서독과 동독이라는 서로 다른 것 사이의 접촉, 즉 상호작용을 통해 서독이 변화하고 동독이 변화하는 상황을 구성하고자 했다. 이것은 일회성의 상호작용과 새로운 구성이라는 결과가 아니라 끊임없이 이루어져야 하는 것이다. 그것은 서독과 동독에 국한되지 않고 서유럽과 동유럽 그리고 세계로 연결되는 가운데 이루어져야 하는 것이었다. 이는 앞에서 설명한 '성리학적 구성주의' 개념으로 정치(精緻)하게 논리화할 수 있겠다. 지속적인 서로의 접촉과 교류를 통해 나와 상대방의 끊임없는 변화를 꾀하는 것이었다. 이는 변화 속에서 서로가 새롭게 만나고, 다시금 새로운 것을 만들어내는 과정과 방법이 되었다. 이것은 지속적으로 진행되어야 했다. 그리하여 '너'와 '내'가 '우리'로 구성되어야 했다. 이러한 '우리' 만들기 과정은 '너'와 '나' 각자의 정체성이 '우리'의 정체성을 향해 지속적으로 항상 열려 있어야 함을 전제로 한다.

브란트의 이러한 '우리' 만들기 정책은 서로 다른 것의 끊임없는 상호작용을 통해 새로운 것, 즉 신뢰와 협력을 만들어내는 것을 뜻했다. 이는 평화와 인권의 토양을 풍부하게 하는 끊임없는 '다양성 속의 통일' 원리였다. 필자가 보기에 이러한 측면이 필자의 개념인 '성리학적 구성주의' 관점을 명확히 나타내 준다고 하겠다. 이를 위해 상대방의 생각을 항상 상대방의 관점에서 이해할 수 있는 능력이 필수적이었다. 즉, 앞의 폴란드 회랑 문제에서처럼 역지사지의 사고와 이해력이 필요했다. 지속적인 상호작용과 정체성 구성이 이루어지는 것을 상정하는 것은 완성되어 닫히고 고정되는 개념을 피하고자 함이었다. 이는 정체성의 구성 과정이 모든 정체성 단위에 지속적으로 열려 있어야 함을 상징적으로 말해준다고 하겠다.

브란트는 1963년 7월의 투칭 연설에서 초국가주의 방향으로의 서유럽 통합의 길을 위해 역설했다. 강한 서방을 위해, 그리고 궁극적으로 유럽 전체 통합의 길을 위해 서유럽 통합이 민주적인 방식으로 '다양성 속의 통일' 원리 속에서 완성되어 가야 했다. 이러한 민주적 차원의 강화를 위해 아래로부터의 유럽통합운동을 다시 시작해야 한다고 주장했다(Bundeskanzler-Willy-Brandt-Stiftung, 2004). 즉, 밑으로부터의 유럽, 민주주의 동력에 의한 유럽 통합을 촉구했다. 그래서 "유럽의 일을 다시금 사람들의 손에 맡기는 것이 절실하다"(Bundeskanzler-Willy-Brandt-Stiftung, 2004: 440)라고 보았다. 이러한 서유럽 통합은 궁극적으로 유럽 전체의 통합으로 확대되고 심화되어야 했다. 이는 유럽 통합의 초국가주의 성격을 강화하고 서유럽을 넘어 전체 유럽 통합의 길을 추진하는 것을 의미했다. 그는 초국가주의 성격을 강화하기 위해 구체적으로 유럽 의회를 강화할 것을 자주 역설했다. 서유럽 통합이 제대로 조직력과 추진력을 갖출 수 있도록 영국이 가입할 필요가 있다고 역설했다(Bundeskanzler-Willy-Brandt-Stiftung, 2004: 439). 프랑스의 드골이 영국의 가입을 반대하던 상황에서 브란트의 이러한 주장은 명실상부한 유럽 통합에 그가 얼마나 적극적이었는지 짐작게 해준다. 그는 유럽 통합을 "상호성에 기반한 신뢰와 협력"의 대표적 모델로 보았다. 그뿐만 아니라 그는 더 넓은 정체성의 단위로 1963년 7월 4일 케네디가 제안한 대서양 공동체를 추구하는 데 적극적이었다(Bundeskanzler-Willy-Brandt-Stiftung, 2004: 440).

이렇듯 서유럽 통합, 유럽 전체 통합의 지향, 대서양 공동체, 세계공동체 추구는 왜곡된 독일 민족주의 유산을 비롯한 '독일문제' 청산을 구조적으로 실천하기 위한 의지였다. 그의 분단 극복 정책은 이렇게 구성되어 갔다. 우선은 단기적으로 긴장완화, 평화공존이 목표였고, 장기적으로 유럽공동체와 세계공동체를 구성하면서 독일통일을 이루는 것이었다. (서)베를린 시장으로서 그는 이러한 방향의 동방정책 밑그림을 완성하여 갔다.

브란트가 적극적으로 기여하여 이룬 기민련과 사민당의 대연정을 통해 구성된 정부(1966~1969)에서 외교부 장관직을 수행할 때 '동방정책'으로 알려진 정책 노선을 추구하지만, 한계가 있었다. 그런데 이 시기 중 1968년에 서유럽에서 68민주화운동이 일어났고, 동유럽에서는 체코슬로바키아의 민주화 운동이 소련의 무력 개입으로 실패하는 사건이 발생했다. 이때 브란트는 '접근을 통한 변화' 정책의 가치를 좀 더 본질적으로 생각하기 시작했다. 브란트는 냉전의 분단 시기에 각 진영은 상대방을 의식하면서 민주화의 발목을 잡고 있다고 보았다. 그는 동서 간에 교류와 협력을 통해 긴장완화를 달성하고, 각 진영이 민주주의를 가속화할 수 있어야 한다는 생각을 더욱 강하게 품었다. 이러한 사유는 68운동에서 터져 나오기도 했다. 오데르나이세 국경선을 인정하고, 동독을 국가로 인정해야 한다는 주장이 터져 나왔다.

이 시기에 그는 북대서양조약기구(NATO)와 바르샤바조약기구(WTO)가 제휴해 집단 안보 체제를 구축하자는 소련과 동유럽 국가들의 제안에 적극 호응했다. 소련과 동유럽 국가들은 집단 안보 체제를 위해 오데르나이세 국경선과 동독을 국가로 인정해야 한다는 선결 조건을 제시했다. 이에 대한 인정들은 앞에서 설명한 바와 같이 브란트가 중층적 이중구조를 가진 '전전의 독일문제'와 '전후의 독일문제'를 하나의 고리로 푸는 차원에서 사유해 오던 사항들이었다. 브란트는 이러한 소련과 동유럽 국가들의 요구 조건을 충족시키면서 집단 안보 체제를 이루고, 독일문제를 해결하고자 했다. 이 집단 안보 체제는 서로 다른 것들, 대립하는 것들, 적대 관계의 것들 사이의 변증법적인 상호작용을 가능하게 해줄 수 있었다. 그가 주장하는 '변화의 정책'을 실현할 수 있는 장과 계기가 될 수 있었다. '변화의 정책'은 처음에는 (서)베를린과 (동)베를린 사이에서, 그리고 서독과 동독 사이에서, 이제 동방과 서방 사이에서 실시될 수 있었다. 무엇보다도 이러한 집단 안보 체제는 앞 절에서 설명한 브란트가 말하는 최상의 안보 정책으로서 '다양성 속의 통일' 원리에 의거한 '공동의 안보'를 실현하는 것이었다. 이러한 집단 안보 체제의 추구는 다음에 설명할 브란트 총리의 동방정책과 연계되어 오데르나이세 국경선을 인정하고, 정치적 차원에서 동독을 주권국가로 인정하는 데 큰 울타리로 작용했다. 오데르나이세 국경선을 인정하고, 정치적 차원에서 동독을 주권국가로 인정함으로써 브란트는 이 집단 안보 체제를 성사시키기 위해 결정적인 역할을 수행했다. 필자가 보기에 이러한 그의 역할은 서로 다른 것 사이의 계속된 상호작용을 통한 끊임없는 새로운 구성을 의미하는 전략적 사고에 의거했다. 필자는 브란트의 '공동의 안보' 개념의 이 전략적 사고를 '성리학적 구성주의'로 해석한다. 이 집단 안보 체제는 1973년 헬싱키협정과 함께 유럽안보협력회의 이름으로 가시화되었고, 1975년의 협정을 통해 본격적으로 가동되었다.

1969년 10월 총리 취임 연설에서 동방정책을 실시할 것을 천명했고, 이를 위해 무엇보다도 서독 내에 더 높은 수준의 민주주의를 실현해야 한다고 역설했다. 고데스베르크 강령과 68운동은 브란트가 총리가 되는 데 좋은 토양을 만들어주었다. 서유럽 통합의 심화와 더 높은 수준의 민주주의,[12] 그리고 서방세계의 단결을 실현해야 한다고 주장했다. 더 높은 수준의 민주주의는 '다양성 속의 통일' 원리에 따라 접촉과 교류를 통해 차이와 대립을 극복하면서 상호 신뢰와 협력을 쌓아가는, 즉 상호작용에 의거한 '변화의 정책'을

12 이 내용은 1969년 12월 유럽 헤이그 정상회의에서 다루어졌다.

실현하는 토양을 제공할 수 있었다. 그리고 역으로 이러한 결과로 또한 더 높은 수준의 민주주의가 실현될 수 있었다. 그래서 그는 총리 취임 연설에서 "서독과 동독을 건국한 지 20년이 지난 지금, 이 이상 분열을 막고자 한다. 동·서독을 통제받는 병존 관계에서 상호 관계로 재구성해야 한다"(Bundeskanzler-Willy-Brandt-Stiftung, 2004: 237)라는 점을 특히 강조했다.

> 우리는 지금까지의 전독일부(Ministerium für gesamtdeutsche Fragen)를 새로운 과업에 맞추어 내독관계부(Ministerium für innerdeutsche Beziehungen)로 명칭을 바꾸었다(Bundeskanzler-Willy-Brandt-Stiftung, 2004: 238).

이는 상호작용을 통한 신뢰와 협력을 만들어가기 위한 브란트의 강한 의지의 표현이었다. '내독관계부'가 취급하는 일은 다양한 독일 정책이 상호작용을 해 조화를 이루도록 하는 것이었다. 그에 따르면 전체는 주어지는 것이 아니라 부분들의 상호작용을 통해 구성되는 것이다. 부분과 부분, 부분과 전체, 전체와 부분은 상호 영향을 준다는 그의 철학에 의거했다.

> 독일 정책은 총체적으로 볼 때 하나의 정해진 행정상의 일만을 의미하지는 않는다. 그러한 일은 모든 행정의 항상적인 과제다. 외교 정책, 안보 정책, 유럽 정책, 우리 민족의 유지를 위한 노력, 분단된 독일에서의 관계를 위한 노력들을 포함한다(Bundeskanzler-Willy-Brandt-Stiftung, 2004: 238).

서독과 동독은 상호작용을 해야 할 특별한 관계였다. 그 특별한 관계는 그가 명명한 '1민족 2국가' 체제다.

> 독일연방공화국은 독일민주공화국을 국제법상으로 인정할 수 없다. 왜냐하면

독일에 두 개의 국가가 존재한다 하더라도 그들은 서로 외국이 아니기 때문이다. 두 국가 사이의 관계는 특별한 성격의 것이다(Bundeskanzler-Willy-Brandt-Stiftung, 2004: 237).

이러한 브란트의 사유와 정책에서 또한 우리는 필자가 말하는 '성리학적 구성주의' 관점을 확인할 수 있다.

1970년 「국가 상황 보고(Berichte zur Lage der Nation)」에서 그는 오데르나이세를 국경으로 인정하고, 동독을 국가로 인정해야 할 필요성을 공식 언급했다. 이를 바탕으로 1970년 8월 독일연방공화국은 소련과 모스크바에서 조약을 맺었다. 이 조약 체결 과정에서 오데르나이세 국경선을 인정하고 국제법이 아닌 정치적 차원에서 동독을 주권국가로 인정하는 내용을 합의했다. 그와 함께 동·서독의 동시 유엔 가입, (서)베를린의 서독 귀속, 교류 협력, 시베리아 가스관 설치 등을 합의했다. 그해 12월 바르샤바에서 폴란드와 조약을 체결했다. 오데르나이세 국경선 인정과 독일의 과거 청산, 양국의 기술·경제·문화 분야의 교류와 협력이 주된 이슈였다. 이때에 브란트는 총리의 몸으로서 바르샤바 외곽에 있는 나치 희생자 기념비 앞에서 나치 시대의 죄를 무릎 꿇고 사과했다. 필자가 보기에 이때의 바르샤바 조약 체결과 이러한 브란트의 사죄 행위는 앞에서 말한 '전전의 독일문제'와 '전후의 독일문제'의 중층적 이중구조를 동시에 풀기 위한 브란트의 노력을 상징적으로 보여주는 것이다.

1972년 동·서독 기본 조약이 체결되었다. 국제법상이 아닌 정치적 차원에서 동독을 국가로 인정하고, 1973년 초에는 동·서독이 유엔에 동시 가입하는 데 합의했다. (서)베를린의 위상, 동·서독 교류와 협력에 관한 많은 현안을 일괄 타결했다. 이해에 개최된 뮌헨 올림픽에서 동·서독은 단일팀으로 출전했다. 1973년 체코슬로바키아와 조약이 체결되었다. 수데텐 지역을 독일에 병합한 1938년 히틀러 시대의 뮌헨 조약이 공식적으로 무효화되었다. 그런데 이 조약은 사실상 전후에 무효화된 상태였다. 1973년 동·서독의 유엔 동시 가입이 이루어지고, 앞에서 언급한 대로 동서 유럽의 집단 안보 체제를 위한 헬싱키 협정이 체결되었다. 이렇게 볼 때 동방 조약들(Ostverträge)을 통해 동방정책이 실현되는 과정에서 오데르나이세 국경선을 인정하고 동독을 주권국가로 인정한 것이 핵심적인 열쇠 기능을 했다. 앞에서 설명했듯이 서독 국민은 '전전의 독일문제'를 청산하기 위해 전후 현실을 받아들여야 했다. 전후 현실을 받아들이는 능력의 성숙성은 동방정책의 구현을 가능케 했다. 그리하여 '전후의 독일문제'를 해결하는 데, 분단 극복의 길을 여는 데 기여했다. 이의 실현은 국민이 끊임없이 새로운 정체성 구성 과정의 의미와 가치를 공유해 가능했다. 그것이 가능했던 것은 궁극적으로 필자의 개념인 '성리학적 구성주의'로 이해할 수 있는 끊임없는 '다양성 속의 통일'과 '공동의 안보' 개념 및 가치에 의해서였다고 할 수 있다.

5. 맺음말

필자는 동방정책을 관통하는 사상적 원리로서 브란트의 '다양성 속의 통일'과 '공동의 안보' 개념에 주목했고, 이들을 '성리학적 구성주의' 관점에서 해석하고 설명했다. '성리학적 구성주의' 관점에서 볼 때, 서독에서의 변화와 서독 국민의 끊임없는 정체성의 새로운 구성은 독일 사회의 성숙성과 평화통일에 크게 기여했다. 서독 국민이 오데르나이세 국경선을 인정하고, 정치적 차원이나마 동독을 주권국가로 인정한 것은 전래의 민족주의 관점에서는 생각 자체가 불가능한 것이었다. 전래의 민족주의 관점에서 동프로이센이 포함된 커다란 영토를 포기하고, 당시 괴뢰 정권으로 불리던 동독을 정치적 차원일망정 주권국가로 승인한다는 것이 말이 되는가? 이는 독일의 영구 분단의 가능성을 여는 대역죄와 같은 일이 아닌가? 그런데 브란트가 동방정책의 이름으로 이를 추진했고, 서독 국민의 과반수가 이를 승인했다. 그래서 오데르나이세 국경선을 인정할 수 있었고, 이는 동유럽은 물론이고 서유럽 국가들이 서독을 이전의 독일과는 근본적으로 다르게 이해하도록 했다. 독일의 이웃 국가들 또는 독일과 이해관계가 있는 국가들은 서독의 '독일문제'를 해결하려는 브란트의 의지를 높이 평가하기 시작했다. 이는 유럽안보협력회의(CSCE) 체제를 가능하게 할 기본 조건을 충족시키는 것이었다. 동독과의 관계 개선에도 중요하게 작용했다.

그러면 민족주의 관점에서라면 불가능했을 것으로 판단되는 서독 국민의 그러한 변화에는 어떠한 요소들이 작용했는가? 본문에서 설명했듯이 브란트와 함께 서독 국민 대다수가 필자의 개념인 '성리학적 구성주의' 관점을 공유했다는 데서 그 답을 찾을 수 있다. 그들은 과거 청산의 관점에서 전래의 민족주의를 극복하는 방향으로 끊임없이 새롭게 정체성을 구성해 가고자 했다. 즉, 전통적인 민족주의 사유체계로부터 유럽인, 그리고 세계시민이라는 의식의 방향으로 지속적이고 새로운 정체성의 구성을 추구했다. 이러한 과정을 통해 근본적이고 본질적인 대립자(對立者) 혹은 적의 개념을 극복할 수 있었다. 적의 개념은 고정된 것이 아니라 변화될 수 있는 것이었다. 이러한 인식은 변증법적 작용을 통해 '너'와 '내'가 '우리'가 될 수 있는 세상의 본질에 눈을 떠가는 것을 의미했다. 이는 서독 국민으로 하여금 끊임없는 '다양성 속의 통일'과 '공동의 안보' 개념을 수용하게 했다. 예를 들어, 이러한 개념에 따라 오데르나이세강 동쪽의 영토를 포기하는, 달리 말해 유럽인으로서 그리고 세계시민으로서 이 영토를 공유한다는 생각을 할 수 있게 만들었다. 이는 정체성의 변화와 더불어 이해관계가 변한다는 점을 강조하는 전형적인 구성주의적 사고방식이었다.

동방정책이 실시되는 시점까지 서독 국민은 이와 같은 개념들을 그동안의 유럽통합운동과 실천, 그리고 독일문제에 대한 지속적인 청산 노력 과정 등을 통해 어느 정도 실현해 오고 있었다. 이는 초국가주의 유럽인의 정체성과 세계인의 정체성이라는 지향점에 어느 정도 적응된 결과이기도 했다. 그런데 브란트는 끊임없는 '다양성 속의 통일' 과정과 '공동의 안보' 개념을 실현하려면 민주주의 등 사회의 성숙성과 실질적인 힘 등 모든 역량에서 서독이 현실적으로 우위에 있을 때 가능하다고 강조했다. 이를 위해 서독 국민은 모든 노력을 경주해야 하고, 동방정책을 추진하는 시점에 서독이 동독과 동유럽에 비해 완전한 우위에 있다는 점을 강조했다. 이는 필자의 개념인 '성리학적 구성주의' 정책은 모든 역량에서 우위에 있을 때 추구할 수 있음을 브란트가 제시한 것으로 볼 수 있다.

이 장에서 설명했듯이 '전전의 독일문제'와 '전후의 독일문제'는 상호 인과관계의 이중구조를 이루고 있었다. 브란트의 동방정책은 이와 같은 이중구조의 독일문제를 해결하려는 노력의 하나였다. 브란트는 동방정책을 통해 독일의 과거 청산, 그리고 전후의 국경선과 분단 상황에 대한 현실적인 수용을 하나의 체계 속에서 풀어내고자 했다. 이러한 브란트의 동방정책의 핵심에 필자의 개념인 '성리학적 구성주의' 사상이 자리하고 있었다. 브란트의 관점에서 필자의 개념인 '성리학적 구성주의'를 국민이 공유하는 것은 '다양성 속의 통일'(Bundeskanzler-Willy-Brandt-Stiftung, 2004: 438) 속에서 독일이 새로 태어나는 것이었다. 이는 '공동의 안보'를 향한 연방주의 유럽 통합의 실현, 냉전체제와 분단 극복의 진정한 방안이었다. 이것은 본원적으로 서독 국민에게 주어진 진정한 과거사 청산의 길이었다.

이와 같은 끊임없는 구성주의, 즉 '성리학적 구성주의'를 위해 그는 1977~1983년 기간에 유엔 산하 남북위원회 위원장으로서 잘사는 북반구와 못사는 남반구 사이의 화해·교류·협력을 강화하고자 했다. 이는 잘사는 북반구와 못사는 남반구 사이의 '다양성 속의 통일'과 '공동의 안보' 및 '공동의 번영'을 실현하고자 하는 뜻으로 이해할 수 있다. 이것은 브란트가 '성리학적 구성주의' 관점에서 '세계공동체'를 추구하는 길이었다고 볼 수 있다. 브란트 동방정책의 바탕 사상으로서 '다양성 속의 통일' 원리와 '공동의 안보' 개념은 '성리학적 구성주의' 관점에서 상호 유기적인, 그리고 '동전의 서로 다른 면'과 같은 관계를 이루고 있었다. 이는 마치 음양이 조화를 이루어 오행을 생성하고, 오행의 원리 속에는 상극과 상생이 공존하며, 상극은 이와 기의 조화를 통해 상생으로 승화되는 원리와 같다고 생각한다.

:: **참고문헌**

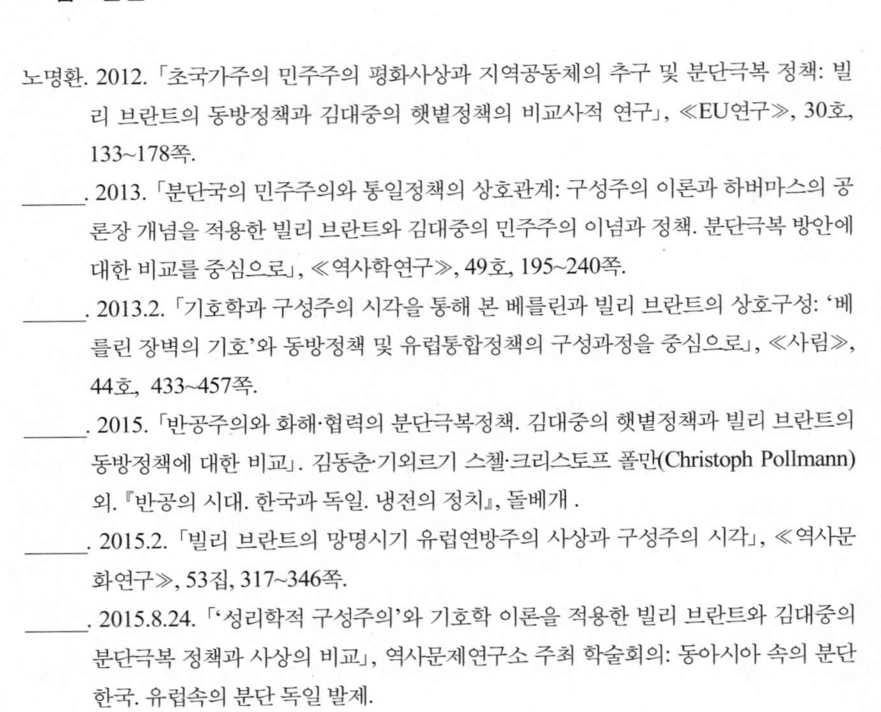

노명환. 2012.「초국가주의 민주주의 평화사상과 지역공동체의 추구 및 분단극복 정책: 빌리 브란트의 동방정책과 김대중의 햇볕정책의 비교사적 연구」, ≪EU연구≫, 30호, 133~178쪽.

_____. 2013.「분단국의 민주주의와 통일정책의 상호관계: 구성주의 이론과 하버마스의 공론장 개념을 적용한 빌리 브란트와 김대중의 민주주의 이념과 정책. 분단극복 방안에 대한 비교를 중심으로」, ≪역사학연구≫, 49호, 195~240쪽.

_____. 2013.2.「기호학과 구성주의 시각을 통해 본 베를린과 빌리 브란트의 상호구성: '베를린 장벽의 기호'와 동방정책 및 유럽통합정책의 구성과정을 중심으로」, ≪사림≫, 44호, 433~457쪽.

_____. 2015.「반공주의와 화해·협력의 분단극복정책. 김대중의 햇볕정책과 빌리 브란트의 동방정책에 대한 비교」. 김동춘·기외르기 스첼·크리스토프 폴만(Christoph Pollmann) 외.『반공의 시대. 한국과 독일. 냉전의 정치』, 돌베개 .

_____. 2015.2.「빌리 브란트의 망명시기 유럽연방주의 사상과 구성주의 시각」, ≪역사문화연구≫, 53집, 317~346쪽.

_____. 2015.8.24.「'성리학적 구성주의'와 기호학 이론을 적용한 빌리 브란트와 김대중의 분단극복 정책과 사상의 비교」, 역사문제연구소 주최 학술회의: 동아시아 속의 분단 한국. 유럽속의 분단 독일 발제.

______. 2016. 「기호학 및 '성리학적 구성주의' 이론을 적용한 기록과 기록관리 행위의 본질과 사회적 역할의 이해: 레코드 컨티뉴엄의 보완에 초점을 맞추어」, ≪역사문화연구≫, 57집, 149~220쪽.

안유경. 2015. 『성리학이란 무엇인가』(동아시아철학입문총서 1). 새문사.

오항녕. 2007. 『조선초기 성리학과 역사학: 기억의 복원, 좌표의 성찰』. 고려대학교 민족문화연구원.

윤사순. 1981. "성리학". 『한국학연구입문』. 지식산업사.

헌팅턴, 사뮤엘(Huntington, Samuel). 1997. 『문명의 충돌』. 이희재 옮김. 김영사.

Alexander, Wendt. 1999. *Social Theory of International Politics*. Cambridge University Press(2009. 『국제정치의 사회적 이론: 구성주의』. 최종건·이옥연·구갑우·최종건 옮김. 사회평론).

Anthony, Giddens. 1984. *The Constitution of Society: outline of the theory of structuration*. Cambridge: Polity Press(황명주·정희태·권진현 옮김, 1998. 『사회구성론』, 자작아카데미).

Audie, Klotz and Lynch Cecelie. 2007. *Strategies for Research in Constructivist International Relations*(2011. 『구성주의 이론과 국제관계 연구 전략』, 손혁상·이주연 옮김, 경희대학교 출판문화원).

Bernd, Rother (hrsg.). 2014. *Willy Brandts Außenpolitik*. Wiesbaden.

Bundeskanzler-Willy-Brandt-Stiftung(hrsg.). 2000. *Berliner Ausgabe Band 2. Willy Brandt. Zwei Vaterländer. Deutsch-Norweger im schwedischen Exil – Rückkehr nach Deutschland 1940-1947*. Bonn: Dietz.

______. 2002. *Berliner Ausgabe Band 1. Willy Brandt. Hitler ist nicht Deutschland. Jugend in Lübeck - Exil in Norwegen 1928-1940*. Bonn: Dietz.

______. 2004. *Berliner Ausgabe Band 3. Willy Brandt. "Berlin bleibt frei." Politik in und für Berlin 1947-1966*. Bonn: Dietz.

Bundeskanzler-Willy-Brandt-Stiftung(hrsg.). 2005. *Berliner Ausgabe Band 6. Ein Volk der guten Nachbarn. außen- und Deutschlandpolitik 1966-1974*. Bonn: Dietz.

Claudia, Hiepel. 2014. "Europakonzeptionen und Europapolitik," in: Rother. Bernd(hrsg.). *Willy Brandts Außenpolitik*, pp.21~92. Wiesbaden.

Einhart, Lorenz. 2012. *Willy Brandt. Deutscher-Europäer-Weltbürger*. Stuttgart

Lipgens, Walter(ed.). 1985. *Documents on the History of European Integration*, Vol.1.

Berlin/New York.
______. 1986. *Documents on the History of European Integration*, Vol.2. Berlin/New York.
Noh, Meung-Hoan. 2014. “Eine Kritische Betrachtung über S. Huntingtons These: ‘Zivilisationskollision’ aus der Sicht von Sunglihak.” in Peter Nitschke(Hg.). *Der Prozess der Zivilisationen: 20 Jahre nach Huntington. Analysen für das 21. Jahrhundert*. Berlin(Frank & Timme Verlag).
Willy, Brandt. 1948. *Norwegens Freiheitskampf 1940-1945*. Hamburg: Auerdruck Verlag.
______. 1966. Draußen. Schriften während der Emigration*(hrsg. v. Günter Struve)*. München: Kindler

5부

분단과 냉전의 역사인식을 넘어

10장

한국의 반공주의를 다시 본다

균열과 전환의 지점

김성보

1. 머리말

냉전기에 반공주의는 이른바 '자유진영' 곳곳에서 위력을 발휘했다. 특히 한반도와 독일에서는 반공주의가 정치 영역에서뿐만 아니라 일상 깊숙이 침투했다. 대중의 공산주의에 대한 두려움과 공포, 적대감에 뿌리를 둔 반공주의는 하나의 체계적인 사상·이념이라기보다 하나의 맹목적인 신념이었다. 이성보다 감정·감성에 호소하는 반공주의는 한국뿐만 아니라 서독에서도 국가의 물리력과 만나 거대한 권력의 논리로 작동했다.

한국에서 반공주의가 '국가보안법'을 바탕으로 한 사법적 수단이나 검열과 감시에 의해 유지되어 왔듯이, 서독에서도 '국가보호법'이나 '비상조치법' 발동 등 사법적 수단과 검열 등이 동원되었다. 한국과 서독은 반공주의의 중요한 지지 기반에서도 유사성이 있었다. 한국에서 월남민들과 옛 친일 세력이 반공주의의 강력한 지지기반이 된 것처럼, 서독에서도 실향민들과 옛 나치당원들이 반공주의와 깊이 연관되었다. 즉, 중부 유럽과 동유럽 출신을 포함한 실향민과 난민들이 정치적으로 결집해 소련과 공산주의를 강력히 반대했으며, 나치 당원 출신 상당수가 전후에도 계속 경찰, 첩보기관, 행정부, 사법부, 교육계, 학계 등에서 활동하며 서독 반공주의의 토대로 작동했다(김동춘·스첼·폴만 외, 2015: 79~82).

다만, 이러한 유사성에도 불구하고 서독의 반공주의는 민주주의의 이념과 제도에 의해 그 작동이 통제되고 제한되어 왔다는 점에서 한국의 반공주의가 민주주의 위에 군림하며 무제한으로 작동해 온 점과는 근본적인 차이가 있다. 이러한 차이점을 반영해 지금까지 한국의 반공주의에 대한 연구는 주로 독재정권의 지배 도구화, 국가 폭력에 의한 민중 억압 등에 초점을 맞추어왔다.

한국의 반공주의가 국가 폭력과 결합해 민주주의를 훼손하고 권력의 지배 도구로 작동해 온 점은 분명한 사실이다. 다만, 이 사실이 주는 이미지가 너무 강한 나머지 한국의 반공주의 안에 있는 다양한 편차와 균열의 지점들은 상대적으로 조망을 받지 못했다. 한국의 반공주의는 국가권력과 반공 우익 세력에 의해서만 확산되어 왔을까? 그렇지 않다. 1980년대 이전까지 한국에서 반공주의는 조봉암과 진보당을 포함해 거의 대부분의 정치인, 학자, 시민들이 하나의 전제로서 수용하고 있었다.[1]

반공주의는 거부할 수 없는 대전제였기에, 그 전제 안에서 다양한 성향

1 진보당 강령에는 소련이 폭력적 독재국가로 규정되어 있으며 해방 후 한국의 공산주의자들이 "크레믈린의 충실한 앞잡이인 공산 역도"로 묘사되어 있다(김성보, 2009: 207~208).

의 사람들은 반공주의를 일단 수용하면서 그 안에서 각자 자신의 방식대로 그 반공주의를 '전유'하고 자신을 정당화하면서 생각과 행동을 펼쳐왔다. 1987년 제도적 민주화 이전까지 그토록 가혹했던 국가 폭력의 시대에도 부단히 민주화운동이 일어나고 이승만 정부와 박정희 정부가 무너지는 역동성이 존재했던 것은 반공주의가 그토록 강고하면서도 그 안에서 다양한 방식으로 전유되고 균열되었을 개연성을 보여준다. 이 글에서는 한국전쟁 이후 1950년대의 반공주의에 초점을 맞추어 그 반공주의가 과연 얼마나 공고했는지, 그 내부에 균열이 있었다면 그 성격은 무엇인지 질문하면서, 내부의 균열이 어떻게 1960년대 개발의 시대 속에서 봉합되고 그를 통해 반공주의의 성격이 전환되어 가는지 살펴보고자 한다.

한국전쟁의 참상을 겪으면서 남한 사회는 이념 이전에 체험으로서 '반공'을 받아들였다. 1950년대에 '반공'은 모든 정치 세력과 한국 사회 전체의 불문율이었다. 그렇기에 반공주의는 무소불위의 힘으로 작용할 수 있었다. 그러나 이승만 정부는 이 이념을 밖으로는 미국의 정치·군사·경제 원조를 끌어들이는 수단으로, 안으로는 장기집권과 국민 통제, 정적 제거 등 정권 유지의 차원에서 활용했을 뿐, 생산적 에너지로 전환하지 못했다. 그 이념을 권력 유지의 도구로 전용하면 할수록 그에 대한 도전과 반발은 비례해 증대되기 마련이었으며, 그 결과 반공주의는 자체의 정치적 정당성과 위력이 축소되고 사회적으로 외면받았다. 또한 이승만 정부에 비판적인 인물들은 반공주의를 자기 나름의 방식으로 전유하며 자신의 논거를 정당화하는 반론의 도구로 반공주의를 활용하기도 했다.

한국의 이승만 정부 시기 반공주의의 균열 또는 한계(경계)를 다루는 본격적인 연구는 아직 부족한 편이지만, 여러 각도에서 이 문제에 접근한 연구 성과들이 있어 주목된다. 박명림은 이승만 집권기의 민주주의 제도와 권위주의 실천이라는 딜레마를 지적하면서 이승만 정부의 반공주의를 통한 국가

헤게모니 구축 전략이 시민사회의 도전과 저항으로 실패했음을 보여주었다(박명림, 1998). 후지이 다케시는 파시즘과 제3세계주의의 사이에 위치하면서 반공=자유민주주의의 틀에서 벗어난 국가주의적 정치 기획을 추구한 세력에 주목했다(후지이 다케시, 2012). 이하나는 감성 정치의 관점에서 한국의 반공주의를 다양하게 유형화해 분석했다(이하나, 2012). 그 외에도 1950~1970년대 '사상계' 지식인의 분단 인식과 민족주의론의 궤적을 살피는 가운데 1950년대 말에 '사상계' 지식인들 사이에서 이승만 정권의 반공 독재와는 구별되는 논리로서 민주주의의 확보와 국민 생활 향상을 도모하는 '승공'의 논리가 등장한 것을 해명하면서 한국에서 반공 자유주의의 균열의 일단을 밝혀낸 장규식의 연구(장규식, 2014), 이승만 대통령과 월남 기독교인들 사이의 긴장 관계에 주목한 윤정란의 연구(윤정란, 2015), 1950년대의 반공주의를 지배 담론과 저항 담론으로 구분한 박태균의 연구(김동춘·스첼·폴만 외, 2015) 등 여러 연구 성과가 나오고 있다.

필자는 이상의 연구를 참고하면서, 1950년대 한국 반공주의의 균열이 지니는 복합적인 양상에 주목해 그 균열 양상을 세 가지 층위에서 살펴보고, 이를 통해 한국 반공주의의 복합적인 성격 및 그 내적 한계와 가능성을 조망해 보고자 한다. 첫째 층위는 정부가 주도한 반공주의 선전과 그에 대비되는 사회 저변의 탈정치적·탈이념적 사회의식 사이의 균열이다. 둘째 층위는 서구 중심의 진영 담론 대 반서구적·민족주의적 정서 사이의 균열이다. 정부와 보수 지식인들은 한국전쟁을 자유진영과 공산진영 간의 전쟁으로 보는 진영 담론에 충실했지만 그와 달리 그러한 진영 대립 자체를 서구적 세계관의 산물로 보며 동양적 통합의 논리를 중시하거나, 전쟁을 강대국 간의 전쟁으로 인한 약소국가의 희생으로 간주하는 민족주의 담론 사이에 형성된 대립 구도이다. 셋째 층위는 반공권위주의와 자유민주주의 사이의 균열로서, 반공주의를 권력 유지의 도구로 활용한 이승만 정부의 권위주의 담론에 맞서 민주주의의 확장에 의해서만 강고한 반공주의가 가능하다는 민주주의 담론이 전개되는 양상에 주목한다.

이 세 가지 층위의 균열을 함께 검토할 때 비로소 전쟁의 체험과 반공주의가 당대 한국인들의 사회의식과 정신에 어떤 영향을 미쳤는지를 종합적으로 이해할 수 있을 터이다. 그리고 이 글 후반부에서는 1950년대 '반공'의 균열이 어떻게 1960년 이후 반공주의와 발전주의가 결합하는 '승공'의 논리로 전환되는지, 또한 이를 통해 반공주의가 어떻게 경제성장을 위한 대중적 에너지의 동원으로 연결되는지를 살펴보겠다.

2. 반공 정치 담론과 탈이념적 사회 현실 사이의 균열

1950년 6월 25일, 전쟁은 새벽의 손님처럼 느닷없이 찾아왔다. 남한은 전쟁에 대비한 태세를 제대로 갖추고 있지 않았다. 그러나 정치권에서 전쟁의 성격을 규정하고 미국에 원조를 요청하는 행동 하나는 참으로 빨랐다.

전쟁 발발 다음 날인 26일, 국회는 제6차 본회의를 열고 전쟁을 "북한 공산군의 무력 침략"으로 규정하면서 미국 대통령과 의회에 세계 평화를 파괴하는 행동을 막기 위한 원조를 호소했다(국방군사연구소, 1999: 384). 수도 서울을 버리고 재빨리 피란 행렬에 올랐던 이승만 대통령은 7월 4일의 대(對)국민 특별 방송에서 이 전쟁이 단지 내란이 아니라 민주주의와 공산주의 사이의 세계 전쟁이라고 규정했다. 소련은 전부터 이 전쟁을 준비했으며, "민주주의와 공산주의는 전쟁으로만 결말짓고 말 것이니 지금 그 전쟁이 시작되고 민주주의의 성공은 이미 다 판단된 것"이라고 단언했다(≪민주신보≫, 1950.7.6). 이 대통령은 이미 전쟁 전에 민주주의와 공산주의라는 두 이념의 투쟁은 어느 하나가 승리해야 끝난다는 생각을 밝힌 바 있다. 그는 1949년의

3·1절 기념식사에서 "공산주의는 큰 전염병"이며 "세계의 막대한 병력이나 재력으로도 어떻게 할 수 없을 것이요, 오직 사람마다 남녀를 물론하고 든든히 서서 민주주의 민주 조직을 위하여 계속적으로 싸워야만 될 것"이라고 강조한 바 있다(이승만, 1953: 16). 그에게 한국전쟁은 두 이념 간의 투쟁에 결판을 짓는 대회전(大會戰)이었다.

정치권뿐만 아니라 보수적인 월남 기독교인들도 이러한 냉전적 전쟁 인식에 동조했다. 이들은 한국을 공산주의 진영의 침입을 받은 민주주의 진영의 일부로 규정했고, 한국전쟁은 국제 세력 간의 '제한전'이며 북한은 합법적인 정부가 아니라 소련의 위성국인 '괴뢰정권'에 불과하다고 보았다(김현정, 2010: 68~70). 이들은 '반공'을 기독교 국가 건설을 위한 필수 조건으로 간주했으며 공산주의 세력은 결사 항전하여 기필코 승리해야만 하는 적이었다. 이들의 반공 논리는 전쟁기에 '순교 담론'의 생산과 재생산을 통해 더욱 강조되었다(강인철, 2005: 202~238). 전시에 교육부 장관을 지낸 월남 기독교인 백낙준 역시 '한국전쟁과 세계평화'라는 기고문에서 한국전쟁을 정의와 불의의 싸움으로 단정하면서 이 전쟁을 휴전으로 마감하려는 움직임에 경고를 보냈다. 그는 제3차 세계대전의 발발을 우려하며 휴전을 추진하려는 움직임에 대해 "제3차 세계대전은 벌써 일어나 있고 이 세계대전은 과거에 있던 어떠한 대전보다도 범위가 넓은 세계적 전쟁이요, 규모가 큰 하-마겓돈(Armageddon)이다. 그러므로 바꾸어서 말을 하면 전쟁을 회피하고 세계 평화를 유지하는 방법은 벌써 일어난 이 세계대전을 승리적으로 종결시키는 데 있는 것"이라고 강조했다(백낙준, 1953: 6~7). 이처럼 한국전쟁을 자유진영 대 공산진영 간의 전쟁으로서 국제적 맥락에서 이해하는 사고방식은 남한 사회에서 일반적이었다.

정치권과 보수 지식인들이 전쟁의 성격을 북한 공산군의 침략이자 민주주의와 공산주의 진영 간의 세계전쟁이라고 신속히 정리한 것과 달리, 상당수의 국민은 갑작스럽게 일어난 전쟁의 성격을 쉽게 이해하기 어려웠다.

미 중앙정보국(CIA)은 북한군이 내려온 후 서울의 상황에 대해 상인들은 중립적이고 지식인들은 남한 편이지만 노동계급은 대개 북한을 지지한다고 보고했으며, 경남과 전라도에서는 농민들이 인민군과 마주쳐도 크게 두려워하지 않고 '한 동족인데 어떻게 하겠느냐'라고 생각하며 농사에 전념하는 모습을 보였다고 했다(김동춘, 2000: 79). 점령 상태에서 북한군에 맞서기 쉽지 않으리라는 전제를 두더라도 아직 남북 간 이념 대립이 국민 개개인에게 침투되어 있지 않은 상황임을 보여준다.

전쟁에 투입된 병사들도 투철한 반공주의의 신념에 불타는 전사가 아니었다. 언론인 장준하는 "지금 전쟁을 하고 있으면서 일선에 나가 싸우고 있는 병사들이 무엇 때문에 싸우고 있는지 목적의식이 철저하지 못한 것 같다"라고 걱정했다. 다만, "적이 우리를 향해서 총을 쏘니까 우리도 쏜다는, 또는 피를 보니 정신없이 달려든다는 등에 그치는 것이 허다하다"라고 판단했다. 그는 "확고한 정신-더군다나 동족끼리의 전쟁에 있어서는, 전쟁에 대한 목적이 분명히 있어야 될 것이고 이것이 없이 싸우는 이 전쟁은 실로 위태로운 전쟁이 아닌가 생각된다"라고 상황을 우려했다(백낙준·이병도·김기석 외, 1952: 70). 불과 몇 년 전만 해도 같은 형제자매였던 동포들끼리 벌이는 동족상잔의 전쟁에 대한 회의(懷疑)는 광범했다.

전쟁이 끝나자, 일반 대중은 전쟁의 이념적 성격을 되새기기보다는 하루빨리 전쟁의 아픈 기억에서 벗어나기를 희망했다. 전쟁 기간의 잔혹한 인명 학살과 사회간접자본 및 경제 시설의 철저한 파괴, 가족 이산, 정부의 무능력함은 '전후'의 한국 사회에 급속한 사회 해체의 결과를 낳았다. 전후의 참혹한 현실은 전쟁을 되새길 여유를 주지 않았다.

정부가 어떤 것도 책임져 주지 않음을 뼈저리게 깨달은 대중은 파편화되어 살길을 모색했다. 그렇게 전후의 한국은 반공보다 생존이 중요한 시절이었다. 정부는 각종 반공대회를 개최하며 반공 의식, 반북 의식을 확대·재생산하기 위해 노력했지만, 삶의 현장에서는 일부 '생계형' 반공주의자들을 제외하면 '반공'이 생활을 해결해 주지는 못했다. 제대군인들은 거의 아무런 생계 대책도 마련하지 못한 채 민간 사회로 방출되었다. 1950년대에 인구의 대다수를 차지한 농민들에게 중요한 것은 반공이 아니라 각종 부과금, 곡가 폭락 등으로 인한 생계 곤란에서 벗어나는 것이었다. 당시 한 신문에 의하면 지방 농촌에서 징수하는 각종 잡부금은 성인 교육비, 파리채대, 군경원호회비, 나병협회비, 올림픽 후원비, 부채대, 호구조사용지비, 충무공사진대, 동(洞)정세추징금, 멸공배지, 전몰군경 충혼탑설립비, 국민회 회비, 위문품대 등 무려 20여 종이었다(≪민주신보≫, 1952.11.21).

모든 것이 부조리한 사회에서 '개인'에게 시민의 책임 윤리를 요구하기는 쉽지 않았다. 사회 저변에서는 '아프레 걸'과 같은 무절제한 자유를 구가하는 분위기가 확산되었다.

1950년대 후반으로 접어들면서 한국 '사회'에서 전쟁은 이미 지나간, 기억하기 힘든 망각의 대상이 되기 시작했다. 시인이자 언론인, 정치인인 주요한은 전후의 '시대적 감정'을 공허, 체념, 허탈감으로 표현한다.

> 오늘의 '시대적 감정'은 무엇일까. 공허인가. 체념인가. 착실성을 띠기 시작했는가. 타산적인가. 세계적 조류인 주지주의의 영양으로 감정이 마비되었는가. 실존철학의 '반항'은 메아리처럼 텡 비었고 절실감이 없는 것 같다. 한낱 문자의 유희에 지나지 않는 것이 아닌가. 이른바 10대의 반항은 실로 '이유 없는 반항'에 그치는 것 같고, 목적 없는 자포자기적 현상이 아닐는가. 한국전쟁이 너무도 가혹했던 만큼 일종의 허탈감이 반사되었는가. 일차대전 직후에 세계는 '개조' 사상으로 전대미문의 정신적 비등을 가져왔던 것인데, 이차대전 이후 세계는 구제받기 어려운 씨니씨즘(냉소철학)의 구렁 속에 파묻혀 버렸다(주요한, 1959: 44).

그는 공산주의도 매력을 잃어 권력 쟁탈의 괴물로 변했고, 자유진영은 이를 대체할 새로운 '유토피아'를 제시하지 못함을 한탄한다. 그러면서 사람들이 원자 전쟁의 가상적 공포 밑에서 체념의 도피, 현상 유지와 유화론에 빠져 '비분을 모르는 세대'가 되었다고 자조했다. 이러한 세태는 무엇보다 "나라를 잃어버린다는 추상적 비극보다도 육친을 빼앗기는 비통이 한 겹 절실하기 때문에 애상(哀傷)에 취할 여유가 없이 허탈 증상을 나타낸 것"으로 보았다.

전쟁의 트라우마는 쉽게 지워지지 않았다. ≪사상계≫ 주필 장준하는 전쟁이 남긴 트라우마를 거론하며 그 치유의 절실함을 논한다. 그에 의하면 전쟁으로 인한 한국인의 '외면적 상처'는 해를 거듭할수록 자취가 점차 사라져 가고 있지만, '내면적 상처'는 해가 갈수록 더욱 악화되어 갔다. 그가 내면적 상처로 지적한 사항은 첫째, 신뢰심의 상실, 둘째, 인간성의 잔인화, 셋째, 도취된 순간적 향락과 사치였다. 신뢰감의 상실은 정부의 허세와 만용을 믿던 서울 시민의 배신감, 노선을 달리한다고 스승, 친구, 친척을 붙잡기 위해 돌아다니던 일, 행정부와 입법부의 실정과 망발, 국민방위군 사건, 거창 사건, 사사오입 개헌 파동, 각종 부정선거, 경향신문 폐간 등으로 정부가 신뢰 상실한 데서 비롯되었다. 인간성의 잔인화는 전쟁의 공포에서 일어나는 자기방어의 본능이 자극되며 일어났다. 특히 동족상잔은 이족(異族) 간의 전쟁에서 생긴 잔인성보다 몇 배나 도를 더했다. 그 잔인성은 "이웃집 마나님의 목을 졸라 죽이고 금반지를 뽑아 자기 손가락에 끼고도 즐거운" 극단의 모습이었다. 신뢰감과 생명의 가치를 포기한 인간 사회에 올 것은 순간적 향락과 사치였다. 더욱이 전쟁으로 인해 외국과의 교류가 활발해지고, 수많은 장교와 행정관들이 해외여행을 하며 겉으로만 모방을 하며 향락과 사치는 격심해졌다. 이렇게 전쟁의 '내면적 상처'를 통탄하면서 장준하는 "신뢰와 온정이 없는 사회는 죽은 사회다. 우리는 언제까지나 이 주검의 사회에서 순간적 향락만을 찾아 헤매이겠는가"라고 절규했다(장준하, 1961).

이러한 시대의 고통을 가장 감각적으로 빠르게 인식하고 표현한 쪽은 문단이다. 전쟁이란 상황이 만들어낸 인간의 실존적 위기의식은 1950년대의 문단을 특징짓는 중요 동인이 되었다(장소진, 2003: 345). 제2차 세계대전 이후의 프랑스에 실존주의가 풍미했듯이, 한국 역시 '전후'의 사회 해체와 인간성 파괴의 위기의식 속에서 '실존주의'가 사회, 특히 문학계에 확산되었다. 다만, 한국에 들어온 실존주의는 사회적 비판 의식을 억제한 채 오직 삶의 의미를 상실한 '개인'에 초점을 맞추었다. 1950년대 문단의 실존주의를 실제 작품으로 구현한 대표적 작가로는 장용학이 꼽힌다. 그는 『요한시집』(1955년)에서 '누혜'라는 등장인물이 거제도 포로수용소라는 극한의 공간 속에서 "내 살이 뜯겨나가고 내 피가 흘러내린 이 전쟁은 과연 내 전쟁이었던가?"라면서 사상과 계급과 인민의 이름으로 벌였던 전쟁의 의미를 회의하면서 자살의 길을 택한다(장용학, 2010: 55~56). 1950년대 문단에서 유행한 실존주의는 이처럼 무의미한 전쟁에 내던져진 나약한 인간의 실존을 문제 삼는다. 한국 사회는 전통적으로 '개인'보다 국가, 사회, 가족이 더 중요한 가치를 지니고 있었다. 그런 한국에서 1950년대는 최초로 공동체와 분리된 실존적 '개인'을 발견한 시대이다.

전후 한국에서 반공주의는 비판이 있을 수 없는 절대선의 위치에 있었다. 그러나 정부와 보수 세력은 대중을 반공주의 선전을 통해 정치적으로 동원하는 데 성공하지 못했다. 대중은 오히려 탈이념·탈정치 성향을 보이며 반공주의 정치와 균열을 일으키고 있었다.

3. 서구 중심의 진영 담론과 반서구·민족주의 담론 사이의 균열

북한과 소련에 대한 극단적인 증오감이 팽배해 있던 당시 남한 사회에서 전쟁을 민주주의 대 공산주의라는 선과 악의 대결로 보는 반공주의 시각을 정면에서 반박하는 목소리는 나오지 않았다. 그러나 반공주의는 공산주의를 부정한다는 반대의 논리로서는 명확한 특징이 있었지만, 그 대안이 무엇인가 하는 적극적인 점에서는 구체적인 내용을 담고 있지 않은 소극적인 이념이었다. 이 반공주의는 다른 적극적 이념인 민족주의 및 민주주의와 경쟁하지 않을 수 없었다. 그 경쟁은 우선 반공주의 대 민족주의, 또는 서구 사상 대 동양 사상이라는 대립 구도를 형성했다.

그 대립 구도는 한국 사회가 거대한 국제 이념 분쟁에 비주체적으로 휘말린 데 대한 자각과 반성에서 시작된다. 그 목소리는 정부가 "국민 사상을 연구 지도"하기 위해 만든 국책 기관에서 먼저 분출했다. 정부는 1951년에 반공 태세를 확고히 하기 위하여 문교부 산하에 "국민 사상을 연구 지도" 하는 기관으로 국민사상지도원을 설립했다. 이 기관은 1952년에 국민사상연구원(the National Thought Research Center)으로 개칭되어 1956년 폐지되기까지 '사상총서'와 잡지 ≪사상≫을 발행하고 '사상 강좌', '계몽 순회 강연', '선무 활동' 등을 통해 국가의 이념·담론을 생산 보급했다(김봉국, 2010: 2~3). 이 기관은 공산주의와의 전쟁에 이기기 위해 필승의 신념을 공고히 함을 주목적으로 삼되, 여기서 더 나아가 인류 보편적이면서 민족 전통에 부합하는 세계관, 국가관, 인생관을 지닌 '국민'의 사상을 창출함을 창립 취지로 삼았다. 이 같은 목적을 달성하기 위해 이 기관에는 백낙준, 장준하, 이병도, 김기석, 배성룡, 박현숙, 이교승 등 당시의 저명한 지식인들이 많이 참여했다. 이들의 관점은 ≪사상≫ 2호에 실린 「좌담회: 사상운동의 회고와 전망」에서 잘 드러난다.

이 좌담회에서 참석자들 다수는 전 세계적인 공산주의와 민주주의의 대립 구도 속에서 민주주의 편에 분명히 서야 하지만, 그것은 단지 서구의 자유민주주의를 추수하는 것이 아니라 오히려 자유민주주의와 공산주의 양자를 뛰어넘는 주체적인 사상 형성이 필요함을 주장했다. 경제학자 배성룡은 한국전쟁이 "미쏘가 남북한을 분할하고 대척한 객관적 현실의 제약과 사상적으로 이념적으로 지극히 자기 형성이 부족한 민족 — 특히 대중 — 이 갑자기 이민족지배의 억압에서 해방되고 보니 각 정당 파벌이 생기고 이 파벌 세력은 나아가 무지한 민중을 사상의 구체적 체계로서 알리지 못하고 구사(驅使)하고 집결하는 데서 이런 혼란한 상태를 야기한 것"이라고 지적한다. 세계적인 사상 대립을 주체적으로 소화하지 못한 데서 결국 진영 간 대립에 휩쓸려 동족상잔의 전쟁에 휘말렸음을 그들은 부정하지 않았다. 그렇다면 한국은 어떠한 사상을 만들어나가야 할 것인가?

역사학자 이병도는 "우리의 보통 상식으로 말하면 공산주의 이론이라고 우리가 전부 나쁘다고만 할 수 없습니다. — 솔직히 말이지 — 민족진영의 이른바 자유주의란 것도 반드시 다 좋다고 할 수는 없습니다"라고 자유민주주의와 공산주의에 대해 양비론적 자세를 취한다. 공산주의의 근로주의나 빈부의 현격한 격차에 대한 비난은 자유주의 국가에서도 크게 고려해야 하며, 극단의 자유주의는 극단의 개인주의를 기르기 쉽고 극단의 개인주의는 국가생활, 사회생활과 같은 공동체 생활에 큰 해가 된다는 지적이다(백낙준·이병도·김기석 외, 1952: 63).

철학자 김기석은 민주주의와 공산주의를 비판하면서 새로운 인간형과 지도 이념의 창조를 강조했다. 그는 "오늘의 공산주의이고 민주주의이고 간에 그리고 허다한 주의나 사상이 모두 우리들 자신의 것이 아닌 구라파 사상"으로서, 둘 다 "개인의 이익만을 구경(究竟)의 목적으로 하는 한 다 같은 공리주의"라고 보았다. 김기석은 세계가 이 공리주의로 계속 나아가면서 제

1차 세계대전과 제2차 세계대전이라는 역사의 파멸을 초래했다고 판단한다. 따라서 그 파멸을 극복하기 위해서는 세계가 서구식 공리주의를 뛰어넘어, 의(義)의 세계로 나아가야 할 필요가 있었다. 그는 "자본주의와 공산주의를 함께 정죄하는 의의 사상이 한국 전란을 통하여 우리나라에서 일어나고 있다"라고 보았다. 김기석은 의의 사상을 실현하기 위해서는 "공리주의 생활 태도를 초극하는 새로운 생활 태도가, 또 거기에 의거하는 새로운 인간형이 요구된다"라고 보았다. 그가 강조한 지향점은 유심론과 유물론을 넘어서는 "고차(高次)의 입장, 주체성의 철학"이었다(백낙준·이병도·김기석 외, 1952: 68~69).

김기석은 더 나아가 한국의 1919년 독립선언서는 민족 고유의 협동 정신의 이상을 표현한 것으로서 이는 한국의 독립만이 아니라 일본과 중국을 바로 서게 하여 동양 평화를 수립하는 첩경이 되었으며, 국제연합헌장 또한 이러한 3·1운동의 이상주의를 세계적인 규모로 넓힌 것에 지나지 않는다고 보았다(백낙준·이병도·김기석 외, 1952: 76). 국제연합 헌장의 정신을 동양적·한국적 협동체 정신과 등치시킨 것이다. 이로써 김기석의 논리는 동양의 정신을 강조하면서도 결국 서양 연합국들이 중심이 되어 만든 국제연합을 인정하는 논리로 귀결되었다. 즉, 김기석이 강조한 '의'의 현시는 결국 '국제연합의 헌장'과 그 헌장의 집행자인 미국을 새로운 세계의 지도 이념의 주도자로서 정당성을 부여하는 논리로 이어졌다. 그리고 대한민국이 미국 진영에 들어가는 것 역시 서구와 일본의 '불의'를 극복하고 새로운 시대의 지도 이념인 '의'의 세계에 동참하는 것으로 정당화되었다. 이는 대한민국의 냉전 질서하 미국 헤게모니로의 편입을 정당화하는 논리였다(김봉국, 2010: 42).

국민사상연구원이라는 국책 기관이 반공-자유민주주의 일변도가 아니라 공산주의와 자유주의(민주주의) 모두를 서구적 공리주의로 파악하며 그 극복을 추구하며 사상의 자기 형성을 주장했다는 점은 자못 주목된다. 서구를

'이(利)'의 세계로 보고 이에 대해 동양을 '의'의 세계로 간주하는 인식은 이미 19세기 후반의 '동도서기' 사상에서 나타난다. 이러한 인식의 배경에는 이들 참가자 다수가 일본 유학생 출신이라는 점과 무관하지 않다. 1930년대 이래 자신의 침략 전쟁을 서구에 대한 동양의 해방으로 파악하고자 했던 일본 정치·사상계의 흐름이 영향을 미쳤을 것으로 보인다. 사실 해방 후 1950년대 중반까지 한국의 사상적 흐름에서 자본주의-자유민주주의와 공산주의 양자를 넘어서는 제3의 사상 형성 욕구는 매우 컸다. 그 욕구는 일민주의와 같은 파시즘 성향에서 사회민주주의 성향까지 진폭이 컸다.[2] 진영 간 전쟁으로 진행된 한국전쟁은 제3의 사상이 들어설 사회적 조건을 극도로 약화하고 있었지만, 지식인 상당수는 동양의 전통적 공동체주의에 기대어 진영 대립과 전쟁의 세계에서 벗어나 한국의 주체적 사상 형성을 지향하고 있었다. 다만, 전후 제3의 사상이란 실제로는 '민주진영'이 토대로 하고 있는 자본주의 체제를 전제로 받아들이면서 그 안에서 자유민주주의보다는 국가 중심의 공동체주의로 국민을 사상적으로 결집하려고 하는 '순치된' 논리였다.

진영 전쟁을 민족적 관점에서 비판적으로 보는 시각은 위의 반서구적 공동체주의 성향의 학자들만의 전유물은 아니다. 이들보다 서구의 자유민주주의를 좀 더 깊이 수용하는 민족주의자들에게서도 전쟁에 휘말려 들어간 민족의 비주체성을 반성하는 목소리를 확인할 수 있다.

잡지 ≪수도평론≫ 1953년 7월 호에는 정전협정이 체결되는 시점에 전쟁을 민족적 관점에서 성찰하는 내용의 특집이 실렸다. 이 특집에서 당시 역사학회 회장이던 홍이섭은 "약소민족의 의존적인 성격을 이 사변에서 뚜렷이 목격할 수 있었을 뿐 아니라, 우리들은 몸소 생명을 버리고 동족상잔의 혈극을 연출했고 지금도 계속하고 있지 않는가"라고 질문을 던지며, "양대

2 파시즘과 제3세계주의의 연관성에 대해서는 후지이 다케시(2012) 참조.

세력의 조종에 긴밀한 관계를 가진 정부로서는 외세에 의해 무력으로 통일을 기할 방도밖에 다른 방법을 강구할 수 없었던 것"이라고 논했다(홍이섭, 1994: 497~499). 당시 살벌한 반공의 분위기 속에서도 그는 남북의 정부가 모두 외세에 의존하며 무력으로 통일을 하려 했기에 전쟁이 전개되었음을 비판하면서, 이것이 약소민족으로서의 의존성에서 나온 것이라고 통렬히 비판했다.

같은 특집에서 일제하 민족운동 경력이 있는 조선일보 고문 유봉영[3]은 한국전쟁이 자유주의 대 공산주의 전쟁으로 인정하면서도 이를 좀 더 거시적인 역사적 맥락에서 이해할 것을 주문한다. 그는 한국이 역사적으로 항상 "대륙이나 해양임을 막론하고 우리의 주위에 일대 신세력이 발생하는 경우에는 별로 예외 없이 우리에게 침략을 감행했다는 것과, 대규모한 침략은 대부분 대륙 방면으로부터 있었다는 점"을 지적한다. '6·25 침략' 역시 이러한 역사적 흐름 속에서 대륙 방면의 신흥 세력인 소련이 주도한 전쟁으로 간주한다. 이러한 논지 위에서 그는 한국이 강대국들이 둘러싼 조건 속에서 집단안전보장을 통해 세력균형을 유지할 필요성을 주장하면서도 동시에 한국 스스로 강력한 국방력을 갖추어야 함을 강조했다(유봉영, 1953: 72~76).

이 논조에서 미국은 소련처럼 한국 주변의 강대국의 하나로 객관화된다. 그리고 그 미국은 한반도 분단에 관여한 역사적 사실로 인해 전쟁 시기와 전쟁 직후의 강력한 친미 반공주의 분위기에서도 비판의 대상이 되기도 했다.

미국에 대한 비판은 전주라고 하는 지방도시에서 발행된 한 잡지에서 더욱 구체적으로 확인된다. '나절로'라는 필명으로 게재된 「미영 양국에 고함」

3 유봉영(劉鳳榮, 1897~1985)은 3·1운동에 참여했다가 망명하여 대한민국임시정부에 참여했으며, 조선일보 주필·부사장 등으로 활동했다. 그는 역사학자들과 교류하며 간도 등 북방 영토 연구 모임인 백산학회 창설을 주도하기도 했다(한국정신문화연구원, 1999: 1318).

이라는 글에서 필자는 1945년 8·15해방 이후 한국인들이 미국과 미국인을 가리켜 "해방의 사도요 독립의 은인"이라고 부르고 전쟁 이후에는 "재생의 구세주"라고까지 찬양하는 점을 지적한다. 그는 실제로 미국이 한국을 해방시키고 독립시켰으며 공산 침략에서 한국을 재생하게 한 점은 인정한다. 그렇지만 "이미 케케묵은 고담에 속하는 것이지만" 만약 미국이 영국과 함께 소련과 짬짜미해서 '얄타'비밀협정을 체결하지 않았다면, 만약 미국이 단독으로 한국에 주둔했다면 국토가 양단되어 전쟁이 발생하는 일 자체가 성립하지 않았으리라고 비판한다(나절로, 1954: 12).

38도선 얄타밀약설은 이승만이 1945년 4월에 열린 샌프란시스코회의 때 강하게 제기한 바 있다. 반소·반공의 자세를 취한 이승만은 소련뿐만 아니라 소련에 우호적인 미국 국무부 관료들까지 함께 비판하기 위해 이 확인되지 않은 설을 주장한 것이다(정병준, 2005: 257~265). 따라서 비록 친미·반공의 분위기였어도 미국과 소련의 38도선 분할에 대한 비판은 불가능하지 않았다.

1955년에 민주당 최고위원 조병옥이 38도선은 얄타회담과 포츠담회담에서 결정되었다는 주장을 신문에 실어 이 쟁점을 다시 부각시켰다(≪동아일보≫, 1955.1.16). 이를 계기로 조효원과 이용희 두 학자 사이에 벌어진 38도선 획정에 대한 논쟁은 분단의 책임 문제에 대한 논의가 학술적인 쟁점으로까지 확대된 사례이다. 이 논쟁에서 이용희는 얄타회담과 포츠담회담의 성격으로 보아 38도선 획정은 군사적 편의에 의해서가 아니라 정치적 토의에 의해 결정된 것으로 파악했다(손세일, 1976: 1~18).

이 같은 민족주의 관점에서의 미국 및 자유진영의 상대화와 전쟁에 휩쓸린 한국 민족의 비주체성에 대한 반성과 자각은 민중주의 신학자 함석헌에 의해 최고조에 달한다. 함석헌은 한국전쟁이 미국과 소련이라는 외세에 의한 한반도 분단에서 비롯되었음을 지적한다. 그는 미국을 비롯한 이른바 '문명국'들이 자국(自國)의 이익을 위해 타국(他國)을 분열시키는 현실을 비판했다. 그에게 한반도의 분단은 "두 번째 세계 전쟁을 마치려 하면서 로키산의 독수리와 북빙양의 곰이 미끼를 나누려 할 때 서로 물고 당기다가 할 수 없이 찢어진 금"이었다(함석헌, 1958: 26). 함석헌은 한국이 '약소민족'으로서 강대국의 '종살이'를 하는 처지라고 생각했다(함석헌, 1959: 236). 그는 한국을 "고래 싸움에 등이 터진 새우"로 비유하기도 했다(함석헌, 1958: 26). 한편 그는 남북이 갈라져서 결국 전쟁으로까지 나아간 데에는 미국과 소련만 책임이 있는 것은 아님을 동시에 지적한다. 그는 민중 전체를 생각하지 않고 개인의 권세욕으로 민족을 분열시키는 데 동참한 국내 정치 세력도 함께 비판했다(함석헌, 1958: 32~33).

1950년대의 한국 사회에서 미국의 영향력과 냉전 반공주의 아래 전쟁을 진영의 논리로 이해하는 인식이 주류를 이루었음은 사실이다. 그렇지만 한국의 국가 주권이 존재하는 한 민족주의 그 자체는 탄압의 대상이 될 수 없었으며 그렇기에 외부 세계의 이념 전쟁에 휘말린 한국 민족의 비주체성에 대한 자각과 반성은 그것이 바로 미국의 헤게모니에 대한 도전이 아닌 한 존재할 수 있었다. 1950년대에는 진영의 논리와 민족의 논리가 공존하고 있었으며, 그렇기에 반소 친미의 냉전적 반공주의가 일방적으로 관철될 수는 없었다.

4. 반공권위주의와 자유민주주의 사이의 균열

1950년대 반공주의의 세 번째 균열의 층위는 정치 영역에서 권위주의 담론과 민주주의 담론 사이의 균열이다. 이승만 정부는 '반공'을 민중에 대한 권위주의적인 폭력 기제로 변질시키거나 권력 독점을 위해 정적 제거 및 억압의 수단으로 종종 사용했다. 반공을 위해서는 대통령을 중심으로 한 강한 권력 집중과 단합이 필요하다는 논리였다. 그러나 이러한 반공의 통치 수단화는 당시 반공=자유민주주의라는 등식이 불변의 진리로 설정되어 있던 상황에서는 도전에 직면하게 된다. 그 중심에 있던 지식인 세력은 ≪사상계≫ 그룹이다.

1950~1960년대 남한의 지식인 사회를 대표하던 ≪사상계≫는 월남한 기독교인들과 자유민주주의자들 중심으로 운영되었다. 이 잡지는 창간 당시 3000부가 매진되었으며 4·19 혁명 이후에는 발행 부수가 6만 5000부로 늘어나는 등 1950년대 지식인, 학생 등의 관심을 집중시킨 대표적 지식인 매체다. 사상계 안에는 다양한 견해를 가진 필진들이 있었지만, 대체로 자유민주주의의 신장을 통해 반공 태세를 굳건히 하자는 흐름이 강했다.

≪사상계≫의 산파 역할을 한 백낙준은 1954년에 쓴 글에서, 전쟁은 사람의 마음에서 시발하며, 전쟁을 막는 것도 마음에서 출발해야 한다고 보고, 공산주의 비판은 소극적 교육이며 적극적으로 민주주의 사상을 가르쳐야 공산주의를 진정 이길 수 있다고 주장했다(백낙준, 1995: 80). 사상계 지식인들은 서구 자유민주주의를 국가 이념의 모델로 수용했으며, 자유와 민권, 국민주권, 법치와 의회정치, 언론과 사상의 자유를 강조했다(김상태, 2008: 207~208). ≪사상계≫ 주필 장준하는 권두언을 통해 자유와 민권을 인류의 지상 과업으로 정의하고 인간은 국가나 민족을 지상으로 삼는 국수주의자가 되어서는 안 되며 자유와 민권을 바탕으로 한 국가를 지향해야 한다고 강조했다. 그리고 그는 자유와 민권이 있기에 공산주의와 맞서서 싸울 용기와 희열을 가지는 것이며 삶에 보람을 느끼게 되는 것이라고 주장했다(장준하, 1961).

다만, 장준하는 서구 자유민주주의를 선거 등 제도적인 절차 정도로만 생각하는 피상적인 이해에는 반대했다. 그는 "자유가 그 사회의 각 구성원에까지 갖추어지려면 일정한 계층의 자유 이외에는 인정되지 않는 사회 기구는 변혁되지 않아서는 아니됨과 동시에 '힘'이 사회 일반에 균등하게 널리 퍼져있고 경제력이나 정치력이 사회의 일방에만 몰리지 못하도록 해야 한다" 라고 강조했다. 국회의원이라도 해야 이권을 잡을 수 있고, 고위층에 약간의 인연이라도 있어야 한 등급이 오를 수 있고, 주요 관직을 차지해야 돈을 벌 수 있으며, 어떤 당 어떤 파에 속해야 출세를 할 수 있는 이 사회에서 진정한 자유를 기대할 수는 없다는 통렬한 비판이 이어졌다. 그의 자유민주주의론은 단지 반공 이념으로서가 아니라 당시 사회에 대한 개혁 의지로서 표현되고 있었다(장준하, 1954).

≪사상계≫ 지식인들의 주장은 1953년 이후 서유럽에서 대두한 '적극적 반공주의(positive anti-communism)'와 유사한 맥락을 보여준다. 1953년 소련의 지도자 니키타 흐루쇼프(Nikita Khrushchyov)가 '평화공존론'을 주창하자, 서유럽에서는 단순한 소련에 대한 공포심에 의존하는 '소극적 반공주의(negative anti-communism)'에서 벗어나 공산주의보다 더 나은 대안을 강조하는 적극적 반공주의로 전환해야 한다고 주장이 대두했다. 공산주의는 불평등과 부정의 이슈를 퍼뜨려 대중의 인기를 얻었지만 그 대안은 되지 못함을 인지하고 서구식 민주주의가 좀 더 적극적인 대안임을 선전해야 한다는 논리이다(Scott- Smith, 2014: 132).

한편 1950년대의 민주주의 주창자들은 민주주의를 도의 교육과 연결시켜 민주주의를 생활화하고자 했다. '민주 도의론'은 서구적 근대를 기준으로 삼으면서 비판 정신과 자유주의적 시민 윤리를 옹호하고 이를 통해 한국 사회의 후진성을 극복하며 파괴된 인간성을 회복하자는 흐름이었다.[4] 민주도의론을 평이한 문체로 설득력 있게 제시한 인물은 문교부 편수국장이던 한글학자이자 교육자 최현배였다. 그는 『민주주의와 국민도덕』이라는 책에서,

4 1950년대의 도의 담론에 대해서는 홍정완(2008) 참조.

민주주의의 근본 생각을 ① 사람의 존엄성은 침해할 수 없으며, ② 사람은 모두 평등하며, ③ 사람은 다 형제이며 서로 사랑한다는 세 가지로 요약한다. 그리고 민주주의를 ① 정치적 민주주의, ② 경제적 민주주의, ③ 문화적 민주주의, ④ 사회적 민주주의의 네 가지를 포괄하는 것으로 넓게 정의한다. 최현배는 경제적 민주주의를 설명하면서, 민주주의가 완전히 실현된 '서양 선진 나라'에서는 경제의 자유를 존중하면서도 평등한 삶을 위해 '사회주의적 정책'을 실시함을 언급한다. 그리고 사회적 민주주의에 대해서는 신분 차별이 없고 직업과 직업 사이에 완전한 평등을 실현하여 자유를 보장하려는 것으로 설명한다(최현배, 1954: 14~21, 28). 최현배에게 민주주의는 이처럼 단순한 제도적·정치적 민주주의를 넘어서서 인간의 존엄성을 실현할 수 있는 체제를 뜻했다.

이 책에서 특히 주목되는 점은 첫째, 민주주의를 위협하는 것으로서 공산주의를 지목하기는 하지만 그보다는 독재주의를 막아야 민주주의가 실현됨을 분명히 한 점이다. 민주 도의는 단지 반공을 통해서가 아니라 독재주의에 맞섬으로써 실현될 수 있는 것이었다. 둘째, 이 책은 '평화'의 가치를 중시하면서, 평화는 민주주의를 통해서만 실현될 수 있음을 강조한다. 민주주의 사회에서는 항상 다른 의견과의 충돌을 통해 거리낌 없이 의견을 교환하고 자유롭게 토론함으로써 상호 이해에 도달하게 되며 이러한 '너그러움'에서 평화와 진보가 있게 된다는 설명이다.

이상의 민주도의론은 지극히 원론적인 내용을 담은 것이지만 1950년대의 맥락에서 보면 민주주의를 정치·경제·사회·문화 전반의 총체적인 가치로 확대하고 이를 실현해 가는 가운데 국민의 도의를 세우고자 한 것으로서, 이는 1960년의 4·19 혁명 이후 등장하는 '시민'의 길을 예비한 것이다.

전후의 한국 사회는 반공주의 일색이었지만, 그것이 곧 이승만 정부의 헤게모니를 강화해 준 것은 아니다. 오히려 반공의 명분으로 자유와 민주주의는 절대적인 신성한 가치가 되었고, 그 가치는 역으로 이승만 정부의 독재를 비판하는 칼이 될 수 있었다.[5]

5. 반공에서 승공으로

소련 등 공산주의 국가들에 대한 공포심에 의존하던 소극적 반공주의는 1950년대 후반에 이르면 전 세계적으로 그 한계에 도달한다. 스탈린주의 비판 이후 소련이 평화공존 속에서의 체제 경쟁을 주창하며 경제 과학에서 두드러진 성과를 보이고 중국의 대약진운동, 북한의 전후 복구와 천리마운동 등도 성과를 보이자, 이제 자유진영과 공산진영의 대결은 경제 경쟁에 초점이 맞추어졌다. 자유진영은 공산주의 계획경제보다 자유시장경제가 우월함을 입증해야 했다.

1950년대 전후 복구와 산업화 경쟁에서 북한에 뒤처져 있던 남한에서도 이제 단지 공산주의는 악이라는 선전만으로는 대중의 반공 의식이 유지되기 어려웠다. 더욱이 1960년에 4월혁명으로 이승만 정부가 무너지면서 독재의 명분이 되었던 소극적인 '반공' 논리가 더는 대중적 호소력을 가지기 어려워졌다. 이제 반공주의의 생명을 새롭게 연장하고 이를 생산적 에너지로 전환

5 박명림은 '공산침략'을 저지한 정권을 7년 만에 타도하는 1960년 4월혁명의 성공이 보여주듯 남한 시민사회의 도전의 성공은 반공주의를 통한 국가의 헤게모니 구축 전략이 전지전능하지 않았음을 보여준다고 지적한다. 종전의 시점에 반공주의와 자유주의·민주주의는 동일한 것처럼 위로부터 의제화되었다. 그러나 '공산 침략'으로부터 자유민주주의 체제를 수호한 전쟁을 경험했음에도 불구하고 양자를 분리해 낸 시민사회의 혜안 덕분에 한국 민주주의는 전후 크게 발전할 수 있었다(박명림, 2002: 37).

할 논리가 필요했다. 그 논리는 한국에서 '승공(勝共)'이라는 이름으로 대두하게 된다.

'반공'이라는 표현보다 '승공'이라는 표현이 더 일반화되는 것은 1961년 쿠데타를 일으켜 집권한 박정희 정부에 의해서이다. 박정희 정부는 반공 군사 권위주의를 체제 경쟁적 발전주의와 결합함으로써 북한과의 산업화 경쟁에 탈정치화된 대중의 에너지를 총동원했다(정용욱·정일준, 2004: 18~19). 그때 반공주의와 발전주의를 효과적으로 결합한 논리가 '승공'이다. 공산주의에 이기기 위해서는 공산주의 북한보다 더 잘사는 국가를 만들어야 한다는 명쾌한 논리다. 그런데 잘 알려지지 않은 사실은 '승공'론이 박정희 군부 세력의 작품이 아니라 그 세력에 의해 무너지게 되는 민주당 정부 시기의 지식인들에 의해 이미 나온 것이라는 점이다. 그 인물이 1950년대에 보수적 기독교 민주주의 세력의 중심에 있던 백낙준이다.

백낙준은 1960년 4월혁명으로 이승만 정부가 무너지고 민주화가 이루어진 것에는 기뻐했으나 그 이후 덮여 있던 사회갈등이 폭발하고 대학가와 진보 세력이 급진적인 통일을 추구하며 목소리를 높이자 반공주의가 위태로워지는 데 불안감을 느꼈다. 이승만 정부가 적극 후원하던 아세아민족반공대회의 한국 측 핵심 인사였던 백낙준은 4월혁명 두 달 뒤인 6월 21일에 열린 제6차 아세아민족반공대회에서 반공 대신 '승공'이라는 용어를 채택하자고 처음으로 주장했다(백낙준, 1995: 84). 나아가 그는 1960년 7·29 총선거에 승공을 이슈로 내세우면서 국회의원에 입후보했다. 그는 '인사의 말씀과 나의 정견'이라는 입후보 당시 선거 홍보물을 통해 "우리가 더 잘살도록 함이 '승공'의 길"이라는 내용의 정견을 발표했다. 선거에서 승리한 그는 국회에 진출해 참의원 의장에까지 오르며, 승공의 논리를 사회적으로 적극 확산시켰다.

그는 12월 26일에 서울 시공관(市公館)에서 행한 '반공 자유의 날' 기념 강연에서 다음과 같이 승공론을 산업화의 논리로 명확히 피력했다.

우리 사회의 모든 시책이 어느 공산진영 그 집단사회의 시책보다 나아야만 될 것입니다. 우리의 과학의 발전이 공산집단의 어느 다른 나라보다도 나아야만 될 것입니다.… 우리의 정치생활과 문화생활이 공산집단의 어느 나라보다도 나아야만 될 것입니다.… 그러므로 우리가 과거의 1년 동안에 식량생산을 2천만석을 생산하는 것이 공산당을 이기는 방식이요, 강철생산을 만톤을 했다면 이제부터는 2만톤이나 5만톤을 생산하는 것만이 공산당을 이기는 방식이요, 우리의 모든 면에 있어서 공산당이 月세계를 간다고 하면 우리는 목성이나 수성에 갈 수 있도록 과학을 발전시켜야만 공산당을 이기는 방식일 것입니다(백낙준, 1995: 84~85).

정치, 문화는 물론 특히 경제 영역에서 공산주의와의 경쟁을 통해 자유민주주의-자본주의의 우월성을 입증해야 함을 강조하는 '승공'의 논리였다.

1960년에 한국에서 승공론이 대두한 것은 미국의 대한 정책 변화와 깊은 연관성이 있다. 1950년대 후반부터 미국의 한국 원조는 정치·군사 원조에서 경제개발 원조로 중심이 이동했다. 미국은 재정 부담을 줄이고자 무상원조에서 유상 차관 방식으로 경제원조를 변환시키면서, 저개발 국가들이 미국에 대한 일방적인 의존에서 벗어나 경제를 발전시킬 토대를 건설하도록 유도했다. 이는 급속한 경제성장을 원하는 후발 국가들에 공산주의 방식보다 자본주의적 경제개발 방식이 더 우월함을 입증해 반공주의를 강화하려는 정치적 의도와 맞물린 것이다. 경제개발을 통한 반공주의 강화의 논리는 케네디 정부의 대외정책 이념이 되는 '근대화론'으로 정립된다. 경제학자 월트 로스토(Walt Rostow)와 미국 매사추세츠 공과대학(MIT) 국제문제연구소가 근대화론의 진원지였다(박태균, 1997: 293~296; 박태균, 2007: 144~147). 근대화론은 1960년을 전후해 ≪사상계≫ 등을 통해 한국에도 소개되었다. 백낙준은 4월혁명 이후 소극적 반공주의가 퇴색하고 국제적으로 근대화론이 확산되는 상황에 부응해, 이를 '승공'이라는 용어를 한국 사회에 적용하고자 한 것이다. 막상 이 승공 논리를 적극 변용하고 활용한 것은 민주당 정부를 쿠데타로 무너뜨리는 박정희 정부였다.

박정희 정부는 승공을 표방하며 경제 건설이 곧 애국이고 반공임을 강조하며 국민을 산업 인력으로 총동원했다. 1950년대의 침체된 사회 분위기는 일신해 경제성장의 사다리를 타기 위해 현재의 불만을 억제하는 산업전사형 국민이 주조되었다. 경제성장을 통한 승공을 위해 민주주의는 유보되거나 제한되어야 했고, 민족주의 정서는 오직 냉전 질서 안에서 미국이 허용한 경제적 민족주의의 범주에서만 표출될 수 있었다.

6. 맺음말

냉전기에 한국이라는 국가와 사회를 지탱해 온 대표적인 이념은 공산주의의 안티테제로서 '반공주의'이다. 해방 이후 격렬한 좌우 대립과 전쟁을 겪으면서 반공주의는 어떠한 직접적인 비판도 용납하지 않는 절대선이 되었고, 집권자는 이 이념을 무기로 자신의 권력에 도전하거나 위험하다고 판단되는 세력과 개인을 쉽게 제압할 수 있었다. 반공주의의 이름 아래 민주주의 없는 민주주의, 자유 없는 자유주의가 오래 지속되어 온 곳이 한국이다.

그러한 외적인 강력함에도 불구하고 한국의 반공주의는 내면적으로는 상당한 취약성을 안고 있었다. 남북이 열전을 치른 1950년대에 정부와 언론은 한국전쟁을 반공 '성전(holy war)'으로 규정했지만, 대중과 지식인 사이에서는 과연 동족상잔의 전쟁이 의미가 있는가에 대한 깊은 회의감이 확산되었다. 전후의 피폐함 속에서 대중은 전쟁의 기억을 되새기기보다는 전쟁을 잊고 생존을 위해 일상에 침잠하고자 했다. 전쟁의 트라우마 속에 한국 사회에는 신뢰성의 상실, 인간성의 잔인화, 향락과 사치의 문화가 확산되었다. 그러한 절망 속에서 1950년대는 국가·사회와 구분된 '개인'의 실존을 발견한 시대이기도 했다.

지식인들은 전쟁과 전후의 폐허 앞에서, 강대국에 더는 휘말리지 않는 민족적 주체성을 희구했다. 그러한 희망은 민족주의 정서로 연결되는 것이었다. 한편, 지식인들 중에는 민족주의를 넘어서서 좀 더 보편적인 사상적 고민 속에 서구적 세계관 자체를 부정하고 그 대안으로 동양적 공동체주의를 추구하기도 했다. 그렇지만 이러한 흐름은 그 대표적 철학자 김기석이 1960년 이후 박정희 군사정권과 손을 잡는 데서 확인할 수 있듯이, 독재를 합리화하는 논리로 오용될 소지가 있었다. 이와 달리 다른 한 부류의 지식인들은 서구의 자유민주주의를 적극 수용하고 이를 더 확대 해석하면서 반공의 내용을 더욱 적극적인 사회개혁의 논리로 재구성해 나갔다. 민주주의의 확장과 사회개혁을 통한 반공주의 실현이라는 논리는 1950년대 서유럽의 '적극적 반공주의'와 맥락이 유사하다.

이렇듯 1950년대의 한국 사회는 전쟁의 체험 속에서 반공과 냉전에 휘말려 들어가면서도, 그 안에서 반공을 주체성의 회복과 동양적 가치의 실현, 민주주의의 확장 등 다양한 각도에서 구성해 가고 있었다. 그런 점에서 전후의 반공은 냉전·친미·자본주의·국가폭력 등으로 완전히 닫힌 반공이 아닌, 그 안에서나마 다양한 가능성이 경쟁하는 열린 공간으로서의 반공이었다.

반공주의는 공산주의에 반대한다는 이분법적인 부정의 논리를 기본으로 한 안티테제이기에 그 자체가 어떤 긍정적인 방향성을 명확히 지닌 것은 아니다. 그것이 새로운 테제로 정립되기 위해서는, 다시 말해 공산주의라는 공통의 적에 대한 적개심으로 결집된 부정의 에너지를 긍정적인 생산적 에너지로 전환하기 위해서는 또 다른 논리가 요구된다. 그 논리는 1960년의 4월 혁명 이후 '승공'이라는 용어를 통해 제시되기 시작했다. 경제성장을 통해 공산주의와의 경쟁에서 승리하자는 뜻인 승공의 논리는 미국의 근대화론을 수용한 박정희 정부가 적극적으로 차용한다.

반공주의는 근대화론이라는 발전주의와 결합함으로써, 1950년대에 드러났던 반공주의 내부의 균열 확산을 차단하고 대중의 지지를 얻어내는 데 상당한 성공을 거두었다. 회의와 좌절에 빠져 있던 사회는 성장과 성공의 비전에 사로잡혀 정부의 인력 동원에 동의하게 되었고, 이를 통해 반공 정치 담론과 탈이념적 사회현실의 균열이 봉합되었다. 그리고 근대화론에서 제시하는 경제적 민족주의의 논리는 서구적 진영 논리와 반서구적 민족주의 담론 사이의 균열을 상당 부분 봉합했다. 다만, 그 균열의 봉합에는 한계가 있었다.

반공주의 균열의 제3층인 반공권위주의와 민주주의 사이의 균열은 1960년대 이후에도 계속되었다. 더욱이 박정희 정부의 경제민족주의 구호에도 불구하고 미국에 대한 일방적인 의존성이 심화되고 과거 식민지배자였던 일본이 아무런 사과와 사죄 없이 또다시 한국에 진출하는 것에 대한 거부감으로 인해 지식인과 대중의 민족주의 정서는 반공주의-근대화론의 결합에 제대로 녹아들 수 없었다. 이는 1960년대 이후에도 민주주의·민족주의를 온전히 포용할 수 없던 한국 반공주의의 근본적인 한계를 보여준다.

:: 참고문헌

≪민주신보≫, 1950.7.6. "이승만대통령, 전쟁 경과에 대해 국민에게 특별 방송".
≪민주신보≫, 1952.11.21. "각종 부과금으로 농민생활 곤란".

강인철. 2005.「개신교 반공주의의 재생산 기제: 순교담론 및 순교신심운동을 중심으로」. ≪역사비평≫, 71호, 202~238쪽.
국방군사연구소. 1999.『미 국무부 한국 국내상황 관련문서 1』. 국방군사연구소.
김동춘. 2000.『전쟁과 사회』. 돌베개.

김동춘·기외르기 스첼(György Széll)·크리스토프 폴만(Christoph Pohlmann) 외. 2015.『반공의 시대: 한국과 독일. 냉전의 정치』. 돌베개.
김봉국. 2010.「1950년대 전반기 국민사상연구원의 설립과 활동」. 전남대학교 석사 학위논문.
김상태. 2008.「1950년대~1960년대 초반 평안도 출신『사상계』 지식인층의 사상」. ≪한국사상과 문화≫, 45호, 201~232쪽.
김성보. 2009.「법살 50주기에 돌아보는 진보당과 조봉암의 역사의식」. ≪역사비평≫, 88호, 200~214쪽.
김현정. 2010.「1945~60년 월남 개신교인의 현실인식과 통일론」. 이화여자대학교 석사 학위 논문.
나절로, 1954.「미영 양국에 고함」, ≪현대인≫, 1호.
노영기 외. 2004.『1960년대 한국의 근대화와 지식인』. 선인.
박명림. 1998.「1950년대 한국의 민주주의와 권위주의」.『1950년대 남북한의 선택과 굴절』. 역사비평사.
박명림. 2002.『한국 1950: 전쟁과 평화』. 나남.
박태균. 1997.「1950년대 말 미국의 대한경제정책 변화와 로스토우의 근대화론」. ≪한국사론≫, 37권, 253~317쪽.
______. 2007.『원형과 변용: 한국 경제개발계획의 기원』. 서울대학교출판부.
백낙준. 1953.「한국전쟁과 세계평화」. ≪사상계≫, 1권 3호, 4~69쪽.
______. 1995.『백낙준전집』 7. 연세대학교출판부.
백낙준·이병도·김기석 외. 1952.「좌담회: 사상운동의 회고와 전망」, ≪사상≫, 2호, 59~84쪽.
손세일 엮음. 1976.『한국논쟁사 3: 정치. 법률. 경제편』. 청람문화사.
유봉영. 1953.「'6.25'에 따르는 신명제」, ≪수도평론≫, 7호, 72~76쪽.
윤정란. 2015.『한국전쟁과 기독교』. 한울.
이승만. 1953.『대통령 이승만 박사 담화집』. 공보처.
이하나. 2012.「1950~60년대 반공주의 담론과 감성 정치」. ≪사회와 역사≫, 95권, 201~241쪽.
장규식. 2014.「1950~70년대 '사상계' 지식인의 분단인식과 민족주의론의 궤적」. ≪한국사연구≫, 167호, 289~339쪽.
장소진. 2003.「부조리한 세계와 실존적 의식의 괴리: 장용학의「비인탄생(非人誕生)」을 중심으로」. ≪시학과 언어학≫, 5호, 369~370쪽.
장용학. 2010.『장용학작품집』. 지식을만드는지식.

장준하. 1954.「권두언: 자유 수호를 위한 일언」, ≪사상계≫, 10호, 8~9쪽.
______. 1961.「권두언: 1961년을 맞으면서」, ≪사상계≫, 90호, 28~29쪽.
정병준. 2005.『우남 이승만 연구』. 역사비평사.
조병옥. 1955.1.16. “한국 외교의 진로”. ≪동아일보≫.
주요한. 1959.「언제나 돌아오려나」, ≪새벽≫, 12호, 43~47쪽.
최현배. 1954.『민주주의와 국민도덕』. 정음사.
한국정신문화연구원.1999.『한국인물대사전』. 중앙일보·중앙M&B.
함석헌. 1958.「생각하는 백성이라야 산다」, ≪사상계≫, 61호, 25~35쪽.
______. 1959.「물 아래서 올라와서」, ≪사상계≫, 67호, 232~242쪽.
홍이섭. 1994.『홍이섭전집』6. 연세대학교출판부.
홍정완. 2008.「전후 재건과 지식인층의 ‘도의’ 담론」. ≪역사문제연구≫, 19호, 43~84쪽.
후지이 다케시(藤井たけし). 2012.『파시즘과 제3세계주의 사이에서』. 역사비평사.

Scott-Smith, Giles. 2014. “Interdoc. Western Anti-Communism and the Transnational Imperative.” in Lucvan Dongen etc(ed.). *Transnational Anti-Communism and the Cold War - Agents. Activities. and Networks*. Basingstoke: Palgrave Macmillan.

11장

통일 후 분단 독일의 역사 다시 쓰기

이진일

1. 문제의 제기: 어떻게 두 역사를 통합적으로 서술할 것인가?

독일이 통일된 지 4반세기가 지났다. 분단을 전혀 경험하지 못하고 태어나 어느덧 성인이 된 것이다. 지난 30년 동안 동독과 통일에 관한 연구가 엄청나게 쏟아져 나왔으며, 이제 동독 연구의 전성기는 지나갔다는 평가가 우세하다(Wentker, 2013: 225~260). 그럼에도 몰락한 체제와 통일에 대한 역사적 평가에서 합의를 이끌어내는 일은 쉽지 않다. 기억의 상이함, 이데올로기의 관점, 여전히 살아 있는 다양한 이해관계 등은 전후(戰後) 분단 시기에 대한 역사적 판단을 어렵게 만든다. 동독 체제를 적극적으로 변호하는 시각과 적극적으로 비판하는 시각, 가능한 한 언급하지 않으려는 태도에 이르기까지 다양한 시각이 존재하며, 통일 과정에 대한 평가에서도 합의에 다다르지 못한 부분이 아직 많다. 체제를 함께 겪었던 사람들끼리도 기억이 일치하지 않는다. 따라서 다양한 개인이 경험한 기억의 차원과 역사 서술의 구조적·통합적 분석 사이에는 아직 간극이 크다. 시간의 흐름에 따라 통일을 평가하는 국민의 역사인식 또한 변화하고 있다. 통일로 귀결된 두 국가의 역사를 서술한다는 것은 통일이라는 현재의 사건을 '역사화'하는 작업이며, 여기에는 시간이 필요하다.

1989/90년에 겪은 역사적 전환을 억눌려 왔던 국민의 새로운 혁명으로 받아들여야 하는가, 아니면 공산주의 사회의 체제적 결함에 따른 몰락으로 해석해야 하는가? 오늘날 독일에서 다시 강해지고 있는 민족주의적 경향들을 국민국가에 나타나는 정상적 현상으로 보아야 하는가, 혹은 이미 극복했다고 간주되었던 민족주의로의 퇴행이라고 판단해야 하는가? 분단 시기 어느 한 체제에만 역사적 정통성을 부여하지 않으면서 양 독일 주민들이 모두 인정하고 받아들일 수 있는 역사 서술은 가능한가? 나아가 국민의 내적 통일을 위한 공동의 역사인식을 형성시켜 나갈 필요가 있는가?

궁극적으로 이런 문제의식은 어떻게 동독의 역사를 1945년 이후 독일 전후사(戰後史) 속에, 나아가 20세기 독일사 전체 속에 자리매김할 것인가의 문제이다. 동시에 동독을 현대사 서술의 대상으로 삼는다는 의미는 전후 냉전체제와 서독을 어떻게 평가할 것인가의 문제이기도 하다. 이러한 문제들을 생각한다면 통일은 전후사의 종료가 아니라, 아직 문제가 무엇인지 분명히 알 수 없는 새로운 '베를린공화국'의 출발점이라고 인식할 수도 있다.

양 독일의 역사를 총체적 관점에서 다룬 저작이 없지는 않다. 최근 독일의 중견 역사가들은 20세기라는 긴 흐름 속에서, 혹은 유럽사라는 총체적 맥락 속에서 독일사를 서술하는 통사 형식의 저작들을 출간하고 있다(Jarausch and Geyer, 2005; Rödder, 2009; Wirsching, 2012; Herbert, 2014). 그럼에도 양 독일을 내적으로 연결시키면서 유럽이라는 더 넓은 배경 속에 집어넣는 서술에는 여전히 어려운 문제점들이 있다. 혹시 그것은 독일통일에 관한 역사 서술의 문제가 아니라 역사 서술 자체의 문제, 즉 오늘날 '역사학의 위기'와 관련 있지는 않은가?(Jarausch and Sabrow, 2002: 140~162) 파국으로 끝난 동독사와 성공적으로 유지되고 있는 서독사를 연결해 하나의 역사로 서술하는 작업, '독일사회주의통일당(SED)'으로 대변되는 독재체제와 서구화로 대변되는 자본주의 체제를 묶어 독일이라는 하나의 괄호 속에 정리해 내는 작업이 가능한 일이기는 한가?

지금까지 대부분의 전후사 서술 방식은 동·서독 양 체제를 분리된 형태로 기술하는 것이었다.[1] 분리된 체제를 분리해서 서술하는 것이 가장 익숙하고 자연스러운 방식이기 때문이다. 하지만 통일된 이후 역사학계는 지속적으로 양 역사를 묶는 공동의 역사상을 마련해야 한다는 요구에 직면해 왔다. 그렇다면 어떻게 합쳐서 서술해야 하는가? 여전히 몇 가지 문제가 남아 있다.

- 동·서독의 중요한 사건이나 전환점이 되는 시기가 각기 달랐고, 그래서 동·서독을 동일한 시기로 구분해 서술하기에는 서로 조응하지 않는 부분이 많다.
- 한 국가는 계속 유지되고 다른 국가는 파국을 맞은 결과를 이미 알고 있으므로 파국의 원인에 주목하는, 즉 결과론적 혹은 목적론적 시각이 개입된다.
- 아직 통사를 쓰기에는 구체적인 역사적 사실들이 더 규명되고 모아져야 한다.
- 지금까지도 여전히 체제 희생자와 수혜자들이 많은 목소리를 내고 있으며, 너무도 가까운 현대사인 까닭에 지나간 시대를 평가하는 서로 다른 시각과 이해

1 2014년 타계한 역사학자 벨러(Hans-Ulrich Wehler)가 남긴 통사적 성격의 『독일사회사』 제5권은 오롯이 전후 동·서독의 시작부터 통일까지의 과정을 다루고 있다. 여기서도 그는 전통적 서술 방식, 즉 양 독일 국가 설립의 정치적 배경, 인구구조, 경제구조, 사회·경제적 구조, 정치 지배 구조, 문화 등 여섯 부문으로 나누어 철저히 동·서독을 분리해 서술하는 방식을 취한다(Wehler, 2008).

들이 여전히 날카롭게 충돌하고 있다.

- 서독은 면적에서 동독보다 약 두 배 반 정도 더 넓었으며(25만 km²/11만 km²), 인구는 통일 전 약 다섯 배 정도였다(7814만 명/1670만 명, 1988년 기준). 이러한 불균형에도 동등한 중요도와 분량으로 서술하고자 한다면 그 또한 왜곡일 수 있다.

그렇다면 어떻게 양 체제를 하나의 국민사로 조망하면서 통합적으로 서술할 수 있을까? 서독사를 민주적 성공사로, 동독사를 전체주의적 독재사로 취급하는 이분법적 재단에 빠지지 않으면서, 어떻게 양 독일 국민의 역사적 기억들을 공히 담보할 수 있도록 서술할 수 있을까? 통일의 과정을 아데나워(기독민주당, CDU)에서 시작된 '서방과의 결속(Westbindung)' 정책이, 브란트(사회민주당, SPD)의 신동방정책을 거쳐, 콜(기독민주당)에 의해 변증법적으로 종결된 조화로운 과정으로 설명하고자 한다면, 이 또한 전적으로 사실을 왜곡하는 것이다(Jarausch, 2004b). 지난 반세기, 양 체제의 역사적 과정 속에는 엄청난 갈등과 긴장이 숨어 있었으며, 이러한 서술 방식은 사후의 결과론적 역사 해석에 불과하다.

냉전체제 자체가 이미 그랬듯이, 충돌하는 양 독일 전선의 후방에서는 민족끼리 서로 연결되었고, 사람과 물자가 오갔으며, 지속적으로 서로 경쟁하고 서로를 모방했다. 그렇다면 이러한 양 체제의 연결성과 교환을 중심으로 단일한 역사를 쓸 수 있지 않겠는가? 역설적이게도 신동방정책이 진행된 1960년대 말 이후 서독은 더욱 독립적이 되어갔지만, 동독의 서독에 대한 의존과 사회적 모델로서의 중요성은 더욱 커져갔음을 기억할 필요가 있다.

양 독일의 역사를 각각 성공의 역사인가, 혹은 실패의 역사인가라는 양단의 논리가 아니라, 양자에 주어진 전체 틀을 염두에 두면서 내적 연결, 내적 변화의 계기 등에 집중할 수 있다면, 양 체제의 충돌을 분명히 하면서도 자유민주주의와 전체주의적 독재라는 이분법이나, 동독은 시작부터 몰락할 수 밖에 없는 운명이었다는 식의 결정론적 서술의 함정에 빠지지 않을 수 있지 않을까?

하지만 이러한 방식으로 서술할 체계적 이론이나 방법론적 틀은 아직 만들어지지 않았다.

통일 이후 진행된 독일 전후사 서술에서 방법론적 논의들을 지켜보면서 독일인들이 밟아온 분단과 통일에 관련된 논의의 궤적들이 우리에게 주는 함의를 함께 생각해 보고자 이 글을 작성했다. 객관적 역사 서술이란 존재하지 않는다. 역사는 끊임없이 새롭게 해석된다. 새로운 정체성이 요구되거나 체제의 정당성을 확보할 필요가 생길 때, 과거는 언제나 새롭게 작성된다. 그렇다면 이러한 분단과 통일의 역사를 해석하는 다양한 논의 중 어떤 내용을 국민에게 전달할 것인가? 역사학계 안에서 해결되지 못한 논쟁의 주제들은 결국 역사 정책과 역사교육에서도 문제가 될 수밖에 없다. 체제가 통일되었지 구성원들의 역사의식이나 역사인식까지 통일된 것은 아니지 않은가. 그렇다면 국민의 역사의식도 점차 통일되어야 하는가? 그것은 가능하기나 한 작업인가? 국가가 국민에게 시대에 맞는 역사의식을 갖도록 이끌고 교육하는 작업도 필요하지만, 역사의식과 역사 지식에 대한 교육이 공유되고 확산되는 방식에도 주목할 필요가 있다. 단순히 민주주의 체제의 긍정적 측면과 사회주의 체제의 부정적 측면을 대조해 제시하는 것만으로는 양 체제를 바르게 인식하기에도, 민주주의를 성숙시키기에도 부족하다. 이 글에서는 먼저 독일에서 통일 이후 지난 분단 시대를 어떻게 새롭게 쓰고자 논의하고 있는지, 그 방법론적 접근에 대해 알아보며, 이어서 이러한 논의들이 어떻게 국민에 대한 역사교육과 연결되는지 살펴보고자 한다.

2. '동독 연구'의 현재

서독에서는 1950년대 초 '소련점령지역(SBZ)' 연구를 시작으로 본격적인 동독 연구가 시작되었다. 처음부터 '동독 연구'는 일종의 '특수 연구 분야'로서 독립된 위상을 가졌다. '특수 연구 분야'라는 것은 동시에 역사학이나 정치학 연구에서 주류에 귀속되지 못한 채 연구의 주변부를 구성했음을 의미하기도 한다. 시작부터 연구의 기본적인 흐름은 반공주의 관점에서 동독 체제의 전체주의적 성격을 규명하고 강조하는 데 집중되었다. 동독 체제를 곧 종식될 일종의 과도기 현상으로 본 1950년대 서독의 연구자들은 '소련 점령지역' 연구를 소련 공산주의 연구의 일부로 생각했다. 1960년대가 되어서야 비로소 동독을 하나의 독립된 연구 대상으로 받아들이기 시작했고, 주로 정치학이나 사회과학자들의 연구 대상으로 남았다.[2] 반공주의적 사회 분위기 속에서 1960년대 중반 이후 주된 학문적 관건은 동독을 얼마만큼 전체주의 이론의 틀을 통해 해석할 수 있는가였다(Faulenbach, 2004: 67~68; Niethammer 1999: 532~559). 동독을 현대사 서술의 영역 속으로 끌어들인 것은 1970년대 이후 서독 역사학자들의 공이었지만, 분단 기간 내내, 그리고 소련 붕괴 직전까지도 동독 연구는 동독의 체제위기나 경제위기의 심각성을 파악해 내지 못했다. 물론 동독 관련 자료들에 자유롭게 접근할 수 없었던 점도 체제 붕괴를 미리 예측하기 어려웠던 중요한 원인이 될 것이다. 이와 관련해 통일 이후 주로 동독 출신의 반공주의적 보수학자들에 의해 서독의 동독 정책, 특

2 서독의 동독 연구 변천사에 대해서는 Wilke(2003: 27~37)과 Fulbrock(2003: 363~376) 참조. 에펠만(Epelmann)과 파울렌바흐(Faulenbach)가 2003년 공동 편집한 *Bilanz und Perspektiven der DDR-Forschung*(동독연구의 결산과 전망)은 동독 연구 관련 책 중에서 중간 점검의 성격을 띠면서 가장 포괄적으로 다양한 측면을 종합했다.

히 동방정책이 적절했는지에 대한 부정적인 재평가 작업과 동방정책에 동조했던 서독 학자들에 대한 비난이 제기되기도 했지만, 이 또한 학문적인 논쟁이었다기보다는 동독 붕괴의 원인을 놓고 벌어진 정치적 이데올로기 성격이 짙은 에피소드로 끝났다(Hacker, 1992; Schroeder and Staadt, 1997: 15~29; Schroeder and Staadt, 1993: 25~63. Hüttmann, 2007: 671~681). 일부 논자는 1980년대 이후부터 통일 직전까지 양 독일 정부가 서로 상대방 체제에 대한 비판보다는 주로 긍정적 측면들을 인정하는 정책을 취했으며, 이러한 체제 대립의 완화가 결과적으로 동독의 수명을 연장시킨 측면이 있다고 주장하지만 이는 사실과 다르다(Jäckel, 1990: 1557~1565).[3] 동독의 실상에 대한 내적 이해를 강조하면서 글을 썼던 지식인들이 동독의 억압적 측면을 부정하고 서술하지 않은 것도 아닐뿐더러, 실제로 이들의 글이나 주장이 동독의 수명을 연장시킬 만큼 영향력이 있지도 않았다. 결국 그만큼 서독의 동독 연구가 일정 정도 변화에 따른 정치적 흐름에 종속되어 있었다는 반증일 뿐이다.

통일과 관련된 문제들을 다루는 정부 연구기관으로는 '독일통일문제연구고문단(Forschungsbeirat für Fragen der Wiedervereinigung Deutschlands)'이 있었다. 1952년부터 75년까지 지속되었던 이 부서에 부여된 임무는 동독이 서독에 갑작스럽게 편입될 경우를 대비하는 것이었다. 즉, 급격한 동독 붕괴를 염두에 둔 준비 작업이었으며, 이러한 연구 방향은 동서 갈등이 점차 완화되

3 역사학자 애켈(Jäckel)은 독일의 명망 있는 지식인이나 언론인들이 양독 관계를 우호적으로 유지하기 위해 동독에 대한 비판을 자제했으며, 그것이 결과적으로 서독인들에게 동독에 대한 잘못된 인식을 심어주었고, 동독의 체제를 연장시키는 결과를 불러왔다고 비판한다. 그러나 사회주의 체제 내부 모습에 대한 명확한 자료가 절대적으로 부족한 상황에서 학자들이 정치적으로 예민한 문제를 정황만으로 예단할 수는 없는 일이었다. 오히려 이미 몰락한 정치 체제를 두고 처음부터 발전 가능성이 없는 정권이었는데 몰랐었느냐고 비판하는 것이야말로 기회주의적 행태일 것이다.

고 서독의 대동독 정책이 긴장완화의 유도로 선회되면서 체제 비교로 전환된다. 동독은 언제고 무너질 수 있는 비법치국가(Unrechtsstaat)[4]에서 1970년대 이후에는 상호 간에 체제 비교가 가능한, 따라서 좀 더 긴 호흡에서 전략적 연구가 필요한 대상으로 바뀐 것이다. 그럼에도 동서독을 기본적으로 자유주의 체제와 독재체제라는 전제하에 연구를 진행한 것이 이 부서의 기본 인식이었다. 하지만 이런 전체주의 이론이 학문적 내부 인식으로 자리하는 한, 스탈린 체제 이후의 체제 변화를 적절하게 설명하기는 어려웠다.[5] 겉으로는 안정적으로 보이는 체제 내부의 예민한 상황과 유지되고 있는 안정성의 이면을 전체주의적 비교방법론으로는 바르게 해석하지 못한다는 것이 오늘날 연구의 지적이다. 동독 연구가 오랫동안 전후 현대사 혹은 동유럽 연구와 연관을 맺으며 연구되지 못했던 것도 이런 전체주의적 비교방법론의 관점에서 접근한 것에 한 원인이 있었다. 서독 역사학 내에서 동독 연구자들은 다른 시기 연구자들에 비해 상대적으로 단절되어 있었다.

결국 동독의 몰락은 과거 소련 점령지역이나 동독사에 대한 판단을 근본적으로 바꿔놓았다. 1990년 이후 과거 동독 연구가 제기한 문제의식으로는 동독체제의 안정성을 설명하기에 충분치 않다는 것이 확실해졌다. 동독의

---

4 '비법치국가(Unrechtsstaat)'는 일반적으로 나치 체제에 적용하는 용어로, 이를 동독에도 적용할 수 있는가에 대해서는 견해가 일치하지 않는다. 다만, 이는 '법치국가(Rechtsstaat)'의 반대어에서 나온 용어인 만큼 '불법(Unrecht)'을 강조해 '불법국가'로 표현하는 것은 적절하지 않다.

5 독일통일문제연구고문단과 유사하게 '전독일문제부(Bundesministeriums für gesamtdeutsche Fragen)'는 동독과 통일 문제를 다루는 정부 부서로서 1949년 처음 만들어져 1969년 내독관계부(Innerdeutsche Beziehungen)로 개칭되었고, 통일과 함께 해체되었다. 냉전시대 스탈린 체제를 히틀러 정권과 비교해 설명하던 틀인 전체주의(Totalitarismus)라는 잣대로 동독 사회를 설명하고자 하는 연구 접근법의 문제점에 대해서는 이미 많은 지적이 있어왔다(Niethammer, 1999: 307~328).

역사가 어떻게 종료되었는지를 알고 나자 갑자기 지나간 동독의 모든 자료가 체제의 허약함을 증명하는 것으로 달리 보이기 시작했으며, 과거의 동독 연구들이 불신의 대상이 되기도 했다. 이제는 과거와 같은 연구 방식을 따를 필요도 조건도 없어진 것이다.

통일 이후 진행된 동독사 연구도 시기에 따라 관심사가 변한다. 초창기 연구들은 정치 상황이나 언론의 주목 여부에 따라 연구 주제의 변화를 겪게 되는데,[6] 주로 동독 정권의 숨겨진 비밀들을 밝혀내는 작업, 그리고 사회적으로 센세이션을 일으킬 만한 소재들을 발굴해 내는 일에 집중되었다. 그 후 연구들은 자연스럽게 당 체제나 지배 구조 등 정권의 억압적 차원을 강조하는 연구로 이어졌으며, 1990년대 중반을 넘어서면서 연구 분야는 일상생활, 문화, 사회 전반으로 넓어졌다. 이는 동독 체제가 억압적 구조였음에도 어째서 그처럼 긴 기간 동안 안정성을 유지할 수 있었는가에 대한 탐구이기도 했다. 동독 정권하의 가해자와 희생자를 가려내기 위한 사법적 조사, 정치 및 정당 차원에서 진행된 독일의회 앙케트위원회(Enquete-Kommissionen des Deutschen Bundestages)의 공동 조사,[7] 그 밖에도 개인이나 특정 집단이 주도한

---

6 통일 이후 동독 연구 중점의 변화는 이 글의 주제를 벗어나는 범위여서 더 언급하지 않겠지만, 흥미로운 주제임은 분명하다. 린덴베르거(Lindenberger)는 통일 이후의 동독 연구의 연구 중점 이동을 다음과 같이 설명하고 있다. "2000년대 중반까지 정치적 기관들과 지배 기구들, 동독 내 정치적 야당 세력에 대한 지배 등이 중심을 이루었다면, 그 후 동독의 초기 시절부터 장벽 건설과 이어지는 울브리히트 기간, 동시에 1989년 평화적 혁명의 도화선이 되는 통일 직전사에 해당하는 부분들이 2005년까지 이어진다. 이후 2014년까지의 약 10년간은 호네커 시기가 중심이 되었고, 오늘날의 동독 연구는 주로 통일 이후 자본주의 사회로의 시스템 전환과 민주화 과정을 주된 대상으로 하고 있다(Lindenberger, 2014: 29).

7 역사학자들을 중심으로 구성된 이 위원회를 통해 Geschichte und SED-Diktatur (1995), Überwindung der Folgen der SED-Diktatur im Prozess der deutschen Einheit(2000)의 두 연구 총서가 출간되었으며, 2011년 한국의 통일부에서는 이들

연구 등 다양한 차원에서 연구가 진행되었다.[8] 오늘날 동독사는 현대사 분야에서 가장 많이 연구된 분야로, 또 가장 많은 사료를 보유한 분야로 받아들여지고 있다.[9] 모든 것이 밝혀진 것은 아니지만, 동시에 건드려지지 않은 분야가 없을 정도이다.

그렇다면 바람직한 동독 연구를 위해 어떤 연구 주제와 문제 제기가 오늘날 의미 있는 것일까? 이미 2003년 역사가 위르겐 코카(Jürgen Kocka)는 동독 연구가 국내 학계에서 고립되는 것과 관련해 국제적 연구 흐름으로부터 분리될 수도 있다고 우려하면서 오직 "동독 연구의 문제 제기와 답이, 기억 분야나 다른 연구 분야와 연계해 비교사적 연구든, 트랜스내셔널 역사든, 20세기 유럽 역사라는 큰 문제와 연결될 때만" 학문적으로나 지적으로 그 적절성을 획득할 것이라고 공개적으로 문제를 제기한 바 있다. 즉, 그는 통일 이후 동독 연구가 비판적 자기 질문과 내용상의 새로운 방향 설정을 이끌기는 했으나, 여전히 테마상의 큰 틀에서는 바뀌지 않았음을 지적한 것이다. 그는 현재 동독 연구의 문제점을 다음과 같이 지적했다(Kocka, 2003.8.22; Kocka,

---

중 일부를 발췌해 『독일 통일 20년 계기: 독일의 통일·통합 정책 연구』를 총 3권으로 번역 출간한 바 있다.

8 이 과정에서 서독의 학문 제도를 똑같이 동독으로 이식하면서, 동시에 과학아카데미(Akademie der Wissenschaften)와 같은 동독의 대규모 연구 기관들을 모두 해체했다. 통일 이후 독일에서는 대학과 어느 정도 거리를 둔 독립적 연구 기관이 늘어나 Zentrum für Zeithistorische Forschung(Potsdam), Institut für Zeitgeschichte Berlin, Hannah-Arendt- Institut für Totalitarismusforschung e.V.(Dresden) 같은 새로운 형식의 연구 센터들이 생겨났다. 이런 연구 기관은 독일에서 과거에 없던 새로운 형식이며, 대학 밖에서 대학과 밀접하게 연계해 활동하고 있다.

9 동일한 사건을 다루는 사료라도 서독의 자료는 지금까지 30년 경과 규정에 여전히 묶여 있는 반면, 동독의 자료들은 개인 자료가 아닌 한 전면 공개되어 있다. 이런 규정에 따라 서독 연구가 오히려 역차별당하는 아이러니가 발생했다. 그러나 같은 동독 자료라도 동독 외교부 자료와 동독 비밀경찰의 국제관계 관련 자료들은 여전히 공개되지 않고 있다.

1998: 349~355).

- 지금까지의 연구는 주로 동독이 유지될 수 있었던 상대적 안정성과 오랜 지속성의 원인을 탐구하는 데 집중하느라, 동독의 위기와 극적인 몰락의 원인을 설득력 있게 설명하는 데 소홀했다.
- 동독에 대한 역사 연구는 지나치게 분야와 대상이 특화되고 사료에 압도되는 현상을 보이고 있다. 그보다는 연구의 대상과 폭을 넓혀 다른 동유럽 공산사회와의 비교, 혹은 20세기 유럽의 더 큰 문제들과 연결하여 비교하는 연구로 나가야 한다.
- 동독 연구가 순수한 역사 연구의 범위를 넘어 이해관계나 개별적 청산, 자기확인, 자기방어, 자기 합리화 혹은 탈정당화, 공공으로부터의 인정 등 정치적·도덕적 문제들의 도구로 오용되는 경우를 조심해야 한다. 특히 대학에서의 동독 역사 연구는 전적으로 동독 지역사로 축소할 게 아니라, 더 큰 역사 일반의 한 부분으로 다뤄야 한다.

코카는 동독의 역사화를 현대사 연구의 과제로 삼으면서 체제와 시대를 넘어 20세기라는 전체로서의 관련성 속에 집어넣는 일을 과제로 제시했다. 동시에 이것은 일부에서 진행되고 있는 국가 중심적 혹은 민족사적 복원에 대한 경고이기도 했다.

그의 이런 문제 제기는 역사학계 안에서 공감과 반발을 동시에 불러왔는데, 베를린 소재 현대사연구소(Institut für Zeitgeschichte) 소속의 젊은 연구자 그룹은 일련의 대응을 통해 다음과 같이 반박했다(Bispinck et al., 2003: 1021~1061; Bispinck et al., 2008: 171~201).

- 우선 동독사에 대한 좀 더 근본적인 연구 결과들이 더 나와야 탄탄한 기반이

만들어져 의미 있는 비교가 가능하다.

- 너무 성급하게 동독사를 전체 독일사, 전 유럽사, 혹은 전 지구사적 비교 시스템 속에 집어넣는 것은 동독을 시야에서 잃어버릴 위험성이 있다.
- 따라서 동독을 20세기를 규정짓는 결정적 문제의 한 예로 규정해 진행하는 연구 프로그램이 필요하다.
- 이를 위해 첫째는 독자적 동독 연구, 이어서 독일사 전체 속에서의 맥락화, 마지막으로는 유럽의 시각 속에서의 통합이라는 단계적 연구로 가야 한다.

이들 젊은 동독 연구자 집단은 다른 사회주의 체제와의 비교나 유럽사, 나아가 글로벌 맥락 속에서의 해석을 위해서라도 동독 자체에 대한 정치사 연구가 기반이 되어야 하며, 아직은 그런 단계에 이르지 못했다고 주장한다. 동독사 연구는 동독사 전문 연구자들에게 맡겨달라는 것이다. 그러나 이들도 동독사가 전체 독일사의 큰 흐름 속에 놓여야 한다는 점에서는 코카와 의견을 같이했다.

정리하자면, 통일 이후 동독 연구는 비판적 자기 질문과 내용상의 새로운 방향 설정을 이끌기는 했으나, 동독사 서술을 독일사나 전후 유럽사 전체에 통합시켜 내적 관련성으로 묶이도록 진전시키지는 못했다. 그러나 동·서독의 역사를 서로 분리해 서술하는 것이 더는 적절하지 않다는 것에 대한 연구자들 간의 동의가 일정 정도 형성되기 시작했다. 현재까지도 '독립적 연구 영역'으로서의 동독은 학문 연구와 민주주의 학습의 장으로서, 또 엄청난 사료에 기반해 역사 연구의 재미를 느낄 수 있는 무한한 원천으로서 여전히 많은 매력이 있다. 동시에 분단 시기의 양 체제를 통합적으로 다룰 새로운 역사 서술을 과제로 남기고 있다.

3. 통합적 역사 서술을 위한 제안: 클레스만 테제

분단과 통일 과정을 '역사화(Historisierung)'한다는 것은 무엇을 의미할까?[10] 나치 국가 체제를 연구한 역사가 마르틴 브로자트(Martin Broszat)는 '역사화'의 목표를 "상상하기조차 힘든 범죄적 차원이 일상의 정상성, 비판적 구조 분석과 복잡하게 얽혀 있는 경험적 역사라는 중심적 모순을 파악하고 양 요소를 서로 연결시키고자 하는 것"으로 제시한 바 있다(Klessmann, 2001: 4~5 재인용). 즉, 독재라는 악과 일상이라는 정상성이 상호 모순되지만 서로 연결성을 갖고 발전한 병행의 역사를 밝혀내 서술하는 것을 의미한다. 이를 실현하기 위해서는 무엇보다 과거가 모두 지나가야 한다. 과거가 현재에도 살아 있는 한 이런 작업은 무망한 일이다. 그것은 동·서독을 20세기라는 전체 맥락 안에 집어넣어 파악하는 작업이며, 유럽이라는 더 큰 틀 안에서 분석해야 할 문제이고, 분단되기 이전의 체제, 즉 나치즘과 제2차 세계대전, 아울러 현실사회주의 체제의 몰락이라는 앞뒤 역사적 흐름들과의 연속성과 단절성을 측량하는 작업, 그러면서 동독과 서독을 독일이라는 전체 속의 부분 국가로 파악하는 작업일 것이다.

이런 문제의식을 갖고 독일 전후사 역사 서술의 대안적 방식을 처음 제시한 역사학자는 서독 출신의 크리스토프 클레스만(Christoph Klessmann)이다.[11] '클레스만 테제'로도 부를 수 있는 그의 독일 전후사 서술에 대한 제안은 "비대칭적으로 서로 얽힌 병행사(Asymmetrisch verflochtene Parallelgeschichte)"라

10 1980년대 서독에서는 현대사 속에 나치즘을 어떻게 위치시킬 것인가를 두고 많은 논쟁이 진행되었는데, 그 중심에 '역사화'라는 개념을 어떻게 이해해야 하는가라는 문제가 놓여 있었다(Langewiesche, 1989: 20~41).

11 클레스만의 역사관과 그의 통일적 역사 서술에 대한 국내 소개로는 최승완(2010: 186~214) 참조.

는 표현으로 압축될 수 있다. 즉, 전후 양 독일의 역사적 진행이 일대일로 상응할 만큼 동등한 관계를 맺으며 전개된 것은 아니지만, 일정 간격을 유지한 채 각자 나란히 진행되면서 동시에 내부적으로 접점을 갖고 서로 얽히면서 진행되었다는 것이다. '서로 얽힘(Verflechtung/entanglement)'이라는 단어 안에 그는 서로 간의 인정이나 상대방 방식의 채용, 응용, 모방, 접목, 상호 전유와 같은 내용들을 포함시킨다(Klessmann, 1993: 30~41; Klessmann and Wentker, 2005: 10~17, Klessmann, 2014). 즉 양 독일이 동서 갈등 속으로 휩쓸려 들어갔고, 서로 간의 분리와 배제를 분명히 하는 요소들이 특징적으로 나타나기는 하지만, 전후 서로 다른 동기에서 양측은 직접으로건 간접으로건 간에 서로 얽히는 관계를 유지했다. 그것은 꼭 대칭 관계에서 주고받은 것은 아니다. 즉, 양 국가는 '분리와 서로 얽힘(Spaltung und Verflechtung)'을 동시에 진행시켰으며, 이 관계를 서술의 축으로 삼아 통합된 독일 전후사를 쓸 수 있다고 제안한다. 분리된 것 속에 존재하던 공통의 것들을 함께 파악해 내자는 것이다. 그럼으로써 양 독일이 유지한 독립된 국가의 틀을 흐리게 만들지 않고도 민주적이고 독재적인 요소들을 모두 고려하고 하나로 통합된 독일 전후사를 쓰는 것이 가능하다는 것이다(Klessmann, 2005: 20~37).

구체적으로 클레스만은 통합 전후사 서술하는 데 일종의 기준이 될 만한 역사적 계기 혹은 접점 여섯 가지를 제시한다. 이런 방식으로 그는 전적인 양 체제의 비교 역사도 아니고, 국민국가의 정체성을 중시하는 민족사 중심 서술도 아니면서, 동·서독 역사 고유의 무게와 상호 관계사적 측면을 분명히 드러낼 수 있다고 보았다. 그가 제시한 양 독일의 관계를 연결하는 여섯 가지 역사적 계기는 다음과 같다(Klessmann, 1993).

① '새로운 시작의 기회'로서의 1945년

② 동서 블록 형성과 그 내적 결과

③ 양 국가가 갖게 되는 고유 동력(Eigendynamik)

④ 배제와 비대칭적 상호 얽힘(Die Abgrenzung und asymmetrische Verflechung)

⑤ 선진 산업사회에 놓인 문제들

⑥ 붕괴 현상들(Erosionserscheinungen)

이를 좀 더 구체적으로 보면, 우선 그는 동·서독이 이미 그 출발점에서부터 제2차 세계대전의 파국과 나치 범죄에 대한 책임을 공동으로 걸머진 후속 국가라는 공통의 역사적 기반에서 출발했다고 본다(Klessmann, 1993). 비록 동·서독이 전후 각기 다른 점령군에 의해 지배되었고, 각각의 국가를 세우기는 했지만, 패전과 폐허, 국경의 변경과 강제 이주, 탈나치화 작업 등 많은 사회·정치·경제적 배경을 공유함으로써 공동의 출발점에서 시작했다는 것이다. 즉, 양 독일은 정치적 차이보다 경제·사회적 문제에 존재하는 공통점들이 더 돋보이는 출발점을 갖고 있었기 때문에 이러한 접근에서부터 통합된 역사 서술을 시작할 수 있음을 강조한다.

두 번째 단계는 동서 진영의 충돌과 냉전이라는 계기다. 각각 자신이 속했던 진영으로의 복속은 양 독일 모두 스스로의 의지와 상관없이 이루어졌고, 정치·군사적 측면에서 하나의 민족사라는 틀을 구성할 여지가 없기는 했지만, 일상과 문화 차원에서는 상호 연결성이 존재한다고 보았다. 독재적 억압만 있었던 것이 아니라 회색의 지대가 있었고, 개인의 틈새 공간이 있었으며, 자신들만의 고유하고 고집스러운 교류 행태들이 존재함으로써 실제 경험사에서는 훨씬 다양한 상이 나올 수 있었다는 것이다.[12]

12 동독 사회의 여러 특징을 오직 정치 체제가 지녔던 독재적 특징들로 설명하고자 한다면 잘못이다. SED의 당 지배 체제가 곧 동독 사회는 아니었으며, 비공식적 삶의 영역에 대한 재구성이 필요하다. 즉, 동독 사회가 가졌던 고유한 의미를 인정하고 그 속에 놓여 있던 발전의 가능성과 위협을 인식해낸다면, 그 작업을 통해

세 번째 단계는 이렇게 (의도한 것도 원한 것도 아니지만) 외부로부터 주어진 분단 체제를 인정하고 받아들이면서 점차 자신들만의 고유한 동력을 만들어갔던 계기이다. 서독으로의 이주를 막고자 설치했던 1961년의 베를린 장벽이 동·서독 분단을 고착화하는 결과를 불러왔고, 유럽의 모든 국가가 이를 이의 없이 받아들이는 상황이 왔지만, 분단의 고착화가 역으로 동방정책, 긴장완화 정책처럼 어느 순간 누구도 제어하지 못하는 방향으로 나아갈 수 있었던 힘에 주목한다. 그 결과 서독은 초민족적 경향으로 나아간 반면, 동독은 체제의 붕괴와 통일 국가 요구라는 대단히 상반된 방향으로 나아갔다. 서독의 경우 이런 과정들이 좀 더 빨랐으며, 스스로 결정할 수 있는 행동반경이 넓었고, 동독은 비록 제한된 범위에서나마 스스로 상황을 설정해 갈 여력을 점차 만들어나갔다. 이 단계는 많은 점에서 서로 상반되게 진행되었으며, 냉전의 심화라는 조건하에 분단과 격리도 함께 심화되었던 단계이다. 한편에서는 서구화, 미국화, 자유주의화가 진행되는 동안 다른 한편에서는 겉으로는 소비에트화가 진행되지만, 실재로는 경제·기술적 근대화가 지체되면서 분단의 상황을 체념적으로 받아들이고 상호 정통성 경쟁에 돌입했다. 그 후 새로운 전후 세대는 양 국가 체제와 국경, 베를린장벽 등을 기정사실로 받아들이면서 점차 민족적 과제에 대한 관심을 상실하는 단계를 맞았다. 현상 유지가 곧 유럽의 안정을 담보하는 시기였다.

네 번째 단계는 클레스만의 테제를 가장 분명하게 드러내는 계기이다. 특정 발전 단계를 지칭한다기보다는 분단 후 정치·사회·문화·종교·학문 등 각 분야에서 의식하거나, 혹은 의식하지 못한 채 주고받은 교류와 변화에 대한 서술이다. 역사 서술이 지금까지는 냉전이라는 상황 때문에 만들어진 양 체제를 비교하면서 서로의 단절과 경계만을 부각하고, 그 결과 직간접으로

통일을 가능하게 했던 역사적 요소들을 좀 더 분명하게 파악할 수 있을 것이다.

행해진 연결을 은폐하거나 평가절하 해 왔다면, 이제 다른 계기들에 눈을 돌리자는 것이다. 여기서는 양 독일이 자신의 체제를 공고히 하기 위해서 상대방을 모방하기도 하고, 상대방 요소의 장점을 도입하기도 하면서 상호 얽히는 과정을 포착할 수 있다. 혈연관계나 이주 등 개인 차원의 동·서독 간 왕래가 있었고, 문화적 접촉을 통해 생활양식, 생활수준, 소비에 대한 선호 등에서 서독은 동독에 일종의 모델 역할을 했다. 분명한 것은 동독으로서는 서독이, 서독으로서는 동독이 비교의 가장 중요한 기준이 되는 사회였다는 점이다.

이런 접근의 장점은 이미 처음부터 서로 다른 시스템을 채택한 경제 분야에서도 상호 연결성을 찾을 수 있을 뿐만 아니라, 냉전이라는 외적 조건하에서도 원조와 협조가 있었음을 드러낼 수 있다는 것이다. 이는 정치나 경제와 같은 상부구조에서도 이런 접근 가능성이 있음을 보여준다. 이런 접근 방식은 민주주의와 독재라는 체제 간의 충돌을 지나치게 강조하기보다는 일상생활에서 상호 교차되는 계기들을 발견하고 접근의 도구로 삼는다. 함부르크와 베를린 간의 고속도로 개통, 라디오나 TV 같은 방송사들 간의 교류, 영화 페스티벌의 상호 개최, 기독교인들의 공동 예배 등을 통한 동·서독 교류가 그런 예들이다. 복지 시스템이나 교육 시스템, 과거 청산 정책 등에서 서로를 의식하며 경쟁했고, 여행 허가, 우편물 교환, 종교계와 스포츠 등에서 상호 교류가 이루어졌다. 차관과 경제원조가 있었고, 동독 정치범을 서독이 현금을 지불하고 사 오는 석방 거래도 있었다.[13] 다만, 서독이 동독에 미친 영향은 비교적 분명하게 지적할 수 있는 반면, 동독이 서독에 미친 영향은 제한적이거나 간접적이었고, 덜 효과적이었다. 동독의 정치는 반면교사로서

13 동서 간의 정치범 석방 거래는 이미 1963년 아데나워 총리 때부터 있어왔으며 통일 직전까지 비밀리에 진행되었다(Rehlinger: 2011; Jenkis, 2012).

서독의 정치를 더욱 친서구적으로 몰아갔고, 계획경제 같은 자본주의 체제의 대안적 활동을 오히려 억제하는 방향으로 영향을 미쳤다. 특히 이런 비대칭은 서독 방송이 담장 너머 동독 사회에까지 영향을 미치고 정보가 어느 정도 자유롭게 오가면서 더욱 심화되었다.

다섯 번째 단계는 1970년대 이후 동·서독의 내부 왕래가 어느 정도 정상화되면서 체제 문제를 넘어 발전된 산업사회 일반이 제기한 문제들에 대한 공동의 대응 방식과 관계된다. 체제를 넘어 교육정책이나 문화, 세계경제, 환경, 핵문제, 평화운동 등을 접하면서 만들어지는 사회적 대응, 전 지구화와 대량 실업, 사회복지 체제의 오작동 등을 배경으로 공동의 문제의식이 드러난다.

마지막 단계는 세계적 긴장완화 정책에 따른 양 독일 간의 긴장완화 정책과 점증하는 상호 소통에 주목하면서, 동시에 동독의 내적 붕괴 현상에 주목한다. 돌이켜보면 1980년대 이후 동독의 경제 파탄과 기술 혁신의 실패는 분명했지만, 서독의 정치학계나 사회과학계는 체제 붕괴나 경제 파탄에 대한 그 어떤 예측이나 경고도 하지 못했다. 오히려 이 시기 양 독일은 학문적·문화적 교류가 더욱 빈번해져 동독으로의 수학여행과 동독 방문 자유화, 도시 간 자매결연, 학술 교환 프로그램 등 다양한 교류가 이루어졌다. 이러한 민간 차원의 상호 교류는 차츰 그 나름의 자기 동력을 갖게 되었고, 체제 해체기를 맞으면서 제어할 수 없는 동력으로 확산되었다.

클레스만은 이처럼 동·서독이 공동으로 관련을 맺고 상호 교류했던, 혹은 공통의 관심사였던 부분들을 독일 전후사를 이끌어가는 기본 요소로 삼음으로써, 하나의 서술 방법론을 제안했다. 하지만 그의 비대칭, 얽힘, 병행성과 같은 개념은 하나의 이상적 모델 제시로 받아들여야지, 현실에 정확히 대응시킬 수 있는 개념은 아니다. 무엇보다 이런 작업의 진전을 위해서는 적어도 정치사 중심의 서술을 벗어나야 한다. 이러한 접근법은 동·서독 역사 서술에서 양쪽이 시기적으로 유사하게 조응하지 않아 생기는 어려움도 피해갈 수 있는 이점이 있다.

그렇다고 독일의 모든 역사가가 그의 제안에 동의하는 것은 물론 아니다. "양 정치 시스템이나 정반대되는 블록 간의 통합에는 근본적인 상충이 존재한다"라고 보는 역사가들도 있다(Möller, 2007: 3). 이러한 접근은 민주주의와 독재 간의 공존할 수 없는 분명한 간극을 흐리게 할 수 있다는 것이다. 독재체제라 해도 모든 인간의 삶에는 틈새 공간이 있다. 하지만 근본적으로 독재란 정치적 자율을 허락하지 않는 체제이기 때문에 이런 자율 공간을 논하는 것이 별 의미가 없다고 보는 것이다. 지배 체제가 근본적으로 달라 처음부터 비교할 수 없으며, 그래서 일정한 간격을 두고 나란히 진행된 역사가 아니라, 서로 등을 돌리고 각자의 길을 간, 연결성 없는 개별 역사들이라는 것이다. 분리와 배제, 적대적 충돌, 사살과 추방의 역사를 조화로운 역사로 둔갑시킬 위험성과 개연성을 지적한다. 또한 동독을 나란히 진행된 역사적 상대로 상정함으로써 분명했던 비대칭성이 무시되고, 동독을 서독과 거의 동일한 수준의 파트너로 과장하는 결과를 불러올 수 있다는 지적이다.

물론 정치적 자유와 자율적 개인은 어느 사회에서나 절대적으로 중요하며, 역사 발전 또한 이를 바탕으로 진행된다. 하지만 독재체제의 억압성을 한 체제의 부정적 특성으로 강조하는 한, 그 역사서술은 이미 시작부터 다른 일방을 편들면서 진행될 수밖에 없다. 즉, 정치·도덕적 계몽의 논리와 역사학의 논리는 다르다. 정치사적 시각에 매몰되는 한 동독의 역사는 20세기 전체의 흐름 속에서 하나의 에피소드로 축소되기 쉽다. 이를 넘어서기 위해 사회·문화사적 영역으로 시야를 확대할 때 세대 간의 차이, 동독에 미친 서독 대중매체의 영향력, 세계경제와 글로벌화가 미친 영향 등 다양한 문제에 주목하게 된다. 이러한 내적 접촉과 변화의 계기들은 사실상 자신들이 원하고 결정해서 생겨났다기보다는 변화가 만들어낸 자발적 동력에 의해 진행된 성격이 강하다.

물론 이들 반대론자들의 지적대로 1945년 이후 각기 다른 방식으로 출발한 체제에서 양 체제 간의 합치될 수 없는 부분들을 명확히 구분하는 것은 타당성 있는 역사 서술의 한 방법일 것이다. 하지만 이런 방식이 통일성과 연속성을 강조하는 서술과 상치된다고만은 할 수 없다.

처음 클레스만이 이런 접근법을 제시했을 때, 독일 학계는 이를 결코 당연한 것으로 인정하지 않았고, 부분적으로는 강력하게 반대했다. 하지만 오늘날 이 접근법은 학계 내외에서 두루 받아들여지고 있다. 그럼에도 그의 테제에 바탕을 둔 정치·사회구조·일상생활 차원을 두루 포괄하는 40년 분단사는 아직 서술되지 못하고 있다.[14]

4. 분단 시기 독일 역사에 대한 통사적 서술

클레스만의 의미를 충실하게 적용한 거의 최초의 저술이라고 할 수 있는 통사는 미국인이 내놓았다. 클레스만이 소장으로 있던 포츠담 현대사연구소의 일원이기도 한 독일 출신의 미국학자 콘라드 야라우슈(Konrad Jarausch)는 『귀환(Die Umkehr)』이라는 저서에서 나치의 문명 파괴로 시작된 1945년의

14 실제 클레스만의 테제에 따라 '비대칭적 연루'에 입각해 정치, 경제, 사회, 문화 분야에서의 동·서독 간의 연관성에 집중한 연구 성과들을 모은 책으로는 지금까지 Faulenbach(2005), Klessmann and Lautzas(2005), Brunner, Grashoff and Kötzing(2013), Hochscherf(2010) 등이 있다. 정치학에서도 1989/90년 동독의 체제 전환과 관련된 대표 저작은 아직 나오지 않았다. 독일통일이 미친 국내 정치적·국제정치적 결과에 대한 분석도 미흡하다는 것이 정치학계의 오늘날 견해이다(Jesse, 2015: 25).

독일이 1989/90년 통일을 통해 다시 문명 세계로 되돌아오게 되었음을 강조한다(Jarausch, 2004a). "독일인들은 섬멸전과 홀로코스트라는 자신들의 잘못에 의한 물리적 파괴와 도덕적 몰락으로부터 어떻게 다시 탈출해 나올 수 있었는가?"라는 물음을 제기하면서, 그는 동독사가 현대사 일반으로 통합되기 위해서는 국가 행위가 주가 되지 말고 사회문화적 변화의 장, 즉 '보통 사람들의 삶에서 일어난 일들이 갖는 영향력(Jarausch, 2004a: 9)에 대한 연구 작업이 이루어져야 한다고 강조한다. 이 책은 분단에서 통일까지의 시기를 '강요된 새 시작', '상충하는 근대화의 추진력', '시민사회로의 도전들' 등 세 장으로 구성하고 있는데, 큰 틀에서는 연대순으로 서술하면서 주제별로 세대를 오가며 수많은 개인의 경험사를 중심에 놓고 서술한다. 이 책의 목차만으로는 동독과 서독을 구분할 수 없다. 다만, 동독을 서술한 분량은 서독에 비할 수 없을 만큼 적다.[15]

야라우슈보다는 조금 후에 책을 출간했지만, 이미 1989년 이전부터 통합적 역사 서술의 중요성을 강조하고 이를 실천에 옮긴 소수의 역사가 중 한 명이 벤더(Peter Bender)였다.[16] 그는 2007년 『독일의 복귀(Deutschlands Wiederkehr)』에서 "독일 전후사는 그래서 대부분의 서술에서 보였듯 차이와

15 야라우슈는 자신의 책에서 동·서독 통합 역사 서술의 방식을 다음과 같이 제안한다. "변화의 외연에 대한 설득력 있는 평가는 핵심 테마들이 '복수의 상황 인식'하에서 연구될 때, 동서 간의 부분적 공통성들과 명확한 차이점들을 긴 시각에서 분석할 때에야 비로소 가능하다. 여기에서 (양 독일 역사의) 서술에 기계적으로 동일한 무게를 갖고 접근할 것이 아니라, 상호 인식하는 과정에서 지속적으로 변화하는 중심 테마들을, 적어도 상대방을 사안별로 함께 고려하면서 추적해야 한다"(Jarausch, 2004a: 28).

16 그는 이미 1989년 동서독 공동의 역사 서술을 구상했고 제목도 『독일의 병행. 분단된 두 국가의 공동의 역사』로 정해 출간한 바 있지만, 선구적 시도에도 불구하고 통일의 환호 속에 묻혀버리고 말았다.

상충의 역사일 뿐만 아니라 또한 나란히 진행된 역사이고 유사함의 역사이기도 하다. ... 결국 양 독일은 서로 익숙해지고자 노력했으며, 점차 그들이 서로 상치되는 이해관계뿐 아니라 일치되는 이해관계도 갖고 있으며, 여러 측면에서 대치하기보다는 함께 가고 있음이 분명해졌다"(Bender, 2007: 6~8)라고 쓴다. 그는 동독에 대한 기존의 평가와 달리, 폭넓은 인정과 비교적 충분한 서술을 통해 자신의 문제의식을 분명히 보여준다. 야라우슈와 달리 동독이나 양 독일 관계에 대한 서술에 책의 거의 절반을 할애할 정도로 큰 비중을 두어 서술했지만, 결과적으로 그의 서술은 통합사라는 의미에서 만족할 만한 평가를 받지는 못했다. 거의 전적으로 정치사적 사건들을 중심에 놓고 서술하고 있는데, 이처럼 사회·문화사적 혹은 일상사적 접근 없이 정치사적 통합만 가지고는 통합사 서술에 분명한 한계가 있음을 보여준 것이다.

다른 한편, 1989년 변혁의 어느 시점에 동독 시민들의 구호가 '우리가 인민이다(Wir sind das Volk)'에서 '우리는 한 민족이다(Wir sind ein Volk)'로 바뀐 것은 40년에 걸친 분단과 이데올로기의 상이성에도 불구하고 여전히 일정 부분 공통의 민족 감정들이 남아 있음을 보여준 사건이다.[17] 자유에 대한 요구가 한순간에 통일에 대한 요구로 이어진 것이다. 그것은 자연스러운 일이었다. 하지만 이제 통일이 되었다고 45년 분단의 역사를 갑자기 하나의 민족이 중심이 된 민족국가의 역사로 구성할 수는 없다. 이는 사실과 부합하지도 않으며, 또한 대부분의 서독인, 혹은 동독인의 역사적 자기 인식과도 거리가 있다. 서독인들은 1945년 이후 '서방과의 결속'을 통해 마침내 '민족'이라는 사슬에서 벗어난 탈민족적 국민국가를 세웠다고 생각했으며, 동독인들 또한 사회주의적 연대 속에서 민족의식을 극복했다고 믿고 있었다. 1870년 비스

17 'Volk'는 민족, 국민, 종족의 의미가 일반적이지만, 동독에서는 Volksrepublik China(중화인민공화국)처럼 주로 '인민'이라는 의미로 사용했다.

마르크에 의한 불완전한 통일 이후 나치 시대까지, 민족은 언제나 독일인에게 일종의 족쇄와 같았다. 하나의 독일 민족국가(national state)는 언제나 "역사적으로 형성된 기이한 산물이었다"(올릭, 2006: 304). 그런데 이제 다시 이 모두를 부정하고, 극복했다고 믿었던 민족국가 중심의 역사 해석으로 되돌아갈 수는 없는 노릇이다. 그럼에도 여전히 국가와 민족이 중심이 된 하나의 역사를 쓰고자 하는 유혹은 크다. 양 체제의 내적 연결 요소들을 강조하다 보면 민족의식으로 포장된 통사로 변화할 위험성이 늘 있다. 그렇다면 어떻게 민족국가의 발전을 서술의 중심에 놓지 않으면서, 그 표면 아래 흐르던 한 민족으로서의 공동의 감정과 기억들을 서술 속에 끌어들일 것인가?

대표적인 서독의 역사학자 하인리히 빙클러(Heinrich A. Winkler)는 이른바 '독일문제(Deutsche Frage/German Problem)'라는 것은 독일통일을 통해 종결되었다고 선포한 바 있다. "1990년 해결된 독일문제는, 물론 중간에 단절이 있기는 했지만, 거의 200년 동안 지속된 것이다. 이 문제는 나폴레옹이 1806년 신성로마제국을 강제로 해체하면서 처음 제기되었다. 독일문제는 두 개의 얼굴을 갖고 있다. 하나는 영토의 문제이며, 다른 하나는 통일과 자유의 관계에 대한 문제이다. 영토 문제의 중심에는 대독일이냐, 혹은 소독일이냐의 문제가 있었다. 즉, 독일 민족국가의 형성에 오스트리아를 포함하느냐, 혹은 배제하느냐는 것이다. 독일문제의 내적 측면은 독일을 민족국가로 만들면서 동시에 입헌국가로 만드는, 민족운동의 이중 목표로부터 나온다"(Winkler, 2008).[18] 나치 제국의 멸망 이후에도 이러한 독일문제는 풀리지 않았는데, 동·서독으로 나뉘면서 각기 비정상적 국가로서 예외적 길을 갔지만,

18 강연 소책자에 실린 글이다. 최근 EU 내에서 독일의 막강한 경제력과 그에 바탕을 둔 국제사회에서의 독일의 영향력 증대를 위험하게 바라보는 이들 중에는 '독일문제'가 아직 끝나지 않았거나 부활했다고 보는 이들도 있지만, 이는 독일문제가 특별한 역사적 배경을 갖는 고유명사임을 간과한 문제 제기이다.

1989/90년 통일을 통해 마침내 '독일만의 특별한 길(Deutscher Sonderweg)'에서 벗어나게 되었다는 것이다. 1870년 통일국가 수립 이후 120년 만에 다시 독일은 정상의 민족국가가 된 것이다. 이런 사고의 연장에서 그는 자신의 책을 통해 민주주의의 승리와 시민사회, 근대화가 중심이 된 새로운 민족사적 주류 서사(master narrative)를 복원하고자 한다(Winkler, 2000: 655~657).[19]

역사가 안드레아스 비르싱(Andreas Wirsching)은 통합된 독일 역사를 쓰기 위해 피해야 할 세 가지 사항을 다음과 같이 제안한 바 있다(Wirsching, 2007: 14).

① 서독의 역사를 통일의 역사를 위해 준비된 역사로 쓰기: 즉, 역사를 일종의 사후 목적론적 흐름에 맞춰 쓰도록 하려는 유혹에 저항해야 한다. 통일은 기대치 않은 가운데 갑작스럽게 왔을 뿐이다.

② 1945년 이후의 독일 역사를 1990년에 모든 문제가 해결되는 성공사로 쓰는 오류: 그렇게 되면 서술을 위해 선택될 요소들, 문제의식들, 선택의 메커니즘이 모두 1990년이라는 귀결의 시각에서 선택되기 때문이다. 동독사는 1945년 이후 시작부터 실패할 수밖에 없는 요소들로 채워지고, 공동의 역사에서 동독은 부정적 의미가 강조되는 목적론적 성격하에 채워질 것이다.

③ 공동의 독일 전후사를 만들고자 하는 욕구 자체에 내재한 위험: 왜냐하면 이것이 간단하지 않기 때문이다. 실제 역사에서는 이를 막아서는 요소, 모순되거나 양립하기 힘든 관계가 더 많았으며, 공동성을 강조하다 보면 쉽게 통일

19 그는 1806년 신성로마제국의 해체에서 1990년까지, 200년 독일 역사를 두 권의 책으로 서술하면서, 지금까지의 다양한 개별 연구 성과를 정리하고 연결해 하나의 민족적 통사를 구성해 냈다. 오늘날 이러한 민족사적 구성을 요구하는 목소리가 점점 커지고 있다(Schweitzer, 2000: 449~453). 이에 대한 경고는 Jarausch(2002: 157~158), Boldt(2003: 365~372) 참조.

성을 강조하거나 전후 독일사에 새롭게 의미를 부가해 메타역사화하거나 새로운 민족주의적 대문자역사로 변질될 위험이 생긴다.

비르싱 역시 동·서독 전체라는 시각에서 '비대칭적으로 서로 얽힌 병행사'를 구체화할 수 있는 '공동의 경험 공간'을 강조하면서, 이를 실현할 수 있는 구체적 연구 분야로 '노동 사회의 위기와 사회복지 정책', '개인화와 가치관의 변화', '대중문화와 소비사회' 등 세 가지 주제를 제시한다(Wirsching, 2007: 15~18).[20] 동독은 동유럽에서 가장 서구화된 국가였고, 서구와 가장 접촉이 많은 국가였다. 즉, 밀려든 현대 산업사회에서 변화를 겪고 적응한 독일 사회 공동의 구체적인 경험에 대해 서술하는 것이 정치 체제나 독재와 민주주의의 차이를 강조하는 것보다 통일된 역사를 쓸 수 있는 더 훌륭한 기반이 될 수 있다는 것이다.

그렇다면 통일이 서독사 서술에도 변화와 교정을 촉발했을까? 이상에서 확인했듯이 통일 이후 독일 역사를 새롭게 평가하고자 하는 다양한 구상은 주로, 아니 전적으로 동독 역사의 재해석에 집중되었고, 서독사에 대한 재해석이나 변화는 거의 나타나지 않는다. 사실 서독이 동독에 미친 영향에 비해 동독이 서독에 미친 영향은 측정하기가 더 어렵다. 다만, 동독의 독재정치 체제와 스탈린화가 서독으로 하여금 더욱 친서방적 자본주의 체제로의 길을 재촉하는 자극제가 되었으리라는 것은 어렵지 않게 상상할 수 있다. 서독은 통일을 자신들의 변혁의 기회로 받아들이지 않았다. 냉전의 해체와 통일을 서독 민주주의의 새로운 변혁의 기회로 삼기에는 서독 자유주의 진영의 세

20 헤르만 벤트커도 '배제와 착종'이라는 관점에서 동·서독 역사의 구체적 상호 관계를 밝혀낼 수 있는 분야를 경제나 일상생활 분야 등으로 지목하면서 이 분야의 현재 연구 상황을 검토했다(Wentker, 2005: 10~17).

력은 미약했다. 서독에서는 대체로 '변혁(Aufbruch)'이 아니라 "전환(Wende)"이라는 표현을 사용했고, 그것은 바뀌어야 할 대상은 우리가 아니라 상대방이라는 사고의 암묵적 표현이었다. 기껏해야 1989/90년의 변화에 따른 '독일만의 특별한 길'의 종식 여부에 대한 논쟁이나, '본공화국(Bonner Republik)'에서 '베를린공화국(Berliner Republik)'으로의 수도 이전이 갖는 역사적 의미에 대한 논쟁 정도가 있었다(Faulenbach, 1998: 11~23). 하지만 이런 논의들도 대부분 서독 내 지식인들의 논쟁으로 끝났을 뿐, 역사 해석의 전환으로 심화되지는 못했다. 대부분은 오직 왜 동독은 몰락해야 했는지에만 관심이 있었으며, 승자의 관점에서 서독에서의 정치적 변혁은 필요치 않은 것으로 받아들였다. 그것은 구 서독 정부가 "체제 경쟁에서 이긴 쪽이 왜 변해야 하는가"라는 생각을 갖고 "독일통일을 온전히 구 서독의 사고방식 안에서 만들어냈기 때문이다"(Rödder, 2009: 371). 소수의 집단이 민족주의·쇼비니즘적 '제4제국'의 출현을 우려하는 목소리를 내기도 했지만 통일 과정 속에서 모두 주변현상으로 묻혀버렸다.

하지만 통일 이후 묻혀버린 것은 미래에 대한 경고만이 아니다. 이제 독일의 정치 문화 안에서 나치 과거와의 대면은 아주 오래된 과거사가 되어버렸다. 동독에 대한 과거 청산이 나치에 대한 과거 청산을 밀어냈고, 동독 체제의 희생자들이 나치 체제의 희생자들을 밀어냈다. 동시에 현대사 서술의 중심도 1945년 이전 나치 시대에서 1945년 이후 분단 시대로 옮겨왔다. 한 과거가 다른 과거를 밀어내는 방식으로 독일 사회는 마침내 고대하던 나치 청산을 이루게 된 것이다. 이것이야말로 독일통일이 만들어낸 가장 큰 가외의 소득일 것이다. 이제 나치 과거가 더는 독일의 현실 정치에 영향을 미치지 않게 되었다.

다른 한 가지, 서독 역사의 해석과 관련해 동독 연구가 밝혀낸 기대치 않은 부산물이 있다. 그것은 서독의 반공주의적 대응의 적절성에 관한 문제로서, 특히 1950년 한국전쟁 이후 아데나워 정부는 소련과 동독의 침공 위협을 지속적으로 강조했고, 새롭게 시작한 국가의 사회적 통합을 이끌어낼 이데올로기로서 반공주의를 내걸었다. 하지만 동독에 관한 새로운 연구들은 동독을 소련의 꼭두각시 국가로 묘사하거나, 테러와 물샐틈없는 감시 국가로 국민에게 선전했던 것들, 간첩 침투를 통한 서독 정부 조종 등이 지나친 과장이었음을 밝혀냈다. 그들에게는 1950년대 서독을 침공할 능력도 의사도 없었다. 서독의 선전처럼 동독이 서독에 간첩을 침투시켜 공화국을 좌지우지하지도 않았고, 당면한 공산주의의 위협이라는 슬로건은 대부분 선거용 정치 프로파간다였음이 드러났다(Knabe, 1999). 당연한 귀결이지만 오늘날 학교교육을 비롯해 시민 정치 교육에서 적어도 반공 교육이나 체제 경쟁적 이데올로기 교육은 사라졌다.

5. 역사교육 대상으로서의 분단과 통일

정부에서 실시한 설문조사에 따르면, 1990년 3월 동독 시민 60% 이상이 서독의 민주주의 체제에 대해 불만이 있거나 전혀 만족스럽지 않다고 생각했다. 이에 반해 서독 주민의 85%는 자신들의 체제에 상당히 혹은 대단히 만족스럽다고 답했다. 25년이 지난 2014년 9월, 10월의 조사에서 동독 주민의 69%가 서독 체제에 대한 만족감을 드러냈고, 특히 이런 긍정적 평가는 35세 이하의 젊은 세대일수록 분명하게 나타난다. 오늘날 동독 주민의 70%는 동독 체제가 독재체제였다고 생각하며, 46%는 동독이 비법치국가였다고 생각한다. 동시에 동독 주민의 60%는 여전히 사회주의 자체는 근본적으로는 좋은 사상이지만 단지 잘못 시행되었을 뿐이라는 생각을 하고 있다(Die Beauftragte der Bundesregierung für die neuen Bundesländer, 2015: 11, 23, 25).

이 통계들은 과거의 동·서독 지역이 여전히 역사인식에 분명한 차이가 있으며, 그 변화는 느리고, 특히 직접 체제를 경험한 사람들에게 이러한 차이는 앞으로도 지속될 것임을 보여준다. 동독 체제나 통일을 직접 경험한 사람과 그 후 태어난 세대 간의 역사적 평가는 분명히 다르며 그 차이도 심화되고 있다. 이런 사실들은 통일 이후에도 시민들을 대상으로 하는 정치 교육이 지속적으로 필요함을 보여준다.

시민을 대상으로 하는 민주주의 교육의 목표는 체제 안정과 정당화를 위한 봉사가 아니라, 사회 구성원들이 성숙한 시민의 자질을 갖추도록 지원하는 것이다. 즉, 사회 변화에 대한 인식과 민주적 시민 정신을 통해 관용과 비판 능력을 키워주며, 이를 통해 확인되는 현재의 정치적 결핍을 드러내 보여주고, 이를 넘어 대안과 새로운 규정을 끌어낼 수 있도록 자극을 주는 것이다(Wessely, 2004: 37). 독일에서 시민들을 대상으로 하는 정치 교육은 제1차 세계대전이 끝나는 1918년, 즉 바이마르공화국에서부터 시작되는 긴 역사를 갖고 있다. 나치를 경험하면서 시민들에 대한 민주주의 교육의 중요성을 절감한 서독 정부는 1952년부터 '연방 정치교육센터(Bundeszentrale für politische Bildung)'와 '주 정치교육센터(Landeszentrale für politische Bildung)'를 설립해 학생과 시민들을 대상으로 민주주의 정치 교육을 확대해 왔다.[21] 시민을 위한

21 '연방 정치교육센터'는 매주 ≪의회(Das Parlament)≫라는 주간지와 부록 『정치와 현대사(Aus Politik und Zeitgeschichte)』를 발간하고 있다. 전적으로 통일 문제와 동독 연구에 집중했던 『독일 문서고(Deutschland Archiv)』는 1968년부터 발간되기 시작해 지금은 웹진 형태로 지속되고 있다(http://www.bpb.de/geschichte/zeitgeschichte/deutschlandarchiv/). 그 밖에도 '연방 정치교육센터'는 ≪정치 교육을 위한 정보(Informationen zur politischen Bildung)≫라는 부정기간행물을 발간해 통일이나 독일 역사와 관련된 문제들에 대해 주제별로 간추린 정보를 국민에게 배포한다. 그 외에도 단행본을 출간하거나 기존에 출간된 책의 판권을 사들여 저가의 보급판을 만들기도 하고, 수업용 CD/DVD등을 개발·배포하는 등의 작업

정치 교육에서 독일사는 그 부정적 과거로 인해 국민에게 민주적 역사의식을 갖도록 방향을 제시하는 중심 기둥이다. '연방 정치교육센터'와 '주 정치교육센터'는 민주적 시민 교육을 통해 나치 독재에서 시작된 분단의 기원과 책임에 대한 인식을 분명히 하고, 분단국가로서 동서 갈등과 적대에 대한 국민 간의 인식 차를 좁히는 역할을 해왔다. 이들 교육기관에서 출간되는 서적이나 자료, 발표되는 글들을 보면 통일 초기에는 지배 체제와 이데올로기, 권력의 문제 등 주로 정치사적 문제를 많이 다룬 반면, 시간이 흐를수록 점점 더 사회사적 내용들, 일상 세계와 문화, 보통 사람들의 경험을 담은 구술 등을 교육의 주제로 다루고 있음을 확인할 수 있다. 그것은 정치사에서 사회사나 일상사로의 서술상의 전환이라기보다는, 실재로 1970, 80년대 체제 경쟁이 치열해진 이후 동독 사회 안에서 당과 이데올로기 중심의 정치적 지배가 후퇴한 사실을 반영한 것이다(Lüdtke, 1998: 3). 통일 이후 동독 연구의 성과 중 하나는, 겉으로는 견고하다고 생각했던 '독재의 한계'를 새롭게 밝혀냄으로써 체제에 동조하거나 추종한 많은 보통 사람들의 책임을 분명히 밝힌 것이다(Bessel ed., 1996).

민주 사회에서 국민들 역사의식을 갖도록 이끈다는 것은 교육을 통해 다양한 해석을 제시하고 서로 교환하며, 역사를 비판적이고 성찰적으로 인식함으로써 자신들이 속한 사회에 소속감을 갖고 더 잘 통합될 수 있도록 지원하는 것이다(Hansen, 2003: 277 ff). 자신과 국가 사이에 일체감을 느낄 수 있을 때에야 비로소 그 구성원은, 한 사회 내에서 통용되는 규칙과 내용을 인정하고 연대 의식을 갖게 된다. 민주주의에 대한 자각은 지속적 계몽을 통해서만 유지된다. 국민에게 학술적 연구에 기반해 역사에 대한 다원적 논의를 유도하는 일, 시민의식의 고양, 통일된 국가의 국민으로서 자기 정체성 형성

을 통해 민주 시민을 위한 정치 교육을 하고자 활동한다.

을 지원하는 일 등, 민주적 시민 교육이 맡아야 할 범위는 통일 이후에도 결코 축소되지 않았다.

정부 기관 바깥에서는 여러 재단이나 당 등에서 운영하는 시민·교육단체들이 중심이 되어 토론회와 통일 교육 등을 통해 동·서독 간의 내적 통일을 목표로 활동한다. 이들 공적 정치 교육 운영의 지도자들이 1997년에 모여 작성한 뮌헨선언은 자신들의 과제를 "독일 역사에 대한 비판적 청산 작업은 정치 교육의 중심 과제이다. 정치 교육은 전체주의적 경험들과 심도 깊게 마주함으로써, 기억 작업을 통해 과거의 오류를 미래에 피할 수 있도록 해야만 한다"라고 간결하게 정리한 바 있다.[22]

2003~2005년 포츠담 현대사연구소와 여러 교사 단체가 모여 클레스만의 '비대칭적으로 서로 얽힌 병행사'라는 시각하에 독일 현대사에 교육적으로 새롭게 접근하기 위한 준비 작업을 시행했다. 즉, 클레스만 테제가 역사교육에서 받아들일 가치가 있음이 교육적으로도 인정된 것이다. '1945년부터 1990년까지 양 독일 역사의 통합적 취급을 위한 모델'이라는 제목의 핵심 커리큘럼은 클레스만의 제안을 받아들여 분단 시기 독일사에 접근하기 위한 구체적인 계기 여섯 가지를 다음과 같이 구성했다.

① 독일 대파국의 종말과 새로운 시작의 기회로서의 1945년

② 진영 형성의 내적 결과

③ 분단의 고유 동력

④ 비대칭적 상호 얽힘의 형태들

---

22 "'Demokratie braucht politische Bildung' - Zum Auftrag der Bundeszentrale und Landeszentralen für politische Bildung - <Münchener Manifest>" 1997.5.26., in *APZ*, N. 32(Berlin: 1997), pp.36~39.

⑤ 체제를 넘어서는 문제 상황들

⑥ 재접근의 경향들

즉, 학교에서 9, 10학년 학생들이 역사 과목 '대학 입학 자격시험의 통일 요강(EPA)'[23]에 따라 실시할 수 있는 역사 수업 모델을 만들었고, 역사 과목을 통해 습득할 능력을 '사실 인지 능력', '역사적 판단 능력', '방법론적 능력'(사료와 서술의 이해를 위한) 등 세 분야로 나눈 커리큘럼이 구체적으로 제시되었다(Arbeitsgruppe im Verband der Geschichtslehrer Deutschlands, 2006: 179~235).

6. 남은 과제: 역사의식의 변화와 확산

독일에서 동독 연구를 통해 독재 시대의 과거를 청산하고자 하던 연구 열기는 이제 한풀 꺾였다. 돌이켜보면 독일 사회는 나치 과거 청산 과정에서 겪었던 오류를 거울삼아, 좀 더 조심스럽고 성숙하게 이 시기들을 보낼 수 있었던 듯 싶다. 물론 평가의 다른 한편에서는 동독 과거 청산의 방식과 결과를 실망과 실패로 선언하는 목소리도 나오지만, 엄청나게 쏟아져 나오는 과거 청산과 관련된 연구와 문헌들은 이미 그 다양성에서 나치의 과거 청산 연구를 압도하고 있다. 과거와 마주해 회피하지 않고자 하는 이런 태도는 과거 청산과 과거 극복이라는 문제에서 국가적 자부심을 불러일으켰고, 통일된 독일의 구성원

23 '대학 입학 자격 시험의 통일 요강(Einheitlichen Prüfungsanforderungen in der Abiturprüfung: EPA)'은 '문화부 장관 협의(Kultusministerkonferenz: KMK)'로 만들고 갱신한다.

으로서 정체성을 확인시킬 수 있는 계기로 작용했다. 이제 독일인은 '문제 국가'에서 벗어나 '정상 국가'의 '정상 국민'이 된 것이다. 베를린으로의 수도 이전은 본으로 대표되는 과도적 전후 시대를 청산하고 마침내 획득한 독일인으로서의 확실한 자기 정체성에 기반해, 과거의 영광을 회복하겠다는 현실 인식의 한 표현이다. 독일의 사례는 우리에게 청산되지 않은 과거를 지닌 국가에서 국민의 정체성을 만들어가는 작업이 얼마나 어려운지 보여준다.

역사의식은 사람마다 다르게 구성된다.[24] 소속된 집단이나 지역에 따라, 접하는 문헌과 지식의 차이, 개인의 경험에 따라 다양한 모습으로 나타난다. 그렇다면 우리에게 공동의 역사의식은 필요한 것인가? 역사 서술이 역사에 대한 비판적 이해를 목표로 하는 것은 필요하고도 정당하지만, 민주국가에서 국민에게 단일한 역사의식을 만들어내는 것은 결코 적절한 목표가 아니다. 민주 사회에서 노년과 청년, 보수와 진보, 국민 모두가 동의할 수 있는 역사의식이란 존재하지 않는다. 또한 이러한 역사의식을 갖도록 국민을 유도하거나 강요하는 것도 불가능하다. 동일한 사회에서 성장하고 활동한다 해서 그 구성원들이 공동의 역사의식, 공동의 역사관을 가질 수 있겠는가? 이는 가능한 작업도 아니거니와 위험하기까지 하다.

인간의 역사의식이 변화하듯 한 사회가 동의하고 추구하는 역사상도 시간에 따라 변화한다. 한 사회 내에는 다양한 역사상이 존재할 수 있다. 그것은 자연스러운 일이다. 내적 통일이란 국가가 하나의 통일된 문화를 제시하고

24 외른 뤼젠(Jörn Rüsen)은 '역사의식'을 "인간이 시간 속 자신의 삶의 행위를 자신의 의도에 따라 이끌어가기 위해 자신이 속한 세계의 시간적 변화에 따른 경험이나 그 스스로 겪은 변화의 경험에 의미를 부여하는 심적 행위의 총체"로 파악했으며, 파울렌바흐는 "특정 시대에 한 인간 집단이 과거와 관련을 맺으면서 현재를 바라보고 미래를 지향하도록 만드는 사고의 형식과 내용을 구성하는 전체"라고 정의 내린다.

요구함으로써 만들어지는 것이 아니라, 민주적 규칙들을 서로 인정하고 그 속에서 시민사회가 조화와 존중의 질서를 만들어나가는 과정이다. 그렇더라도 사회가 자신의 구성원들로 하여금 일정한 역사의식에 동의할 수 있도록 사회적 합의를 만들어가는 노력은 필요하다. 역사의식 또한 개인이나 사회가 완성하는 어떤 것이 아니라, 끊임없이 구성되고 변형되며 만들어지는 하나의 과정일 것이다. 그것은 사회 구성원들의 정체성과 관련이 있다. 자신이 속한 사회가 기초하고 있는 정당성에 동의할 때에만 구성원으로서의 단단한 정체성을 가질 수 있으며, 그래야만 비로소 자신이 속한 사회의 지속을 위해 충성할 수 있을 것이다.

모든 사람이 동의할 수 있는 통일적이고 공식적인 역사 서술의 모범이란 없다. 오직 통합적 역사 하나만을 학문적 주류 서사로 만들어 끌어가도록 해서는 안 될 것이다. 동질적으로 구성된 민족을 중심으로 기술하는 민족사적 서술의 시대 또한 지나갔다. 오늘날 동질적으로 구성된 민족국가는 지구상 어디에도 존재하지 않는다. 한 국가의 역사 서술 목표는 통일성이 아니라 다양성이 되어야 할 것이다. 상호 조화로운 연관성을 강조하느라 민주주의 체제와 독재의 차이를 약화시키거나, 독재체제가 행한 불법과 악행들을 작게 언급하자는 것도 아니다. 하지만 단순히 민주주주의의 긍정적인 면과 현실 사회주의 체제의 부정적인 면을 대조해 제시하는 것만으로는 양 체제를 바르게 인식하기에도, 민주주의를 성숙시키기에도 부족하다. 지나간 독재 행태에 대한 비판은 새삼스러울 것도 없지만 단조롭고 지루한 작업이다. 그보다는 다원적 시각을 사회 구성원들에게 전해주는 작업이 필요하다. 성공과 실패의 이분법적 역사 서술을 벗어나 각 체제가 지녔던 고유한 무게와 특별함들, 상호 관련성, 이를 통해 드러나는 변화의 계기들을 밝혀내는 일, 동시에 공동체 구성원 각자가 자기만의 판단력을 바탕으로 자유롭고 비판적인 역사의식을 지닐 수 있는 시민 교육 제도를 만들어가는 작업이 중요하다.

:: 참고문헌

최승완. 2010.「크리스토프 클레스만: 분단국가의 통합적 역사서술을 강조하다」. 역사비평 편집위원회 엮음.『역사가들: E. H. 카에서 하워드 진까지』, 293~330쪽. 역사비평.

올릭, 제프리 K.(Jeffrey K. Olick) 외. 2006.『국가와 기억』. 민주화운동기념사업회.

Arnswald, Ulrich et al. 2006. *DDR-Geschichte im Unterricht*. Berlin.

Beauftragte der Bundesregierung für die neuen Bundesländer(ed.). 2015. *25 Jahre friedliche Revolution und Deutsche Einheit - Öffentliche Vorstellung der Ergebnisse eines Forschungsprojekts*. Halle-Wittenberg.

Bender, Peter. 1989. *Deutsche Parallelen. Anmerkaungen zu einer gemeinsamen Geschichte zweier getrennter Staaten*. Berlin.

______. 2007. *Deutschlands Wiederkehr. Eine ungetielte Nachkriegsgeschichte 1945~1990.* Stuttgart.

Bessel, Richard(ed.). 1996. *Die Grenzen der Diktatur: Staat und Gesellschaft in der DDR.* Göttingen.

Bispinck, Henrik. 2008. "Die Zukunft der DDR-Geschichte. Potenziale und Probleme zeithistorsiche Forschung." Frank Möller, Ulrich Mählert(eds.). *Abgrenzung und Verflechtung*. Belrin.

Bispinck, Henrik et al. 2003. "DDR-Forschung in der Krise? Defizite und Zukunftschancen - Eine Entgegnung auf Jürgen Kocka." *DA*, 36, pp.547~570.

Boldt, Hans. 2003. "Auf dem Weg wohin? Oder wie schreibt man deutsche Nationalgeschichte." *Neue Politische Linteratur*, 48, pp.365~372.

Brunner, Detlev·Grashoff, Udo andKözing, Andreas(eds.). 2013. *Asymmetrisch verflochten?: Neue Forschungen zur gesamtdeutschen Nachkriegsgeschichte*. Berlin.

Eppelmann, Rainer and Faulenbach, Bernd(eds.). 2003. *Bilanz und Perspektiven der DDR-Forschung*. München

Faulenbach, Bernd. 1998. "Überwindung des 'deutschen Sonderweges'? Zur politischen Kultur der Deutschen seit dem 2. Weltkrieg." *Aus Politik und Zeitgeschichte*(이하 *APZ*), 51, pp.11~23. Berlin.

______. 2004. "Die DDR als Gegenstand der Geschichtswissneschaft." Jens Hüttmann et al.(ed.). *DDR-Geschichte vermitteln*. Berlin.

Faulenbach, Bernd and Jelich, Franz-Josef(eds.). 2005. *Asymetrisch verflochtene Parallelgeschichte? Die Geschichte der BRD und der DDR in Ausstellungen, Museen und Gedenkstätten*. Essen.

Fulbrock, Mary. 2003. "DDR-Forschung bis 1989/90." Rainer Eppelmann, Bernd Faulenbach(eds.). *Bilanz und Perspektiven der DDR-Forschung*. München.

Hansen, Dirk. 2003. "Politische Bildung und DDR-Geschichte," Eppelmann, Faulenbach(eds.). *Bilanz und Perspektiven der DDR-Forschung*. München.

Hacker, Jens. 1992. *Deutsche Irrtümer. Schönfärber und Helfershelfer der SED-Diktatur im Westen*. Berlin.

Hartmut, Jäckel. 1990. "Unser schiefes DDR-Bild." *DA*, N. 2, pp.1557~1565.

Herbert, Ulrich. 2014. *Geschichte Deutschlands im 20*. Jahrhundert. München.

Hochscherf, Tobias and Laucht, Christoph(ed.). 2010. *Divided but not disconnected. German experiences of the Cold War*. NY.

Hüttmann, Jens. 2007. "'De-De-Errologie' im Kreuzferuer der Kritik." *DA*, N.4, pp. 671~681.

Jarausch, Konrad. 2004a. *Die Umkehr. Deutsche Wandlungen 1945~1995*. München.

______. 2004b. "'Die Teil als Ganzes erkennen'. Zur Integration der beiden deutschen Nachkriegsgeschichten". *Zeithistorische Forschung*, N.1.

Jarausch, Konrad and Sabrow, Matin(eds.). 2002. *Die historische Meistererzählung. Deutungslinien der deutschen Nationalgeschichte nach 1945*. Göttingen.

Jarausch, Konrad and Michael Geyer. 2005. *Zerbrochener Spiegel. Deutsche Geschichte im 20. Jahrhundert*. München.

Jenkis, Helmut. 2012. *Der Freikauf von DDR-Häftlingen: Der deutsch-deutsche Menschenhandel*. Berlin.

Jesse, Eckhard. 2015. "Das Ende der DDR." *APZ*, N.33~34.

Klessmann, Christoph. 1993. "Verflechtung und Abgrenzung. Aspekte der geteilten und zusammengehörigen deutschen Nachkreigsgeschichte." *APZ*, 43.

______. 2001. "Der schwierige gesamtdeutsche Umgang mit der DDR-Geschichte." *APZ*, N.30~31.

______. 2014. "Was bleibt von der Mauer? Gemeinsame Nachkriegsgeschichte in Deutschland, in Europa?" *DA*. N.12.

Klessmann, Christoph and Lautzas, Peter(eds.). 2005. *Teilung und Integration. Die doppelte deutsche Nachkriegsgeschichte*. Bonn.

Klessmann, Christoph and Wentker, Hermann. 2005. "Zwischen Abgrenzung und Verflechtung: deutsch-deutsche Geschichte nach 1945." *APZ*, 55, pp. 10~17.

Knabe, Hubertus. 1999. *Die unterwanderte Republik. Stasi im Westen*. Berlin.

Kocka, Jürgen. 1998. "Die Geschichtswissenschaft nach der deutschen Vereinigung." Wolfram Pyta. Ludwig Richter(eds.). Gestaltungskraft des Politischen. Berlin.

______. 2003.8.22. "Bilanz und Perspektive der DDR-Forschung." Frankfurter Rundschau.

Langewiesche, Dieter. 1989. "Der 'Historikerstreit' und die 'Historisierung' des Nationalsozialismus." Klaus Oesterle(ed.). *Historikerstreit und politische Bildung*. Stuttgart.

Lindenberger, Thomas. 2004. "Ist die DDR ausgeforscht? Phasen. Trends und ein optimistischer Ausblick." *APZ*. N.24~26.

Lüdtke, Alf. 1998. "Die DDR als Geschichte. Zur Geschichtsschreibung über die DDR." *APZ*. N.36.

Möller, Frank and Mählert, Ulrich(eds.). 2008. *Abgrenzung und Verflechtung: Das geteilte Deutschland in der zeithistorischen Debatte*. Berlin.

Möller, Horst. 2007. "Demokratie und Diktatur." *APZ*. N.3.

Niethammer, Lutz. 1999. "Methodische Überlegungen zur deutschen Nachkriegsgeschichte." Hans Misselwitz et al.(eds.). *Deutsche Vergangenheiten - eine gemeinsame Herausforderung*. Berlin.

Rehlinger, Ludwig A. 2011. Freikauf: die Geschäfte der DDR mit politisch Verfolgten 1963-1989. Halle.

Rödder, Andreas. 2009. *Deutschland einig Vaterland*. München.

Schroeder, Klaus and Staadt, Jochen. 1997. "Zeitgeschichte in Deutschland vor und nach 1989." *APZ*, N.26, pp. 15~29.

Schweitzer, Carl-Christoph. 2000. "Fünf Thesen zu einem 'gesamtdeutschen' Nationalbewusstsein." *Internationale Schulbuchforschung*, 22, pp.449~453.

Wehler, Hans-Ulrich. 2008. *Deutsche Gesellschaftsgeschichte Bd. 5, Bundesrepublik und DDR 1949~1990*. München.

Wentker, Hermann. 2005. "Zwischen Abgrenzung und Verflechtung: deutsch-deutsche Geschichte nach 1945." *APZ*. N.55, pp.10~17.

Wessely, Uli. 2004. "Politische Bildung in der globalen Wissensgesellschaft." *APZ*. N.7·8.

Wilke, Manfred. 2003. "Die DDR – Wandlungen der historischen Deutung." Rainer

Eppelmann, B. Faulenbach(eds.), *Bilanz und Perspektiven der DDR-Forschung*. München.

Winkler, Heinrich August. 2000. *Der lange Weg nach Westen*. München.

______. 2008. *Der lange Weg nach Westen. Abschied von der deutschen Frage*. FES. Bonn.

Wirsching, Andreas. 2007. "Für eine pragmatische Zeitgeschichtsforschung." *APZ*, N.3.

______. 2012. *Der Preis der Freiheit. Geschichte Europas in unserer Zeit*. München

12장

유럽 통합을 위한 역사교육

독일의 사례를 중심으로

한운석

1. 머리말

1951년 4월 프랑스 외교장관의 이니셔티브하에 출범한 유럽석탄철강공동체(EGKS: Europäische Gemeinschaft für Kohle und Stahl)로부터 유럽공동체(EG: Europäische Gemeinschaft)까지의 유럽 통합을 염두에 두는 사람은 그것을 주로 공동의 경제적 이익을 도모하는 제도라고 연상할 것이다. 1980년대까지의 서유럽 교과서들도 유럽 통합을 주로 경제 및 제도 측면에서 서술했다. 그러나 유럽을 통합하려는 유럽 계획들(Europapläne)의 역사를 거슬러 올라가면 16세기와 17세기의 여러 전쟁을 겪으면서 초국가적인 결합을 통해서 평화를 보전하려는 사상이 훨씬 더 오랜 전통이 있다는 것을 알 수 있다. 1625년에 법률 공동체로서의 유럽을 구상했던 국제법학자 후고 그로티우스

(Hugo Grotius), 국제중재재판소를 통해 유럽의 평화를 보전하려 했던 철학자 빌헬름 라이프니츠(Wilhelm Leibnitz), '영구평화론'(1795)을 통해 유럽의 평화 연맹(Friedensbund)을 주장한 칸트(Immanuel Kant)는 그 대표적인 예들이다. 아리스티드 브리앙(Aristide Briand)이나 쿠덴호베칼러기(Coudenhove-Kalergi) 백작은 제1차 세계대전의 참화를 경험한 뒤 내전들 속에서 쇠잔해지지 않는 '연방적인' 혹은 '범유럽'의 비전을 발전시켰다. 제2차 세계대전의 극심한 파국을 경험한 뒤 폐허 속에서 유럽 통합의 비전을 발전시킨 중요한 동기들 중의 하나도 바로 평화와 안보에 대한 소망이다(*Zeiten und Menschen 2*, 2006: 478~480; *Histoire/Geschichte. Europa und die Welt seit 1945*, 2006: 116; 가이스, 2008: 126). 2004년 유럽연합의 25개 회원국의 수반과 외교장관들이 서명하여 각국 의회의 통과를 기다리고 있는 유럽연합 헌법은 최우선 목표가 '평화의 촉진'이라는 점을 분명히 하고 있다(*Zeiten und Menschen 2*, 2006: 486).

우리가 유럽 통합에 관심을 갖는 이유는 동아시아 공동체 구상을 발전시키는 데 그것이 귀중한 교훈을 주리라고 믿기 때문일 것이다. 경제인들이나 정치인들에게는 동아시아 및 아세안 국가들과의 여러 가지 경제 협력이 더 큰 관심이며, 또 그것들이 구체적인 합의들을 통해 결실을 내고 있기도 하다. 그러나 지식인들의 담론에서는 적어도 경제공동체보다는 안보 및 평화 공동체로서의 동아시아 공동체에 대한 관심이 큰 것이 사실이다. 그것은 중국의 경제 대국으로서의 부상과 그 군사적 잠재력을 견제하기 위한 일본의 군사 대국화 움직임, 북한 핵문제 등이 맞물려 불안정한 동북아의 상황과, 한반도 통일의 전제로서의 평화 공동체의 실현이라는 목표 때문이다. 그러나 이러한 동아시아 공동체를 추진하는 데 중요한 장애물 중 하나가 상호 신뢰를 가로막는 역사 갈등의 문제이다. 이것을 해소하기 위해 민족국가 중심의 배타적인 역사인식을 지양하고 역사인식 공유의 폭을 넓히려는 시민사회 차원의 많은 노력이 이루어졌고, 일정한 성과를 거두고 있다.

2012년부터는 동아시아사 교과목을 고등학교에서 선택과목으로 가르칠 예정이다. 그러나 아직 역사학계에서조차 동아시아 공통의 역사, 문화나 전통, 가치가 있는 것인지, 그리고 있다면 그것이 무엇인지에 대한 공감대가 형성되어 있지 않다. 따라서 이렇게 준비되지 않은 상황에서 새로운 동아시아사 교과서가 어느 시간과 공간, 주제들을 어떻게 다루어야 할지를 모색하는 것은 매우 힘든 작업이 될 것으로 전망된다. 이 글은 유럽 통합을 교육적으로 뒷받침하기 위한 유럽의 노력을 독일의 역사교육을 중심으로 살펴보고자 한다. 지금까지 유럽 통합에 대한 연구는 시대사적 배경, 발전과 제도들을 중심으로 진행되었다. 그러나 역사교육을 통해 학생들에게 유럽 의식과 유럽의 정체성을 강화하기 위한 노력은 소개되지 않았다. 이러한 연구는 다양한 유럽 개념들, 유럽의 범위에 대한 인식, 유럽 공통의 문화유산, 유럽의 정신과 가치 및 제도, 유럽 통합의 역사가 교과서에 어떻게 어떠한 비중으로 서술되어 있는지에 대한 분석을 전제로 한다. 이것은 동아시아사를 개발하는 데, 그리고 그것을 어떻게 가르치고 어떻게 발전시켜 나가야 할지에 교훈을 줄 수 있을 것으로 기대한다.

이 글에서는 먼저 유럽 의식을 강화하기 위한 유럽공동체와 유럽연합의 기구들과 독일 문화부장관회의의 결의들을 중심으로 교육정책적 조치들을 분석할 것이다. 유럽평의회의 결의들, 주요 콘퍼런스의 성과들이나 보고서들에 대해서는 시간적인 이유와 지면상의 문제로 인해 다루지 못한다. 교과서의 분석은 1980년대부터 2000년대까지 이루어진 몇 가지 중요한 성과를 참고하고 일부 현행 교과서를 분석해 보완했다.

2. 교육정책적인 규정들

1945년 이후 유럽 통합을 위한 노력은 제2차 세계대전을 통해 새로운 초강대국으로서 미국과 소련이 부상하고 유럽이 약화된 데 대한 응답이라고 할 수 있다. 유럽 통합에 대한 기대는 나라마다 달랐다. 전후 독일의 서방 점령지와 그 후 서독에서는 처음에 국가주권을 회복하고 경제적·정치적 영향력을 획득하려는 기대에서 사람들이 유럽통합운동을 크게 지지했다. 서독인들의 유럽 열광은 또한 나치의 파국과 분단을 경험한 뒤 의문시된 민족 정체성의 추구에 대한 대안이기도 했다. 1951년 6개국에서 출발한 유럽석탄철강공동체는 1967년 유럽공동체로 발전하고, 1973년에는 영국·아일랜드·덴마크가, 1981년에는 그리스가, 1986년에는 포르투갈과 스페인이 가입했다. 1960년대와 1970년대는 유럽 통합을 위한 노력이 정치적으로나 제도적으로 위기를 겪던 시기였다.[1]

1980년대는 유럽공동체(Europäische Gemeinschaft, EG)가 이 위기를 극복하고 제도 개혁을 통해 의욕적으로 발전을 추구하던 시기다. 이를 위해서는 유럽공동체의 활동에 대한 시민들의 적극적인 관심과 지원이 필요했고 교육을 통해서 유럽 통합의 필요성에 대한 인식을 강화할 필요가 있었다. 1980년대에 나온 유럽이사회(der europäische Rat)나 유럽의회(das europäische Parlament)의 여러 가지 선언이나 규정은 이러한 배경과 함께 회원국들이 교육 과정에서 유럽공동체를 너무 소홀히 다루고 있다는 진단에서 나온 것이다.

이 때문에 유럽공동체 이사회는 1980년대 초부터 여러 결의에서 '교육제도에서의 유럽 차원'을 강화할 것을 회원국들에 요구했다. 1985년의 '결론

1 1960년대와 1970년대의 '어려운 통합과정'에 대해서는 Quintrec and Geiss(2006: 124~125) 참고.

(Schlußfolgerungen)'에서는 공동체의 시민들이 "유럽 통합의 목표와 유럽공동체의 행동반경에 대해 잘 알고 있어야 한다"라고 요구했으며 "따라서 수업에서의 유럽 차원은 유럽의 미래 시민들을 위한 교육의 필수불가결한 구성요소"라고 강조했다(Pingel, 1995: XII). 유럽의회는 1987년 '교육제도에서의 유럽 차원의 결의(Entschließung zur europäischen Dimension im Bildungswesen)'에서 회원국들의 모든 의무교육 체계에서 유럽 차원을 도입하고 강화할 것을 주문했다. 유럽의회는 구체적으로 교사들을 유럽 차원을 위해 양성하고 연수할 것과 역사·지리·사회나 경제 같은 과목에서 유럽 차원의 양상을 담은 교수법 자료들을 더 많이 활용할 것을 요구했다(Natterer, 2001: 13~14). 결의는 "청소년 세대에게 유럽공동체가 존재하며 계속 발전하고 있고, 그들의 현재의 삶에 영향을 미치고 그들의 미래를 결정할 일련의 결정들을 내린다는 것을 분명히 인식시켜야 한다"라는 목표를 분명히 했고, "유럽에 초점을 맞춘 수업은 학생들로 하여금 자신의 문화뿐만 아니라 다른 문화들에 관심을 갖게 하고 사회·문화·정치적인 문제들을 순전히 민족적인 양상을 넘어서는 관점에서 보도록 변화시킬 수 있다는"(Kotte, 2007: 94~95) 비전을 제시했다. '교육제도에서의 유럽 차원을 위한 이사회와 이사회에 통합된 교육부 장관들의 결의(Entschließung des Rates und der im Rat vereinigten Minister für das Bildungswesen zur europäischen Dimension im Bildungswesen)'(1988년 5월 24일)는 유럽의회의 결의를 재확인했다. 교육제도의 가장 중요한 목표로서 유럽 차원을 더욱 고려하는 외에도 민주주의, 사회 정의와 인권의 수호라는 기본 원칙들에 따라 유럽 의식을 강화하는 것이 강조되었다. 이사회는 이 목표를 실현하기 위해 회원국들이 커리큘럼과 교사 양성 제도를 개선하고 수업 자료를 개발하고 정보 교환을 강화할 것을 요구했다(Natterer, 2001: 13~14; Pingel, 1995).

유럽공동체를 유럽연합(Europäische Union)으로 확장한 마스트리히트 조약은 128조의 '문화' 분야에서 다음과 같이 규정했다.

공동체는 회원국들의 민족 및 지역의 다양성을 보존함과 동시에 공동의 문화유산을 강조하는 가운데 그들의 문화의 전개에 기여한다. …… 공동체는 그 활동을 통해서 회원국들 사이의 협력을 촉진하고 필요할 경우에는 다음 영역들에서의 활동을 후원하고 보완한다.

유럽 민족들의 문화와 역사에 대한 지식의 개선과 확산

유럽의 의미가 있는 문화유산의 유지와 보호(*Vertrag über die Europäische Union*, 1992: 35).

사회주의 블록의 해체와 마스트리흐트 조약 체결과 함께 미래 유럽에 대한 기획은 근본적으로 변했다. 유럽연합의 대대적인 확장은 '유럽적인 것'으로서 무엇을 이해해야 하는가에 대한 새로운 인식을 요구했다. 이로 인해 유럽의 교육에 새로이 제기된 도전을 핑겔은 다음과 같은 문제들로 설명하고 있다.

- 유럽의 범위는 어디까지인가? 유럽의 공간은 정치적으로, 문화적으로, 지리적으로, 역사적으로 어떻게 정의해야 하나? 그것을 결속시키는 것은 무엇이고, 분열시키는 것은 무엇인가?
- 우리가 '유럽 의식'을 말할 때 그것은 유럽연합을 의미하는가, 혹은 유럽평의회의 회원국들도 포함하는가?
- 유럽은 그 기구들 속에서 소멸되는가, 혹은 이것들은 단지 좀 더 깊이 뒷받침된 소속감의 표현, 곧 제도적 형식에 지나지 않는 것인가?
- 우리의 정치적 혹은 경제적 유럽 구상은 지리적인 것과 대조를 이루거나 더 나아가 모순 관계에 서있는가?(Pingel, 2002: 247)

독일연방정부는 마스트리흐트 조약 체결 이후 문화 정책(여기에는 교육정책도 포함된다)의 책임은 여전히 회원국들의 소관이라는 것을 인정하기는 했지만, 조약 128조가 처음으로 유럽연합의 문화 활동에 대한 법적 기초를 제공했다는 점을 강조했다. 회원국들의 조치가 교육에서 유럽 차원을 중시하는 것이 충분하지 않을 경우 연합의 활동이 민족 및 지역적 조치들을 보완할 수 있다는 것이었다(Pingel, 2002). 유럽 통합에서 선도적인 역할을 한 서독은 유럽공동체나 유럽평의회 등 유럽 기관들이 제기한 요구들에 일찍 부응했다. 주 정부의 소관인 교육을 어느 정도의 통일성을 유지하기 위해 연방 차원에서 조정하는 역할을 담당하는 문화부장관회의(Kultusministerkonferenz)는 1978년 6월 8일 처음으로 '학교의 유럽적 교육과제의 기본방향(Leitlinien des europäischen Bildungsauftrages der Schule)'에 대한 권고안을 제시했다. 그러나 이 합의에 강제력이 있는 것은 아니었으며 그것을 실행할지와 그것을 어떻게 해석하느냐는 주 정부에 달려 있었다. 권고안은 유럽을 공통으로 각인하는 요소로서 지리적인 것 외에도 공동의 역사 유산과 문화 전통을 언급하고 있다. 여기서 지리적인 범위를 명확히 규정하고 있지는 않다. 하지만 '정치적 유럽'에 대해서는 넓게는 유럽평의회의 국가들, 좁게는 유럽공동체의 국가들로 한정해 중부 유럽과 동부 유럽의 국가들은 유럽 통합 사상에서 배제되었다. 정치적 목표로서는 특히 지속적인 유럽 평화 질서, 경제적 사회적 관계의 평준화, 유럽의 정치적 비중의 강화가 언급되었다. 문화부장관회의는 다음 사항들을 교육과 수업의 목표로 제시했다.

- 이해의 증진 및 편견의 해소
- 유럽의 다양성의 긍정
- 인권의 실현
- 유럽의 타협들에 대한 긍정
- 유럽과 세계에서 평화의 보전

학생들에게 '유럽에 함께 속한다는 의식'뿐만 아니라 '유럽의 결정들과 유럽공동체의 시민으로서의 과제를 인지하고 실현할 수 있는' 역량을 매개해야 한다는 것이었다. 유럽 의식을 강화하기 위해서 역사 과목과 사회 과목에서는 유럽의 다양성, 1945년 이후 유럽 통합의 발전, 유럽공동체의 의미, 유럽의 의미가 있는 중요한 역사적 요소들, 유럽의 구조들, 그리고 세계 다른 국가들과 유럽의 관계에 대한 지식과 통찰을 길러주어야 했다. 문화부장관회의는 실천 측면에서 다음의 조치들을 권했다.

- 교사와 학생 교환
- 유럽의회 같은 유럽 기구들의 방문
- 국경 지역에서의 프로젝트
- 유럽 경시대회(서독에서 1954년부터 시행)

1990년 12월 7일의 문화부장관회의의 결의는 1978년 합의의 개선이라고 할 수 있다. 개선안이 나오게 된 배경은 무엇보다도 중부 유럽 및 동부 유럽 국가들에서의 변혁이라고 할 수 있지만 앞에 소개한 1988년 5월 '교육제도에서의 유럽 차원을 위한 이사회와 이사회에 통합된 교육부 장관들의 결의'도 고려되었다. 1990년의 결의는 아직 중부 유럽과 동부 유럽 국가들의 통합을 전망하고 있지 않고, 다만 여타 유럽 지역과의 더욱 긴밀한 결속을 계획하고 있을 뿐이었다. 그러나 그것은 유럽연합을 만들고 장기적으로는 유럽 공동의 집을 건설하려는 목표를 제시하고 있다. 회원국들의 문화 주권과 유럽공동체의 지원적 지위(Subsidiaritätsprinzip)는 '문화적 독자성과 사회적 다양성의 유지'와 '지역들로 구성된 유럽(Europa der Regionen)'을 가진 연방으로서의 유럽에 대한 지지 속에 표현되었다. 유럽 의식을 강화하기 위한 학교의 교육학적 과제는 "청소년들에게서 유럽의 정체성을 일깨운다"라는 목표 설정을 통해 1978년의 합의에서보다 훨씬 더 명료하고 광범위해졌다. 1990년의 권고안은 교육과정들(Lehrpläne)이 '좀 더 섬세하게 구체적인 목표들과 주제들, 그리고 적절한 자료들과 합목적적인 작업 형식들을' 제시함으로써 이러한 목표 수행에 기여할 것을 요구했다. 역사 과목에서는 '유럽 민족과 국가들의 기원과 그들의 길을 규정한 정치·사회적, 세계관 및 종교적 운동들, 권력투쟁들, 사상과 문화 창조들'을 다룰 것을 요구했다. 유럽 의식을 강화하기 위해 권고안이 제시한 교육학적 조치들에는 "교육과정을 개선할 때 유럽의 문제를 고려할 것", "교사 양성 및 연수에서 유럽 차원을 고려할 것", "'수업에서의 유럽 차원'을 교과서 채택 시 검정 기준으로 세울 것"이 포함되어 있다(Natterer, 2001: 26~31).

1995년에 오스트리아와 스웨덴, 핀란드가 유럽연합에 가입했고 1997년 말에는 룩셈부르크에서 에스토니아, 폴란드, 슬로베니아, 체코, 헝가리, 키프로스와의 가입 협상이 시작되었다. 1999년 12월 말에는 헬싱키에서 불가리아, 라트비아, 리투아니아, 몰타, 루마니아, 슬로바키아와의 협상이 시작되었다. 이 중 불가리아와 루마니아를 제외한 10개국이 2004년 5월 1일 유럽연합에 가입했고, 두 국가도 2007년 1월 1일 뒤를 이었다. 유럽연합의 대규모 확장으로 유럽 의식의 강화를 위한 1990년 문화부장관회의의 권고안을 수정하지 않을 수 없었다. 2008년 5월 5일의 권고안은 유럽연합의 대폭적인 확장의 결과를 반영한 것이다. 이것은 통합을 위한 교육의 과제에도 영향을 주지 않을 수 없었다. 이 권고안에 통합 대상으로서의 유럽의 공간 범위가 무엇을 의미하는지 명시적으로 나와 있지는 않지만 맥락상으로 유럽연합과 유럽평의회 가입국들을 염두에 두고 있음을 어렵지 않게 파악할 수 있다. 유럽의 현실과 관련한 정치적 출발점을 다룬 1절에는 국제적인 경제 분야의 결속 외에도 자원과 환경보호·이주·빈곤 퇴치 등 지구 차원의 도전들로 인해 유럽 국가들이 그 경계를 넘어서 세계의 문제들에 참여할 필요가 있다는 주장이 개진되어 있다. 특히 유럽연합의 확장과 관련해 관용·연대·문화적 다양성에 대한 존중이라는 덕목이 강조되고 있다.

> 유럽의 유착은 유럽인들로 하여금 자신의 민족사와 전통을 새로운 시각에서 바라보고, 다른 사람들의 관점을 존중하고, 관용이라는 가치와 연대 정신, 그리고 언어와 문화적 관습이 서로 다른 사람들과의 공생을 실천하도록 요구한다. 이로써 유럽인들은 유럽과 세계에서 자유, 평화, 정의, 그리고 사회적 평등(sozialen Ausgleich)을 위한 책임을 받아들인다.

유럽 통합적 교육이 추구해야 할 능력과 태도 가운데는 특히 '이해심, 편견을 제거하고 공통점을 인정하면서도 동시에 유럽의 다양성을 수긍하는 자세: 자신의 문화적 정체성을 지키면서도 타 문화에 대한 개방적인 태도'가 들어 있다. 학생들이 교육을 통해서 습득해야 할 기능으로는 다음 항목을 주목할 필요가 있다.

- 유럽을 각인한 역사적 세력들, 특히 유럽의 법사상, 국가사상, 자유사상의 발전과 씨름하고 현재의 발전과 자신의 행동 선택과 관련한 시사점을 찾아낸다.
- 공통의 유럽 문화 발전 경로, 특징들과 산물들을 그 다양성 속에서 인지하고 그것을 보호하려는 자세를 갖는다.
- 다언어성이 제공하는 문화적 풍요를 인식한다.
- 유럽 사상의 역사와 유럽 국가들의 통합 노력을 존중한다.

학교에서의 유럽 교육을 위한 조치들로서는 특히 '두 언어를 통한 수업을 장려할 것'과 '유럽의 테마들에 대한, 그리고 유럽의 자매학교들과의 프로젝트 작업을 장려할 것'을 제안했다("Empfehlung der Kultusministerkonferenz,

1978"). 두 언어 수업의 경우 이미 영어나 프랑스어를 통한 역사 수업 커리큘럼도 나와 있다. 독일과 프랑스나 폴란드 등 인접 국가들과의 역사 과목과 연관된 공동 프로젝트도 활발히 실천되고 있다.

3. 1945년 이전 시기의 유럽 차원에 대한 서술

독일의 역사 과목 교과서들이 유럽 차원을 어떻게 반영했는지 알아보기 전에 먼저 교과서의 역사 서술 경향이 어떻게 변화하는지 살펴보는 것이 유익할 것이다. 팔크 핑겔(Falk Pingel)이 독일을 포함한 서유럽의 교과서 발전을 일반화해 설명한 것은 개괄적인 변화의 방향을 이해하는 데 도움이 된다. 그에 따르면 1960년대까지 역사 수업과 지리 수업은 자기 민족이나 국가에 집중했으며 역사와 공간에 대한 서술에서 거의 국가 단위로 나누어 서술했다. 그러나 1970년대와 1980년대에는 일반적이고 국제적이거나 지구 차원의 접근 방식이 점점 더 비중이 커졌다. 흔히 한 시대나 공간의 포괄적인 특징들이 앞에 나오고 이어서 구체적인 사례로서 자기 민족이나 다른 나라들의 몇 개 사례들이 좀 더 자세히 서술된다. 역사 과목에서는 정치제도나 지도적인 인물에 맞춰 서술되던 것이 사회사나 일상사 콘셉트에 자리를 내주었다. 사실이나 사건들에 대해 서술하는 대신 이제는 반드시 한 민족에 국한될 필요가 없는 공간이나 시간 단위를 포괄하는 장기적인 구조와 과정들로 시선이 이동했다. 핑겔은 유럽의 교과서 발전에서 나타나는 이러한 장기적인 경향이 세계의 경제와 정치가 점차 국제적으로 긴밀하게 연루된 것을 반영하는 것이라고 본다. 그는 1990년대 초 동서 진영의 해체에 따른 변화로 교과서 서술에 새롭게 반영할 내용이 증가했지만 지면을 더 늘릴 수 없기 때문에 불가피하게 일반화하고 선별적 사례를 통해서 혹은 개괄적으로 서술하는 경향이 더욱 증가할 것이라고 전망했다(Pingel, 2002).

지난 몇십 년간의 독일 역사 교과서의 서술 형태의 변화를 보면 핑겔이 진단한 바와 같이 자국사의 비중이 감소하고, 개설적인 서술의 비중이 30%나, 그 이하로 감소하고 사료와 그림 도표 등 학습 자료들이 절대적으로 증가했다. 그에 따라 교과서가 역사학계의 정설을 요약하여 전달하는 개설서(Textbuch)로부터 학생들이 자율적으로 역사적 사고력을 형성하는 데 도움을 주는 학습서(Arbeitsbuch)로 변화하는 흐름을 보여주고 있다. 사료의 제시는 개설적 서술을 예시하는 성격을 벗어나 다중 관점(multiperspective)을 예시하는 방향에서 활용되고 있다. 2000년대 초에 독일의 여러 주에서 커리큘럼의 개혁이 이루어지고 새로운 커리큘럼이 쏟아져 나왔다. 이들은 교과서에서 시대별로 다루어야 할 내용에 대한 제시를 최소한으로 줄이고, 그 대신 일반적인 역사교육의 원리를 큰 틀에서 제시하는 데 그치고 있다. 새로운 경향은 역사교육의 학습 목표가 역사를 배움으로써 학생들이 사회에서 활용할 수 있는 어떤 역량을 길러주어야 하는가 하는 문제와 밀접하게 연관된 가운데 구체적으로 제시되고 있다는 것이다. 그래서 1990년대 이후의 독일 역사교육에서는 과거에 유행하던 역사의식(Geschichtsbewußtsein)이라는 개념 대신에 능력(Kompetenzen)이라는 개념이 새로이 유행했다. 이것은 1990년대 독일 사회가 PISA 연구 결과로부터 받은 충격에 대한 반성을 반영한 것으로 보인다.

1980년대의 독일 교과서들에서는 보통 중세를 다루는 단원에서 비로소 유럽이라는 개념이 제목에 출현했다. 그러나 1990년대 이후 유럽연합의 대폭 확장과 함께 유럽 통합의 중요성이 더욱 커지면서 유럽의 출발을 이미 고대 그리스로부터 추적하는 책들이 많이 나오고 있다. 고대사를 다루는 클레트출판사의 중학교용 교과서는 제3단원의 제목이 “유럽의 그리스적 기원”이며 그 10장은 “그리스-유럽 문화의 요람”이라고 제목을 붙였다. 여기서 과학적 사고를 통해 일식을 정확히 예언한 탈레스(Thalēs), 인생의 의미를 탐구한 소크라테스(Socrates), 그리스의 극장과 교육제도를 서술했다. 제6장은 '민주주의의 최초의 모델인 아테네'를 다루고 있는데 '민주주의: 당시와 오늘'이라는 박스 기사에서 아테네의 민주주의와 현재의 유럽 민주주의를 비교한다(*Geschichte und Geschehen 1*, 2007: 74~131). 노르트라인베스트팔렌의 중학교 역사교육과정도 "고대 그리스의 서술은 유럽 문화의 하나의 중심 뿌리를 보여주어야 한다. 그리스 문화의 장기적인 영향력과 도시국가의 성격의 밀접한 연관으로 인하여 수업에서 문화·정치사적인 차원을 전면에 부각하고 사회·경제사적인 차원은 뒤로 돌리는 것은 당연하다"(*Richtlinien und Lehrpläne für das Gymnasium-Sekundarstufe 1- in Nordrhein-Westfalen Geschichte*, 1993: 60)라고 본다. 그러나 같은 주의 고등학교용 교육과정은 "고대 그리스-우리 정치문화의 실질적 이상인가, 아니면 정치적인 역사가들과 역사적 수사를 이용하는 정치가들이 만들어낸 이상인가? 서양 역사의식 형성에서 페르시아전쟁의 의미"라는 제목으로 고대 그리스를 유럽 정치문화의 모델로 보는 전통적인 시각을 재검토할 것을 요구하고 있다(*Richtlinien und Lehrpläne für das Gymnasium-Sekundarstufe 1- in Nordrhein- Westfalen Geschichte*, 1993: 89).

노르트라인베스트팔렌의 중학교 역사교육과정은 고대 로마와 현대 유럽 문화의 관계를 분명히 할 것을 주문한다. 특히 로마제국의 팽창과 로마 문명의 특성과 영향을 살펴볼 것을 요구한다. 이 교육과정은 로마와 로마제국의 역사가 르네상스 이후 서양 교육 목록의 확고한 구성 요소라는 사실을 강조한다.[2] 헤센주의 중학교 교육과정은 로마-헬레니즘 사고방식 및 생활양식이 로마의 속주들에서 확산된 것이 유럽 문화의 형성에 미친 근본적인 영향에 대해 파악할 것을 요구한다.[3] 그러나 독일의 교과서들은 로마제국이 유럽에

2 *Richtlinien und Lehrpläne für das Gymnasium-Sekundarstufe 1- in Nordrhein-Westfalen*, pp.65~66.

남긴 유산에 대해 명확히 서술하고 있지 않다. 중학교 역사 교과서 *Geschichte plus*는 고대의 유산에 대해 2쪽 분량을 할애하는데 알렉산드리아의 거대한 도서관과 자연과학, 수학, 기술, 지리학의 발전과 그 영향에 대해 서술하고 있다. 이 책은 로마제국에 대한 서술 56쪽 분량 중 "동로마제국의 로마 유산인 비잔틴"에는 3쪽만을 할애하고 있다.[4] *Geschichte und Geschehen*은 로마제국의 유산을 별도로 서술하고 있지 않으며, 비잔틴에 대한 서술도 1쪽에 지나지 않는다.[5]

1990년대 초까지도 보통 독일의 교과서에서 유럽이라는 개념이 목차에 처음으로 나오는 것은 중세 초에 대한 서술에서였다. 먼저 핑겔이 프랑스, 스페인, 이탈리아, 독일의 거의 모든 교과서에 나오는 유럽 연관성이 있는 목차 항목들을 정리한 것을 참고하는 것이 유익할 것이다. 그에 따르면 '유럽'이라는 개념은 주요 장들에서 대부분 시대에 대한 표현으로서 나타나며(예컨대 중세 유럽) 하부 장들은 그보다는 개별 국가들을 주제화하고 있다.

- 중세 초기: 프랑크족의 흥기와 지배
- 중세: 봉건제[농민과 영주]
  교회[교황과 황제, 수도사, 십자군전쟁]
  기사, 일상생활[도시, 시민, 유대인, 농민]
- 근세 초: 신세계/신시대[지리상 발견, 발명들, 무역]
  절대주의[유럽의 열강 체제, 모델로서의 프랑스]
  종교개혁[전쟁과 정치, 황제와 제후]

---

3 *Lehrplan Geschichte. Gymnasialer Bildungsgang Jahrgangsstufe 6G bis 12G*(Wiesbaden: Hessisches Kultusministerium, 2008), p. 14.

4 *Geschite plus. Berlin Brandenburg*(Berlin: Cornelsen, 2006), pp.121~176.

5 *Geschichte und Geschehen*. Vol.2(Stuttgart: Ernst Klett Sculbuchverlage, 2009), p.93.

- 근대: 새로운 사상들[계몽사상, 이성]
- 프랑스혁명, 나폴레옹 지배 시기 프랑스의 유럽 지배
- 민족주의와 자유주의[1848년 혁명]

  19세기 유럽[영국을 모델로 한 산업혁명, 기술, 문화]

  제국주의[유럽의 외교 정책, 식민주의]
- 현대사: 제1차 세계대전, 전간시대(戰間時代)[이탈리아의 파시즘, 독일의 나치즘, 러시아혁명]

  제2차 세계대전

  전후 시대, 현재[동서 대립, 냉전, 유럽에서의 협력](Pingel, 1995: 290)

헤센주의 교육과정은 7학년 제2단원 '중세인들의 생활 조건'의 도입부에서 "게르만 전통과 로마-기독교적 제국 사상을 결합하여 옛 유럽의 기초로서의 프랑크제국을 파악하라"라는 학습 목표를 제시한다. 또 다른 중요한 학습 목표는 세속 권력과 종교 권력, 곧 왕권과 교황권의 대립을 이해하는 것이다. 노르트라인베스트팔렌주의 중학교 교육과정은 중세의 삶의 형식과 관련해서 특히 분봉제와 장원제에 기초한 봉건사회와 결국 이 신분 질서를 해체할 부르주아지의 도시 사회가 중세의 두 축을 형성하고 있다고 본다. 이 교육과정은 또한 중세 유럽의 특징으로서 교회가 인간 생활의 모든 영역을 지배한 것, 수도원의 역할, 교권과 왕권의 대립을 파악해야 한다고 본다. 기독교와 이슬람의 관계에 대해서는 대립['십자군전쟁'과 '성전(聖戰)']뿐만 아니라 '경제 및 문화 교류' 혹은 '이슬람을 통한 유럽의 발전(Bereicherung)'이 운위된다.[6]

6 *Richtlinien und Lehrpläne für das Gymnasium-Sekundarstufe 1- in Nordrhein-Westfalen,* pp.72~79.

베스트하이더(Rolf Westheider)는 1980년대에 사용되던 중학교 과정의 독일 역사 교과서 5종을 분석했는데 유럽의 출발을 카를대제로부터 보기 때문에 프랑크제국에 대한 서술부터 분석했다. 한 교과서는 매우 축약적으로 유럽의 정치적 출발을 다음과 같이 묘사했다.

"카를대제는 8세기 말경 서양(Abendland)의 정치적 통일을 달성했다. 그는-약간의 예외를 제외하면-유럽의 지배자가 되었다. 심지어 바그다드의 칼리프인 하룬 알라시드와도 교류했다. 동시대인의 사료들에서 사람들은 그의 제국을 이미 '기독교 제국'이라 불렀다"[Bayrischer Schulbuch Verlag(이하 bsv) G 1, 180].

여기서 서양의 정체성, 유럽에 대한 지배, 비유럽 지역과의 접촉, 그리고 그 시대의 자기 인식 속에서 유럽의 통일이라는 주제들을 다루고 있다. 1980년대의 다른 교과서들도 대부분 이러한 인식을 공유하고 있다. 그러나 *Zeiten und Menschen*(시대와 인간)"이라는 교과서는 시대착오적으로 프랑크제국의 지배와 사회와 경제 체제를 유럽의 맥락이 아니라 독일 민족사의 준비 과정으로 서술하고 있다(Westheider, 1995: 29~30).

중세 성기(Hochmittelalter, High Middle Ages: 11세기 중반부터 13세기 중반까지)에 관해서는 유럽 관련 서술이 많이 들어 있다. 베스트하이더는 작센왕가의 독일적인 왕들과 슈타우펜왕가의 좀 더 유럽 지향적인 왕들로 구분할 수 있다고 본다. 중세 왕정 외에도 기독교 세계 내에서 황제와 교황과 기사들 사이의 지배권을 둘러싼 투쟁을 유럽 관련 주제라고 볼 수 있다. 교과서 '우리의 역사'는 독일의 기사의 삶에 대해서뿐만 아니라 영국의 남작과 프랑스의 대영주(Grandseigneurs)에 대해 언급하고 있다. 『bsv 역사』에서는 프랑스의 기사 제도가 원형을 보여주고 있다고 간주하며 "기사 제도가 전 유럽의 중세를 각인했다"(bsv G 2, 51)라고 서술하고 있다. 기독교와 기사 제도를 근본적으로 공통적인 유럽의 요소라고 볼 때 십자군 원정은 그 정점에 있다고 간주할 수 있을 것이다. 이처럼 문제가 많은 사건들에 대해 처음으로 외부의 시각을 소개하고 비판적으로 평가할 수 있는 기회를 다수의 교과서들이 제공했다. 그것은 십자군 원정의 동기가 대단히 도착적인 목적을 추구하고 있었고, 그 잔인성이 너무 끔찍했기 때문이다. 이 주제는 처음으로 역사적인 사건을 진정으로 다중의 관점에서 다룰 기회를 제공한 것이다. 교과서 '우리의 역사'는 "십자군 원정을 어떻게 평가해야 하는가 — 당시의 관점에서, 아니면 오늘의 관점에서? 십자군의 관점에서, 아니면 이슬람교도의 관점에서?"라고 질문을 제기한다(UG 1, 199). "종교적 광신성과 성스럽다고 선언된 전쟁이 기독교로부터도 출발했다는 사실을 배울 기회는 반대편 이슬람교도의 목소리가 분명히 제시될 때 더욱 큰 것이다"(Westheider, 1995: 31~32).

후기 중세의 유럽에 관한 내용의 중심은 도시와 예술, 시민층과 원거리 무역의 발전과 유대인의 상황에 대한 서술이다. 교과서 대부분이 이에 많은 분량을 할애했다. 농업이나 농민의 생활이 초민족적인 관점에서 서술되는 반면 중세 도시의 발전에 관해서는 다수가 독일의 사례들만 다루고 있다. 도시의 지배와 법률 체제는 좀 더 민족사적인 측면에서 서술되는 반면 경제 및 사회에서의 부르주아 요소들과 관련해서는 다시금 영국이나 프랑스나 이탈리아의 사례들로 설명하고 있다. 다만 '시대와 인간'은 중세 도시의 모든 분야에서 민족적 시각의 서술이 지배적이다. 다른 교과서들이 원거리 무역의 중심지로서 샹파뉴에 주목하거나 한자 도시들과 베네치아가 남부 유럽에서 한 역할을 비교하는 데 비해 이 교과서는 독일 한자 도시들을 서술하는 데 집중하고 있다(Westheider, 1995: 31~34).

근세 초의 역사에 대해서는 그 정점인 휴머니즘과 르네상스에 대한 서술과 함께 전체적으로 유럽의 시각에서 다루었다. 종교개혁이 독일의 시각에서 나타난다는 것은 그리 놀라운 일이 아닐 것이다. 유럽의 시각은 그 결과를 서술할 때 비로소 드러난다. 다른 교과서들과 달리 '우리의 역사'는 루터와 뮌처를 넘어 '유럽에서의 종교개혁과 반종교개혁'의 모든 차원과 양상을 적절히 서술하고 있다. 계몽사상은 근대 유럽을 형성한 정신적 기반을 의미했다. 『bsv 역사』에 인용된 사료는 이 정신의 내용을 다음과 같이 표현한다. "계몽사상(Aufklärung — lumieres, enlightenment, illuminismo, ilustracion —)이 다양한 언어의 표현들에 공통적인 것은 사람들이 18세기 유럽 문학을 규정한 세계관에 특징적인 것으로서 이성의 …… 빛을 본다는 것이다"(bsv G3, 10). '시대와 인간'은 '관용과 인간성에 대한 요구'의 성과로서 마녀 화형의 종식, 자유석공조합, 유럽 유대인의 처지의 개선과 경건주의를 제시했다. 다른 교과서들에서는 그밖에도 과학과 기술, 경제와 교양을 추가했다. 그러나 '역사서(Geschichtsbuch)'는 계몽사상 대신 '유럽인들과 '타자들': 인간이 자신을 인식한다'라는 특별한 장에서 낯선 지역과 그 주민들의 발견이 주는 문화사적 의미에 대한 인류학적 성찰을 다루고 있다. 이러한 접촉 과정에서 유럽의 정체성이 상대화될 뿐만 아니라 안정된다는 것이다.

산업화와 사회문제에 관한 서술에서는 다른 교과서들이 서부 유럽으로부터 동부 유럽으로의 발전 도식에 따라 산업화의 확산 과정을 국가별로 순차적으로 서술하는 반면 민족사적인 서술에 치우쳤던 '시대와 인간'은 여기서 거꾸로 동시적이고 일반화된 방식으로 전 유럽에 공통적인 현상이라고 서술하고 있다. 여기서 프롤레타리아의 비참한 상황이나 기업가층, 정치적 집단 형성에 대한 서술이 독일과 프랑스와 영국을 비교하며 이루어지고 있다. 사회문제의 해결 시도로서의 로버트 오웬(Robert Owen)의 사상이나 카를 마르크스(Karl Marx), 프리드리히 엥겔스(Friedrich Engels)의 사상에 대한 서술에서도 그렇다.

1917년은 시대적 전환점으로서 1980년대 교과서 서술에서 아직 중요한 의미가 있었다. 'bsv 역사'의 저자들은 '유럽의 상황 변화'가 '새로운 시대의 시작'과 밀접한 관계에 있다는 것을 명확히 했다. 세계사적 사건들로서의 미

표 12-1 전체 분량에서 유럽 관련 서술이 차지하는 비율

(단위: %)

Band(Vol.)	bsv G	GuG	Gb	UG	ZuM
2	38	39	54	[35] (제1권을 제외한 분량)	40
3	25	13	13	2	32
4	23	13	22	15	10

자료: Westheider(1995: 42).

국 참전과 러시아의 10월혁명이 유럽에 주는 의미는 이 교과서의 서술에서 분명히 드러난다. 미국이 "유럽 국가들의 장차의 발전을 주도하고 그 내적 질서를 민주주의적으로 영향을 미치는 일에 착수한 반면", "혁명의 추동력은 …… 곧 유럽의 전쟁에 지친 국민들에게 이미 영향을 미치기 시작했다는 사실"을 보여주었다(bsv G 4, 10). 이 교과서는 미국의 영향력 강화와 그에 따른 유럽의 세계 정치적 의미 상실에 대한 볼프강 몸젠의 평가와 구동독의 9학년 교과서에서 '위대한 사회주의 10월혁명'이 유럽사에서의 획기적 의미에 대해 서술한 것을 대조해 자료로 수록했다.

R. 베스트하이더(R. Westheider)는 양적인 분석에서 흥미 있는 결과를 도출했다. 〈표 12-1〉에서 확인할 수 있듯이 유럽 관련 서술이 중세에 대한 서술에서 가장 많았고, 현대사에서는 매우 적게 나타난다는 것이다. 핑겔은 그 원인을 두 가지로 설명한다. 하나는 지면상의 이유로 고대로 올라갈수록 축약적으로 설명해야 하고, 또 아직 민족국가가 형성되기 전이라 폭넓게 서술했다는 것이다. 다른 하나는 프랑스 아날학파의 영향으로 중세사를 구조사적·총체적으로 파악하는 경향 때문이라는 것이다(Pingel, 1995: 264~265).

E. 코테(E. Kotte)는 고등학교 과정에서 2000년 이후 사용되는 독일 역사 교과서들에서 유럽 차원들이 이전보다 더 많이 서술되고 있다는 것을 확인했다. 고대의 유럽사적 의미는 특히 민주적 지배형태의 발전에서 고찰된다.

'시대와 인간'은 그밖에도 과학적 사상을 그리스 유산으로서 간주한다. 그리스인들이 자연의 법칙성을 발견했으며 과학적 사고와 체계적 인식이 신화에 대해 우월권을 획득했다는 것이다. 로마인들의 실용주의도 유럽의 유산으로서 평가된다. 로마인들이 그리스인의 사상을 실천에 옮겨 제도와 관직, 군대와 법질서, 조세제도와 화폐경제를 발전시켰다는 것이다. 유럽 문화의 기초 중 하나인 기독교의 기본 의미도 강조한다. 실질적인 유럽사의 출발로서는 프랑크제국을 다룬다. 중세 유럽의 공통성은 특히 봉건제도, 기독교적 각인, 도시와 상업의 발전에서 찾는다. 그러나 중·동부 유럽 및 동부 유럽과 비잔틴에서 기원한 기독교는 배제되어 있다.

핑겔은 1990년대에 나온 교과서들에서 이슬람에 대한 서술, 그것이 유럽에 미친 영향과 이슬람과 유럽의 대립에 대한 서술의 비중이 증가했다는 점에 주목했다. 일부 교과서는 이 주제를 20세기를 다룰 때 비로소 취급하고 그런 연후에 전근대를 회고하는 방식으로 서술하는 반면, 중세 세계를 배타적으로 서양적이고 기독교적인 영역으로 파악하지 않는 책의 수가 분명히 증가하고 있다는 것이다. 그는 유럽 서술에 대한 또 다른 특징으로서 "전근대의 유럽은 공동의 생활양식을 가진 하나의 문명으로서 간주되는 반면, 근대 유럽은 특히 정치적 및 경제적 단위로서 나타난다"라는 것을 지적하고 있다(Pingel, 2002: 261~262).

근세 초에서는 문화사적인 테마들에 초점을 맞춰 휴머니즘과 르네상스를 전 유럽 규모의 운동으로 서술한다. 계몽사상은 인권 전통을 확립한 전 유럽의 의미가 있는 운동으로서 간주한다. 프랑스혁명 서술에서는 현재까지 유럽인들의 자기 이해를 각인하고 있는 기본 권리과 자유의 가치를 강조한다. 종교개혁과 관련해서는 이러한 공통성보다 그 후 여러 군사적 충돌 속에서 형성된 유럽의 다국가 체제(Staatensystem)의 단초를 본다.

19세기의 서술에서는 민족운동과 민족국가들의 형성이 중심에 선다. 여기서 특히 다민족국가인 오스트리아의 문제를 서술하기 위해 중부 유럽과 동부 유럽의 사건들을 다룬다. 유럽의 여러 국가에서 일어난 1848년 혁명을 다루지만 주로 독일에서 일어난 사건들에 집중하고 있다. 산업화는 유럽의 현상으로 특징지으면서도 주로 독일과 영국에서의 발전에 지면을 할애하고 있다. 19세기의 서술에서 큰 문제점으로 지적할 수 있는 것은 세력균형 정책과 5강 체제를 평화를 보장하는 메커니즘으로서 긍정적으로 보는 경향이다. 여기서 다섯 개 열강의 세력균형 정책이 유럽의 소국가들의 희생 위에 추진되었다는 사실은 간과하고 있다. 제1차 세계대전의 원인을 특히 유럽의 세력균형의 파괴에서 찾고, 그 결과 제국주의 시대에 제고된 유럽의 세계적 영향력이 쇠락하게 되었다고 서술하고 있다. 나치 지배에 대한 서술에서는 이데올로기에서 비롯한 원인들, 유대인에 대한 박해 조치들과 체계적인 집단 학살이 폭넓게 고려되고 있다. 독일이 정복한 국가들에서의 점령 정책과 특히 중부 유럽과 동부 및 동남부 유럽에서 자행한 대량 학살도 언급하고 있지만 홀로코스트에 비해 소략하게 다루고 있다. 1945년 이후의 강제 이주와 영토 상실이 제2차 세계대전의 결과로서 서술되고 있다. 그러나 이것이 독일만 겪은 것은 아니라는 사실은 충분히 다루지 않고 있다.

4. 전후 유럽통합운동에 대한 서술

전후 유럽 통합의 역사에 대한 교과서의 서술에 대한 분석에서 1970년대와 1980년대까지도 흔히 유럽 통합을 우연히 일어난 것으로, 혹은 구체적인 구상 없이 다루고 있으며 양적으로도 너무 불충분하다는 지적이 자주 제기되었다. 1990년대에는 이러한 상황에 분명한 진전이 이루어졌다. A. 나터러(A. Natterer)는 유럽 통합에 대한 22종의 중등 과정 역사 교과서의 서술을 분석했는데, 전체 서술에서 차지하는 비중이 평균 9.5%로 증가했다는 결과를 제시했다. 경제 통합과 제도 발전에 대한 설명이 여전히 큰 비중을 차지하지만 과거처럼 일방적으로 그 주제들에 집중되어 있지는 않다. 대부분의 교과서가 적어도 개괄적으로는 유럽 통합의 역사적 차원을 주목하고 있다. 또한 유럽 통합을 위한 경제적 관점보다는 안정적인 평화의 보장, 민족주의의 극복과 평화를 위한 노력을 중시하고 있다. 바덴뷔르템베르크주처럼 프랑스와 인접한 지역에서는 독일-프랑스 화해와 유럽안보협력회의(KSZE)에도 많은 관심을 기울이고 있다.

그러나 나터러는 자신의 분석에 몇 가지 비판을 제기하고 있다. 그에 따르면 다양한 유럽 모델이나 미래 유럽 통일에 대한 구상이 부분적으로만 등장한다. 왜 지금 유럽 통일이 필요한지에 대한 이유를 설명하지 않고 있다. 교과서가 공통의 생활감정을 제공하거나 유럽 통합 과정으로 학생들을 결속시키지 못한다는 것이다. 또한 유럽 통일에 대한 상이한 시각들은 독일과 프랑스와 영국에 국한하여 소개하고 있다는 것이 큰 문제라고 지적하고 있다. 유럽연합의 군소 회원국들의 여론이 제공되지 않고 있기 때문에 학생들은 유럽에 관한 이 나라들의 사고방식을 알 수 없으며 유럽 통일은 '3거두'의 일이라는 생각을 하게 될 수 있다는 것이다. 대립적인 시각의 대조를 통해서 학생들의 역사적 사고력을 길러주려는 시도는 아주 일부의 책에서만 시도하고 있다는 점도 지적했다. 주제별로는 유럽 통일의 현안에 대한 서로 다른 시각들을 소개하고는 있으나 과거 여러 단계의 쟁점을 생략함으로써 학생들이 유럽연합의 발전이 순조롭게 진행되었다는 인상을 받을 수 있다는 것도 문제라 할 수 있다. 유럽 통합 과정의 근본 문제는 주권 포기(Souveränitätsverzicht)와 관련된다. 그런데 이러한 개념적인 문제를 충분히 설명하지 않았다. 따라서 교과서들은 유럽 통합을 환영하면서, 정치적 연합은 국가주권을 포기할 때 도달할 수 있고, 많은 회원국들이 그것을 포기할 준비가 되지 않았는데도 이를 분명하게 강조하지 않고 있다(Natterer, 2001: 262~264).

핑겔은 1990년대 초의 분석에서 동유럽 주제를 여전히 제대로 다루지 않고 있으며, 서유럽의 관점에만 집중한 것을 비판했다. 그는 그 후에 나온 새로운 교과서들이 다문화적인 요소들과 전 유럽의 시각에 관심을 기울이기 시작함으로써 일방적인 서유럽 경향에 변화가 나타나고 있다고 진단했다. 그러나 그는 서유럽의 교과서들에서 중부 유럽과 동부 유럽 국가들에 대한 우월감을 분명히 인식할 수 있는데, 이를 제거해야 한다고 비판한다. 서유럽 청소년들이 유럽연합의 확장 문제에서 자신들을 피해자로 보아, 전 유럽 통합으로 얻을 이익보다는 손해에 대해 언급하게 한다는 것이다. 그는 또한 러시아와는 철저히 거리를 두고 서유럽과 유럽연합을 준거점으로서 그리고 미래의 희망으로서 간주함으로써, 중부 유럽과 동부 유럽의 교과서들이 자신들의 전통을 부정할 위험성이 있다고 피력하고 있다(Pingel, 1999: 215~237).

그러면 독일의 고등학교(Oberstufe: 11~13학년) 역사 교과서들에서는 전후 시대를 어떻게 서술하고 있는가? 전후 시대를 서술하는 데 핵심적인 대주제는 동서 대립과 유럽 통합이다. 코테가 분석한 결과에 따르면 동서 대립은 소련이 일방적으로 지배하는 중·동부 유럽과 동부 유럽으로부터 오는 위협 탓으로 돌리고 있다. 그 때문에 서유럽 국가들은 좀 더 긴밀하게 미국과 결속하지 않을 수 없었다는 것이다. 고등학교 역사교과서들은 중·동부 유럽과 동부 유럽도 다루고 있는데, 아마도 현실사회주의 붕괴 이후 더 확신을 가지고, 바르샤바조약기구의 다수 국가들에서 공산주의 체제가 국민에 의해 인정받지 못했다는 사실과, 특히 폴란드·체코·헝가리에서 저항 잠재력이 높았다는 사실을 강조하고 있다. 이렇게 공산주의 정권의 몰락에서 정점에 이른 중·동부 유럽과 동부 유럽에서의 발전을 다뤘다는 것은 과거 교과서들에 비해 발전한 것이라고 할 수 있을 것이다. 그러나 거칠게 단순화한 사례나 섬세한 기술이 불충분한 경우가 많다는 점을 비판적으로 지적하고 있다.

교과서들은 제2차 세계대전에서 파괴적인 결과를 드러낸 민족국가들 간의 경쟁 체제를 강한 신념이 1950년대에 서유럽에서 시작한 유럽통합운동의 주요 동기라고 본다. 유럽 통합 과정에 대해서는 각 발전 단계를 비교적 자세히 소개하고 있지만, 제도사적인 서술의 비중이 여전히 높다. 그런데 코테는 주로 경제적으로 각인된 초민족적 유럽공동체로부터 마스트리히트 조약을 통해 정부 간 정치조직인 유럽연합으로 이행한 것에 대해 교과서들이 서술하고 있지 않다는 것은 놀라운 일이라고 밝히고 있다. 그는 그 밖에도 유럽연합의 동방 확장에 대한 일방적인 평가를 비판한다. 여기서 유럽 분단 극복에 따른 기회보다는 확장으로 인한 부담이 더 강조되고 있다는 것이다. 그런데 첫 번째 비판과 관련해 살펴보면, 2000년에 출간된 교과서로 코테도 분석 대상으로 삼은 코르넬젠 출판사의 *Kursbuch Geschichte*(역사 안내서)는 1991년의 마스트리히트 조약을 통해 유럽공동체가 유럽연합으로 전환했다는 사실을 서술하고 있다. 이 책은 "1945년 이후 세계에서의 유럽"이라는 절에서 7쪽에 걸쳐 '1945년 이후의 유럽 통합 역사', '국제정치에서의 유럽의 새로운 역할'과 '미국과 유럽'을 소략해 서술하며 사료를 제시하고 있다(Geschichte, 2008: 610~617). 베스터만 출판사의 *Horizonte II* (지평선 II)도 16장 "통일된 유럽으로의 길"에서 마스트리히트 조약을 포함한 유럽 통합의 역사를 16쪽에 걸쳐 다루고 있다. 이 책은 유럽통합운동의 주요 동기로 평화의 수호, 문화공동체와 가치공동체, 경제, 환경을 들었다.

"평화의 수호: 유럽 민족국가들의 역사는 무력 충돌의 오랜 연속이었으며 제2차 세계대전과 함께 그 파괴적인 힘의 절정에 도달했다. 따라서 유럽의 자기 파괴를 멈추게 해야만 했다. 그 밖에도 유럽공동체는 냉전의 산물이었다. 동방으로부터의 군사 위협에 직면하여 자신의 안보를 위해 단합이 필요했다. 또 다른 — 나중에는 더 거론되지 않은 — 동기는 독일을 정치적으로 묶어두는 것이었다."

문화공동체와 가치공동체에 관해서는 "민족 및 지역의 차이에도 불구하고 유럽 문화의 공통성이 있다"라고 서술하고 특히 법치국가와 민주주의 원칙들을 지키기 위해 1949년 설립된 가장 오래된 유럽 기구인 유럽평의회가 유럽의 법률 공동체를 만들기 위해 성공적으로 노력했다는 것을 평가했다. 또한 '인권과 기본적 자유들을 보호하기 위한 유럽 협정'을 유럽평의회의 가장 중요한 문서로서 높이 평가했다(*Horizonte II. Geschichte für die Oberstufe*, 2003: 556~571). 이 책은 거의 제도 측면에서만 유럽 통합의 역사를 서술하고 있다. 따라서 유럽 통합 과정에서 시기마다 발생한 난관이나 유럽연합의 동유럽 국가들로의 확장 이후의 문제들, 혹은 유럽 의식을 강화하기 위한 과제들과 학생들이 씨름하도록 자극할 수 있는 여지가 매우 제한된다.

2006년 간행된 쇠닝 출판사의 고등학교용 *Zeiten und Menschen 2*(시대와 인간 2)는 "유럽-다양성 속의 통일로 가는 길목에서?"라는 제목으로 유럽 통합의 역사를 46쪽에 걸쳐 매우 심도 깊고 광범위하게 다루고 있다. 여기서 먼저 유럽연합 회원국들을 표시한 지도와 함께 유럽의 다양성에 대한 설명으로 본문의 서두를 장식한다. 이어서 제2절에서는 '고전적 유럽: 지리, 발생 신화와 중세까지의 발전'이라는 제목으로 유럽의 지리 개념과 어원, 유럽 신화, 중요한 상징들을 설명하고 있다. 제3절은 '20세기까지의 유럽 전통과 정치발전'을 다루고 있는데 그리스의 과학 사상과 민주주의, 로마인들의 실용주의와 로마법, 중세의 기독교와 대학, 르네상스와 계몽사상, 제국주의 팽창과 유럽 중심주의의 강화, 민족국가의 형성과 각축이 유럽의 전통을 각인했다고 특히 강조하고 있다. 이어서 '4. 유럽의 계획과 프로젝트', '5. 제2차 세계대전 이후의 출발점', '6. 유럽 통합과 유럽경제공동체', '7. '통일적인 유럽식 행동'으로부터 '유럽연합'으로'', '8. 미래: 어떤 유럽에서 공동의 헌법?'의 장들에서 유럽 통합의 발전 과정과 미래에 대한 전망까지 상세히 서술하고 있다. 이렇게 16쪽에서 압축적으로 유럽 통합의 역사를 서술한 후 다시 25쪽에 걸쳐 많은 자료를 제시해 유럽 통합과 관련한 다양한 견해와 정보들을 접할 수 있도록 했다.

5. 맺음말

1951년 유럽석탄철강공동체를 설립함으로써 유럽 통합의 대장정을 시작하고, 유럽평의회가 일찍부터 학생들의 유럽 의식을 강화하기 위해 노력해왔지만, 독일에서 교육정책으로 이를 적극 반영하려는 시도는 1978년 문화부장관회의 결의를 통해 이루어졌다. 그러나 1980년대까지도 독일 교과서 서술에서 '유럽 차원'은 아직 불충분하게 반영되었다. 이런 부분이 분명히 개선된 것은 1990년대 들어서이다. 베를린 장벽의 붕괴와 동서 대립의 종식, 유럽연합의 대규모 확장은 유럽 통합에 대한 청소년들의 인식 개선과 유럽 정체성의 강화를 시급한 과제로 인식하게 만들었다. 교과서의 개선은 민족사에 대한 집중에서 벗어나 유럽 공통의 발전을 서술한 지면을 늘리고, 자국사와 다른 유럽 국가들의 역사와의 비교사적 고찰을 강화하는 방향에서 행해졌다. 유럽 의식은 다른 문화와의 접촉을 통해서도 강화하고 안정화될 수 있다. "기원전 480년 페르시아의 크세르크세스가 대군을 이끌고 유럽으로 침략해 왔을 때 헤로도토스는 유럽의 자유와 문화적 다양성과 아시아의 억압과 예종 사이의 대립을 보았다"(*Zeiten und Menschen* 2, 2006: 474) 중세 이후 이슬람과의 접촉은 유럽인의 자의식을 형성하는 데 중요한 영향을 미쳤다. 이것은 또 다른 방식에서 지리상 발견에 뒤이은 식민주의 시대에 신대륙의 원주민들과의 접촉에도 해당된다. 독일의 교과서들은 타자와의 접촉에서 유럽인들이 행한 만행, 곧 십자군 원정이나 스페인의 잉카제국과 아스텍제국에 대한 정복을 비판적으로 서술하는 것을 잊지 않았다.

1980년대까지만 해도 유럽통합운동에서 '유럽'은 주로 서유럽을 의미했다. 유럽의 역사 발전에 대한 서술은 주로 프랑스, 독일, 영국을 중심으로 이루어졌다. 1990년대의 동서 대립, 냉전 질서의 해체와 관련해 중부 유럽과 동부 유럽의 국가들을 다루고 있기는 하지만, 그 이전의 역사는 교과서에서 찾기가 어렵다. 유럽 차원을 고려할 경우 흔히 독일 민족사를 좀 더 폭넓은 맥락에서 조명하기 위해서인데, 이럴 경우 독일 민족이 유럽의 발전에 기여한 것이 주로 강조된다. 타 유럽 국가들의 민족사가 좀 더 포괄적으로 고려될 경우 그것은 흔히 프랑스, 영국, 그리고 때로 이탈리아에 국한된다. 유럽 개념이 폭넓게 사용될 경우 이전 시기처럼 유럽을 서유럽과 동일시하는 시각이 여전히 영향을 미치고 있는 것이다. 이러한 서구 중심의 유럽사관으로는 독일 청소년들에게 유럽연합의 확장 이후 유럽의 새로운 현실에 대처할 수 있는 능력을 길러줄 수 없다는 점과 동서 유럽 사이의 접촉이 빈번해지면서 새로운 민족 갈등이 발생할 수 있다는 비판이 제기되고 있다는 데 주목할 필요가 있다.

유럽통합운동에서 지도적인 역할을 해온 독일(서독)은 유럽연합과 유럽평의회와 함께 교육에서 유럽 차원을 강화하는 데도 앞장서 왔다. 유럽통합운동은 단계적으로 그 범위를 확장해 왔으며, 1990년 이후로 동유럽 국가들까지 대거 유럽연합에 가입했다. 그러나 우리는 유럽의 경제적·정치적 통합 이전에 긴 기간 동안 유럽 공통의 문화적 유산에 대한 논의와 학술 연구들이 있었으며, 이것이 교육을 통해 유럽통합운동을 뒷받침하려는 노력에 크게 기여했다는 사실을 간과해서는 안 된다. 우리는 정치적 공동체 실현이 아직 어려운 동아시아에서 거꾸로 공동의 문화적 정체성을 모색하고 이를 통해 정치적 공동체의 실현을 견인하려는 노력을 해야 한다. 이것은 역사 갈등이 동아시아 공동체 실현에 가장 큰 장애 요인이라는 점에서 더욱 그러하다.

독일 교과서에서 유럽 차원의 서술은 '유럽'이라는 명칭의 기원에 관한 신화에서 시작한다. 황소로 변신한 신들의 아버지 제우스가 페니키아의 공주를 유괴해 크레타섬으로 데려와 함께 살며 아이들을 낳아 그들이 크레타섬을 지배했다는 것이다(*Geschichte Geschehen. Sekundarstufe I*, Vol.3: 2007: 12~13; 르고프, 2006: 28~29). 이 신화를 배경으로 유럽은 흔히 황소 등에 탄 공주의 모습으로 상징화된다. 유럽 통합의 현대적 상징은 유럽연합의 깃발이다. 그 밖에도 다양한 방식의 상상력을 동원해 그리는 유럽 지도 역시 상징으로서 의미가 있다. 우리는 이러한 싱징들이 유럽의 정체성을 실체화하는 도구 역할에 주목하면서 아시아 혹은 동아시아를 상징하는 대상을 찾거나 만들기 위해 노력할 필요가 있다. 그러나 유럽보다 훨씬 더 이질적인 문화권들로 구성된 아시아 혹은 동아시아를 상징하는 하나의 대상을 찾는 것은 쉽지 않은 일이다. 아시아를 공통으로 묶어주는 것으로는 아시안게임이 있는데 그 의미는 매우 크다고 볼 수 있다.

유럽에서의 전통 만들기는 유럽석탄철강공동체로 처음 시작해, 유럽 통합의 지역 범위가 처음에는 프랑스, 독일, 이탈리아 등 서유럽, 중부 유럽과 남부 유럽의 중핵 문화를 중심으로 하다가 차츰 그 외연을 넓혀간 것이다. 따라서 1980년대까지 유럽 전통의 모색은 주로 고대 그리스로부터 로마제국을 거쳐 중세 기독교 사회와 이탈리아의 르네상스와 독일의 종교개혁, 스페인과 포르투갈이 앞장선 '지리상 대발견'과 식민주의, 프랑스의 계몽사상을 거쳐 영국이 선도한 산업혁명과 제국주의에 이르는 서유럽 문명의 흐름을 부각하는 작업이었다. 그러나 1990년대에 유럽 통합이 동유럽으로 확장되면서 비잔틴제국과 그리스정교회, 이슬람과의 대립과 교류도 유럽 전통의 형성에서 중요한 의미를 갖게 되었다. 이제 유럽다운 것을 찾는 작업은 훨씬 더 복잡해졌으며 어려워졌다. 따라서 공통의 문화적 뿌리를 찾는 것과 더불어 유럽 문화의 다양성을 인식할 필요가 있다. 또한 유럽 통합의 정치·경제적 필요성에 대한 인식과 1945년 이후 유럽 통합 사상과 조직들이 발전해 온 역사 및 그 기능과 문제점들에 대한 인식과 교육의 필요성도 강조되고 있다.

유럽 통합 경험이 시사하는 점은 아시아의 정체성을 만들어나가기 위해서는 우선 동아시아로 범위를 좁혀 공통의 문화 전통을 모색할 필요가 있다는 것이다. 한자문화, 유교와 불교 등을 중심으로 우리는 이것이 한반도와 중국, 일본과 베트남에서 어떤 공통성과 특이성을 보이고 있는지 비교사적으로 살펴볼 수 있을 것이다. 우리는 공통성뿐만 아니라 차이에도 주목해야 한다. 이와 관련해 우리는 제국주의 시대에 외부의 위협과 도전에 대해 이 국가들이 어떻게 응전했는지, 그리고 그것이 차후의 역사 발전에 어떻게 서로 다른 영향을 미쳤는지 검토해 볼 수 있을 것이다. 이는 전후 아시아 냉전 체제의 형성과 발전에도 마찬가지로 해당된다. 우리가 동아시아 공통의 문화적 뿌리와 다양한 수용, 외부의 도전에 대한 상이한 응전들을 통해 동아시아의 역사적 전통을 어느 정도 세우게 되면 그 후 점차로 지역 범위를 넓혀 아시아 차원에서의 문화와 경제 교류로 시야를 넓힐 수 있을 것이다. 유럽이 하나의 기독교 문명권에서 공통의 문화적 뿌리와 함께 지역적 다양성을 가진 '지역들로 구성된 유럽(Europa der Regionen)'을 구상한다면, 아시아는 여러 문명권이 느슨하게 교섭하는 구도를 설정해 볼 수 있을 것이다. 따라서 유럽보다 어려운 조건 속에서 아시아의 정체성을 모색하는 일은 유럽과는 다른 방식을 취할 수밖에 없다. 우리는 한편으로 아시아 각 문명권 사이의 문화와 물자의 교류를 좀 더 관심을 가지고 연구할 필요가 있다. 예컨대 비단길뿐만 아니라 보하이만과 일본으로부터 남중국해와 인도차이나를 거쳐 인도양과 아랍 지역으로 연결되는 해상 교역로를 통해 무역과 문화의 교류가 어떻게 이루어졌는지에 대한 연구는 중요한 주제라 할 수 있다.

이러한 동아시아, 더 나아가서 아시아의 전통을 찾고 만들어가는 학문적 작업뿐만 아니라 역사교육을 통해 그 성과를 매개하는 것도 중요하다. 따라서 동아시아 차원에서뿐만 아니라 아시아 차원에서도 역사교육 개선을 위한 국제기구를 만들어 협력할 필요가 있다. 그러한 작업을 추진하기 위해 학교 교육에서 유럽 의식을 강화하고자 전개한 유럽연합과 유럽평의회, 게오르크 에커트 국제교과서연구소의 활동과 개별 국가의 교육정책적 노력들을 참고할 필요가 있다. 그 밖에도 교사와 학생 교환, 각 지역에서의 초국가적 청소년 캠프 등 협력 프로젝트나 경시대회 등을 통해 교사와 청소년들이 국가 혹은 지역의 경계를 넘어 교류하고 상호 이해를 넓히는 것은 동아시아의 정체성, 더 나아가 장기적으로는 아시아의 정체성을 발전시키는 데 크게 기여할 것이다.

:: 참고문헌

독일 중학교용 역사 교과서

Forum Geschichte, Vol.1~4. Berlin: Cornelsen. 2006~2007.

Geschichte konkret. Vol.1~4. Braunschweig: Schroedel. 2005~2007.

Geschichte und Geschehen. Vol.1~4. Leipzig: Ernst Klett Verlag. 2007~2009.

Geschite plus. Vol.5~6. 7~8. 9~10. Berlin Brandenburg. Berlin: Cornelsen. 2006.

독일 고등학교용 역사 교과서

Expedition Geschichte. Von der Zeit des Imperialismus bis zur Gegenwart. Frankfurt a.M.: Verlag Moritz Diesterweg. 2005.

Geschichte und Geschehen. Neuzeit. Sekundarstufe II. Leipzig: Ernst Klett Verlag. 2007.

Geschichte und Geschehen. Oberstufe Ausgabe A. Leipzig: Ernst Klett Verlag. 2007.

Geschichtsbuch Obersutfe, Vol.1~2. Berlin: Cornelsen. 1995~1996.

Histoire/Geschichte. Europa und die Welt seit 1945. Stuttgart: Klett. 2006(김승렬 외 옮김. 2008.『독일프랑스 공동 역사교과서: 1945년 이후 유럽과 세계』. 휴머니스트).

Histoire/Geschichte. Europa und die Welt vom Wiener Kongress bis 1945. Stuttgart: Klett. 2008.

Horizonte II. Geschichte für die Oberstufe. Braunschweig: westermann. 2003.

Kursbuch Geschichte: Von der Antike bis zur Gegenwart. Berlin: Cornelsen. 2008(제1판 제8쇄).

Tempora. *Grundriss der Geschichte. Bd. 2: Neuzeit seit 1789*. Stuttgart: Ernst Klett Verlag. 1995.

Zeiten und Menschen. Geschichte Oberstufe, Vol.1~2. Paderborn: Schöningh. 2006~2007.

고등학교용 부교재(Zusatzmaterial)

Europa im 20. Jahrhundert. Kursheft Geschichte. Berlin: Cornelsen. 2004.

Europa und die Welt um 1500. Kursheft Geschichte. Berlin: Cornelsen. 2004.

Historisch-politische Weltkunde. Die europäische Expansion: Kolonialismus und Imperialismus 1492-1918. Ernst Klett Schulbuchverlag Leipzig. 2005.

Historisch-politische Weltkunde. Europa. Ernst Klett Schulbuchverlag Leipzig. 2001.

Historisch-politische Weltkunde. Staat und Nation im 19. Jahrhundert. Ernst Klett Schulbuchverlag Leipzig. 2005.

Revolution in Europa: 1789-1917-1989. Kursheft Geschichte. Berlin: Cornelsen. 2004.

교육과정과 문화부장관회의 결의

"Die europäische Dimension in den Lehrplänen der deutschen Bundesländer. Vergleichende Studie im Auftrag der Europäischen Kommission - Vertretung in Deutschland." Europäische Akademie Berlin.

"Europabildung in der Schule. Empfehlung der Ständigen Konferenz der Kultusminister der Länder in der Bundesrepublik Deutschland"(Beschuluss der Kultusministerkonferenz vom 08. 06. 1978 I.d.F. vom 05. 05. 2008. R:＼A＼bb-Beschlüsse_Berichte ＼555_Europa_in_der_Schule.doc

"Fachlehrplan für Geschichte"(Bayern). http://www.isb.bayern.de/isb/download.asp.

Lehrplan Geschichte. Gymnasialer Bildungsgang Jahrgangsstufe 6G bis 12G. Hessisches Kultusministerium. 2008.

Lehrplan Mittelschule. Geschichte Klassen 5-10. Sächsisches Staatsministerium für Kultus. Dresden. 1992.

Rahmenlehrplan für die gymnasiale Oberstufe. Geschichte. Senatsverwaltung für Bildung. Jugend und Sport Berlin. 2006.

Richtlinien und Lehrpläne für das Gymnasium-Sekundarstufe 1- in Nordrhein-Westfalen. Geschichte. Düsseldorf. 1993.

Richtlinien und Lehrpläne für die Sekundarstufe II - Gymnasium/Gesamtschule in Nordrhein-Westfalen. Geschichte. Düsseldorf. 1999.

단행본 및 논문
노명환·이선필. 2009. 『유럽통합사』. 높이깊이.
들루슈, 프레데릭(Delouche, Frederic) 엮음. 2002. 『새유럽의 역사』. 까치.
르고프, 자크(Jacques Le Goff). 2006. 『청소년들이 쉽게 읽는 유럽역사 이야기』. 새물결.

Altrichter, H. and W. L. Bernecker. 2005. *Geschichte Europas im 20. Jahrhundert.* Stuttgart: Kohlhammer.

Bergmann, K. and G. Schneider(eds.). 1982. *Gesellschaft Staat Geschichtsunterricht. Beiträge zu einer Geschichte der Geschichtsdidaktik und des Geschichtsunterrichts von 1500-1980.* Düsseldorf.

Borries, B. v. 2002. "Europa-Vorstellungen und -Einstellungen junger Europäer*(innen)*. Befunde einer kulturvergleichenden Befragung." in K. Schleicher and P. Weber(eds.). *Zeitgeschichte europäischer Bildung 1970-2000. Bd. III: Europa in den Schulen*. Münster. pp.87~102.

Elvert, J. 2006. *Die europäische Integration*. Darmstadt.

Frevert, U. 2003. *Eurovisionen. Ansichten guter Europäer im 19. und 20. Jahrhundert*. Frankfurt a.M.: Fischer Tb.

Harth, T. and W. Woyke. 2008. *Die Europäische Union konkret*. Opladen.

Jeismann, K-E and B. Schönemann(eds.). 1989. *Geschichte amtlich. Lehrpläne und Richtlinien der Bundesländer. Analyse*. Vergleich. Kritik. Frankfurt.

Kaelble, H. 2007. *Sozialgeschichte Europas. 1945 bis zur Gegenwart*. Bonn: Bundeszentrale für politische Bildung.

Kotte, E. 2007. "In Räume geschriebene Zeiten." *Nationale Europabilder im Geschichtsunterricht der Sekundarstufe II*. Idstein.

Natterer, A. 2001. *Europa im Schulbuch. Grevenbroich*.

Pingel, F. 1995. "Befunde und Perspektiven-eine Zusammenfassung." in F. Pingel(ed.). *Macht Europa Schule?*.

______. 1995. "Europa im Schulbuch -Einleitung." in F. Pingel(ed.). *Macht Europa Schule? Die Darstellung Europas in Schulbüchern der Europäischen Gemeinschaft*. Frankfurt a.M.

______. 1999. "Europa im Geschichtsbuch." in Stiftung Haus der Geschichte der Bundesrepublik Deutschland(ed.). *Europäische Geschichtskultur im 21. Jahrhundert*. Berlin.

______. 2000. *The European Home: Presentations of 20th Century Europe in History Textbooks*. Strasbourg: Council of Europe.

______. 2002. " 'Europäischesches in der Schulbuch- und Curriculumentwicklung." in K. Schleicher and P. Weber(eds.). *Zeitgeschichte europäischer Bildung 1970-2000. Bd. III: Europa in den Schulen*. Münster. pp.245~270.

Rappenglück, S. 2004. *Europäische Komplexität verstehen lernen*. Schwalbach.

Seibt, F. 2005. *Die Begründung Europas. Ein Zwischenbericht über die letzten taunsend Jahre*. Bonn: Bundesyentrale für politische Bildung.

Weidenfeld, W. 2007. *Europa leicht gemacht. Atnworten für junge Europäer*. Bonn: Bundesyentrale für politische Bildung.

Westheider, R. 1995. "Europa ist nicht Europa -Zur Geschichte einer verhinderten Identität. Die Darstellung Europas in ausgewählten Geschichtsbüchern der Bundesrepublik Deutschland." in F. Pingel(ed.). *Macht Europa Schule? Die Darstellung Europas in Schulbüchern der Europäischen Gemeinschaft*. Frankfurt a.M.

각 장의 출처

본문은 다음과 같은 원출처의 글을 책의 성격에 맞게 수정·보완해 실었다.

1장 김성보, 「21세기에 돌아보는 1945년 한반도의 지정학」, ≪역사비평≫, 124호(2018), 52~85쪽.

2장 정용숙, 「'독일문제'는 해결되었는가?: '독일문제'의 과거와 현재」, ≪역사와 세계≫, 50호(2016), 63~101쪽.

3장 한모니까, 「1948년 대한민국 정부 수립과 주한미군의 정권 이양 과정 및 의미」, ≪동방학지≫, 164집(2013), 287~317쪽.

4장 오제연, 「1960년대 한국 대학축제의 정치풍자와 학생운동」, ≪사림≫, 55호(2016), 363~401쪽.

5장 박혜정, 「문화와 냉전: 전후 서독의 서구(Abendland: 西歐)담론의 냉전사적 위치」, ≪이화사학연구≫, 51호(2015), 372~360쪽.

6장 김귀옥, 「탈냉전시대 한국 통일교육의 딜레마」, ≪역사비평≫ 114호(2016), 374~407쪽.

7장 유진영, 「동아시아 분단 속 한국・유럽 분단 속 독일」(2015년 8월 24~25일); ≪역사비평≫, 114호(2016) .

8장 신주백, 「21세기 동북아 역사대화와 한국사회의 시선: 1960, 70년대 서독의 경험을 참조한 비판적 검토」, ≪한일민족문제연구≫, 29호(2015), 221~225쪽.

9장 노명환, 「빌리 브란트의 '다양성 속의 통일' 원리 및 '공동의 안보' 개념과 동방정책에 대한 '성리학적 구성주의' 시각의 조명」, ≪역사학연구≫, 65집(2017), 195~240쪽.

10장 김성보, 「전후 한국 반공주의의 균열과 전환」, ≪역사와 실학≫, 62집(2017), 191~219쪽.

11장 이진일, 「통일 후 분단독일의 역사 다시 쓰기와 역사의식의 공유」, ≪역사비평≫, 114호(2016), 335~373쪽.

12장 한운석, 「유럽통합을 위한 역사교육: 독일의 사례를 중심으로」, ≪동북아역사논총≫, 47호(2015), 201~237쪽.

지은이(가나다순)

김귀옥

한성대학교 교양과정 사회학 교수이다. 서울대학교 사회학과를 졸업하고, 동 대학에서 사회학 박사학위를 받았다. 분단과 전쟁, 통일과 평화, 이산가족과 여성, 분단을 넘는 사람들, 이산가족, 디아스포라(diaspora) 공동체, 노동 등에 걸쳐 있으며, 관련 연구를 위해 현지조사(fieldwork research)와 구술사 방법론을 통해 사람들의 기억 속에 묻혀 있는 기록을 발굴·정리하는 일을 수행하고 있다. 저서로는 『월남민의 생활경험과 정체성: 밑으로부터의 월남민 연구』, 『이산가족, '반공전사'도, '빨갱이'도 아닌… 이산가족 문제를 보는 새로운 시각』, 『구술사연구』, 『식민주의, 전쟁, 군'위안부'』(공저) 등이 있다.

김성보

연세대학교에서 사학과 교수로 재직 중이며, 국학연구원 원장을 맡고 있다. 한국현대사를 전공했으며, 북한과 한반도 문제, 동아시아 역사대화 등에 관심을 기울이고 있다. 『남북한 경제구조의 기원과 전개』, 『북한의 역사 1』 등의 단독 저서와 『분단시대의 앎의 체제』, 『분단시대 월남민의 사회사』 등의 공저가 있다. 『한국 협동조합운동 100년사』 제1권의 편집 책임자이기도 하다.

노명환

한국외국어대학교 사학과에 재직하고 있으며 대학원 정보·기록학과 주임교수를 맡고 있다. 독일 두이스부르크-에센대학교에서 유럽/독일현대사 분야에서 박사학위를 취득하였다. 유럽통합사와 독일의 분단과 통일의 역사를 공부해 오고 있다. 그 가운데서 특히 빌리 브란트와 그의 동방정책, 김대중과 그의 햇볕정책을 비교와 관계 속에서 연구를 수행하고 있으며, 이런 연구들과 함께 서로 다른 문화들 간의 이해와 소통에 대해 공부하고 있다. 또한 역사의 사료로서 그리고 역사 활용의 다양한 방법과 매체를 위해 정보·기록학을 연구하고 있다. 저서로 『유럽통합사』, 『역사를 통해 본 유럽의 서로 다른 문화 읽기』가 있으며, 「서신 왕래를 통해 본 빌리 브란트와 김대중의 관계 1973~1992」 등이 있다.

박혜정

연세대학교 교양교육연구소 전임연구원으로 재직 중이다. 독일 빌레펠트대학교에서 독일 현대사를 전공했다. 교양교육으로서의 환경사 교육 프로그램을 개발 중이며, 아울러 전후 트랜스내셔널 서구(Abendland) 운동을 통해 본 유럽 통합을 주제로 단독 연구도 진행하고 있다. 주요 논문으로 「유럽통합의 반자유주의적 기원: 1950년대 프랑스의 기독교 문명 운동과 서독의 서구 운동을 중심으로」, 「도시, 환경, 자연: 유럽 환경사의 도시환경사적 진화」, 「세계사 교양교육을 위한 세 가지 교수 모델: 세계문명사, 빅히스토리, 사료와 이미지 비판」 등이 있다.

신주백

독립기념관 한국독립운동사연구소 소장으로 재직 중이며, 성균관대학교에서 문학박사 학위를 받았다. 그동안 한국민족운동사, 한국 근현대 학술사, 식민지 조선에서의 일본군 역사, 역사교육의 역사를 연구했으며, 이 주제들을 동아시아사의 맥락에서 파악하려고 노력하고 있다. 역사교육에도 관심을 갖고 중고교 역사교과서 집필에 참여하고 있으며(씨마스, 천재교육), 주한미군 기지 문제에도 관심을 두고 있어 『사진과 지도, 도면으로 본 용산기지의 역사 1(1906~1945)』를 공저로 출간했다. 혼자 쓴 책에 『만주지역 한인의 민족운동사』, 『역사화해와 동아시아형 미래만들기』, 『한국역사학의 기원』 등이 있고, 함께 쓴 책으로 『처음 읽는 동아시아사1』, 『분단의 두 얼굴』, 『한중일이 함께 쓴 동아시아근현대사』 등이 있다.

오제연

성균관대학교 사학과 교수로 재직 중이며, 한국 현대사를 전공했다. 최근에는 1950~1970년대 한국 현대사 속 다양한 '주체'들의 '행위'와 '문화'에 관심을 갖고 연구를 진행 중이다. 대표 논저로 「4월혁명의 기억에서 사라진 사람들-고학생과 도시하층민」, 「1970년 전후 한국 학생운동의 새로운 양상과 68운동의 '스튜던트 파워'」, 「이승만 정권기 3·1운동의 정치적 소환과 경합」 등이 있다.

유진영

한국직업능력개발원(KIRVET) 부연구위원으로 재직 중이며, 19~20세기 독일 교육사를 전공했다. 개항기 독일 외교문서 연구, 전후 독일 교육제도 및 변화 과정, 통일 이후 직업교육의 변화와 현재 모습 등을 관심 있게 연구하고 있다. 저서로 『독일의 직업교육과 마이스터제도』가 있으며, 논문으로는 「대한제국 시기 독일인 군악대장 프란츠 에케르트(1852~1916)의 활동에 관한 연구」, 「2차 대전 후 독일의 영국군 점령지역에서의 고등교육개혁 고찰(1945~1948)」, 「독일 기술교육 지원의 교육사적 의의: 인천 한독실업학교 설립과 의미를 중심으로(1960~1970)」 등이 있다.

이진일

성균관대학교 동아시아역사연구소 연구교수로 재직 중이며, 20세기 독일 현대사를 전공했다. 현재 독일 보수주의의 지정학적 사고의 전개, 제국주의 시대 서구 학문의 동아시아 전이 과정, 1945년 이후 서독의 동독 연구 등을 관심 있게 연구하고 있다. 주요 논문으로 「바이마르공화국 인구구조의 위기와 보수주의의 대응」, 「근대 국민국가의 탄생과 '국사(national history)': 동아시아로의 학문적 전이를 중심으로」, 「독재체제의 이해를 위한 비교 방법론 검토」 등이 있다.

정용숙

중앙대학교 DAAD 독일유럽연구센터 연구교수로, 독일 현대사, 사회사, 가족사 전공했다. '탈산업화 시기 노동자 가족'을 주제로 박사 학위를 받았다. 현재 연구 주제는 독일 루르 중공업 지역의 탈산업화와 산업문화유산, 전시 폭력과 젠더 그리고 독일의 역사정책이다. 저서로 *Strukturwandel im sozialen Feld. Bergarbeiterfamilien im Ruhrgebiet 1945 bis 2000*, 논문으로 「전후 서독의 가족과 가족정책」, 「산업유산의 디즈니랜드?」, 「해석 투쟁의 장으로서 현대사」 등이 있다.

한모니까

서울대학교 통일평화연구원 HK교수로 재직 중이며, 한국현대사를 전공했다. 현재 DMZ·접경지역, 북한의 감정 정치, 북한 지역사 등을 관심 있게 연구하고 있다. 저서로 『한국전쟁기 남북한의 점령정책과 전쟁의 유산』(공저), 『한국전쟁과 수복지구』가 있으며, 논문으로는 「해방 직후 황해도 신천의 사회경제적 변화와 기독교계의 대응」, 「북한의 인민 만들기와 감정 정치: '신해방지구' ≪개성신문≫ 분석을 중심으로」, 「'수복지구'와 '신해방지구', 분단의 경계지역에서 통일·평화의 시험지역으로」 등이 있다.

한운석

튀빙겐대학교 서울 한국학센터장으로 재직 중이며, 독일근현대사를 전공했다. 연구의 중점은 독일과 한국의 분단과 냉전, 통일 문제, 그리고 역사 갈등과 화해, 과거청산, 시민사회와 역사교육, 한독관계사이며, 그중 특히 최근에 한독 에큐메니칼 협력을 관심 있게 연구하고 있다. 주요 저술로 『하나의 민족, 두 개의 과거: 20세기 독일민족과 통일문제』, 『독일의 역사화해와 역사교육』, 공저로 『가해와 피해의 구분을 넘어: 독일·폴란드 역사 화해의 길』 등이 있다.

한울아카데미 2191

분단의 역사인식과 사유를 넘어

동아시아의 한반도, 유럽의 독일

ⓒ 김귀옥·김성보·노명환·박혜정·신주백·오제연·유진영·이진일·
정용숙·한모니까·한운석, 2019

기　획 | **역사문제연구소 한독비교사포럼**
지은이 | **김귀옥·김성보·노명환·박혜정·신주백·오제연·유진영·이진일·
정용숙·한모니까·한운석**
펴낸이 | **김종수**
펴낸곳 | **한울엠플러스(주)**
편집책임 | **최진희**

초판 1쇄 인쇄 | **2019년 9월 21일**
초판 1쇄 발행 | **2019년 9월 27일**

주소 | 10881 경기도 파주시 광인사길 153 한울시소빌딩 3층
전화 | 031-955-0655
팩스 | 031-955-0656
홈페이지 | www.hanulmplus.kr
등록 | 제406-2015-000143호

Printed in Korea.
ISBN 978-89-460-7191-9 93900 (양장)
978-89-460-6815-5 93900 (무선)

* 책값은 겉표지에 표시되어 있습니다.
* 이 책은 강의를 위한 학생용 교재를 따로 준비했습니다.
강의 교재로 사용하실 때는 본사로 연락해 주시기 바랍니다.